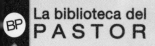

EL PASTOR
Y EL SUPREMO
DIOS
DE LOS CIELOS

EL PASTOR Y EL SUPREMO DIOS DE LOS CIELOS

Perspectivas teológicas y prácticas
sobre la persona y obra de Jesús

JOHN MACARTHUR

EDITOR GENERAL

www.EditorialNivelUno.com
Para vivir la Palabra

Para vivir la Palabra

MANTÉNGANSE ALERTA;
PERMANEZCAN FIRMES EN LA FE;
SEAN VALIENTES Y FUERTES.
—1 CORINTIOS 16:13 (NVI)

Publicado por:

Editorial Nivel Uno, Inc.
3838 Crestwood Circle
Weston, Fl 33331
www.editorialniveluno.com

©2018 Derechos reservados

ISBN: 978-1-941538-55-5

Desarrollo editorial: *Grupo Nivel Uno, Inc.*
Diseño interior: *Grupo Nivel Uno, Inc.*

Copyright ©2018 por John MacArthur
Publicado originalmente en inglés bajo el título:
     High King of Heaven
     by Moody Publishers
     820 N. LaSalle Blvd. IL. 60610 U.S.A.

Printed in the United States of America
Impreso en Estados Unidos de América

18 19 20 21 22 VP 9 8 7 6 5 4 3 2 1

Contenido

Tercera parte: La palabra de Cristo

Cuarta parte: El testigo de Cristo

Prefacio

John MacArthur

Hace algunos años, me pidieron que escribiera un libro sobre mi pasaje favorito de las Escrituras. Sin embargo, elegir un texto así es difícil, ya que considero como favorito cualquiera de los versículos sobre los que predico. Pero como me pusieron contra la pared, para que me decidiera al respecto, escogí el versículo que define más claramente la santificación. A este punto, la elección y la justificación son temas del pasado. La glorificación pertenece al futuro. Entre nuestra justificación y nuestra glorificación está el constante trabajo de Dios en nosotros, que nos separa del pecado y aumenta nuestra semejanza a Cristo. Esto es santificación y es la presente obra de Dios en cada creyente hasta que alcancemos la gloria. El versículo que mejor revela esta obra del Espíritu Santo es 2 Corintios 3:18: «Así, todos nosotros, que con el rostro descubierto reflejamos como en un espejo la gloria del Señor, somos transformados a su semejanza con más y más gloria por la acción del Señor, que es el Espíritu».

No estamos bajo el carácter sombrío, velado y desvanecido del pacto mosaico. Vivimos bajo el nuevo pacto, iniciado por la muerte y la resurrección del Señor Jesucristo. La luz ha brillado y nuestros velos se han eliminado. El misterio del antiguo pacto ahora se revela en Cristo. Al contemplar la revelación del Señor Jesucristo desde Mateo hasta Apocalipsis, tenemos una visión clara de la gloria de Dios reflejada en su rostro. La Escritura afirma que el Espíritu Santo nos está transformando en forma continua y creciente en esa gloria. Esa es la esencia y el meollo de lo que significa ser santificado. Al observar la majestuosidad de la revelación de Jesucristo, la plenitud de Cristo llena su mente y cautiva su alma, y el Espíritu de Dios usa la realidad de ese entendimiento para moldearle a su imagen. Cuanto más conoce a Cristo, más lo refleja. Por tanto, conocer a Cristo es crucial para nuestra existencia como cristianos.

Todo en Él está más allá de explicación humana alguna. Todo en Él es sorprendente, admirable, impactante y extraordinario. Todo en Él me llena de asombro. Él es la persona más magnífica, la más hermosa, la más noble y la más maravillosa que uno pueda conocer, y mucho más cuando hablamos de conocerlo en persona. Siempre me fascina cada detalle sobre Jesucristo. Él se convierte en el propósito de todo estudio de la Biblia, el objetivo de toda predicación y el poder de toda la vida cristiana.

Al reflexionar en mi vida, en todos los años de estudio y en las miles de horas que he pasado en las Escrituras, me doy cuenta de que —sea que esté escribiendo libros o preparando sermones, escribiendo notas para una Biblia de estudio o un análisis teológico—, todos mis esfuerzos por comprender la Palabra de Dios no terminan con ese entendimiento. Mi objetivo nunca ha sido conocer los hechos de la Biblia. Ese no es el final; es solo el medio para alcanzar un fin. Quiero conocer a Cristo. Pablo afirmó: «Es más, todo lo considero pérdida por razón del incomparable valor de conocer a Cristo Jesús, mi Señor. Por él lo he perdido todo, y lo tengo por estiércol, a fin de ganar a Cristo» (Filipenses 3:8). La alegría de mi vida es contar todo como pérdida por conocer a Cristo en las Escrituras. Cuanto más estudio la Biblia, más glorioso es Cristo para mí. Cuanto más entiendo a Jesucristo, más completo es mi amor, mi obediencia, mi adoración y mi servicio a Él.

El objetivo de las Escrituras es revelar a Dios y al Señor Jesucristo para que usted sea limpiado. La revelación de nuestro Señor tiene tal poder que el creyente debe experimentar lo que el escritor de himnos llamó «estar absorto en admiración, amor y alabanza».

Santificación no es conocer la Biblia. Más bien es conocer a Cristo. No conocerlo bien impide que lo adoremos, por lo que ninguna cantidad de música y ninguna cantidad de melodramas que afecten el estado de ánimo pueden producir una verdadera adoración, dado que la adoración solo puede manifestarse por una abrumadora atracción hacia Cristo.

No hay forma de que yo pudiera haber buscado el conocimiento de Cristo como lo hice en el ministerio, si no me hubiera comprometido con la exposición bíblica. La alegría de profundizar en cada texto no es para que los sermones sean mejores, sino para buscar el conocimiento de Dios a través de la gloriosa revelación de Cristo. En realidad, predicar sermones no es lo que me atrae del ministerio. Lo que me cautiva es la búsqueda del conocimiento y la plenitud de Cristo.

Es mi responsabilidad abrir cada escondrijo, cada rendija que pueda hallar, y declarar cada expresión que Dios nos haya entregado acerca de la majestad de su Hijo, de modo que podamos contemplar su gloria resplandeciendo en su rostro y ser transformados a su imagen, al ser movidos de un nivel glorioso a otro por medio del Espíritu Santo.

Es con ese fin que se escribió este libro. Cada uno de los colaboradores exalta y ensalza una faceta exclusiva del diamante que es Cristo. Oro para que cada capítulo le haga contemplar la gloria de nuestro supremo Rey del cielo y genere una transformación inevitable en esa misma imagen.

Primera parte

La persona de Cristo

1

El Verbo eterno: Dios el Hijo

en la eternidad pasada

Michael Reeves
Juan 1:1-3

«En el principio ya existía el Verbo, y el Verbo estaba con Dios, y el Verbo era Dios. Él estaba con Dios en el principio. Por medio de él todas las cosas fueron creadas; sin él, nada de lo creado llegó a existir» (Juan 1:1-3).

A menudo las frases populares nos son familiares por lo poderosas que son o por la forma en que han transformado al mundo. Se conocen por el modo en que se definen, eso es lo que vemos en el primer capítulo del Evangelio según San Juan. Esas palabras son revolucionarias. Hacen que la cristiandad se distinga gloriosamente de cualquier otro sistema de creencias.

El Verbo eterno

Lo que el apóstol Juan hace es interpretar simplemente lo dicho en Génesis 1. Ahí, en el mero principio, en Génesis 1, vemos cómo el Espíritu de Dios se movía sobre las aguas. ¿Por qué hacía eso? Por la misma razón que un tiempo más tarde revoloteó sobre las aguas del Jordán, cuando Jesús fue bautizado. El Espíritu estaba allí para ungir al Verbo cuando este salió a hacer su obra. En la creación y en la salvación, en la creación y en la nueva creación, el Espíritu unge al Verbo; así es que Dios habla y, con su soplo divino, su Verbo o Palabra se difunde. Y cuando esto ocurre, surgen la luz, la vida y toda la creación.

No es que el Verbo vino a existir, en el principio, cuando empezó la creación (Juan 1:3). No, Él no es una criatura. Aquí está el Verbo que estaba con Dios y que era Dios. Ahora, eso solo nos dice algo distintivo, extraordinario y simplemente encantador acerca de este Dios. Porque no es simplemente que aquí hay un Dios que habla (se dice que los dioses de la mayoría de las religiones hablan en algún momento). No, esta es una demanda diferente.

Por propia naturaleza, Dios tiene Verbo, con Él habla. Él no puede existir sin palabras, porque la Palabra o el Verbo es Dios. Él no puede estar sin su Palabra. Es un Dios que no puede ser otra cosa que comunicativo, afectuoso, extrovertido. Puesto que Dios no puede estar sin esta Palabra, tenemos un Dios que no puede estar solo.

Esta Palabra resuena por la eternidad, nos habla de un Dios incontenible, un Dios exuberante, sobreabundante, desbordante, que no necesita de nada ni de nadie; un Dios que es supremamente pleno: un glorioso Dios de gracia. Un Dios al que le encanta entregarse a sí mismo.

Lo que dominaba la mente de Juan, cuando escribió estos versículos iniciales, es Génesis 1. «En el principio»; «Esta luz resplandece en las tinieblas» (Juan 1:1, 5). Esto nos ayuda a ver que la idea bíblica de Juan sobre lo que significa «palabra» es de origen hebreo. No es una adaptación helenística de la fe.

Sin embargo, para apreciar con mayor profundidad lo que Juan quiso decir al escribir sobre la «Palabra», vale la pena considerar algo más del Antiguo Testamento en lo que parece haber estado pensando. Sin dudas, el primer capítulo de Génesis es predominante. Pero en el versículo 14 de su primer capítulo, Juan escribe que el Verbo «se hizo hombre y habitó entre nosotros. Y hemos contemplado su gloria». Aquí, Juan escoge un vocablo inusual para expresar lo que quiere decir.

Él escribe, un poco más literalmente, que la Palabra «armó su tienda» (es decir, habitó) entre nosotros. Además, al mencionar la gloria, parece claro que Juan está pensando en el tabernáculo, la tienda donde el Señor vendría y estaría con su pueblo en el desierto, y donde se vería su gloria. Así como los israelitas vieron la resplandeciente nube de gloria que llenaba el tabernáculo, también nosotros vemos la gloria de Dios en la Palabra.

Es una gloria extraordinaria la que vemos en aquel que se hizo carne y habitó entre nosotros. Sin embargo, en su humildad —tanta que no tenía almohada—; en su sumisión, en su gracia, en su rectitud, en su gentileza, en su fidelidad; y en su compasión —que hizo que recorriera todo el camino hasta la cruz—, vemos su gloria; una gloria diferente a la de cualquier otro.

Ahora bien, en lo más interno del tabernáculo, el Lugar Santísimo, se describe al Señor como entronizado entre los querubines del propiciatorio en el arca del pacto (Levítico 16:2; 1 Samuel 4:4). Y dentro de esa arca o trono dorado se guardaban las dos tablas en las que estaban escritas las diez «palabras» o mandamientos: la ley, la Palabra de Dios. Para los israelitas, eso modelaba la verdad de que la Palabra de Dios pertenece a la presencia, al mismo trono, de Dios.

La Palabra o el Verbo de Dios, por tanto, es esa Persona que pertenece a la intimidad más profunda, esencial y cercana a Dios, y que muestra la realidad más íntima de lo que Dios es. «El Hijo es el resplandor de la gloria de Dios, la fiel imagen de lo que él es» (Hebreos 1:3). Porque Él mismo es Dios. Él es el «Amén, el testigo fiel y veraz, el soberano de la creación de Dios» (Apocalipsis 3:14).

Este fue el tema que generó la batalla más grande que la iglesia ha peleado en los siglos posteriores al Nuevo Testamento: defender la creencia de que Jesús es verdaderamente Dios, nada menos que el propio Señor Dios de Israel.

Que Él es, como se consagró en aquellas conmovedoras palabras del Credo de Nicea: «Dios de Dios, Luz de Luz, Dios verdadero de Dios verdadero, engendrado, no creado, de la misma naturaleza del Padre». Esas palabras doctrinales son dinamita pastoral. El gran teólogo puritano John Owen vio esto con gran claridad en su maravilloso libro *Comunión con Dios*.[1] Owen explicó en el primer tercio de su obra cómo muchos cristianos operan bajo la errónea idea de que tras el misericordioso Jesús, amigo de los pecadores, hay un ser más siniestro, más pobre en compasión, en gracia, belleza y bondad, de quien nos gustaría conocer menos.

Owen señala que, puesto que Jesús es esta Palabra, podemos deshacernos de esa idea horrible. No hay otro Dios en el cielo diferente a Jesús. Él es uno con su Padre. Él es la Palabra, la huella, la expresión, el resplandor, la gloria de lo que es su Padre. Si uno lo ha visto, ha visto a su Padre. Y eso significa que, a través de Cristo, uno sabe cómo es Dios en verdad. A través de Cristo, veo cuánto detesta Dios el pecado. Por medio de Cristo veo que, al igual que el moribundo ladrón pecador de la cruz, yo también —pecador como soy—, puedo clamar a Él y decirle: «Acuérdate de mí», porque sé cómo va a responder. Aunque soy espiritualmente cojo, leproso, enfermo y sucio, puedo llamarlo. Porque sé exactamente cómo es Él con los débiles y los enfermos.

Stephen Charnock, otro gran predicador puritano, escribió lo siguiente:

> ¿No es Dios el Padre de las luces, la verdad suprema, el objeto más deleitable?... ¿No es Él luz sin tinieblas, amor sin crueldad, bondad sin mal, pureza sin mácula, todo excelencia por agradar, sin espacio para lo ingrato? ¿Acaso no están todas las cosas infinitamente por debajo de Él; mucho más abajo de lo que una camionada de estiércol estaría de la gloria del sol?[2]

¿No es ese el deleite en Dios que queremos para nosotros y para cada creyente? Charnock era un hombre enamorado de Dios, uno que a través de los vendavales y las tormentas de la vida, parecía llevar consigo la esencia de la claridad: su conocimiento de Dios. Pero, ¿de dónde procedía tal alegría? Charnock no podría haber sido más claro: el verdadero conocimiento del Dios viviente se encuentra en y a través de Cristo. Lo que vemos en Cristo es tan hermoso que puede hacer que los tristes canten alegres y los muertos vuelvan a la vida:

> Nada de lo que venga de Dios puede el creyente verlo mal, y menos a través de Cristo. El sol se eleva, las sombras se desvanecen, Dios camina sobre almenas de amor, la justicia se rinde al Salvador, la ley es desarticulada, las armas caen, su pecho se abre, sus entrañas anhelan, su corazón late, todo él rebosa de dulzura y amor. Y esta es la vida eterna, conocer a Dios creyendo en las glorias de su misericordia y su justicia en Jesucristo.[3]

En Jesucristo, intercambiamos oscuridad por luz al meditar en Dios. Porque, a diferencia de todos los ídolos de las religiones humanas, Él nos muestra —a cabalidad— a un Dios inigualablemente deseable, un Dios justo y bondadoso, un Dios que nos hace temblar de asombro y regocijarnos maravillados.

Otro gran beneficio pastoral proviene del versículo 3: «Por medio de él todas las cosas fueron creadas; sin él, nada de lo creado llegó a existir». Cristo, el Verbo eterno, es aquel por quien todas las cosas fueron hechas. Pero el pensamiento secular occidental ha hecho pasar esto como un ácido que corroe la iglesia. Y ha dejado a muchos cristianos con la sospecha de que, aun cuando es salvador, Jesús no es realmente el Creador de todo. De manera que cantan al amor de Dios los domingos y creen todo lo que se dice en la iglesia; pero al regresar a casa, al tropezar con las personas y los lugares que atraviesan, sienten que ese no es el mundo de Cristo. Como si el universo fuera un lugar neutral, un terreno secular. Como si el cristianismo fuera un adorno o un accesorio. Y Jesús se redujera a algo poco más que un mordisco reconfortante de chocolate espiritual, una opción junto con otros pasatiempos, un amigo imaginario que «salva almas» pero no más.

La Biblia no habla de ese ridículo y risible chico. «Para nosotros no hay más que un solo Dios, el Padre, de quien todo procede y para el cual vivimos; y no hay más que un solo Señor, es decir, Jesucristo, por quien todo existe y por medio del cual vivimos» (1 Corintios 8:6). Él es la Palabra, el agente de la creación que continúa defendiendo y sosteniendo la creación que hizo.

Desde el más insignificante erizo de mar hasta la estrella más refulgente, todo lleva su magnífico sello. Los cielos no pueden más que declarar su gloria, porque son su artesanía, y continúan asidos a Él. Su carácter está grabado en todo el universo tan profundamente que aun pensar en contra de Cristo, el Logos, es opuesto a la lógica y raya en la locura, y así es el necio que dice en su corazón: «No hay Dios» (Salmos 14:1). En el mundo de Cristo, nuestras facultades funcionan mejor en la medida en que se alineen con la fe en Él. Entonces seremos más lógicos, más vibrantes, más imaginativos y más creativos, ya que estamos trabajando con el mapa del universo tal como Él lo hizo.

EL HIJO ETERNO

Hay, sin embargo, otro título eterno de Cristo que comienza a presentarse en el prólogo de Juan.

En los primeros versículos, Juan se enfoca en el título «el Verbo». Pero se aparta de esto en el versículo 12. «A todos los que lo recibieron, que creyeron en su nombre, les dio el derecho de convertirse en *hijos* de Dios» (énfasis añadido). ¿Cómo es eso? «El Verbo, o la Palabra, se hizo carne y habitó entre nosotros, y hemos visto su gloria, la gloria como del único *Hijo* del Padre, lleno de gracia y de verdad» (v. 14, énfasis añadido). Además, «A Dios nadie lo ha visto nunca; el Hijo unigénito, que es Dios y que vive en unión íntima con el Padre, nos lo ha dado a conocer» (v. 18).

Porque además de ser la Palabra eterna de Dios, es también el Hijo eterno de Dios. En esos títulos, se puede captar cierta diferencia significativa. «Palabra» es un título que se refiere más a su unidad con Dios, al hecho de que Él es Dios; «Hijo» hace evocar otra tierna verdad: que tiene una relación real con Dios, su Padre.

Una vez más, el cristianismo tiene mucho más que cualquier otro sistema de creencias en el mundo. Es una verdad infinitamente superior con la que ninguna mente jamás ha soñado. Lo que Juan afirma es que Dios es un Padre eterno que ama a su Hijo. (Acerca del Espíritu Juan hablará luego.) Más adelante, en Juan 17:24, escribe lo que Jesús dijo: «Padre… porque me amaste desde antes de la creación del mundo». Todos los demás sistemas de creencias en la historia han tenido la nada fundamental o el caos esencial del que todo surge, uno o varios dioses que solo quieren notoriedad. Tales dioses inventados quieren servidores o compañía, y esa es la razón por la que crean o dicen crear. Pero aquí, en el Evangelio de Juan, vemos un Dios completamente diferente: un Dios Todopoderoso que es amor.

En su primera epístola, Juan escribiría que «Dios *es* amor» (4:8; énfasis añadido), porque este Dios no sería lo que es si no amara. Si en algún momento el Padre no tuviera un Hijo a quien amar, simplemente no sería Padre. Para ser lo que es, entonces, debe amar. Ser Padre significa amar, dar vida, engendrar al Hijo.

La filiación eterna con Cristo es una verdad muy preciosa para los cristianos. Y Arrio lo comprobó en el siglo cuarto al negarlo. Arrio vio que no había tal Hijo. Es decir, en algún momento, Dios creó al Hijo.

Sin embargo, así es como Arrio vio a Dios. Era obvio, pensó, que Dios no quería ensuciarse las manos creando el universo. De modo que creó al Hijo para que hiciera ese trabajo por Él. Primero que nada, eso significa que Dios no es Padre eterno, puesto que no tiene un Hijo eterno. De hecho, tampoco es realmente Padre. Tenemos el principal consuelo del «Padre nuestro que estás en los cielos».

En segundo lugar, para Arrio, no es que el Padre realmente amara al Hijo; el Hijo era solo su obrero contratado. Y si la Biblia alguna vez habló del agrado del Padre con el Hijo, solo pudo haber sido porque este había hecho un buen trabajo. Eso, presumiblemente, es la manera de entrar ante el dios de Arrio: sin Hijo eterno, sin Dios paternal, sin evangelio de gracia.

Para Arrio también existía el problema de la motivación del Hijo. Y piensa en Filipenses 2 e imagina que el Hijo era una criatura que nunca se había sentado en el trono celestial a la diestra de Dios. Y se cuestiona, ¿por qué se humillaría a sí mismo aun contando con un estado exaltado, semidivino y angelical en el cielo? ¿Por qué se humillaría a sí mismo al punto de sufrir la cruz? ¿Cuál sería su motivación?

De acuerdo a esa perspectiva arriana, su motivación debe haber sido que Dios lo exaltara a una gloria celestial que nunca antes había conocido. Por tanto, lo hizo en favor de sí mismo. Pero eso no es posible con el Hijo eterno. Al Hijo eterno, Dios no lo usa como ayudante contratado, ni tampoco este usa a Dios para obtener gloria celestial. Él ha estado eternamente al lado del Padre. Él es el amado eterno. Su motivación no era obtener para sí una supuesta gloria que nunca tuvo, sino compartir con nosotros lo que siempre había disfrutado: ¡la filiación! Venir a nosotros y traernos en Él a la posición exaltada que siempre había disfrutado con su Padre.

De modo que, ¿quién es el que encarna por completo lo que ofrece en el evangelio? La persona de Cristo modela la obra de Cristo y la naturaleza del evangelio de Cristo por completo. Porque el Hijo eternamente amado viene a nosotros para compartir con nosotros el mismo amor que el Padre siempre le prodiga. Él viene a compartir con nosotros y traernos a su vida, para que seamos llevados ante el Altísimo, no solo como pecadores perdonados, no solo como justos, sino como hijos amados que comparten —por el Espíritu— el mismo grito del Hijo: «¡Abba!» El amor eterno del Padre por el Hijo ahora nos cubre.

En el versículo 12 leemos: «A todos los que lo recibieron, que creyeron en su nombre, [el Hijo] les dio el derecho de ser hijos de Dios». Este es un tema que se entreteje a lo largo del resto del Evangelio de Juan. En el versículo 18, el Hijo se presenta dando a entender que está eternamente «en el seno del Padre». Él tiene esa intimidad profunda con su Padre. Más adelante, en 17:24, Jesús declara que su deseo es que los creyentes puedan estar con Él donde esté. Y eso se modela para nosotros en la Última Cena en Juan 13. Allí leemos: «Uno de ellos, el discípulo a quien Jesús amaba, estaba a su lado», o más literalmente, «en el seno de Jesús» (Juan 13:23).

Jesús ha estado eternamente en el seno del Padre y Juan está ahora en el seno de Jesús, por lo que este puede decirle al Padre en Juan 17:23: «Tú ... los has amado a ellos tal como me has amado a mí». El mayor privilegio del evangelio —coronar nuestra elección, nuestro llamado, nuestro perdón, nuestro vestido de justicia, dar forma a nuestra santificación, dar forma a nuestra glorificación— es que el Hijo comparta con nosotros su propia filiación, para que seamos conocidos como hijos de Dios.

Sin el Hijo eterno, usted ¡no obtiene ese evangelio! Sin Hijo eterno, no hay relación fraterna. Sin Hijo eterno, no hay Padre eterno. Si Dios no es Padre, no podría darnos el derecho de ser sus hijos. Si Él no gozó de la comunión eterna con su Hijo, entonces uno tiene que preguntarse si tiene algún compañerismo que compartir con nosotros o si, incluso, puede saber cómo es ese compañerismo. Si, por ejemplo, el Hijo era una criatura y no había estado eternamente «en el seno del Padre», conociéndolo y siendo amado por Él, entonces, ¿qué clase de relación con el Padre podría compartir con nosotros? Si el Hijo mismo nunca hubiera estado cerca del Padre, ¿cómo podría acercarnos a Él? Sería incapaz de llevarnos a esa relación como «hijos de Dios».

Si no hubiera Hijo eterno, veríamos a un Dios poco amoroso y una salvación completamente diferente. Seríamos como obreros distantes que nunca escucharon las hermosas palabras que el Hijo oró a su Padre: «Tú... los has amado a ellos tal como me has amado a mí». Pero el evangelio del Hijo eterno nos brinda una gran intimidad y confianza ante nuestro Padre celestial. ¡Somos hijos amados del Altísimo!

No hay otro Dios que pueda hacer eso, que nos acerque tanto, que nos ame tanto, que nos otorgue una condición tan exaltada. Ningún otro Dios podría ganar nuestros corazones. Solo a este Dios podemos decirle con toda sinceridad: «Padre nuestro», sabiendo que oramos, como lo dijo el antiguo Juan Calvino, como si fuera por la boca de Jesús.

El Altísimo se deleita en escucharnos como sus propios hijos y disfruta nuestras oraciones como un incienso de olor dulce delante de Él. Solo con este Dios, con el Hijo eterno, la oración es un privilegio placentero.

Y, una vez más, todo esto significa que uno tiene una salvación que es por gracia de principio a fin. Si la salvación no tiene que ver con ser adoptado en la familia del Padre, no es muy claro que tiene que ser completamente por gracia. A veces hablamos como si nuestro único problema ante Dios fuera que Él es perfecto en santidad y nosotros no. Pero si nuestro único problema es que no somos lo suficientemente buenos, tendremos que darle otra oportunidad. Trataremos de organizarnos y hacerlo mejor. Pero si la salvación tiene que ver con la adopción como hijos en la familia del Padre, entonces nuestro desempeño no va a funcionar, porque sencillamente uno no puede ganarse un puesto en la familia.

La filiación (v. 12) es una bendición de Dios —convertirse en hijos de Dios— y, por lo tanto, el esfuerzo no puede hacer nada para incorporarnos a la familia. Sus esfuerzos solo pueden convertirle en esclavo, ningún esfuerzo puede hacerle hijo. Todos nuestros esfuerzos para ganar la salvación de Dios por nuestra propia fuerza solo producirán esclavitud, esclavos que no heredarán nada. Pero hay buenas noticias: ¡la filiación es gratis!

Quinientos años atrás, la desidia con el Hijo eterno y el modo en que su persona y su ser moldean al evangelio, eran el centro conflictivo de la iglesia. La persona de Jesucristo, el Verbo y el Hijo Eterno, su identidad, no formaban ni impulsaban al evangelio como la gente lo escuchaba. En el catolicismo romano medieval, Cristo fue solo el repartidor que nos trajo lo que realmente quería la gente: «gracia». Y, como un energizante espiritual para los perezosos, esa «gracia» era lo que la gente realmente quería. Era lo que necesitaban para darles la energía a fin de salir y hacer las cosas santas que les haría llegar al cielo. Entonces, el premio para el creyente era una «cosa», algo que no era Cristo. El premio era el cielo, no Cristo. Jesucristo había sido reducido a un pequeño ladrillo en la pared de ese sistema. Para ser franco, ni siquiera tenía que ser el que había ganado la gracia en primer lugar. San Nicolás, Santa Bárbara o san cualquiera podría haberlo hecho.

Luego, en la Reforma, el mundo escuchó un mensaje profundamente centrado en Cristo: uno que enfatizaba que Dios no nos da una «cosa» llamada «gracia» para energizarnos a fin de que podamos ganar el cielo. No, Dios da su Hijo, su Palabra que se hizo carne. Y es desde su plenitud que recibimos gracia sobre gracia. El Hijo eterno: Él es el regalo del cielo. El versículo 12 dice: «a cuantos *lo* recibieron... les dio el derecho de ser hijos de Dios» (énfasis añadido). Es en Él que estamos revestidos de justicia y justificados. En Él, el Hijo, somos adoptados como hijos de Dios. Y en Él, por lo tanto, somos salvos. Y debido a que estamos en Él, somos mantenidos en esa posición.

En el pensamiento de la Reforma, Cristo es el tesoro, Cristo es nuestra seguridad. En el ideario reformado, Cristo es la joya y la piedra angular del evangelio, dándonos su forma y brindándonos un consuelo y una alegría que ningún evangelio sin Él podría igualar. En el pensamiento de la Reforma, *solus Christus* era el centro de las cinco solas, porque configuraba lo que los reformadores querían decir cuando hablaban sobre la gracia y la fe.

Sola Gratia («sola gracia»): Cuando los reformadores hablaban de la salvación solo por gracia, no querían decir que recibimos una «cosa» llamada gracia, sino que recibimos a Cristo por la misericordia de Dios.

Sola Fide («fe sola»): La fe no es algo que hacemos; es la mano vacía que recibe a Cristo.

Sola Scriptura («Escritura sola»): Las Escrituras, nuestra autoridad suprema, nuestro fundamento más profundo, se refieren a Él.

Soli Deo Gloria («solo la Gloria a Dios»): Si usted supiera cómo darle a Dios solo la gloria, exaltaría a Jesucristo. Porque solo a través de Cristo es glorificado el Dios viviente.

Así que prediquemos a Cristo: solo Cristo, el Verbo eterno, la Palabra eterna, el Hijo eterno. Porque no hay evangelio sin Él. Usted puede hablar de la gracia, puede hablar de fe, puede hablar de esperanza, puede hablar del evangelio, puede hablar solo de la gracia. Pero nada de eso es evangelio si no predica solo a Cristo.

Este es el centro al que debemos aferrarnos. Y como vemos en Él la irradiación de la gloria de Dios, ¿qué mejor centro con el cual comprometernos? En toda nuestra predicación, predicamos a Cristo, solo a Cristo. Nosotros lo predicamos a su pueblo, al mundo, a nosotros mismos. Predicamos de su persona gloriosa y su obra suficiente, y eso es lo que honra a la Reforma. Ese es el inicio de toda la Reforma. Esto es lo que reformará vidas y reformará la iglesia en nuestros días. Porque cuando solo Cristo es fielmente predicado, el mundo podrá ver su gloria. Esa es la única luz que vencerá y expulsará toda oscuridad.

2

Hijo de Dios e Hijo del hombre

Paul Twiss
Mateo 26:63-64

«¡Oh, Romeo, Romeo!, ¿por qué eres tú, Romeo? Niega a tu padre y rehúsa tu nombre; o si no quieres, júrame tan solo que me amas, y dejaré de ser una Capuleto... ¡Solo tu nombre es mi enemigo! ¡Porque tú eres tú mismo, seas o no Montesco! ¿Qué es Montesco? No es ni mano, ni pie, ni brazo, ni rostro, ni parte alguna que pertenezca a un hombre. ¡Oh, sea otro tu nombre! ¿Qué hay en un nombre?» Palabras familiares de Romeo y Julieta de Shakespeare, una historia de dos desventurados amantes cuya relación se ve obstaculizada en virtud de sus nombres. En este breve resumen, la frustración de Julieta es evidente cuando proclama la supuesta naturaleza trivial del nombre. Continúa diciendo: «¡Lo que llamamos rosa exhalaría el mismo grato perfume con cualquiera otro nombre!», sugiriendo, por lo tanto, que ni las personas ni los objetos obtienen su valor o su dignidad por el título o nombre por el que se les llama.

«¿Qué hay en un nombre?», pregunta Julieta y, si lo pensamos bien, podemos identificarnos con su confusión. Su lógica parece razonable. De hecho, toda la obra se trata de dos familias que se pelean por sus nombres. Parece algo irracional. Si no fuera por sus nombres, estos dos podrían haber disfrutado de un matrimonio feliz. Pero si damos una mirada retrospectiva y consideramos el punto de vista de Shakespeare, vemos que tal vez él no estuvo de acuerdo con Julieta.

En definitiva, Shakespeare es quien tiene el control del guion. Él es el responsable de la narración, y no pasa mucho tiempo después de esta escena en que las vidas de ambos amantes terminan en tragedia. Es como si Julieta preguntara: «¿Qué valor hay en un nombre?» y Shakespeare le responde: «Mucho, querida. Perderás tu vida por eso».

Al considerar el texto bíblico y específicamente el evangelio, hacemos bien en percatarnos de que a menudo, los eventos específicos, las enseñanzas y las interacciones se estructuran de modo intencional en torno a un nombre. El juicio de Jesús es un ejemplo (Mateo 26:57-68). Es significativo ya que presenta el tenso clímax que ha prevalecido a lo largo de la historia del evangelio entre Cristo y las autoridades. En esa tensa situación, hallamos dos de los títulos más reveladores —desde el punto de vista cristológico— usados en referencia a Jesús. A Él le preguntan: «¿Eres tú el Hijo de Dios?», a lo que Él responde: «Tú lo has dicho». Luego da un paso más y dice: «Y yo soy el Hijo del hombre». En respuesta a ello, las autoridades clamaron por su muerte (vv. 63-66, parafraseado). Por lo tanto, el cuestionamiento que debe hacerse es sobre el significado de estos dos nombres y la importancia de que sean uno. Eso es lo que discutiremos en este capítulo.

La interconexión de la Biblia

Si queremos entender de manera correcta estos títulos, debemos ir más allá de los límites de esta escena. De hecho, debemos traspasar las fronteras del evangelio. Es cierto que hasta este punto, «Hijo de Dios» e «Hijo del hombre» han aparecido muchas veces en la narración bíblica, tantas como aparecen en el Antiguo Testamento. Por lo tanto, podemos remontarnos a historias relacionadas con el Hijo de Dios y el Hijo del hombre que se desarrollan a través del Antiguo Testamento. Tales relatos dejan ver que para cuando lleguemos a los evangelios, veremos a Jesús recurriendo a un cuerpo teológico preestablecido cuando usa estos dos títulos. Así vemos que Él aprovecha las historias existentes en las Escrituras hebreas.

Antes de considerar esta trama histórica, permítame ofrecer una palabra sobre metodología. Lo que estamos considerando aquí es lo que se puede conocer como la interconexión de las Escrituras. Tenemos sesenta y seis libros, sin embargo, todos ellos están interconectados y relacionados entre sí. Así es como lo veo, me imagino que esos sesenta y seis volúmenes individuales están acomodados en un estante de la biblioteca y usted agarra uno de ellos, por ejemplo, Romanos. Cuando lo saca de la estantería, lo que usted ve es que en realidad hay un pedazo de hilo que pasa a través de Romanos por los otros libros de la Biblia. De hecho, cuando mira más de cerca, ve muchos pedazos de hilo que pasan de un libro a otro atravesándolos todos, tanto que no es posible sacar un libro del estante y aislarlo de los demás. Para estudiarlo de manera correcta y completa, debe sacarlos todos juntos de la estantería puesto que la Biblia está interconectada.

¿Por qué debemos considerar correctamente todas estas conexiones para llegar a una comprensión completa del texto? Para responder a esa pregunta, debemos pensar en la autoría de la Biblia tanto desde una perspectiva divina como humana. Afirmamos que Dios redactó las Escrituras. Él es el Autor legítimo de la Biblia. Por lo tanto, esperamos que no tenga contradicciones teológicas. Pero más que eso, al pensar en el hecho de que la Biblia cuenta la historia de la redención desde Génesis hasta Apocalipsis, podemos considerar en qué modo se relata.

Cuando un escritor comunica una narrativa y desarrolla una trama, lo hace por medio de conexiones, a modo de superposición, de una escena a la siguiente. Emplea enlaces conceptuales y temáticos para contar y desarrollar la historia. Sabemos que esto es cierto por nuestra experiencia cotidiana. Cuando vemos una película, no es necesario que el director explique continuamente cada aspecto de la trama puesto que asume que podemos hacer las conexiones. A medida que la película avanza vamos entretejiendo lo que entendemos acerca de los personajes y los temas. Lo mismo ocurre con el texto bíblico.

Al considerar el asunto desde la perspectiva humana, vemos que la Biblia está compuesta por sesenta y seis libros. Tiene un autor principal —Dios— y muchos escritores humanos. Pero, ¿cómo se escribió la Biblia? ¿Cómo llegamos a este producto final? Imagínese al pueblo de Dios reunido alrededor de las Escrituras. El texto se lee en voz alta día tras día. Las palabras, los pensamientos, los conceptos llegan poco a poco a la mente de la audiencia. Luego Dios levanta a otro escritor para agregar al canon. Mientras ese nuevo escritor pone la pluma en el pergamino, las palabras, los conceptos y las ideas de las Escrituras anteriores ya están en su mente, ya han moldeado su cosmovisión. De hecho, podemos decir que, hasta cierto nivel, lo que está a punto de escribirse ya ha sido determinado por lo que vino antes. Más que eso, para ser claro con esa audiencia, el escritor recurre de manera intencional a aquello con lo que la audiencia estaba familiarizada, a saber, las Escrituras que ya habían escuchado.

Así es como nació el texto inspirado. La Biblia está intrínsecamente interconectada. Por lo tanto, nos incumbe estudiarla de esa manera. Debemos cuestionar cómo un texto en particular puede conectarse con los anteriores. Al pensar en «Hijo de Dios» e «Hijo del hombre», a menudo se dice que estos dos títulos se refieren simplemente a la deidad y la humanidad de Jesús. Pero si pensamos en la interconexión de la Biblia, comenzamos a ver que esas simples definiciones no proporcionan la imagen completa.

JESÚS COMO HIJO DE DIOS

Con respecto al Hijo de Dios, debemos comenzar en el primer capítulo de Génesis. Aunque la narración es conocida, no debemos dejar de ver el impulso que hay en este capítulo hasta el día seis. Este día es cumbre en la obra creativa de Dios, ya que es cuando hace al hombre y, por ende, a la humanidad. Vemos el énfasis del autor por cuanto se dedica más espacio al sexto día que a cualquier otro. Además, encontramos el divino plural «Hagamos», que no se halla en ningún otro día. Y, en virtud del hecho de que el sexto día es el del último acto creativo, entendemos que la humanidad es el pináculo del orden creado.

En el versículo 26 vemos que Dios dijo: «Hagamos al ser humano a nuestra imagen y semejanza». Ahora, aunque Adán no se menciona explícitamente como hijo de Dios aquí, podemos inferir que aquí se habla con un lenguaje filial. Adán fue creado, en cierta manera, para que se pareciera al Creador. Él imita a Dios, al igual que muchos hombres y mujeres tienen hijos o hijas que se parecen a ellos o tienen gestos similares. Luego vemos en Génesis 5, de acuerdo con la interconexión de las Escrituras, una repetición de este lenguaje: «Cuando Dios creó al ser humano, lo hizo a semejanza de Dios mismo… Cuando Adán llegó a la edad de ciento treinta años, tuvo un hijo *a su imagen y semejanza*» (vv. 1, 3; énfasis añadido). Parece que el lenguaje que se observa en Génesis 1 es filial. Esto cobra vigencia para nosotros cuando pensamos en la genealogía de Lucas 3. Lucas remonta el linaje de Jesucristo hasta Adán y termina la genealogía diciendo: «Adán, hijo de Dios» (Lucas 3:38). Adán es el primer hijo de Dios.

¿Qué representa esa filiación como hijo de Dios? Representa y es un privilegio. Adán es hecho a imagen y semejanza de Dios. Es diferente de todo lo que hay en el orden creado. Recibe un privilegio único. Sin embargo, la filiación también implica responsabilidad. En Génesis 1:28, leemos que Dios —refiriéndose a los dos seres humanos— les dijo que fueran fructíferos, que se multiplicaran, llenaran la tierra, la dominaran y la sometieran. Los hijos de Dios tienen la responsabilidad, como corregentes y representantes de Dios, de someter la tierra y de llenarla.

En cuanto al privilegio y la responsabilidad que implica ser hijo de Dios, podríamos decir que el hombre tenía que tratar con la persona de Dios en cuanto a lo que tuviera que ver con el orden creado. Como es hecho a imagen y semejanza de Dios, el hombre tenía que llenar la tierra y gobernarla como corregente de Dios; además, debía tratar con Él en cuanto a lo que tuviera que ver con el resto de la creación.

La historia del hijo de Dios continúa cuando, en Génesis 3, este falla. Una de las bestias del campo usurpó la autoridad del hombre, por lo que Adán pecó. Despreció su privilegio; faltó a su responsabilidad. Como consecuencia, esa crisis dio inicio a la búsqueda de otro hijo de Dios, uno que acogiera ese privilegio y cumpliera con sus responsabilidades, uno que tuviera éxito en cuanto a mediar con Dios en lo relativo al orden creado.

La siguiente manifestación de un hijo de Dios se presenta en el libro de Éxodo. Es interesante observar que este libro se narra en términos de luz y oscuridad, división de aguas y aparición de tierra firme. Estos son desencadenantes lingüísticos que nos remiten a un acontecimiento anterior. De acuerdo con la interconexión de las Escrituras, Génesis 1 empleó esos términos para describir los acontecimientos de la creación.

Hay muchas observaciones que podrían hacerse con respecto a esta conexión pero, en términos de filiación, simplemente señalamos que el trabajo creativo de Dios en Génesis apuntaban a un hijo. Por lo tanto, cuando comenzamos a leer detenidamente la narración de Éxodo y vemos que esos términos surgen por segunda vez, debemos anticipar la aparición de un hijo.

En efecto, eso es exactamente lo que encontramos. En Éxodo 4:22, Dios dice: «Entonces tú le dirás de mi parte al faraón: "Israel es mi primogénito. Ya te he dicho que dejes ir a mi hijo para que me rinda culto"». Israel es hijo de Dios. De hecho, de acuerdo a la interconexión de las Escrituras podemos inferir desde Génesis la teología filial, o de la filiación, con la nación de Israel. Este pueblo había heredado el privilegio y la responsabilidad. Tenía el mandato de mediar con Dios en lo relativo al mundo. Como tal, encontramos en Éxodo 1:7 que ya se estaba comportando como hijo: «Los israelitas tuvieron muchos hijos, y a tal grado se multiplicaron que fueron haciéndose más y más poderosos. El país se fue llenando de ellos». Esto hace eco de Génesis 1:28.

Ahora, en la transición de Adán a Israel, hay un detalle significativo que no debe pasarse por alto. Hasta este punto, la filiación ha operado a nivel individual. Pero cuando uno llega a Éxodo, ve que el hijo de Dios se convierte en un ente corporativo, una nación. A partir de ahí, la misión del hijo de Dios cobra una fuerza nacionalista. A partir de ahora, la mediación de la persona de Dios en cuanto al orden creado se logrará no solo por un hombre creado, sino por una nación con las demás naciones.

Trágicamente, al igual que con Adán, Israel falló en la tarea. Dios les dio la ley, pero ellos no la obedecieron. Vemos en el libro de Jueces que la gente se comportaba como paganos en la Tierra Prometida. Eso hizo que en ese momento no hubiera ningún interés internacional en Israel. Nadie quería tener nada que ver con Israel en la época de los jueces. No había mediación de Dios entre las naciones. Así que la búsqueda continuaba. El mundo necesitaba a otro hijo de Dios.

Pasemos ahora a 2 Samuel 7 y el pacto davídico. Dios responde a la situación de los jueces —que existían debido a que no tenían rey— nombrando a un monarca que es amado por el Señor. Establece un pacto con él, se convierte en el canal a través del cual Dios logra sus propósitos en la historia de la redención. Y en el contexto de ese pacto, encontramos de nuevo el lenguaje filial: «Yo seré su padre, y él será mi hijo» (2 Samuel 7:14). Por lo tanto, a medida que avanzamos en la historia, pasamos de lo corporativo a lo individual. Más concretamente, dejamos de hablar de una nación para referirnos a un rey. Esta transición no anula la filiación de Israel; al contrario, la complementa puesto que la nación necesita de un rey y este, a su vez, necesita un reino. Además, ahora tenemos el establecimiento de una relación según la cual cuando el hijo individual de Dios —el monarca davídico—, logre su objetivo y medie con la persona de Dios y la nación de Israel; entonces el hijo corporativo de Dios —el pueblo de Israel—, logrará su objetivo y mediará con la presencia de Dios y las naciones. Cuando el rey florezca, la nación también florecerá. Sin embargo, David falló. Cometió adulterio con Betsabé. Trastornó la casa davídica, lo que a su vez hizo que la nación de Israel cayera en el caos. Debido al adulterio de David, la nación de Israel dio su primer paso hacia el exilio.

Hay muchos más pasajes en los que aparece la teología filial, pero cuando vamos a Mateo, entendemos que no es una cuestión irrelevante cuando le preguntan a Jesús: «¿Eres tú el Hijo de Dios?» Note, en este punto, la colocación de los términos en la siguiente frase: «[Dinos] Si eres el Cristo, el Hijo de Dios». Cristo significa «Mesías». Mesías significa «Ungido». Ungido, en este caso, se refiere al rey David. Yo lo parafraseo así: «¿Eres tú el rey davídico, el Hijo de Dios?» A lo que Jesús responde: «Sí». Y afirma que es el Rey davídico, el Hijo de Dios que ha venido a reinar sobre ellos. Además, declara que mediará por ellos ante la persona de Dios, haciendo que Israel florezca y que las naciones se tornen a Él. Esta confesión tiene implicaciones globales. Es toda una declaración para un carpintero de Nazaret.

En este punto, podríamos plantearnos la pregunta: ¿Cómo es que Jesús puede ser un Hijo de Dios que no falla? ¿Cómo tiene éxito donde todos los hijos anteriores fallaron? La respuesta a la pregunta es que Él es Dios el Hijo. Él puede ser el Hijo encarnado que no falla porque es el Hijo Eterno.

¿Y QUÉ?

Vivimos en una cultura impulsada por el consumo. Las ansias por el consumismo que vemos en la sociedad se desbordan en la iglesia; de manera que, el domingo por la mañana, las personas quieren que se les digan tres cosas que hacer con su vida en la semana que viene. Quieren un consejo que consumir y un «aplicación» para ese consejo. Aunque no es incorrecto usar la Palabra de Dios para dar instrucciones útiles, tenemos la maravillosa oportunidad de predicar simplemente la gloria de Cristo. Tenemos el privilegio de mostrarles a las personas la riqueza y la profundidad del evangelio. Confiamos en que, al simplemente presentarles a este Hombre en toda su belleza, esplendor y excelencia, sus corazones sean inducidos a adorarlo. Y a medida que lo adoren, también confiamos en que otros asuntos más «prácticos» y más «apremiantes» comenzarán a encajar en su lugar. Es decir, viviremos sabiamente cuando adoremos bien.

Jesús como Hijo del Hombre

Jesús no se contenta solamente con que reconozcamos simplemente que es el Hijo de Dios. Quiere que lo confesemos. Va más allá y, en esencia, dice: «No solo soy el Hijo de Dios, sino que también soy el Hijo del Hombre». Esto nos lleva a una segunda historia en la Biblia. De acuerdo a la interrelación de las Escrituras, nos tornamos nuevamente al libro de Génesis. Recordemos que cuando el hombre fue creado, fue sacado de la tierra. Así que hay una conexión intrínseca entre nosotros y el suelo. Por lo tanto, al llegar a Génesis 3, vemos que cuando Adán le dio la espalda a Dios, no solo hizo que la humanidad cayera, sino que todo el orden creado se desplomó. Cuando Adán pecó y cayó, derribó al cosmos consigo. Las estrellas del cielo no brillan hoy como lo hicieron una vez. Los mares, los océanos, los ríos, las rocas y las montañas no alaban a Dios hoy como lo hicieron hace mucho tiempo. La escena más bella que pudimos encontrar en el planeta tierra no es más que una imagen descolorida del universo antes de la caída.

Con ese escenario, vemos en Génesis 11 la primera aparición de la frase «hijos de hombres» (v. 5, RVR1960). También observamos en Génesis 11 cómo la narración se elabora intencionalmente de tal manera que nos remite a Génesis 1—3. Hay muchas palabras que se toman de esos primeros capítulos del Génesis: leemos sobre el cielo (11:4), sobre toda la tierra (11:1), sobre el este (11:2), sobre la construcción y la creación (11:3, 4, 5), el nombramiento de las especies (11:9), y del plural divino otra vez (11:7).

Además, vemos el tema de llenar la tierra, aunque en un sentido negativo. En Génesis 11, estos hombres básicamente dicen: «Construyamos una torre para hacernos un nombre, para que no seamos dispersados». Estos hombres se niegan a obedecer el mandato de ir y poblar la tierra.

Por lo tanto, si damos un paso atrás y consideramos el panorama general, vemos que Génesis 11 es una segunda narración de la caída. Los capítulos 1 y 2 de Génesis relatan la creación; el capítulo 3 registra la caída; los capítulos 4 a 6 hablan de la explosión del pecado; los capítulos

7 a 10 informan acerca del diluvio, que Dios comienza y recrea; y luego en Génesis 11, vemos nuevamente a la humanidad dando la espalda a su Creador. El incidente de la Torre de Babel nos devuelve al punto de partida. Es la caída, toma dos.

Es importante percatarse de que este es el contexto para el primer uso de la frase «hijos de hombres». El narrador quiere que relacionemos a esas personas con su padre, Adán. De hecho, traducido al pie de la letra, los hijos de los hombres son los hijos de Adán. Ellos son la descendencia de quien hizo que toda la creación se viniera abajo. Lo que los caracteriza es su naturaleza caída: su pecado y su transgresión. Y a medida que ubique esta frase en todo el Antiguo Testamento, usted encontrará que siempre se ajusta a esta imagen. Unas veces los hijos de los hombres son retratados como perdidos, indefensos, débiles y necesitados de salvación. Otras veces se habla de ellos como rebeldes y malvados, aquellos que le dan la espalda a Dios. En todos los casos, los hijos de los hombres se caracterizan por ser quienes personifican la naturaleza caída de la humanidad y, por implicación, todo el universo.[1]

Llegamos así al libro de Ezequiel. Su ministerio causa curiosidad porque Dios llama a Ezequiel «hijo de hombre» una y otra vez a lo largo del libro. Pero cuando se considera adecuadamente, podríamos pensar que esto es ilógico. Ezequiel, el hombre, no se caracteriza por la maldad. Parece ser un buen tipo. Se ha estado entrenando toda su vida para el sacerdocio, luego Dios lo levantó para ser profeta. Parece que persigue una conducta justa y, sin embargo, de alguna manera, Dios lo llama «hijo de hombre». ¿Cómo podemos aliviar esta tensión? La respuesta viene al pensar a través de la naturaleza del ministerio de Ezequiel. Ezequiel fue un profeta que, más que cualquier otro, no solo pronunció las palabras de Dios, sino que también las representó. No solo entregó los oráculos de Dios, sino que también los encarnó.

Vemos en los capítulos 1 y 2 que Ezequiel cae de bruces como si estuviera muerto, pero el Espíritu lo toma y lo pone de pie. Esta es una imagen de la salvación que Israel recibirá pronto en el capítulo 37. En el capítulo 4, vemos que el Señor le pide a Ezequiel que se acueste sobre su lado izquierdo por trescientos noventa días y que pondría sobre él el pecado de Israel, cumplidos esos días se iba a acostar sobre su lado derecho cuarenta días y a llevar sobre sí la maldad de Judá. Y comería pan de cebada cocido debajo de la ceniza. Y bebería el agua por medida, la sexta parte de un hin; de tiempo en tiempo la bebería, se cortaría el pelo y la barba, e iba a perder a su esposa, todo para mostrarle a Israel su duro corazón, y el juicio que les sobrevino.

A lo largo del libro, Ezequiel actúa como un Israel en miniatura. Por lo tanto, podemos decir que asume un rol de intermediario. Ezequiel representa a la gente. Él se para frente a ellos y se identifica con ellos. Dios lo llama «hijo de hombre» no porque sea característicamente malvado sino porque representa a los hijos de los hombres. Como tal, en la historia del hijo del hombre, Ezequiel indica un cambio importante: la designación de Dios para él demuestra que el término ha asumido una función representativa.

Eso nos lleva a la culminación de la teología del hijo del hombre en el Antiguo Testamento: el libro de Daniel. Daniel presenta un esquema para la salvación desde el exilio hasta el final de la historia redentora. Daniel 7 es la pieza central del libro y el eje teológico. La historia de la salvación se puede entender por lo que sucede en este capítulo. En el versículo 2, Daniel dice: «Durante la noche tuve una visión, y en ella veía al gran mar, agitado por los cuatro vientos del cielo». El versículo 3 dice: «Del mar salían cuatro bestias enormes». Ahora, ¿por qué Daniel habló de cuatro reyes terrenales y humanos en términos de bestias surgiendo del orden creado? La respuesta, en parte, es para asegurar que pensemos en una creación tipo paradigma. Ya hemos leído acerca de las bestias que surgieron del orden creado en Génesis 1. Así que no es accidental que Daniel describa a cuatro reyes humanos terrenales en términos de bestias que surgen de la tierra. Él quiere que pensemos desde la perspectiva de la creación, a través de la óptica de Génesis 1—3.

Es con este contexto establecido que trabajamos a través de la lógica de la visión. Aquí vemos a cuatro reyes terrenales, malvados, arrogantes, elevándose, aferrándose al poder que no es suyo, operando en contra de Dios y en última instancia siendo destruidos (Daniel 7:4-10). Luego en los versículos 13-14 leemos: «He aquí con las nubes del cielo venía uno como un hijo de hombre, que vino hasta el Anciano de días, y le hicieron acercarse delante de él. Y le fue dado dominio, gloria y reino, para que todos los pueblos, naciones y lenguas le sirvieran; su dominio es dominio eterno, que nunca pasará, y su reino uno que no será destruido». La pregunta es: ¿cómo encaja este hijo de hombre en la historia general del hijo del hombre que hemos trazado hasta ahora? Debemos prestar atención a los detalles. En realidad, no se le describe como hijo de hombre, sino uno como hijo de hombre. Esa única palabra en arameo tiene mucho peso teológico. Como un hijo de hombre lo que significa es que hay algunas maneras en que este Hijo del Hombre es similar a los hijos anteriores de los hombres. Pero él también es diferente.[2]

Al considerar los puntos disímiles y volviendo a la metáfora de la creación que Daniel estableció en los versículos 2-3, recordamos que en Génesis 3, una bestia del campo usurpó la autoridad del hombre y triunfó. En Daniel 7, las bestias del campo lo intentan, pero no pueden usurpar la autoridad del hombre. En Génesis 3, las bestias ganan; en Daniel 7, el Hijo del Hombre gana. Por lo tanto, el primer punto de disparidad es que este Hijo del Hombre invierte la narración de la caída. Él gana y tiene éxito donde el primer hombre fracasó.

Podríamos preguntarnos cómo este Hijo del Hombre tiene éxito donde todos los demás fallaron. Note que el Hijo del Hombre viaja en las nubes del cielo (7:13). En el antiguo pensamiento del Cercano Oriente, se entendía que cualquier persona que viajara en las nubes era deidad. Obsérvese también que, en el mismo verso, este Hijo del Hombre se encuentra cara a cara con el Anciano de días. Nadie ha visto a Dios y ha vivido y, sin embargo, aquí hay uno que está delante de Él. Por último, note que Él recibe adoración y una honra que normalmente está reservada para Dios (7:14). Este, entonces, es el segundo punto de disimilitud: este Hijo del Hombre es divino. Y eso explica cómo tiene éxito en revertir la narrativa de la caída.

¿Cuáles son los resultados de su éxito? Esta pregunta nos lleva a un punto de similitud. Lo primero a observar es que Él es hombre. Es, de alguna manera, divino; pero vemos que también se describe como un ser humano: un hijo del hombre. Más que eso, de acuerdo con el hijo del hombre de Ezequiel, este representa a los demás. Vemos eso con más claridad cuando miramos la segunda mitad del capítulo 7, que es la explicación de la visión. Es interesante notar que, cuando se lee la segunda mitad del capítulo 7, el Hijo de Hombre no se menciona en ninguna parte. Él es clave para la teología de la visión y para todo el libro; sin embargo, Él no se menciona en su explicación. Por el contrario, vemos que los santos del Altísimo están a la vista (Daniel 7:25, 27). Ellos son los que reciben el reino. La razón por la cual Daniel puede intercambiar una por la otra es porque están muy conectados. El Rey impera sobre su pueblo y, a medida que tiene éxito, se los lleva a la victoria. Este Hijo del Hombre representa a los hijos de los hombres.

Además, al recordar que los hijos de los hombres provienen de la tierra, el ministerio del Hijo del Hombre tiene implicaciones para el orden creado. Su éxito, al triunfar sobre la bestia del campo con la que Adán falló, significa no solo que los hijos de los hombres ahora tienen éxito sino también que el cosmos es redimido.

Volviendo a la confesión de Jesús en el juicio: su doble proclamación: que es Hijo de Dios y que es Hijo del Hombre, es el clímax cristológico de la narración evangélica hasta el momento. En esencia, Él declara: «En todos los sentidos que pueda concebirse, soy el centro de la historia redentora. Para Israel, sí, y para todo el universo». Y entendiendo las implicaciones de esta confesión, las autoridades clamaron por su muerte.

¿Hijo de Hombre e Hijo de Dios?

La única pregunta que queda entonces es: ¿Cuál es el significado de los dos términos que se unen? ¿Hay una relación entre el Hijo del Hombre y el Hijo de Dios evidente en la escena del juicio? En respuesta, observamos que esta no es la primera vez que se nivelan los dos títulos. De hecho, al leer los evangelios detenidamente, vemos una interacción entretejida entre el Hijo de Dios y el Hijo del Hombre. A menudo, en la narración del evangelio aparecen confesiones en cuanto a que Jesús es Hijo de Dios, Hijo del Altísimo, Hijo del Bendito, a lo que Jesús responde no enseñándoles acerca del Hijo de Dios, sino enseñándoles acerca del Hijo del Hombre. Por ejemplo, Jesús pregunta: «¿Quién dices que soy yo?» Pedro responde: «Tú eres el Cristo, el Hijo del Dios viviente». Y a su vez, Jesús no dice: «Déjame que te cuente acerca de ese Hijo de Dios». Más bien, esencialmente dice: «El Hijo del hombre tiene que sufrir» (Mateo 16:15-23). Los autores del evangelio ya han reunido en la narración, en varias ocasiones, estos dos títulos.[3]

El significado probable de su unión —en el juicio y en otros escenarios— es que el cumplimiento de uno depende del cumplimiento del otro. Específicamente, la mediación de Dios por las naciones a través del Hijo de Dios es el medio por el cual puede suceder la reconciliación cósmica del Hijo del Hombre. O para decirlo de otra manera, es porque

Jesús tiene éxito como Hijo de Dios que también puede tener éxito como Hijo del Hombre. Como un efecto dominó, uno precipita al otro.

Conclusión

No se conforme con elaborar un mensaje cuya profundidad no tenga clara. Por el contrario, entréguese a cada palabra del texto y comprenda que, en los nombres de Cristo, en los rincones de la narración, en todos los detalles, hay una gloria y una riqueza en la que podemos pasar la eternidad deleitándonos, meditando en ello: y predicando a otros. Además, trabaje diligentemente para comunicar la historia de las Escrituras. Debemos entender la interconexión inherente de cada texto. Debemos hacer el arduo trabajo de buscar esas conexiones y entender correctamente el significado adherente a ellas. Debemos esforzarnos por mostrarle a la gente el drama de la historia de la redención tal como se nos ha dado desde Génesis hasta Apocalipsis, sabiendo que manifestamos la gloria de Dios cuando les mostramos un panorama más amplio.

3

La relación del Hijo con el Padre

Mark Jones
Isaías 50

Al examinar el tema de la relación entre el Padre y el Hijo, quiero hacer algunas observaciones sobre varias verdades acerca del siervo descrito en Isaías 50, del tercero de los cuatro «Cánticos del siervo».

La primera de esas canciones está en Isaías 42, donde el Padre, Yahweh, habla de un «siervo» a quien equipa al poner su Espíritu sobre él. Isaías, creo, es el profeta del Espíritu Santo en el Antiguo Testamento. Isaías, por lo tanto, es el compañero de los relatos de Lucas, ya que este enfatiza —más que cualquier otro— el papel del Espíritu Santo en la vida de Cristo. Pasando a la segunda canción del siervo en Isaías 49, encontramos un diálogo entre el Padre (Yahvé) y el Hijo (el siervo), con los gentiles y los judíos siendo entregados al Siervo como su recompensa.

Pero luego vienes al capítulo 50, y el siervo habla:

«A la madre de ustedes, yo la repudié; ¿dónde está el acta de divorcio? ¿A cuál de mis acreedores los he vendido? Por causa de sus iniquidades, fueron ustedes vendidos; por las transgresiones de ustedes fue despedida su madre. ¿Por qué no había nadie cuando vine? ¿Por qué nadie respondió cuando llamé? ¿Tan corta es mi mano que no puede rescatar? ¿Me falta acaso fuerza para liberarlos? Yo seco el mar con una simple reprensión, y convierto los ríos en desierto; por falta de agua sus peces se pudren y se mueren de sed. A los cielos los revisto de tinieblas y los cubro de ceniza». El Señor omnipotente me ha concedido tener una lengua instruida, para sostener con mi palabra al fatigado. Todas las mañanas me despierta, y también me despierta el oído, para que escuche como los discípulos. El Señor omnipotente me ha abierto los oídos, y no he sido rebelde ni me he vuelto atrás. Ofrecí mi espalda a los que me golpeaban, mis mejillas a los que me arrancaban la barba; ante las burlas y los escupitajos no escondí mi rostro. Por cuanto el Señor omnipotente me ayuda, no seré humillado. Por eso endurecí mi rostro como el pedernal, y sé que no seré avergonzado. Cercano está el que me justifica; ¿quién entonces contenderá conmigo? ¡Comparezcamos juntos! ¿Quién es mi acusador? ¡Que se me enfrente! ¡El Señor omnipotente es quien me ayuda! ¿Quién me condenará? Todos ellos se gastarán; como a la ropa, la polilla se los comerá. ¿Quién entre ustedes teme al Señor y obedece la voz de su siervo? Aunque camine en la oscuridad, y sin un rayo de luz, que confíe en el nombre del Señor y dependa de su Dios. Pero ustedes que encienden fuegos y preparan antorchas encendidas, caminen a la luz de su propio fuego y de las antorchas que han encendido. Esto es lo que ustedes recibirán de mi mano: en medio de tormentos quedarán tendidos.

Isaías es el profeta que habla de sus labios inmundos (6:5). Aunque se declara impuro, ¿hay algún otro profeta en toda la Palabra de Dios que tenga la elocuencia y belleza del lenguaje con el que se expresa Isaías? Con esos labios con los que se declaró impuro, habla algunas de las palabras más majestuosas que jamás se hayan pronunciado. De hecho, quizás solo Job y algunos de los salmistas se le acerquen en el Antiguo Testamento.

Él escribe sobre esta misteriosa figura como un siervo. Escribe, por supuesto, del Señor Jesucristo. Aquí encontramos una serie de verdades profundas que nos hablan acerca de este siervo, el Señor Jesucristo, y su relación con el Padre.

Jesús fue instruido por su Padre

El primero, en 50:4, es que el siervo es enseñado. «El Señor omnipotente me ha concedido tener una lengua instruida». La enseñanza del siervo era asombrosa; hizo que la gente se maravillara.

La gente se maravillaba por las palabras llenas de gracia que salían de los labios de Jesús. En otra ocasión en la sinagoga, preguntaron: «¿De dónde sacó este tales cosas? ¿Qué sabiduría es esta que se le ha dado?» (Marcos 6:2). Y, «¿De dónde sacó este tantos conocimientos sin haber estudiado?» (Juan 7:15). La respuesta está aquí, en Isaías 50: «El Señor omnipotente me ha concedido tener una lengua instruida». Esa es la respuesta a sus preguntas. ¿De dónde obtuvo Él su enseñanza? La obtuvo de su Padre que está en el cielo.

Él diría: «Mi enseñanza no es mía, sino del que me envió» (Juan 7:16). También dijo: «Yo no he hablado por mi propia cuenta; el Padre que me envió me ordenó qué decir y cómo decirlo» (Juan 12:49). Cristo Jesús fue, cada mañana, enseñado e instruido por su Padre. No sabemos exactamente cómo se llevó a cabo esa enseñanza, pero una cosa es cierta: a lo largo de su vida, Jesús devoró continuamente el Antiguo Testamento para que se convirtiera, por así decirlo, en parte de su ADN. Es probable que haya memorizado gran parte del Antiguo Testamento.

Así como los reyes cuando tomaban posesión de sus funciones se les entregaban una copia de la ley (Deuteronomio 17:18), Jesús tenía la ley escrita en su corazón y memorizada. ¿Cuál es la pregunta que Jesús hizo más durante el transcurso de su ministerio? «¿No has leído?» ¿Cuántas veces tiene que decir eso, no a los gentiles ignorantes, sino a los judíos religiosos? «¿No has leído?» ¡Qué gran acusación de los labios de nuestro Salvador! «¿No has leído?»

Por treinta años, a Jesús se le enseñaba temprano en la mañana para que pudiera enseñar durante tres años. Medite en eso. Lo revertimos. Durante treinta años, fue moldeado, instruido y entrenado, de modo que por tres años pudo decir: «Solo hablo las palabras que el Padre me ha dado». Esa es la sumisión y la obediencia del siervo. ¿Puede pensar en una mayor obediencia que simplemente decir: «Yo solo hablo las palabras de mi maestro»? Eso fue precisamente lo que Él hizo.

El siervo dice en Isaías 50:4 que «El Señor omnipotente me ha concedido tener una lengua instruida». ¿Por qué? Como quien dice: «Para que sepa sostener con una palabra al cansado». Esto es precisamente lo que Moisés habló en Deuteronomio 18 sobre el profeta que vendría: «Por eso levantaré entre sus hermanos un profeta como tú; pondré mis palabras en su boca» (Deuteronomio 18:18a). «Mis palabras en su boca»: esa es la esencia de un profeta que no habla por su propia cuenta, ni Moisés, Isaías, nuestro Señor Jesucristo, ni usted ni yo. «Y él les dirá todo lo que yo le mande» (Deuteronomio 18:18b).

Santiago 3:8 dice que ningún hombre ha domado la lengua, pero Jesús lo hizo. ¿Por qué se le da a Jesús autoridad? ¿Por qué se le da el dominio? Porque, en última instancia, Él domesticó algo que nadie podía domesticar: la lengua. Nunca una palabra fuera de lugar o mal hablada. Domesticó su lengua porque esta fue domesticada por su Padre en el poder del Espíritu Santo. En uno de los cánticos anteriores del Siervo, este dice: «Hizo de mi boca una espada afilada» (Isaías 49:2). ¡Qué descripción! No es un conquistador militar con grandes ejércitos, sino un hombre que viene y tiene su lengua domesticada por el Padre para que pueda decirse que es una «espada afilada». Él siempre supo qué decir. Confundía a sus enemigos. Trajo paz y sanidad a los que estaban heridos. Confundió a la gente a veces a propósito. Hablaba en parábolas. Le habló a la mujer en el pozo, a Nicodemo, a su madre, a sus discípulos, y siempre supo qué decir; pero algunas veces supo cuándo no debía decir nada.

Domesticar la lengua incluye no solo saber qué decir, sino también saber qué no decir, que es mucho más difícil para algunos de nosotros de lo que imaginamos. Si observa sus palabras, incluso las que pronunció en la cruz, ¿no son una obra maestra de la teología pastoral? Aun en la mayor agonía recurrió al Antiguo Testamento en muchas de sus palabras. Diciendo: «Padre, en tus manos encomiendo mi espíritu», palabras citadas en el Salmo 31:5 (Lucas 23:46), y «Tengo sed», del Salmo 69:21 (Juan 19:28). Eso era tan natural para Él. Es como si simplemente abriera la boca y el Antiguo Testamento fluyera como un río. Todo ello porque su Padre le enseñó a hablar.

JESÚS FUE OBEDIENTE A SU PADRE

La segunda verdad de Isaías 50 es que el siervo es obediente. «No he sido rebelde ni me he vuelto atrás. Ofrecí mi espalda a los que me golpeaban, mis mejillas a los que me arrancaban la barba; ante las burlas y los escupitajos no escondí mi rostro» (vv. 5-6). Aquí hay algo extremadamente importante que entender.

Todo lo que Cristo hizo por nosotros y nuestra salvación fue hecho de modo espontáneo. El énfasis aquí es: ¡Yo, yo, yo lo hice! «Doy mi vida por las ovejas» (Juan 10:15). «Nadie me la arrebata [mi vida]» (Juan 10:18). En efecto, «les di mi barba para que tiraran de ella. Les di mi cara para que la golpearan. Les di mi cuerpo para que lo clavaran en esa cruz. Lo hice porque si no estaba dispuesto a hacerlo, entonces no era obediencia». La primera referencia a un oído que se horada (hasta donde lo sé) está en Éxodo 21, una referencia a ese siervo, a ese esclavo, que ama a su amo. Cuando declara su amor por su amo, este lo lleva a un poste y con un clavo le abre un orificio en la oreja, lo que simboliza obediencia, amor y dependencia. Ese es el lenguaje usado aquí respecto del siervo. Le abrió su oído y no fue rebelde.

¿A dónde lo guió su obediencia al Padre? Lo llevó a padecer hambre por cuarenta días y cuarenta noches, al extremo de que los ángeles tuvieron que ministrarle (Mateo 4:11). El que es el Hijo de Dios, el Dios-hombre, necesitaba ángeles para que le ministraran. Eso lo llevó a ser rechazado, no solo por sus discípulos, sino incluso por su propia familia. Sus hermanos pensaron que estaba fuera de sí (Marcos 3:21). La única persona que alguna vez ha estado perfectamente cuerda fue declarada totalmente loca.

Su obediencia lo llevó a ser ridiculizado: «Está endemoniado» (Juan 10:20). El Hijo de Dios, lleno del Espíritu de santidad, fue declarado poseído por un demonio. Eso lo llevó al desaliento. Tuvo que preguntarles a sus discípulos en Juan 6:67: «¿También ustedes quieren marcharse?» ¿Era solo una pregunta que buscaba un efecto retórico? Por supuesto que no. Vemos la sensibilidad de sus sentimientos cuando va a la casa de Simón el Fariseo y dice claramente: «Tú no me besaste, pero ella, desde que entré, no ha dejado de besarme los pies» (Lucas 7:44-45).

Vemos en Mateo 4 que su obediencia lo llevó al desaliento y a la tentación del diablo, que fue su compañero en el desierto, porque allí lo condujo el Espíritu. Ello es más notable porque en ese lugar el diablo intentó hacer que el Hijo de Dios se lanzara por un precipicio. Pero poco después, Jesús, lleno del Espíritu Santo, predicó y la gente se maravillaba de sus palabras llenas de gracia. Sin embargo, luego les habló de la inclusión de los gentiles en los propósitos del pacto divino, e intentaron hacer lo mismo que Satanás: arrojarlo por un precipicio. Ahí es donde su obediencia lo guió. También lo llevó a carecer de vivienda. «Las zorras tienen madrigueras y las aves tienen nidos, pero el Hijo del hombre no tiene dónde recostar la cabeza» (Mateo 8:20).

Su obediencia lo llevó a carecer de hogar y a sufrir la traición de un discípulo al que, no tengo dudas, amaba. Amaba a Judas solo por el hecho de que se nos ordena amar a nuestros enemigos. Ahí es donde su obediencia lo llevó, pero también lo trasladó a un lugar llamado Getsemaní. Este es el punto de inflexión en muchos aspectos, donde se ve al Hijo de Dios venir ante el Padre, tan diferente del primer Adán en el jardín. Adán peca, ¿y qué hace? Se esconde del Padre. Pero aquí, el Hijo de Dios viene y dice: «Aquí estoy. Aquí estoy».

Concuerdo con Hugh Martin, que afirma que si Jesús no hubiera pedido al Padre que pasara la copa, podríamos poner en duda su impecabilidad.[1] Si no le hubiera suplicado al Padre tres veces que «quitara esa copa», podríamos preguntarnos si entendía genuinamente la santidad de Dios. Nadie la entendió tanto como el Hijo de Dios, el mismo que supo que estaba entrando en la furia de la santidad de Dios. Y si no desistía de eso, podríamos cuestionar si era un tonto loco, o peor aún, un masoquista.

Lo apropiado era que Él hubiese dicho en el jardín: «Quita de mi esta copa». Él solo había conocido las sonrisas y el amor de su Padre. Desde toda la eternidad y desde el momento en que nació —desde los senos de su madre— solo había conocido el amor y la comunión entre Él y su Padre. Por eso tenía la perspectiva de que su Padre podría apartar su rostro de Él, así como hizo con las plagas de Egipto, y la oscuridad que se extendió por la tierra y cayó sobre Egipto, donde murieron los primogénitos. ¿Cómo no pedir: «Quita de mí esta copa»?

Martin dice que tener perspectivas tan impresionantes como las de Jesús con la ira de su Padre y no estar lleno del anhelo ferviente de escapar de Él habría demostrado que no poseía una verdadera naturaleza humana con toda la susceptibilidad al pecado esencial para la humanidad.[2] Pero todas esas peticiones estaban envueltas en la frase «hágase tu voluntad». En otras palabras, «no he sido rebelde. No he vuelto atrás. Hágase tu voluntad». Y eso lo llevó a la cruz. No podemos darnos el lujo de dudar del hecho de que Cristo tiene una verdadera voluntad humana y no solo una voluntad divina. No es un fantasma que da vueltas, ofrece oraciones que no son peticiones reales que tiene que hacer, sino que son solo por nuestro bien. Tiene dos voluntades, una divina, una humana, y esta última está al borde de la desesperación. Agoniza y suplica, todo lo cual es propio de su verdadera humanidad.

Decir que Cristo tiene una sola voluntad y que Dios tiene tres voluntades, que cada persona de la Trinidad tiene una voluntad, no solo es herético, sino que también plantea el problema de cómo somos justificados. La obediencia de Cristo atribuida a nosotros por la fe sola es verdadera obediencia humana. Es la obediencia del Hijo de Dios encarnado, cada palabra que pronunció, cada pensamiento que cruzó por su mente, todo lo que se le acredita a usted y a mí por la fe. No es una voluntad divina que se ocupa de todo como si fuera un fantasma. Debemos sostener vigorosamente el hecho de que no podemos, y no debemos, atribuir a la voluntad divina lo que es propio de la naturaleza humana: desesperación y lucha. Pero ello da gloria a la encarnación.

Jesús fue vindicado por el Padre

Veamos una tercera verdad sobre el siervo en Isaías 50:7-8: su esperanza. «Por cuanto el Señor omnipotente me ayuda». Lo que encontramos, cuando analizamos esto de cerca, es que Jesús no es el consumado pelagiano. El Padre lo ayuda, lo equipa y derrama su Espíritu sobre Él. No tiene sentido que Jesús diga: «Bueno, voy a arremangarme la camisa y a obedecer, porque no tengo pecado y puedo hacerlo». Existe una extraordinaria sensación de dependencia y esperanza:

> Por cuanto el Señor omnipotente me ayuda, no seré humillado. Por eso endurecí mi rostro como el pedernal, y sé que no seré avergonzado. Cercano está el que me justifica; ¿quién entonces contenderá conmigo? ¡Comparezcamos juntos! ¿Quién es mi acusador? ¡Que se me enfrente! (vv. 7-8).

Hay una especie de confianza sacra que viene directamente a través de estas palabras. Hermosas palabras del siervo. Es casi triunfante, porque su confianza está en Dios, y Él sabe que será vindicado. Él sabe que será glorificado y exaltado, puesto que ora esto en Juan 17. Antes de que Jesús esté por avergonzarse, ora por su gloria porque confía en su Padre. Él sabe que si va a recibir la gloria como mediador —que es solo suya como Dios-hombre—, debe padecer la cruz.

Por lo tanto, podemos decir mucho sobre el cielo: que es la reivindicación eterna de nuestro Salvador. ¿Tendrán algo qué decir los que lo acusaron? Es un lenguaje impactante. Es casi como si Cristo estuviera enfrascado en una santa confrontación con sus enemigos, diciendo en efecto: «¿Quién se levantará contra mí? He sido obediente. No he sido rebelde. ¿Quién va a oponérseme? Yacerá en el tormento el que se atreva».

LO QUE ESTO SIGNIFICA PARA NOSOTROS

Hay algunos puntos que aplicar a estas verdades de la enseñanza y la obediencia del siervo. Primero, ¿por qué no puede, por ejemplo, predicar Johnny?[3] Porque duerme. ¿Se despierta Johnny para ser instruido por su padre mañana tras mañana? ¿Es Johnny un hombre de la Palabra? Digamos lo que digamos acerca de por qué Johnny no puede predicar, esto es todo lo que puedo decirles: los libros teológicos son fáciles de leer, pero ¡ay del hombre que conoce sus libros teológicos y aún ignora la Palabra de Dios! Eso nunca podría decirse de Jesús. Él era un hombre de la Palabra, por lo cual era obediente. ¿Se pregunta usted por qué pudo ser tan obediente todo el tiempo? Respecto a esta pregunta, pensamos: *Bueno, Él no tenía pecado.* Eso es, en verdad, cierto. También tenía al Espíritu Santo. Pero también tenía la Palabra de Dios que moraba en Él, de modo que en cada situación supiera cómo responder, afirmando: «Escrito está».

Así es como respondió cuando fue verdaderamente instigado con tentaciones reales. Tuvo hambre, pero Satanás no le dijo: «Bueno, ya sabes, veamos si puedes ponerte a dieta». Lo que le dijo fue: «Ordena a estas piedras que se conviertan en pan» (Mateo 4:3). Esa es una verdadera tentación. Sin embargo, Jesús respondió: «Escrito está».

Además, note algo más. La gente dice: «Dios no permitirá que usted sea tentado más allá de lo que pueda aguantar», refiriéndose a 1 Corintios 10:13. Sin embargo, me parece que le da mucho más de lo que usted puede manejar. Lo hizo con su propio Hijo, ¿verdad? Esos gritos en la cruz son similares a los que expresan los creyentes en Romanos 8:15, por el cual clamamos: «¡Abba! ¡Padre!» Ese es el lamento de alguien a quien se le ha dado más de lo que puede soportar. De lo contrario, no necesitaríamos a Dios. Jesús, como verdadero humano, necesitaba a Dios, al igual que nosotros.

Hacer la voluntad de Dios lleva al lamento, al sangramiento y a las lágrimas, pero también conduce al cielo. Cristo tiene que vivir por fe, porque hubo muchas veces en su ministerio en la que podríamos perdonarlo si Él hubiera dicho, en Juan 6, por ejemplo: «¿Estás seguro, Padre? Mira lo mal que ha ido la construcción de mi iglesia. ¿Estás seguro que necesito continuar diciendo estas cosas?» En Lucas 4, después de que sus oyentes se maravillaron con las palabras de gracia que salieron de sus labios, Jesús aparentemente comete un error catastrófico: sigue predicando. Él tenía la atención de ellos, pero luego se concentra porque debe decir las palabras que el Padre le ha dado. Se centra en el orgullo nacionalista de ellos. Dios salvó a Naamán, al sirio y a la viuda de Sarepta, que no eran israelitas. Dios salvó a aquellos que creemos que no merecen ser salvos. Sin embargo, Jesús tuvo que confiar en que los caminos de su Padre eran mejores que los medios aparentes. ¿No es esa nuestra lucha diaria?

Me ha llevado aproximadamente diez años llegar al punto en el que estoy preparado para decir lo que creo que es la interpretación correcta de Hebreos 5:9. Hablando de nuestro Salvador, Hebreos 5:9 dice: «consumada su perfección, llegó a ser autor de salvación eterna para todos los que le obedecen». Ahora bien, ¿cómo podemos decir: «y ser hechos perfectos»? ¿Cómo podemos decir del perfecto y glorioso, jefe entre diez mil, el resplandor de la gloria de Dios y la imagen del Dios invisible, que estaba «siendo hecho perfecto»? Porque el contexto es Cristo como Sumo Sacerdote. ¿Cuándo se hizo perfecto? Él fue hecho perfecto después de su muerte en la cruz y su resurrección.

¿Por qué es este el caso? Si el Padre se lo hubiera llevado antes de la cruz, ¿podría haber sido un Sumo Sacerdote misericordioso? La respuesta es no. ¿Por qué? Porque no puede ministrar a la persona que se siente abandonada por Dios a menos que Él mismo sea abandonado por Dios. ¿Cómo va a ministrar a la persona que siente que el Salmo 22 y 88 es su realidad? ¿Cómo va a ministrar a alguien que dice: «Por qué me has abandonado?» Como ve, una vez que el Padre lo abandonó —por lo que pasó por los terrores del Señor y experimentó la separación—, tenemos un misericordioso Sumo Sacerdote que puede ministrarnos en cualquier situación imaginable. Esa es la gloria de la fe cristiana. No miramos a un Dios que no comprende. No miramos a un Salvador que simplemente salva por su poder infinito. No. Miramos a alguien a quien podemos decirle: «Sé que tú entiendes. Claro que sí, comprendes mucho mejor de lo que jamás entenderé. Puedes ministrarme en mi momento de necesidad porque alguna vez tuviste uno». Y me alegro de eso, aunque sea doloroso decirlo, de que Dios a veces me haya dado más de lo que puedo manejar porque esos fueron los valiosos tiempos en los que llegué a un punto de inflexión en mi ministerio y simplemente caí de rodillas. Cuando eso le suceda, sentirá como que no tiene las fuerzas suficientes ni para decirle algo a Dios, excepto: «Ten piedad de mí». Puede estar seguro de que tendrá misericordia, porque Él es un Sumo Sacerdote misericordioso.

Por último, observe el obituario del siervo Cristo, en Isaías 50:7-8. Después que dice en el versículo 5: «No he sido rebelde», afirma en 7-8: «Por cuanto el Señor omnipotente me ayuda, no seré humillado… Cercano está el que me justifica». Algunas veces, cuando alguien me presenta desde el púlpito, siento que escucho que están leyendo mi obituario. Si pudiera hacer que mi esposa y mis hijos firmen mi obituario, me consideraría un hombre bendecido. Pero más que eso, si estas palabras son el obituario que Dios puede ofrecer no solo a su Hijo, sino a todos sus siervos que ministran en iglesias de todo el mundo, seríamos bendecidos.

Me agrada pensar que cuando la piedra de la tumba fue quitada para que colocaran a Cristo en su interior, se podían ver estas palabras del Padre: «No ha sido rebelde. Yo lo he ayudado. Yo lo vindicaré». Y su resurrección es su vindicación, justificada por el Espíritu (Romanos 1:4).

¿Acaso su ministerio no es más que una vindicación de Jesucristo? Sea lo que sea —y son muchas cosas—, su ministerio, Dios mediante, no es más que una vindicación de Aquel que fue obediente, que no miró hacia atrás, que puso sus mejillas para que lo golpearan, le arrancaran la barba y exclamó: «Dios mío, Dios mío, ¿por qué me has abandonado?» Es por eso que estamos aquí. Para eso es que vivimos, no solo en esta vida sino también en la venidera. La reputación del Padre estaba en juego en lo referente al Siervo. Por mucho que el Siervo vindicara al Padre, este vindicó a aquel. ¿Qué hará con los años que le restan en el ministerio? ¿Hará su propia vindicación o la del único que ha de ser vindicado? Ese es nuestro gozo, nuestra gloria y nuestra perfección.

¡Aleluya! ¡Qué gran Salvador!

4

El nacimiento virginal

Keith Essex

Mateo 1:18-25; Lucas 1:26-38

En diciembre de 2016, la comunidad evangélica en América del Norte se enfrentó una vez más con la enseñanza bíblica sobre el nacimiento virginal de Jesucristo. Primero, Andy Stanley, pastor de North Point Community Church en Alpharetta, Georgia, encendió la controversia cuando declaró el 3 de diciembre que: «El cristianismo no depende de la verdad ni incluso de las historias sobre el nacimiento de Jesús. Realmente depende de su resurrección».[1] Reconoció que una de las verdades más desafiantes sobre la Navidad es la naturaleza extraordinaria de las historias bíblicas que describen la concepción milagrosa de Jesús. Stanley afirmó más tarde su creencia en la concepción virginal de Jesús en un mensaje el 17 de diciembre, pero dejó la puerta abierta para que otros cristianos puedan discrepar con este punto doctrinal.

Segundo, el 23 de diciembre, *The New York Times* publicó una entrevista entre el columnista Nicholas Kristof y Timothy Keller. En el reportaje, Kristof cuestionó a Keller acerca de que si uno tenía que creer en el nacimiento virginal de Cristo entre otras cosas para ser cristiano. Keller respondió que, si uno no creía en el nacimiento virginal, está fuera del límite de la fe cristiana. Con respecto al nacimiento virginal, Keller declaró: «Si fuera una leyenda descartable, dañaría toda la estructura del mensaje cristiano».[2] Durante los últimos dos siglos, muchos otros han planteado el tema de si es necesario que el cristiano afirme la concepción virginal y el nacimiento de Jesús. Esta es la pregunta que deseo responder en este capítulo cuando miremos juntos lo que la Biblia enseña.

DEFINICIONES IMPORTANTES

Antes de describir los datos bíblicos, es importante definir una serie de términos asociados con la discusión del nacimiento virginal.

Nacimiento virginal: En el sentido estricto, significa que María era virgen cuando dio a luz a Jesús. «Pero [José] no tuvo relaciones conyugales con ella hasta que dio a luz un hijo, a quien le puso por nombre Jesús» (Mateo 1:25). María no tuvo ninguna relación sexual con José ni con ningún otro hombre antes de que naciera Jesús. En el sentido más amplio, «nacimiento virginal» se usa para referirse a todo lo que condujo al nacimiento de Jesús, el anuncio a María por parte del ángel Gabriel, la concepción y los acontecimientos del embarazo hasta el nacimiento mismo. Es en este sentido más amplio que el «nacimiento virginal» se usa en este capítulo.

Concepción virginal: María era virgen cuando Jesús fue concebido (Lucas 1:27, 31), lo que hace que la concepción de Jesús sea un milagro. Todos los hechos posteriores al embarazo de María y al nacimiento mismo siguieron el proceso humano normal. La Biblia no avala la creencia de que María tuvo un embarazo y un nacimiento sin dolor.

Virginidad perpetua: Esta es la afirmación de que María fue virgen antes, durante y después del nacimiento de Jesús, hasta que murió. Sin embargo, la Biblia claramente establece que Jesús tuvo hermanos y hermanas, muy probablemente hijos nacidos de José y María después del nacimiento de Jesús (Mateo 13:55-56; Juan 7:3, 5; Hechos 1:14). Lucas se refirió a Jesús como el «hijo primogénito» de María (2:7), lo que implica que ella tuvo más hijos. La tradición de la virginidad perpetua solo puede remontarse a fines del siglo segundo en adelante. El *Protoevangelio de Santiago*, una escritura no canónica, fue la primera fuente de esa enseñanza.

Inmaculada concepción: Esta es la enseñanza de que María fue concebida en el vientre de su madre sin la mancha del pecado original. De esta manera, María era en sí misma sin pecado y, por lo tanto, no podía transmitir el pecado original a Jesús como su progenitora humana. Aunque esta enseñanza comenzó a desarrollarse y a predominar alrededor del siglo trece, no se convirtió en dogma oficial de la Iglesia Católica sino hasta 1854. Sin embargo, no hay fundamento bíblico para tal enseñanza.

DATOS BÍBLICOS

Las declaraciones explícitas sobre el nacimiento virginal de Jesús se limitan a las narraciones registradas en los libros de Mateo y Lucas. En ambos libros, la mayor parte de la narrativa se concentra en los acontecimientos que conducen y siguen al nacimiento real de Jesús. Aunque Mateo comienza su registro del nacimiento de Jesús con el encabezado «El nacimiento de Jesús, el Cristo, fue así» (1:18), su única declaración sobre el nacimiento real fue «ella [María]… dio a luz un hijo» (1:25). La mayor parte de la narración está dedicada a José y su obediencia al Señor al tomar a María como su esposa. En la larga narración de Lucas sobre los hechos que conducen al nacimiento de Jesús (1:5—2:52), las únicas palabras que hacen referencia al nacimiento en sí son: «se le cumplió el tiempo. Así que dio a luz a su hijo primogénito» (2:6b-7a). El énfasis en ambos libros no está en describir el nacimiento real de Jesús, tan vital como lo fue para la superación del plan de Dios, sino en cómo los eventos anteriores y posteriores al nacimiento demostraron el modo en que Dios estaba cumpliendo activamente su Palabra al proveer salvación y redención para su pueblo a través de la encarnación de su Hijo mediante el nacimiento virginal.

Mateo

Mateo fue uno de los doce apóstoles (10:3). Como tal, presenció personalmente el ministerio público y la resurrección de Jesús. Por lo tanto, su narración se basó en su testimonio presencial de los eventos posteriores en la vida de Jesús y el testimonio personal que tuvo de Jesús mismo. El libro de Mateo en el presente canon bíblico fue el primero en ser escrito, probablemente antes del año 50 de la era cristiana, así que hubo muchos otros testigos de la veracidad de su relato aún vivo.

En el primer capítulo de Mateo, el término griego para «virgen» (*parthenos*) solo se usa una vez (1:23) y solo se refiere indirectamente a María. Aunque algunos han argumentado que este término griego no significaba más que «doncella», la gran mayoría de sus usos en la literatura griega extrabíblica apunta a que se empleaba para describir a la mujer como algo más que una jovencita. Se utilizaba para describir a una mujer que también era virgen, que nunca había tenido una unión sexual previa con un hombre.

Mateo usa el término virgen después de describir los acaecimientos que rodearon el embarazo de María (1:18b-21). En el versículo 23, Mateo declaró que esos eventos fueron cumplimiento de la profecía dada por el profeta Isaías más de setecientos años antes. Aproximadamente en el año 735 a.c., el rey davídico de Judá, que entonces ejercía el poder —Acaz—, temía porque sus enemigos —los reyes de Aram e Israel—, estaban conspirando para sacarlo del trono y luego instalar a su propio rey (Isaías 7:1-6). Sin embargo, el Señor instruyó a Isaías que le dijera a Acaz que el complot no se llevaría a cabo (7:7-9). Para ayudar a Acaz a creer en las palabras de Isaías sobre la seguridad de su gobierno, el Señor dijo que Acaz podía pedir un signo sobrenatural como garantía de su promesa (7:10-11). Sin embargo, Acaz se negó a pedir una señal (7:12). Entonces el Señor mismo dio la señal que garantizaría que el gobierno de la casa de David estaba seguro. Ese signo sobrenatural era que una virgen concebiría y daría a luz a un hijo que sería «Emanuel», Dios con nosotros (7:13-14). Mateo dijo que María y Jesús eran el cumplimiento de esa profecía (1:22-23). María era la virgen, y Jesús «Dios con nosotros» era el Salvador. Al aplicar la promesa de Isaías 7:14 a Jesús, Mateo también dio a entender que Jesús era el Mesías que cumpliría la promesa del pacto del Señor a David concerniente al gobierno «para siempre» de un Hijo de David (2 Samuel 7:12-16). El nacimiento virginal fue el medio que Dios había predicho que usaría para traer a su Mesías al mundo.

Esta declaración explícita de la virginidad en Mateo 1:23 es apoyada por cuatro afirmaciones implícitas que apuntan a la virginidad de María cuando concibió y dio a luz a Jesús. Primero, considere también Mateo 1:16: «José, que fue el esposo de María, de la cual nació Jesús», que registra el eslabón final en la genealogía de Jesús y que Mateo comenzó con Abraham en 1:2. Esta genealogía vincula a José con Abraham y, más importante aún, con David (tenga en cuenta que el nombre de David se registra primero en 1:1). Aunque Jesús sería legalmente reconocido como el hijo de José, Mateo indicó claramente que José no era el padre natural de Jesús. En griego, el pronombre relativo «quién» coincide con el género y el número del sustantivo al que se refiere. El pronombre relativo es un singular femenino, por lo que Mateo indica que María fue «de la cual nació Jesús». Además, el verbo «nació» en griego es un aoristo indicativo pasivo. En su lista desde Abraham hasta Jacob (2-16b),

Mateo usó congruentemente el aoristo indicativo activo, es decir, X «concebido por el Espíritu» o Y «engendrado». Al cambiar la voz del verbo de activo a pasivo, Mateo indicó que incluso María no fue agente activo en el nacimiento de Jesús. Eso le permitió a Mateo describir el nacimiento virginal de tal manera que Dios a través del Espíritu Santo se considera el agente activo en el nacimiento de Jesús, mientras que María es el medio pasivo.

La segunda afirmación implícita está en 1:18: «El nacimiento de Jesús, el Cristo, fue así: Su madre, María, estaba comprometida para casarse con José, pero, antes de unirse a él, resultó que estaba encinta por obra del Espíritu Santo». La tradición judía de la época, establecía un solo año de compromiso en el que se consideraba que el hombre y la mujer estaban legalmente casados. Sin embargo, el hecho de que el hombre llevara a la mujer a su hogar y consumara el matrimonio no se llevaba a cabo hasta que se completara el período de un año. Fue durante ese período de esponsales que el embarazo de María se produjo a través de la intervención del Espíritu Santo. El plan de José para divorciarse de ella indicaba claramente que él no era el padre humano de Jesús (1:19). Eso llevó a que un ángel del Señor le revelara a José cómo había quedado embarazada María, tercera declaración implícita.

En el versículo 20, leemos: «María… ha concebido por obra del Espíritu Santo». El ángel le dijo a José exactamente cómo había quedado embarazada María. El niño que había sido «engendrado» en su vientre lo fue a través de la agencia del Espíritu Santo [el verbo en griego es el mismo que se había usado en toda la genealogía: «concebido por el Espíritu» o «engendrado»]. Además, el verbo es un participio aoristo pasivo, que indica nuevamente que María fue el agente pasivo en su embarazo, lo cual concuerda con el versículo 16. En respuesta a las palabras del ángel, José tomó a María como su esposa (1:24). Al hacerlo, adoptó a Jesús como su hijo legal. La costumbre judía afirmaba que, si un hombre se casaba con una mujer, cualquier hijo nacido de ella sería considerado como de su marido.

La cuarta afirmación implícita se encuentra en 1:25: «Pero él no la conoció hasta que dio a luz a un Hijo» (mi traducción). Isaías había predicho no solo que el Mesías sería concebido por una virgen, sino también nacido de una mujer que todavía era virgen. Al no consumar el matrimonio hasta después del nacimiento de Jesús, José se aseguró de que la profecía se cumpliera literalmente. De esa manera, Mateo demostró cómo el Señor había cumplido su Palabra. Jesús fue el único cumplimiento de Isaías 7:14; María era la virgen a través de la cual se había logrado la concepción y el nacimiento.

Lucas

La narración de Lucas fue escrita aproximadamente una década después de Mateo, alrededor del año 58 de la era cristiana. Lucas fue compañero de misiones del apóstol Pablo (Hechos 16:10) y escribió su relato acerca de la vida de Jesús a un converso al cristianismo llamado Teófilo (Lucas 1:3). Intentó darle seguridad a su lector de que las cosas que le habían enseñado, probablemente a través de Pablo y sus compañeros, eran precisas (1:4). Lucas afirmó que había investigado cuidadosamente los asuntos que escribió, de modo que su narración era históricamente exacta (1:3). Negar que el informe de Lucas sea fiel a lo sucedido es acusar al escritor de no cumplir con la exactitud de lo narrado. Lo que Lucas registró acerca de los eventos que rodearon el nacimiento de Jesús debe ser aceptado como un hecho histórico.

La declaración explícita de Lucas sobre el nacimiento virginal se encuentra en 1:27: «a visitar a una joven virgen comprometida para casarse con un hombre que se llamaba José, descendiente de David. La virgen se llamaba María». Aquí Lucas usa dos veces la palabra griega para «virgen» (*parthenos*), y el segundo uso se relaciona directamente con María. Al igual que Mateo, Lucas confirmó que María estaba comprometida con José. El ángel Gabriel fue enviado por Dios a Nazaret (1:26) para comunicarse con una virgen durante el período de compromiso cuando María claramente todavía era virgen. Por lo tanto, Lucas comprobó con certeza que María era virgen cuando el ángel habló con ella.

Ahora veamos las declaraciones implícitas. La primera se encuentra en 1:31: «Quedarás encinta y darás a luz un hijo». Al escuchar las palabras del ángel en cuanto a que ella fue bendecida y el Señor estaba con ella (1:28), María estaba perpleja y reflexionó por un tiempo, qué significaba el saludo del ángel (1:29). Gabriel respondió a la perplejidad de María al reafirmar su favor con Dios (1:30). Luego predijo que María en el futuro cercano concebiría y finalmente tendría un hijo que ella llamaría Jesús (1:31). Las palabras del ángel implicaban que María concebiría siendo virgen durante el período de compromiso formal antes de cualquier unión sexual con José. Gabriel continuó, declarándole a María que Jesús cumpliría las promesas del pacto que el Señor había hecho con David (1:32-33; cf. 2 Samuel 7:11-16). Lucas no vinculó explícitamente las palabras de Gabriel con Isaías 7:14, pero la profecía concerniente al Hijo concebido por la virgen y nacido de una virgen como la garantía de la fidelidad del Señor a la casa de David ciertamente vendría a la mente de alguien que conociera el Antiguo Testamento.

La segunda afirmación implícita viene en Lucas 1:34: «¿Cómo puede ser esto, ya que no conozco hombre?» (mi traducción). María entendió claramente que las palabras del ángel significaban que ella concebiría en un futuro cercano. Esto se reflejó en su respuesta a Gabriel. No sabía cómo podría concebir, ya que para entonces no tenía relación sexual con ningún hombre. Con eso María confirmaba su estado de virginidad.

Luego, como tercera implicación, leemos en el versículo 35: «El Espíritu Santo vendrá sobre ti, y el poder del Altísimo te cubrirá con su sombra. Así que al santo niño que va a nacer lo llamarán Hijo de Dios». En respuesta a la pregunta de María, el ángel afirmó que ella no concebiría por la acción de un hombre. Más bien, la concepción sería el resultado de la venida del Espíritu Santo sobre ella y la sombra del poder del Dios Altísimo que la cubriría. La encarnación del Hijo de Dios iba a ser el resultado de la poderosa y soberana obra de Dios mismo.

En cuarto lugar, en el versículo 37, el ángel declara: «Porque para Dios no hay nada imposible». Que María concibiera como virgen era imposible para el razonamiento humano. Sin embargo, lo que no era posible para el hombre era posible para Dios. Dios fue capaz de darle la capacidad de concebir a una virgen de la misma manera que le otorgó la concepción a una Elisabet posmenopáusica (1:36). Así como Dios pudo hacer lo imposible al darle capacidad de concebir a la mujer estéril, también pudo hacer un milagro aun mayor al dar una concepción virginal. María declaró su sumisión al Señor en cuanto a que podría sucederle a ella como el ángel le había hablado (1:38). María estaba dispuesta a soportar el escándalo de una mujer que estaba embarazada fuera del matrimonio. Eso implica que María sabía que concebiría como virgen, lo cual era humanamente imposible.

La quinta declaración implícita del nacimiento virginal la encontramos en 2:5: «…con María su esposa. Ella se encontraba encinta». Existen numerosas razones por las cuales los detalles registrados en Lucas

2:1-4 han sido cuestionados con respecto a la precisión histórica. Primero, no hay evidencia extrabíblica de que César Augusto haya pedido un censo en todo el imperio (2:1). En segundo lugar, existe la incertidumbre de que Cirenio fuera gobernador romano en Siria desde el 6 al 2 a.c., aunque lo fue más tarde (2:2). En tercer lugar, no hay evidencia de que un hombre judío del siglo primero a.c. tuviera que regresar a su ciudad natal (2:3). Cuarto, incluso si José hubiese tenido que regresar a Belén, no estaba obligado a llevarse a María con él (2:4-5). Sin embargo, los primeros dos ataques son argumentos del silencio. El hecho de que no haya evidencia extrabíblica en el presente no significa que Lucas estuviera equivocado. (Tenga en cuenta que hasta 1961, no había evidencia extrabíblica de que Pilato había sido gobernador de Judea, ¡pero ahora sí!) En cuanto al tercer argumento, dos veces Lucas enfatizó que José era de la casa de David (1:27; 2:4) y que el lugar de nacimiento de David fue Belén. En cuanto al cuarto argumento, tal vez María no estaba obligada a ir con José, sino que la llevó consigo para no dejarla sola en Nazaret y enfrentar un nuevo escándalo cuando diera a luz a su hijo. En conclusión, no hay razón para dudar de la veracidad del testimonio de Lucas en 2:1-7.

Habiendo establecido las razones para apoyar la precisión histórica de Lucas, es interesante notar que en 2:5 se refiere a María como prometida, no como casada, con José. Parece que Lucas estaba implicando que no solo la concepción, sino también el nacimiento de Jesús ocurrieron durante el período de compromiso de un año cuando el hombre y la mujer no tendrían relaciones sexuales. Esta es una implicación adicional del texto sobre la virginidad de María en la concepción y nacimiento de Jesús.

La sexta y última declaración implícita del nacimiento virginal en Lucas la vemos en 3:23, en su introducción a la genealogía de Jesús: «Jesús… Era hijo, según se creía, de José, hijo de Elí» (3:23). Se pensaba que José era el padre de Jesús, pero Jesús era en realidad el hijo de Elí, probablemente el padre o el abuelo de María. Por lo tanto Lucas, como en su anuncio y las narraciones del nacimiento de Jesús, centró su énfasis en María más que en José. De manera apropiada, la genealogía de Lucas concluyó con Adán (3:38) y trazó la línea humana de Jesús a través de su madre. José era solo el supuesto padre de Jesús, pero no su padre humano, ya que había nacido de una virgen.

ALGUNAS DEDUCCIONES DOCTRINALES[3]

Las narraciones de Mateo y Lucas evidencian clara y convincentemente el nacimiento virginal. Aunque ningún otro escritor del Nuevo Testamento menciona en forma específica el nacimiento virginal, nada en los otros veinticinco libros contradice el testimonio presentado por Mateo y Lucas. Sin embargo, es difícil pasar de la narrativa a la teología porque una narración simplemente establezca lo que sucedió. Las narrativas describen; no prescriben. No hay ningún lugar en el Nuevo Testamento donde haya «teologización» por parte de los autores apostólicos sobre el nacimiento virginal. Ellos hacen labor teológica acerca de que Jesús es completamente Dios y completamente hombre, pero no en cuanto al medio por el cual se convirtió en Dios-hombre. Sin embargo, comparar las narraciones del evangelio con otro material bíblico nos permite extraer algunas deducciones doctrinales sobre el nacimiento virginal.

Primero, el nacimiento virginal fue el signo dado por Dios para señalar a Jesucristo como el cumplimiento del pacto davídico (Isaías 7:14; Mateo 1:23; Lucas 1:32-33). Tanto en Mateo como en Lucas, hay una conexión estrecha entre el nacimiento de Cristo y la promesa del pacto del Señor a David. El único uso que hizo Mateo de la palabra virgen fue en su cita concerniente al cumplimiento de Isaías 7:14 (1:23). Esta profecía declaró la determinación de Dios de cumplir con el juramento de su pacto a la casa de David a través de un Hijo nacido y concebido de modo virginal que sería Dios en carne. Por lo tanto, el nacimiento virginal fue visto como una necesidad divina en el objetivo del Señor de proporcionar finalmente un descendiente davídico que reinara sobre Israel y las naciones (Isaías 9:6-7). Sin el nacimiento virginal, la promesa davídica sería nula y sin efecto. Pero la verdad histórica del nacimiento virginal significa que la esperanza de que el Señor un día establezca su trono sobre la tierra a través de esta simiente davídica —Jesús—, todavía es posible y se hará realidad cuando Jesús regrese (Mateo 25:31). Por lo tanto, la creencia en el nacimiento virginal de Cristo es vital y concluyente para la esperanza escatológica del cristiano.

Lucas también comprobó el estrecho vínculo existente entre el nacimiento virginal y el cumplimiento del pacto davídico. Sus dos usos de la palabra virgen aparecieron en su explicación narrativa acerca de cómo Gabriel fue enviado por Dios para hablarle a María que estaba comprometida con José, que era de la casa de David (es decir, era descendiente de David). La culminación de la revelación de Gabriel a María fue que su hijo Jesús, nacido y concebido en virginidad, iba a ser el cumplimiento del pacto davídico (1:32-33). Jesús sería el Hijo de Dios y también un hijo de David que recibiría del Señor Dios el trono de David, el cual reinará sobre la casa de Jacob para siempre. Él será el gobernante davídico cuyo reino no tendrá fin. Como en Mateo, Lucas confirmó la estrecha conexión entre el nacimiento virginal y el cumplimiento final del pacto davídico. Por lo tanto, el hecho histórico del nacimiento virginal nuevamente se muestra como el fundamento de la esperanza escatológica del cristiano.

Segundo, el nacimiento virginal fue el medio elegido por Dios para que el Salvador entrara en el mundo (Mateo 1:21, 23; Lucas 1:32, 68-75; 2:11). El Hijo nacido de la virgen debía llamarse Jesús, porque Él salvará a su pueblo de sus pecados (Mateo 1:21). Esto se remonta a la profecía veterotestamentaria de que el que iba a ser Mesías de Israel también habría de ser el Redentor y Salvador de Israel (Isaías 49:5; 52:13—53:12). El nacimiento virginal fue el medio elegido por Dios para que el Salvador entrara en el mundo. Tanto Zacarías (Lucas 1:68-75) como el ángel (Lucas 2:11) afirmaron que Jesús entró en el mundo para proporcionar salvación a Israel y para todos aquellos con quienes Dios estaba complacido.

El planteamiento ha sido: ¿podría Dios haber traído al Dios-hombre al mundo de otra manera? La respuesta es que no lo sabemos. Sin embargo, lo que dice la Biblia es que ese fue el medio elegido por Dios. Él vio todo el potencial y las posibilidades, y esto fue lo que se ajustó mejor a sus planes. El nacimiento virginal fue el medio por el cual el Salvador de su pueblo, el Libertador y el que sería el portador de los pecados de ellos, entraría en el mundo.

Tercero, el nacimiento virginal permitió que Jesús fuera engendrado por Dios de manera similar a lo que sucedió con Adán, que fue engendrado por Dios (Génesis 5:1; Mateo 1:1; Lucas 1:35; 3:38), sin pecado (Génesis 1:27, 31; Lucas 1:35). Mateo tituló significativamente su evangelio: «El libro de las generaciones de Jesús el Cristo, el hijo de David, el hijo de Abraham» (1:1, mi traducción). Este título hace eco de Génesis 5:1: «Esta es la lista de los descendientes de Adán». A mi parecer, la primera frase de Mateo 1:1 es una réplica exacta de la primera frase de Génesis 5:1, excepto por las palabras «Jesús el Cristo» que reemplazan a «Adán». Este paralelismo muestra que existe tanto una comparación como un contraste entre Jesús y Adán. Ambos fueron los únicos «criados» (en sentido humano) por Dios, por lo que fueron llamados «Hijo de Dios» e «hijo de Dios», respectivamente (Jesús en Lucas 1:35, Adán en Lucas 3:38; nótese la diferencia de las palabras «Hijo» e «hijo»). Adán y Jesús compartieron algo que no ocurre con ningún otro humano: ambos nacieron sin un padre varón. Ya que ellos fueron «nacidos» por Dios mismo, los dos también vinieron al mundo sin pecado. Sin embargo, también hay un gran contraste entre ambos. Aun cuando Adán fue el primero en la genealogía de Génesis 5, Jesús fue el último en la genealogía de Mateo 1. En Génesis 5, todos menos uno (Enoc) en la línea de Adán murieron; el pecado y la muerte pasaron de Adán a sus herederos. En Jesús y por su muerte física, puede haber salvación del pecado que es herencia de Adán (Mateo 1:21).

Cuarto, el nacimiento virginal dio como resultado que Dios habitara en un cuerpo humano con humanidad (Mateo 1:23; Juan 1:1, 14) y que fuera la manera en que un ser divino —que era preexistente— pudiera tomar para sí una naturaleza humana sin intervención de otro ser humano. De acuerdo con Juan 1:14, el Verbo (que era Dios; 1:1) se hizo carne, es decir, Dios se hizo hombre. Esto se conoce como «encarnación». Como narra la Escritura, esta encarnación se llevó a cabo por medio de la concepción virginal, Dios Espíritu Santo generó el feto en el vientre de una virgen llamada María. Después de esa concepción, el desarrollo y nacimiento de Jesús siguieron el proceso normal de cualquier otro ser humano. Por lo tanto, el Dios preexistente (Juan 1:1) pudo entrar en el mundo no solo como completamente Dios, sino también como completamente hombre. Él era un ser que era a la vez Dios y hombre; esto fue el resultado del nacimiento virginal, la encarnación de Dios.

Quinto, el nacimiento virginal fue un testimonio del poder de Dios para hacer aquello que el hombre no puede hacer (Lucas 1:37). El ángel Gabriel declaró: «Porque para Dios no hay nada imposible» (Lucas 1:37). Esto incluye darle la capacidad de concebir a la posmenopáusica Elisabet a través de su esposo, Zacarías, y darle a María la capacidad de concebir sin intervención de varón humano a través del nacimiento virginal. Estos milagros fueron dos de los muchos actos poderosos que

Dios hizo a lo largo de la historia, tal como se registra en las Escrituras. En un mundo creado por Dios, el Creador puede hacer aquello que el hombre no puede hacer.

Sexto, el nacimiento virginal comprueba si un teólogo o una teología se acercan a las Escrituras con suposiciones meramente naturalistas o pueden creer en lo sobrenatural. Que una mujer pueda concebir un hijo sin un hombre es naturalmente imposible. Por lo tanto, si una teología o un teólogo operan bajo suposiciones puramente naturalistas, el nacimiento virginal es imposible, como lo es la resurrección corporal de entre los muertos. Sin embargo, el cristiano que cree en la Biblia tiene una cosmovisión que afirma que Dios el Creador entra a veces en la historia humana para hacer aquello que es naturalmente imposible. Si uno cree en lo sobrenatural, entonces no tiene problemas para aceptar el nacimiento virginal. Si uno además acepta la inerrancia de la Biblia, entonces no tendrá problemas para afirmar el nacimiento virginal como un hecho. La conclusión de uno acerca del nacimiento virginal demuestra el fundamento de la propia teología y si abarca la revelación sobrenatural o el razonamiento naturalista.

Séptimo, el nacimiento virginal debe ser parte de la confesión de fe del cristiano (1 Timoteo 3:16; Hebreos 2:14; 1 Juan 4:1-3). En los pasados dos siglos, ha habido un gran debate sobre si el nacimiento virginal realmente ocurrió y un debate aún mayor sobre si es necesario como cristianos afirmar la creencia en la historicidad del nacimiento virginal. La declaración apostólica del evangelio en el libro de Hechos se basó en la realidad histórica de que Jesús era el Mesías (Cristo) que, como hombre, había muerto y había resucitado de entre los muertos (2:29-36; 3:12- 16; 5:27-32; 10:34-43; 13:26-41; 17:2-3, 30-31). Esta verdad de la muerte y resurrección de Jesucristo también la afirmó Pablo en su resumen del evangelio que había entregado a los corintios (1 Corintios 15:3-8). Sin duda, la proclamación verbal del evangelio no incluía la mención del nacimiento virginal según el registro canónico del Nuevo Testamento. Pero el Nuevo Testamento no guardó silencio acerca de la necesidad de que los creyentes cristianos afirmaran que Jesús era verdaderamente un hombre de carne, lo que implicaba que llegó a la raza humana por nacimiento como cualquier otro hombre (Romanos 1:3; 4:4). La Primera Carta de Juan (4:1-3) deja en claro que los verdaderos cristianos sabían y confesaban que el que cree que «Jesucristo ha venido en cuerpo humano es de Dios» (4:2b). Negar esta verdad era una prueba de que uno no era de Dios. Por lo tanto, la confesión de fe en el nacimiento humano de Jesús fue una de las verdades que diferenciaban a los verdaderos creyentes de los falsos maestros y sus seguidores (1 Timoteo 3:16, Hebreos 2:14-18). La confesión de la plena humanidad de Jesús junto con su deidad completa era un componente ineludible de la fe cristiana. Sin embargo, el nacimiento virginal como el medio que Dios usó para dar a luz a Jesús como completamente humano no fue explícitamente parte de la proclamación del evangelio ni de las iniciales confesiones cristianas del primer siglo.

Sin embargo, en el segundo siglo, eso cambió. Entre las primeras confesiones de la iglesia postapostólica estaba el llamado «Credo de los Apóstoles». Ireneo y Tertuliano hicieron referencia al credo en la última parte del segundo siglo. En ese momento, el credo era parte de al menos la iglesia occidental y confesado por cada convertido antes del bautismo. La modalidad más antigua del credo incluía al menos las palabras «nacido del Espíritu Santo y la virgen María», si no la declaración completa que se usa ahora: «concebido por el Espíritu Santo, nacido de la virgen María».[4] Después de veintiún siglos, la confesión sobre el nacimiento virginal ha sido un componente integral de la fe cristiana basado en la evidencia neotestamentaria. Como tal, todos los cristianos confesos deben afirmar el nacimiento virginal como parte de su seguridad de que son verdaderamente hijos redimidos de Dios.

En conclusión, el mensaje del evangelio proclamado verbalmente de acuerdo con el Nuevo Testamento no incluía una referencia al nacimiento virginal de Jesús. Por lo tanto, uno podría responder con fe por la salvación sin confesar el nacimiento virginal. Sin embargo, como creyente maduro en su fe y que ha conocido más de Jesús, se supone que ha dado testimonio de la verdad del nacimiento virginal. Si uno cree en la resurrección de Jesús de entre los muertos (un gran milagro), no hay ningún problema lógico en creer el milagro igualmente grande del nacimiento virginal de Jesús. El nacimiento virginal de Cristo es absolutamente necesario para la fe cristiana.

5

El Pan de vida

Ligon Duncan
Juan 6

Juan 6 es un texto glorioso, del que rebosa el majestuoso tema de que Jesús es el Pan de vida. El apóstol nos muestra la necesidad más profunda de fe en Cristo que tenemos y lo completamente cegados que estamos alejados de la gracia de Dios, tanto que nos abre los ojos para que conozcamos el gozo permanente y los tesoros perdurables que se encuentran en su Hijo. Juan establece la absoluta necesidad de la fe en Jesús al mostrarlo como la única fuente de salvación y vida en este mundo enfermo de pecado.

Sin embargo, estudiar y aplicar esas verdades con el objetivo de comunicarlas a otros no es nuestra mayor necesidad. Debemos saber, creer, recordar y practicar primero por nosotros mismos, porque sin el Pan de vida, no podemos sobrevivir. Alimentarnos con la Biblia con el único fin de nutrir a los demás es un peligro ocupacional del llamado del pastor. No podemos encomendar a alguien a quien nosotros mismos no apreciamos supremamente. Si un pastor no está satisfecho con el Pan de vida, lo recomendará pobremente a aquellos que lo necesiten para vivir y salvarse. Por esa razón, es esencial que los pastores se enfoquen en las verdades de Juan 6, no solo para que podamos predicar el Pan de la vida a los demás, sino para que nosotros mismos podamos alimentarnos de Jesús, que es el verdadero Pan de vida.

Juan 6:22-59 es un pasaje que habla esencialmente acerca de Jesús: quién es, qué vino a hacer, qué logró para nosotros y por qué debemos confiar en Él. De hecho, en el discurso sobre el Pan de vida que Jesús pronunció, la multitud lo rodeó porque milagrosamente había alimentado a cinco mil personas hambrientas. Después de ese acontecimiento, que está destinado a recordarnos la provisión de maná al pueblo de Dios en el desierto, Jesús viene a sus discípulos en la oscuridad de la noche caminando sobre el agua. El motivo por el que la multitud persigue a Jesús al otro lado del mar es meramente material, sin embargo el Señor sabe que la necesidad más urgente de ellos es que abran sus ojos a la fe en Él. Y eso es lo que hace exactamente al enseñarle a la creciente multitud a poner su confianza en Él y a reconocerlo como el Pan de vida. Según el análisis de Jesús, la multitud no lo sigue por las razones correctas.

La multitud equivocada obliga a Jesús a hablar con ellos acerca de tres asuntos cruciales:

1. Jesús aclara la verdadera necesidad de la multitud al contrastar el pan perecedero con el pan vivo (vv. 22-27).
2. Jesús les enseña cómo pueden obtener el pan vivo por medio de la fe (vv. 28-29).
3. Jesús, identificándose como el Pan de vida, señala a la multitud su propia gloria (vv. 30-51).

Nuestra necesidad verdadera

Después de presenciar el milagro de los panes y los peces multiplicados en suficientes comestibles para alimentar a miles, la multitud estaba confundida en cuanto a sus necesidades reales. Estaban ansiosos por ver otro milagro con alimentos alusivo a la provisión de maná divino en el desierto (vv. 30-31). En respuesta a la petición de la multitud, Jesús no les da lo que buscan; sino que cuestiona su deseo por más señales. En el versículo 26, Jesús dice: «Ciertamente les aseguro que ustedes me buscan no porque han visto señales, sino porque comieron pan hasta llenarse». El ministerio de Jesús con la multitud no carecía de manifestaciones milagrosas. Lo que faltaba era la recepción de esos milagros por parte de la multitud. Las multitudes eran terrenales y querían llenar sus estómagos de nuevo. Preocupado por sus almas, Jesús les dice: «Trabajen, pero no por la comida que es perecedera, sino por la que permanece para vida eterna, la cual les dará el Hijo del hombre. Sobre este ha puesto Dios el Padre su sello de aprobación» (v. 27).

Los pastores en particular tienen mucho que aprender en cuanto a cómo Jesús trataba a las multitudes. Jesús nunca supuso que la presencia de multitudes necesariamente significaba que algo bueno estaba sucediendo. No interpretaba la presencia de la multitud como un sello aprobatorio de su ministerio. Tampoco vino a alimentar su propio ego usando a la multitud para su beneficio. Más bien, Jesús vino desinteresadamente a encontrar ovejas perdidas para alimentarlas. Cuando las multitudes buscan a Jesús con motivaciones equivocadas, Él no se lamenta, sino que expresa preocupación por sus almas. Jesús «no vino para ser servido, sino para servir, y para dar su vida en rescate por muchos» (Marcos 10:45). Él se preocupaba por la multitud para confrontar a esas personas amorosamente con su necesidad real: el verdadero pan espiritual.

La multitud buscaba el pan que perece mientras que Jesús ofrecía el pan de vida eterna. Este problema de la búsqueda de la multitud del pan perecedero continúa hasta nuestros días. El pan perecedero tiene muchas manifestaciones. El evangelio de la salud y la riqueza enseña que Dios le hará saludable, rico y sabio si tiene fe —cierto tipo y cierta cantidad de fe— en Él. Eso es pan perecedero. Asistir a la iglesia para ser visto como un miembro respetable de la sociedad es pan perecedero. Muchas personas ven a Cristo y al evangelio no como el pan de vida en sí, sino como una señal que los ayudará a obtener lo que realmente desean. Hay todo tipo de razones por las cuales las personas se unen a la multitud. Como pastores, nuestro llamado no es usarlas para mitigar nuestras propias inseguridades sino mostrarles, con un corazón compasivo, su verdadera necesidad del Pan de vida.

CÓMO CONSEGUIR ESE PAN

La multitud no solo necesitaba mostrar su verdadera necesidad de pan verdadero. También necesitaban aprender cómo adquirirlo. Es por eso que preguntan: «¿Qué tenemos que hacer para realizar las obras que Dios exige?» (Juan 6:28). Su pregunta no difiere de la que formuló el joven rico (Marcos 10:17) o la de la multitud durante Pentecostés después de la proclamación del evangelio por parte de Pedro (Hechos 2:37). La respuesta de Jesús a ellos —«Esta es la obra de Dios: que crean en aquel a quien él envió» (Juan 6:29)— destaca el origen divino de la fe. Si la labor requerida para saciar esa necesidad se va a hacer, dice Jesús, entonces debe hacerse desde arriba. Lo que Jesús está diciendo, en esencia, es que ellos no van a trabajar en eso, porque crear fe es obra de Dios.

Las palabras de Jesús son similares a otros textos que nos recuerdan que la totalidad de la vida cristiana es por gracia y origen divino. El apóstol Pablo se regocija de que tanto la santificación como la justificación sean obras de la gracia de Dios: «pues Dios es quien produce en ustedes tanto el querer como el hacer para que se cumpla su buena voluntad» (Filipenses 2:13). Si Dios está obrando en la santificación, ¿no está también obrando en la justificación? Sí, ¡e incluso en la fe! Toda la obra salvadora es por gracia (Romanos 8:30; Efesios 2:8-9).

Cuando Jesús enfatiza la absoluta necesidad de la fe, usa dos descripciones particulares: la fe viene, y la fe es comer y beber. Él declara: «Yo soy el pan de vida. El que a mí viene nunca pasará hambre, y el que en mí cree nunca más volverá a tener sed» (Juan 6:35). La famosa estrofa del himno «Fuera mi esclavitud, tristeza y noche, Jesús, vengo a ti», capta bellamente cómo somos llamados a acercarnos a Jesús.[1] Esta es una imagen en la que encontramos descanso, refugio y pertenencia.

Mi padre murió en 1992, cuando yo tenía treinta y un años. Desde que se fue no he tenido un hogar en este mundo. No recuerdo cuántas veces pensé en mis primeros treinta y un años: «Si puedo volver a casa con mi padre, estaré bien». De la misma manera, Jesús nos llama a regresar a casa por medio de la fe. Llegar al lugar de refugio, amor y seguridad es como la imagen de una novia que se acerca por el pasillo hacia su novio y le dice: «Abandono a todos los demás, me entrego a ti, solo a ti, te lo prometo». De la misma manera, Jesús atrae a la multitud hacia Él por medio de la fe.

La reflexión de Charles Simeon sobre la fe es digna de mencionar:

[La fe] no es un simple asentimiento a la verdad de su mesianismo, sino un humilde compromiso con Él como el Salvador del mundo. Debemos sentir nuestra necesidad de Él; debemos ver la conveniencia y la suficiencia de su salvación. Es más, debemos acudir a Él como el Salvador escogido y buscar la aprobación de Dios solo a través de Él. Debemos renunciar a cualquier otra esperanza y hacer de Él toda nuestra salvación y todo nuestro deseo.[2]

Por esa razón, el único trabajo que debe hacerse es el del Padre. La multitud simplemente debe venir.

El Pan de vida

Tras atraer a la multitud, Jesús les insta a hacer lo impensable: comer su carne y beber su sangre. «Ciertamente les aseguro —afirmó Jesús— que, si no comen la carne del Hijo del hombre ni beben su sangre, no tienen realmente vida» (6:53). Esta imagen está diseñada para ofender en manera extrema. Aunque no era extraño que alguien comiera un sacrificio —los sacerdotes levitas, después de todo, lo hacían— nadie bebía sangre sacrificial. ¡La sangre estaba prohibida! Ni siquiera se podía comer un animal que tuviera residuos de sangre. Para los judíos, que alguien dijera: «Debes comer mi carne y beber mi sangre», era totalmente agraviante.

¿A qué se está refiriendo Jesús exactamente al usar las palabras carne y sangre de manera metafórica? La carne y la sangre son elementos constituyentes de un sacrificio de pacto. Ambas cosas, el cuerpo y la sangre del animal, eran parte integral de las ofrendas sacrificiales. En este pasaje, Jesús está hablando de sí mismo como el único sacrificio verdadero al que todos los demás sacrificios del antiguo pacto apuntaban (v. 56). El llamado de Jesús a venir a comer y beber es una convocación a la fe y a confiar en el sacrificio del pacto de una vez por todas, no sea que muramos en nuestros pecados.

Estamos acostumbrados a comer y beber metáforas. Por ejemplo, en la actualidad es común decir u oír expresiones como: «Bebí mucho conocimiento en esa conferencia» o «Me devoré ese libro». Lo que Jesús dijo es algo mucho más revelador. Le dice a la multitud que ellos necesitan de Él más que de la comida. Si no comemos, bebemos y confiamos en su provisión que da vida y en su muerte sacrificial, moriremos como personas hambrientas y sedientas en el árido desierto de nuestro pecado.

Al mostrar a la multitud su necesidad de pan vivo y cómo obtenerlo a través de la fe, Jesús no señala a nadie más que a sí mismo como el

Pan de vida. Si las personas quieren tener vida, van a necesitar conocer la identidad de Jesús como pan vivificante. Como tal, Jesús se declara a sí mismo más grande que el maná dado en el desierto. Jesús, el Pan de vida, es vida y da vida a través de su muerte. La vida que Él da es nuestra satisfacción más profunda, nuestra seguridad eterna, nuestra salvación y nuestra comunión.

Lo que el Señor declara —«Yo soy el pan de vida» (v. 35)— debería recordarnos lo que le dijo a la mujer samaritana, en el pozo, acerca del agua viva. Tras describirle el agua que fluye para vida eterna (Juan 4:14), la mujer samaritana le responde a Jesús pidiéndole esa agua para no tener que volver más al pozo. La mujer no capta las palabras de Jesús puesto que no se da cuenta de que Él está usando la palabra agua de manera metafórica con el objeto de hablar de una realidad más importante. La misma confusión ocurre con la multitud en Juan 6. Jesús les dice: «El que da el verdadero pan del cielo es mi Padre» (v. 32). Al igual que la mujer samaritana, la multitud acepta el pan que Él les ofrece sin darse cuenta de que su oferta es mucho mayor que lo que se pueden imaginar. Para aclarar su analogía con el pan, Jesús se declara a sí mismo como el Pan de vida provisional que Dios ha enviado del cielo para saciar al mundo. Jesús no solo detalla sus palabras sino que las explica: «Yo soy el pan de la vida… Yo soy el pan vivo que descendió del cielo» (vv. 48, 51). Jesús responde al deseo de la multitud (que anhela otro milagro alimenticio) ofreciéndose a sí mismo como el verdadero y principal maná, el pan eterno e imperecedero de Dios. Jesús reorientó el deseo de la multitud. Ellos no necesitaban tanto a Jesús para que realizara otro milagro que confirmara quién era Él, lo que en verdad necesitaban era a Él mismo, el pan que se puede comer para vida eterna.

El lenguaje satisfactorio que Jesús usa con la mujer en el pozo, también lo emplea con la multitud: «Yo soy el pan de vida —declaró Jesús—. El que a mí viene nunca pasará hambre, y el que en mí cree nunca más volverá a tener sed» (v. 35). Él le dice a la mujer samaritana: «Todo el que beba de esta agua volverá a tener sed, pero el que beba del agua que yo le daré no volverá a tener sed jamás, sino que dentro de él esa agua se convertirá en un manantial del que brotará vida eterna» (4:13-14). Jesús busca satisfacer un antiguo anhelo del ser humano que a la vez es la causa original del pecado. Jesús, el Pan de vida, es la respuesta divina a nuestra búsqueda de satisfacción.

La realidad de los deseos extraviados se describe ampliamente en las primeras páginas de la Biblia. En el jardín del Edén, Satanás le dijo a la mujer: «Dios sabe muy bien que, cuando coman de ese árbol [el árbol del conocimiento del bien y del mal] se les abrirán los ojos y llegarán a ser como Dios, conocedores del bien y del mal» (Génesis 3:5). Las palabras de Satanás sugieren que Dios les estaba ocultando algo, a nuestros primeros padres, que les daría más satisfacción que el propio Dios y todos los beneficios derivados de una correcta relación con Él. En otras palabras, Satanás sugiere que hay mucha más satisfacción aparte de Dios que en una relación con Él. Satanás engaña a Eva haciéndole creer que no vale la pena vivir para Dios y que él (Satanás) puede dar algo mejor que Dios mismo. Igual que con nosotros. Cada vez que pecamos, decidimos satisfacernos con cualquier cosa que no sea Dios. Satanás ha estado efectuando la misma obra por muchos, muchos años; él nos dice: Si desobedeces a Dios, la vida será mejor para ti. Busca la satisfacción en la creación, no en el Creador (Romanos 1:25).

Jesús también ofrece seguridad a aquellos de la multitud que vendrán a Él. Por eso declara que todos los que se allegan a Él no tendrán hambre ni sed, con el argumento de que «Todos los que el Padre me da vendrán a mí; y al que a mí viene, no lo rechazo» (Juan 6:37). Somos llamados a acercarnos a aquel que no puede perder a uno: «Y esta es la voluntad del que me envió: que yo no pierda nada de lo que él me ha dado» (v. 39). El himno «Solo en Jesús» capta en forma poderosa la seguridad que disfruta el pueblo de Dios, por lo que exclama que ni el infierno ni el hombre pueden arrancarnos de la mano de Cristo.[3]

El autor del Salmo 119 reflexiona sobre esta misma realidad. En el versículo 175, el salmista se gloría de cuán buena es la Palabra de Dios si uno se dedica a ella. Él declara una y otra vez: «Dichosos los que van por caminos perfectos, los que andan conforme a la ley del SEÑOR» (Salmo 119:1), identificándose como uno que está cerca de Dios. Después de ciento setenta y cinco versículos de extasiada reflexión, el salmista cambia repentinamente en el último versículo, el 176. Su magnífica reflexión sobre la suficiencia de Dios y su Palabra termina con: «Cual oveja perdida me he extraviado; ven en busca de tu siervo, porque no he olvidado tus mandamientos». Versículo tras versículo, el salmista encuentra su seguridad y satisfacción en Dios y en su Palabra, pero de repente se ve obligado a ser perseguido nuevamente por Dios. De la misma manera, llegaremos a lugares en la vida en los que, si Dios no viene a buscarnos, no volveremos a casa. Al igual que la parábola de la oveja perdida, el Pastor tendrá que dejar en algún momento las noventa y nueve para traer de vuelta a casa a aquel que es nuestro (Lucas 15:3-7). El Pastor no enviará un telegrama con instrucciones sobre la mejor manera de volver a casa. El Buen Pastor saldrá y nos encontrará, nos pondrá sobre su espalda, y nos llevará a casa con Él. Estamos seguros de ello porque Jesús no perderá a los que el Padre le ha dado (Juan 6:37-39).

El resultado final de la obra segura y satisfactoria de Dios es la salvación, la resurrección y la vida eterna. «La voluntad de mi Padre», nos asegura Jesús, «es que todo el que reconozca al Hijo y crea en él tenga vida eterna, y yo lo resucitaré en el día final» (v. 40). Jesús dice que la salvación de la muerte eterna proviene de la participación de aquel que es el Pan de vida: «Este es el pan que baja del cielo; el que come de él no muere» (v. 50). La forma en que habla de comer y morir contrasta con la advertencia que se le dio a Adán en el jardín: «El día que de él comas, ciertamente morirás» (Génesis 2:17). Jesús declara que, si la multitud come de Él —el pan vivo—, no morirán. En otras palabras, Jesús lleva a la multitud de regreso al jardín del Edén y los insta a no comer pan perecedero, ¡sino a comer de Él mismo y a vivir para siempre! El apóstol Pablo reflexiona sobre esta verdad cuando le dice a la iglesia de Corinto: «Cada vez que comen este pan y beben de esta copa, proclaman la muerte del Señor hasta que él venga» (1 Corintios 11:26). Es la muerte de Jesús la que da vida y hace posible nuestra futura resurrección corporal para que disfrutemos a plenitud el gozo y los placeres eternos que esperan al pueblo de Dios por toda la eternidad (Salmos 16:11). Debido a que Jesús es el Pan de vida enviado por el Padre, podemos estar satisfechos, seguros, salvos y en comunión con nuestro Dios para siempre.

Las semejanzas compartidas entre la mujer samaritana y la interacción de la multitud con Jesús son sorprendentes. La samaritana no comprendió lo que Jesús le estaba hablando cuando le ofreció el agua que saciaría su eterna sed. Del mismo modo, la multitud no entiende a qué se refiere Jesús cuando les ofrece el pan que nunca perece. Ambos se confunden por la manera en que Jesús usa la metáfora para tratar más que sus necesidades físicas y hablar de la verdadera necesidad de ellos. La samaritana quiere agua del pozo, pero Jesús quiere darle agua que satisfaga su alma de modo que pueda superar su adulterio en serie (Juan 4:13-18). La multitud quiere otro milagro alimenticio para llenarse el estómago, pero Jesús quiere que se sacien con pan vivo. Aunque la historia de la mujer en el pozo (Juan 4) y el discurso del Pan de vida a la multitud (Juan 6) tienen muchos paralelismos, hay una diferencia fundamental. La mujer samaritana tomó el agua que da vida y bebió profundamente para vida eterna. Aceptó la verdad acerca del Mesías venidero con plena confianza en la persona del Mesías y más aun cuando Jesús mismo se le revela y le dice: «Soy yo, el que habla contigo» (4:26). A diferencia de la multitud, la mujer samaritana va a casa. Ella come y bebe de su carne y su sangre. Llega a conocer la satisfacción, la seguridad, la salvación y la comunión que se encuentran solo en Jesús, el Pan de la vida. ¡Que todos hagamos lo mismo!

6

EL BUEN PASTOR

STEVEN J. LAWSON
Juan 10

En Juan 10:11-18, aprendemos mucho acerca de Jesucristo, el Buen Pastor. Lo que hace que este pasaje sea tan especial es que es un comentario que el propio Jesús expresa acerca de sí mismo, sobre su muerte y su resurrección. Este es Jesús predicando a Cristo y a Él crucificado. Es el expositor más grande que haya caminado sobre la tierra, Jesucristo, predicando sobre el tema más importante que existe: su propia muerte expiatoria, a causa del pecado. Aquí, Jesús es a la vez el orador y el sujeto, tanto el maestro como el tema, el predicador como la proposición.

Estos versículos no son más inspirados que otras porciones de las Escrituras que se enfocan en la cruz, pero son mucho más personales. Aquí, Jesucristo está revelando lo que siente su alma concerniente a su muerte y resurrección. Extrañamente, la congregación que se reunió ese día estaba constituida por los falsos pastores de Israel. El momento crucial de ese discurso sigue a la sanidad del hombre ciego —que hizo Jesús en el capítulo 9—, y no pierde continuidad a medida que pasamos del capítulo 9 al 10. Jesús ahora se dirige a los falsos pastores de Israel al referirse a sí mismo como el verdadero pastor de las ovejas.

En los versículos 1 a 10, Jesús establece el contexto en lo que Juan identifica como «este ejemplo» (v. 6), que es una alegoría (como dice en la RVR1960). Aunque no debemos alegorizar la Biblia cuando la interpretamos, sin embargo, ella contiene alegorías, que son como parábolas ampliadas con mayor complejidad. En las parábolas, hay una verdad central que impulsa la historia. Cualquier intérprete se encontrará rápidamente en problemas cada vez que presione los detalles secundarios de una parábola para que se ajuste a la analogía. Pero una alegoría es diferente. Es intencionalmente multifacética, con más detalles que interpretar en sus diversas partes. Este discurso sobre el Buen Pastor es una de esas alegorías.

El aprisco, los ladrones y los saqueadores

En los versículos 1 a 10, vemos que la frase «redil de las ovejas» (v. 1), representa a la nación de Israel. Dentro de ese redil hay muchos rebaños, que simbolizan las diversas partes de la nación de Israel en ese momento, e incluso está llena de judíos no gobernados por la religión muerta del judaísmo. En aquellos tiempos, los pastores típicos dejaban su rebaño por las noches bajo el cuidado de un portero. Se retiraban a descansar y regresaban al día siguiente para seguir pastoreándolos.

También leemos sobre los ladrones y los saqueadores (v. 1, RVR1960), aquellos a quienes Jesús les habla. Se trata de los fariseos, que han hecho del templo en Jerusalén guarida de ladrones y roban la gloria a Dios (Mateo 21:13; Lucas 19:46). Sin ninguna preocupación por las ovejas, esos ladrones y saqueadores esquilan al rebaño, revelando así que no son los dueños legítimos de las ovejas. Son estos fariseos a quienes Jesús se dirige e identifica como ladrones y saqueadores.

El pastor y sus ovejas

Con un fuerte contraste, se nos presenta al verdadero pastor de ovejas (v. 2), que es Jesucristo mismo, quien inequívocamente se identifica como ese pastor, «el buen pastor» (vv. 11, 14) que cuida al rebaño de Dios con amor. El portero, que aparece en el versículo tres, está sujeto a varias interpretaciones sobre las que no discutiremos. «Las ovejas» (v. 3) que se sienten atraídas por el pastor son las elegidas de Dios. Son los elegidos por Dios antes de la fundación del mundo. Pertenecen al Padre por su soberana elección y han sido confiados al cuidado de este Buen Pastor (v. 29).

Una de las principales características de la «voz» del pastor es el llamado eficaz que atrae a esas ovejas elegidas a Él (vv. 3-5). Esas ovejas son las que reconocen la «voz» de su pastor y responden acudiendo a él. En este gran corral comunitario, las ovejas de los otros rebaños oyen su voz audible, pero no la reconocen como la de su propio pastor.

Mantienen la cabeza encorvada, mordisqueando la hierba. Pero cuando las ovejas elegidas oyen la «voz» de su pastor, inmediatamente se dirigen a ella. El pastor las llama por su nombre puesto que las conoce. Oyen la voz de su pastor, alzan la cabeza y se dirigen hacia donde surge esa voz, y así se separan de las otras ovejas.

Las ovejas elegidas oyen lo que las otras ovejas no disciernen, porque sus oídos están atentos para escuchar. El Buen Pastor no puede dejarlas en ese redil apóstata. Debe sacarlas de ese cementerio espiritual con hedor a muerte. Cuando se van, los otros pastores llaman a las ovejas elegidas. Pero ellas no oirán la voz de un extraño. Solo seguirán la voz de su pastor mientras las saca de la ciudad y las lleva al campo. Las ovejas han dejado atrás el redil apóstata, para nunca regresar.

La puerta de las ovejas

Una vez en el campo, el Buen Pastor establece otro redil. Selecciona algunas rocas del campo para construir un vallado circular y deja una abertura en él. Por la noche, se pone en la abertura convirtiéndose así en una puerta por la que pasan las ovejas (v. 7). Una vez que todas están en el redil, sella los muros para protegerlas y mantenerlas alejadas de los depredadores que intenten atacarlas. Para atacarlas, las bestias salvajes deben pasar frente al pastor. Pero este es un pastor heroico, valiente, que se enfrenta a cualquier peligro que pueda amenazar a sus ovejas.

Por la mañana, el buen pastor se levanta y la abertura en la pared se abre para dar paso a las ovejas, las que conduce a verdes pastos y a aguas tranquilas. Él les da abundante vida y alimenta su alma hasta que estén completamente satisfechas (v. 10). Este buen pastor las lleva al redil para que estén protegidas por la noche y las lleva a pastar durante el día. Esta rutina se repite día tras día. Existe una relación más cercana entre este pastor y sus ovejas. Él se responsabiliza de todas las necesidades de ellas. Si es necesario, hasta da su vida para protegerlas.

Al considerar el contexto, vemos tres cosas que destacan en los versículos 11-18. Al comienzo del versículo 11, encontramos una declaración exclusiva de Jesús: «Yo soy el buen pastor». Segundo, conocemos el excelente carácter de Jesús (vv. 11b-16). Aquí, el Señor da tres razones convincentes por las que se considera un Buen Pastor. Finalmente, leemos la elección enfática de Jesús (vv. 17-18). Aquí, encontramos cinco veces el pronombre en primera persona singular: «Yo», lo que acentúa la voluntad decidida del Pastor de dar su vida por las ovejas.

LAS AFIRMACIONES EXCLUSIVAS DE JESÚS

Jesús comienza esta última parte de su discurso planteando una declaración exclusiva: «Yo soy el buen pastor» (v. 11). Esta es la cuarta de siete declaraciones que usan la frase «Yo soy», en el Evangelio de Juan. Estas fuertes afirmaciones conforman la columna vertebral de este cuarto evangelio. Este «Yo soy» de Jesús, en particular, es lo máximo de estas afirmaciones. Tres declaraciones «Yo soy» conducen a esta (Yo soy el Buen Pastor) y después de esta van otras tres. Veamos la progresión: Jesús ya ha dicho «Yo soy el pan de vida» (6:35), «Yo soy la luz del mundo» (8:12), y «Yo soy la puerta» (10:9). La posición estelar es: «Yo soy el buen pastor». Luego sigue con «Yo soy la resurrección y la vida» (11:25), «Yo soy el camino, la verdad y la vida» (14:6) y «Yo soy la vid» (15:5).

Esta cuarta afirmación «Yo soy» está en el centro porque la cruz es el centro del cristianismo. Esta es la explicación más completa de Jesús sobre su muerte sustitutiva y su resurrección corporal. La cruz es la doctrina cardinal de la fe cristiana y ocupa el lugar preeminente en las afirmaciones «Yo soy» del Evangelio de Juan. Pero, ¿qué significa exactamente «Yo soy el buen pastor»?

La deidad y suficiencia de Jesús

Primero, esta afirmación exclusiva —«Yo soy el buen pastor»—, constituye la declaración de su deidad. Cuando Jesús dijo: «Yo soy», estaba proclamando el nombre divino por el cual Dios se reveló a sí mismo en la zarza ardiente como «YO SOY EL QUE SOY» (Éxodo 3:14). La frase «Yo soy» es de la misma raíz hebrea que significa «ser», de la que se deriva el nombre sagrado de Dios («Yahweh» o «Jehová»). Este nombre divino significa que Dios es autosuficiente y autónomo, que no depende de nadie ni de nada para existir. En términos inequívocos, Jesús toma ese nombre santo y sagrado de Dios para sí mismo. Al decir «Yo soy», Jesús afirma que es verdaderamente y completamente Dios. Esta verdad fundamental la vemos enseñarse en toda la Biblia: Jesús hizo las obras que solo Dios puede hacer, recibió la adoración que solo Dios puede recibir, posee atributos que solo Dios puede poseer, tiene nombres que solo Dios usa y se equipara con Dios. Aquellos que escucharon a Jesús ese día entendieron que Él era Dios. Juan 10:33 lo deja muy claro. Al identificarse a sí mismo como «Yo soy», Jesús afirma ser igual a Dios el Padre, lo que llamaríamos coigual.

Del mismo modo, Dios se identificó a sí mismo como el pastor de su pueblo. David escribió: «El Señor es mi pastor» (Salmos 23:1). El salmista se dirigió a Dios como «Pastor de Israel» (Salmos 80:1). En otro salmo, leemos que somos el pueblo de Dios, «ovejas de su prado» (Salmos 100:3). A lo largo del Antiguo Testamento, Dios es identificado como el Pastor de su pueblo (Isaías 40:11). Dios dice: «Como un pastor que cuida de sus ovejas... así me ocuparé de mis ovejas» (Ezequiel 34:12).

En segundo lugar, este «Yo soy» exclusivo declara su suficiencia. El pastor asume la responsabilidad total de satisfacer todas las necesidades de sus ovejas. Esta imagen muestra a Jesús atendiendo todas las necesidades de su pueblo. Esto es precisamente lo que David declara: «El SEÑOR es mi pastor, nada me falta» (Salmos 23:1). Esto significa que Él provee todas las necesidades de todo su pueblo. Jesús dijo a sus discípulos: «...separados de mí no pueden ustedes hacer nada» (Juan 15:5), y Pablo escribe: «Todo lo puedo en Cristo que me fortalece» (Filipenses 4:13). Conocer a este Pastor es conocer a aquel que satisface todas las necesidades de su rebaño. Ya sea directa o indirectamente, personal o providencialmente, Él se responsabiliza del cuidado de los suyos.

La unicidad y la bondad de Jesús

Este «Yo soy» exclusivo significa que Él es el único Buen Pastor. No es simplemente uno de los muchos buenos pastores, sino que es el Buen Pastor.

No hay otros buenos pastores pero este, es el único Pastor de sus ovejas que las guía a la presencia de Dios. Pedro afirmó: «De hecho, en ningún otro hay salvación, porque no hay bajo el cielo otro nombre dado a los hombres mediante el cual podamos ser salvos» (Hechos 4:12). No hay otro pastor que pueda rescatar a los pecadores que perezcan ni satisfacer sus necesidades, excepto este Pastor, el Señor Jesucristo.

En cuarto lugar, este exclusivo «Yo soy» es una garantía de su bondad. Cuando Jesús dice: «Yo soy el buen pastor», se compromete a cumplir todas las necesidades de su rebaño. Esta palabra «buen» (*kalos*) significa «noble, excelente, hermoso, elegido, ideal, superior». Esta es la clase de pastor que es Jesús. Es perfecto en su persona, carácter y su ser. Como Buen Pastor, siempre hace bien a sus ovejas todos los días. David escribe: «La bondad y el amor me seguirán todos los días de mi vida y en la casa del SEÑOR habitaré para siempre» (Salmos 23:6).

Nadie puede predicar mejor si no proclama las afirmaciones exclusivas de este Buen Pastor, Jesucristo. Si hay que alimentar al rebaño, hay que hablar más de Él. Es necesario hablar menos del expositor y más de Jesús en la predicación. Ningún predicador verdadero quiere que su congregación se vea privada de escuchar acerca de Jesús. Los pastores deben dirigir a sus oyentes a este Gran Pastor (1 Pedro 5:4). Debemos hacer todo lo posible por mantener su bondad, su gloria y su grandeza.

EL EXCELENTE CARÁCTER DE JESÚS

Jesucristo también testifica de su excelente carácter. Más que anunciar que es el Buen Pastor, argumenta con razones convincentes por las que lo es y reitera que es un Buen Pastor porque: muere por sus ovejas, las ama, las reúne y las une.

Jesús muere por sus ovejas

En primer lugar, Jesús explica su excelente carácter al afirmar que muere por sus ovejas. Él dice: «El buen pastor da su vida por las ovejas» (v. 11). Este lenguaje figurativo representa la muerte que sufrió en sustitución de sus ovejas con el fin de proteger a las que están constantemente expuestas a un gran peligro. Si su rebaño es vulnerable e indefenso, el Buen Pastor lo libera del peligro en el que se encuentre aunque tenga que morir.

Jesús enfatiza la naturaleza de la espontaneidad con la que entrega su vida por las ovejas. Cuando dice que «El buen pastor da su vida por las ovejas», indica que su vida no la tomarían otros, sino que Él la daría. Jesús destacará este aspecto de su muerte cinco veces en este pasaje (vv. 11, 15, 17, 18a, 18b). Y dirá: «Nadie me la arrebata, sino que yo la entrego por mi propia voluntad» y «tengo autoridad para recibirla» (v. 18). Sin duda, esto significa que su sangre no se coaguló, sino que se derramó. Además, esto indica que la cruz no fue un accidente humano sino una cita divina. Él no dijo: «He terminado», sino: «Todo se ha cumplido» (19:30). Jesús escogió el tiempo y el lugar para dar su vida por las ovejas.

Esta afirmación —«El buen pastor da su vida por las ovejas»— también recalca la naturaleza vicaria de su muerte. La pequeña preposición «por» (*huper*) es de vital importancia. Como grandes puertas que se balancean sobre pequeñas bisagras, la teología principal se basa en esta pequeña preposición «por». Huper significa «por el beneficio de, en aras de, en lugar de, en vez de». Esto enseña la naturaleza sustitutiva de la muerte de Jesucristo. Él murió en lugar de sus ovejas. En otra parte, Jesús dijo: «El Hijo del hombre no vino para que le sirvan, sino para servir y para dar su vida en rescate por muchos» (Mateo 20:28). El apóstol Pablo expresó lo mismo: «Jesucristo dio su vida por nuestros pecados» (Gálatas 1:4). Además, Cristo «se entregó por nosotros» (Efesios 5:2).

Además, Jesús dice cuán específica sería su muerte. Cuando expresa: «El buen pastor da su vida por las ovejas», enfatiza que es por las ovejas que morirá. Las ovejas son aquellas que el Padre le ha dado antes de que lleguen a Él (v. 29). Ellos son los que reconocen su voz y se sienten atraídos por ella. Las ovejas son aquellas que son sacadas del Israel apóstata para seguir al pastor. Jesús dará su vida por sus ovejas, pero no por otras ovejas que no son suyas. Tampoco morirá por los ladrones y saqueadores que no son sus ovejas. No todas las personas en el mundo le han sido dadas por el Padre (v. 26). Pero todo aquel por quien Jesús muere, no perecerá nunca. Jesús es el Expositor de la cruz, con estas palabras interpreta su propia muerte y enseña una expiación definida. Según Jesús, Él no murió como expiación universal por un grupo anónimo de personas sin nombre. Más bien hizo una expiación definitiva por aquellos que han sido escogidos por el Padre en la eternidad pasada y se los ha dado a Él. Murió por aquellas ovejas a las que llama por su nombre.

Cuando Jesús dice: «Doy mi vida por las ovejas», sus palabras son infinitamente claras con respecto a por quién murió. Él repite la naturaleza exclusiva de su expiación: «Doy mi vida *por las ovejas*» (v. 15; énfasis añadido). La intención de Jesús al morir en la cruz define el alcance de su muerte. Responde por qué murió y sabe por quién murió. En este discurso, Jesús enseña que no vino a morir por todo el redil. Si Jesús muriera por todos, entonces todos serían salvados. Pero vino por sus ovejas, y es por sus ovejas que moriría. Ninguno de ellos perecerá jamás.

Esta extensión específica de la expiación se enseña más al analizar la unidad de la Trinidad. Jesús dirá: «Mi Padre, que me las ha dado» (v. 29), refiriéndose a las ovejas que oyen su voz y lo siguen (v. 27). Estas son las mismas ovejas a quienes da vida eterna (v. 28). Ninguna de ellas perecerá jamás ni será arrebatada de su mano ni de la mano del Padre (v. 29). Jesús luego dice: «El Padre y yo somos uno» (v. 30). Esto no significa que el Padre y el Hijo sean una sola persona. Tal declaración sería herética. Al contrario, esta afirmación significa que el Padre y el Hijo son uno en misión, uno en propósito, uno en intento de salvación. Los que el Padre ha elegido han sido entregados al Hijo, y el Hijo los ha recibido como regalo amoroso del Padre. A su vez, el Hijo ha venido a este mundo para ser el Buen Pastor que entrega su vida exclusivamente por la misma oveja que el Padre escogió y le encomendó.

Hace algunos años, pasé un tiempo en el Seminario de Londres. Resultó ser la semana de la serie anual de conferencias de John Owen, por lo que pregunté a algunos de los pastores que asistieron a la conferencia: «¿Cuál es en particular el enfoque de la conferencia?» Explicaron que las conferencias abordaban las enseñanzas de Owen sobre la expiación. Entonces les pedí que me dieran el argumento más convincente que este gran teólogo puritano ofreció para la expiación definitiva. De acuerdo con este puritano piadoso, ellos respondieron que es la unidad de la Trinidad. Específicamente, es la forma en que el Padre, el Hijo y el Espíritu Santo operan en perfecta armonía como un solo Salvador, salvando a un grupo de personas.

Por esta unidad en cuanto al propósito es que Jesús ordenó que el bautismo se hiciera en el nombre del Padre, del Hijo y del Espíritu Santo (Mateo 28:19). Las tres personas de la Deidad trabajan juntas en perfecta unidad, cada una como Salvador, salvando un rebaño de ovejas. Esta unidad cohesiva requiere una expiación definitiva de Jesús para trabajar en unidad con el propósito salvífico del Padre. Antes de tiempo, el Padre escogió a sus elegidos, y en el tiempo, Dios Hijo dio su vida por esos mismos elegidos. Día tras día, Dios Espíritu los regenera. De lo contrario, Dios Padre elegiría salvar a los que creen. Pero Dios Hijo moriría para salvar a un grupo totalmente diferente, el mundo entero. Sin embargo, Dios Espíritu trataría de salvar a un grupo distinto, aquellos que escuchan el evangelio. Esta visión incoherente fractura la unidad de la Trinidad, dando como resultado tres misiones diferentes.

En marcado contraste con esta visión, Jesús dice que da su vida por aquellas ovejas que el Padre le dio. Jesús declara que morirá por aquellos que son «mis ovejas» (v. 14). En otra parte, Jesús dice que da su vida por sus amigos, a saber, sus discípulos (15:13). Pablo enseña que Cristo compró la iglesia con su sangre (Hechos 20:28). El apóstol también escribe que Jesús murió por los escogidos (Romanos 8:33). Luego enfatiza que Cristo se dio a sí mismo por su esposa, la iglesia (Efesios 5:25). El autor de Hebreos escribe que Jesús probó la muerte por «sus hermanos», que son «los hijos que Dios me ha dado» por el Padre (Hebreos 2:9, 13). Cada uno de estos pasajes enseña la expiación particular del Buen Pastor, Jesucristo.

En la cruz, Jesús no compró al mundo entero y recibió, a cambio, solo a los que creen en Él. Al contrario, en el Calvario hubo equidad perfecta. No hubo injusticia ni inequidad en la cruz. Jesús recibió a todos los que compró. Él no fue descubierto ni estafado. Jesús no fue engañado al redimir a los pecadores. Él no estaba rígido en el Gólgota. Jesús preservará todo lo que compró, ni más ni menos. Todos los que redimió en la cruz son su posesión eterna.

Algunos retroceden, señalando versos que enseñan que Jesús murió por el mundo. Pero tales intérpretes no reconocen que el «mundo» (cosmos) se usa de diez maneras diferentes en el Evangelio de Juan. Solo uno de esos diez usos significa, literalmente, todo el mundo. Nueve de los diez tiene un significado diferente. Sería apresurado para juzgar entrar en cualquier texto en el Evangelio de Juan con la noción preconcebida de que «mundo» automáticamente significa toda persona. Por ejemplo, Jesús ora: «No ruego por el mundo, sino por los que me diste» (17:9). Aquí, limita su intercesión por aquellos que el Padre le dio. De manera similar, la intercesión de Jesús en la cruz sería para el mismo grupo por el cual intercede en la oración. Y su intercesión actual a la diestra del Padre es igualmente para el mismo grupo por quien intercedió en oración.

En total contraste con el Buen Pastor están los falsos pastores de Israel. Jesús se dirige a ellos, diciendo: «El asalariado no es el pastor, y a él no le pertenecen las ovejas. Cuando ve que el lobo se acerca, abandona las ovejas y huye; entonces el lobo ataca al rebaño y lo dispersa» (v. 12). Estos otros pastores —asalariados— son los fariseos, los mismos a quienes está hablando. Ellos son completamente contrarios a

Él, el Buen Pastor. Esos mercenarios son los falsos pastores de Israel que, cuando ven venir al lobo, dejan las ovejas y las exponen a un gran peligro. Abandonan a las ovejas en tiempos difíciles porque no son los dueños de las ovejas. Cuando viene el lobo, Jesús explica: «Y ese hombre huye porque, siendo asalariado, no le importan las ovejas» (v. 13). Esos fariseos no son los verdaderos dueños de las ovejas y no tienen ningún interés en protegerlas a costa de sus vidas. Los fariseos tampoco reconocen la voz de Jesús, porque no son ovejas suyas. Su enseñanza es ruido vacío para sus oídos. No pueden escuchar lo que Jesús está diciendo porque no tienen oídos para escuchar.

Jesús ama a sus ovejas

Jesús da otra razón más por la que es el Buen Pastor. Porque ama a sus ovejas. En el versículo 14, Jesús repite la afirmación exclusiva que hizo antes: «Yo soy el buen pastor». Esta reafirmación lo distingue de los falsos pastores a quienes estaba hablando. Cuando agrega: «conozco a mis ovejas», no significa que tenga un conocimiento intelectual de su existencia. Él no dice: «conozco a las ovejas». Si bien es cierto que las conoce, su declaración aquí se refiere a mucho más.

Cuando Jesús dice «conozco» (*ginosko*), se refiere a «conocer íntimamente, amar, elegir amar». Jesús sabe que sus ovejas dicen que Él tiene la relación más íntima y amorosa con ellos. En otra parte de la Escritura, esta palabra se usa para representar la intimidad física entre un esposo y su esposa (Mateo 1:25). El equivalente hebreo (*yadah*) se usa de la misma manera para describir que Adán «conoció» a su esposa íntimamente, y ella concibió y dio a luz a un hijo (Génesis 4:1). De la misma forma, esto indica que Jesús conoce a sus ovejas con un amor profundo y redentor.

Este conocimiento es recíproco: «y ellas me conocen» (v. 14). El orden de este conocimiento es significativo. Jesús primero conoció a sus ovejas en la eternidad pasada, luego sus ovejas lo conocen a Él en el tiempo. Esto da una idea de lo que significa la palabra presciencia, que no tiene nada que ver con la previsión. Dios nunca ha mirado el proverbial túnel del tiempo y ha aprendido algo. Esa es una visión blasfema de Dios. Al contrario, presciencia significa que Dios amó previamente a sus elegidos y puso su corazón sobre ellos. Habla de su amor por el pacto eterno que es íntimo, personal y soberano.

Lo conocemos y lo amamos porque primero nos conoció y nos amó. El gran evangelista inglés George Whitefield se deleitó en predicar sobre la conversión de Zaqueo y destacó que Jesús lo vio en el árbol de sicómoro (Lucas 19:5). Whitefield hizo una pausa y acentuó que, por supuesto, lo vio en el árbol sicómoro. Jesús lo conoció de antemano desde la eternidad pasada. No había forma de que pudiera extrañarlo a tiempo. Esta es la relación de amor de muchos años que el Buen Pastor ha tenido con sus ovejas.[1]

Jesús también declara la medida en que conoce a sus ovejas: «Así como el Padre me conoce a mí y yo lo conozco a él, y doy mi vida por las ovejas» (v. 15). La cercanía de esta relación se indica en la pequeña preposición «con» en el primer versículo del Evangelio de Juan: «En el principio era la Palabra, y la Palabra estaba con Dios». «Con» *(pros)* significa «Cara a cara con». A lo largo de la eternidad pasada, Jesús estuvo cara a cara delante del Padre, en comunión más cercana y amorosa con Él. Juan también registra que Jesús estaba «en unión íntima con el Padre» (1:18), lo que indica la íntima relación que ha existido entre el Padre y el Hijo en todos los tiempos. Esta misma cercanía es exactamente la misma intimidad con la que Jesús conoce a sus ovejas y sus ovejas lo conocen.

Jesús reúne a sus ovejas

Una tercera razón por la cual Jesús es el Buen Pastor es que atrae y reúne a sus ovejas perdidas consigo mismo. Él dice: «Tengo otras ovejas que no son de este redil, y también a ellas debo traerlas» (v. 16). Esta alegoría comenzó con Jesús llamando a sus ovejas a salir de la muerte espiritual del Israel apóstata. Cuando dice que tiene «otras ovejas que no son de este redil», se refiere a las ovejas gentiles que están fuera del redil de Israel. Jesús también debe atraerlos hacia sí. Esta es una empresa mundial por la cual estas otras ovejas vendrán a Él. Vendrán «gente de toda raza, lengua, pueblo y nación» y comprenden un número que es «millares de millares y millones de millones» (Apocalipsis 5:9, 11).

Cuando Jesús dice: «Tengo otras ovejas», hace la afirmación en tiempo presente. Aunque todavía no han venido a Él, ya los posee. Eso se debe a que el Padre los escogió en la eternidad pasada y se los dio a

Él. Antes de que comenzara el tiempo, el Padre se los había dado, ahora son posesión suya.

Estas ovejas que le son dadas, dice Jesús, deben acercarse a Él: «También a ellas debo traerlas» (v. 16). Ese es el deber de la necesidad divina. Es el deber de la certeza divina. Es el deber de la soberanía divina, el llamamiento eficaz y la reverencia irrefutable. Cuando dice: «Debo traerlas», indica que no vendrán solas. La Biblia en otra parte confirma esto: «Todos andábamos perdidos, como ovejas; cada uno seguía su propio camino» (Isaías 53:6). Esto muestra la naturaleza rebelde de todas las ovejas. Estas ovejas perdidas deben ser traídas porque, de otra manera, no vendrían.

Este «debo traerlas», está inseparablemente conectado con lo que sigue: «escucharán mi voz» (v. 16). Hay una conexión inseparable entre «debo» y «escucharán». Estas otras ovejas que deben ser traídas oirán su voz y acudirán a Él. Por certeza divina, todas las ovejas por las cuales Cristo muere también vendrán a Él. Jesús enseña: «Todos los que el Padre me da vendrán a mí» (6:37). La razón por la cual las ovejas han venido a Jesucristo no es porque sean más inteligentes que las otras. Ni son más sensibles o sintonizadas espiritualmente. Es porque Jesús debe traerlas y ellas oirán su voz.

El gran predicador inglés Charles Haddon Spurgeon levantó la voz, declarando esta soberana verdad de gracia. En un sermón en particular, el Príncipe de los predicadores clamó:

> ¡Oh! Me encantan los «deseos» y la «voluntad» de Dios. Nada se compara con eso. El hombre dice que «debo hacer», ¿y para qué sirve? «Lo haré», dice el hombre, y nunca cumple; «Lo haré», dice y rompe su promesa. Pero no es así con los «deseos» de Dios. Si Él dice: «Será», será; cuando dice: «Se hará», se hará. Ahora Él ha dicho aquí: «Muchos vendrán». El diablo dice: «No vendrán». Pero «vendrán».
>
> Ustedes, mismos, dicen: «No vendremos». Dios dice: «Vendrás».[2]

Spurgeon luego anunció que, a pesar de la resistencia de las ovejas, ellas vendrán. No importa su aversión al evangelio, llegarán a la fe en Jesucristo:

¡Sí!, hay algunos aquí que se están riendo de la salvación, pueden burlarse de Cristo y del evangelio; pero les digo que aun así algunos de ustedes vendrán. «¿Qué?», dices, «¿puede Dios hacer que yo sea cristiano?» Te digo que sí, porque aquí descansa el poder del evangelio. No pide tu consentimiento; pero lo consigue. No dice que lo tendrás, pero hace que anheles el día poderoso de Dios… El evangelio no quiere tu consentimiento, lo consigue. Desaparece la enemistad de tu corazón. Tú dices: «No quiero ser salvo», Cristo dice que lo serás. Él hace que tu voluntad gire y grites: «Señor, sálvame o perezco». Ah, el cielo podría proclamar: «Sabía que te haría decir eso», y luego se regocija por ti porque ha cambiado tu voluntad y te ha hecho querer el día de su poder.[3]

Al concluir este poderoso sermón, Spurgeon pregonó el inevitable triunfo de la gracia soberana de Dios:

Si Jesucristo se parara en esta plataforma esta noche, ¿qué haría mucha gente con él?… Si dijera: «Aquí estoy, les amo, ¿quieren que los salve?» Ninguno de ustedes da su consentimiento si se deja esa decisión a su voluntad… Él mismo dijo: «Ningún hombre puede venir a mí, a menos que el Padre que me envió lo atraiga». ¡Ah!, queremos eso, aquí lo tenemos. ¡Ellos vendrán! ¡Vendrán!… Cristo no morirá de balde… Cristo verá su semilla.

Esta verdad de la soberanía divina en la salvación permite que los predicadores proclamen el evangelio con gran confianza. Esto hace que sus siervos sean osados al anunciar el evangelio de Jesucristo, sabiendo que mientras predican, Dios obra poderosamente en los corazones humanos. Aquellos que ponen la mayor resistencia pueden ser llevados a la fe en Jesucristo cuando se les hace escuchar la voz de su pastor.

Jesús une a sus ovejas

Hay otra razón por la cual Jesús es el Buen Pastor: Une a sus ovejas en un solo rebaño. Con la misma certeza, Jesús dice: «Habrá un solo rebaño y un solo pastor» (v. 16). Aquí, enfatiza que se convertirán en un solo rebaño. Ya no se dispersarán en muchos rebaños. No habrá una bandada bautista separada. Tampoco habrá un grupo presbiteriano aislado o uno independiente. No habrá un rebaño judío mesiánico. Ni siquiera habrá uno reformado ni uno arminiano. Tampoco habrá un rebaño carismático distinto. Al contrario, habrá «un solo rebaño y un solo pastor».

Cuando George Whitefield predicaba, a veces miraba al cielo y preguntaba: «Señor, ¿hay bautistas en el cielo?» Whitefield luego respondía, como si fuera desde el trono de Dios: «Aquí no hay bautistas». Luego preguntaba: «Señor, ¿hay presbiterianos en el cielo?» La respuesta era: «No hay ni uno». Entonces decía: «¿Hay algún congregacionalista? ¿Hay algún metodista? ¿Hay algún independiente?» Cada vez que la respuesta venía del trono de la gracia, decía: «No, no hay ninguno como ese conocido aquí en el cielo». Whitefield finalmente preguntaba: «Entonces, ¿quién está en el cielo?» Whitefield daba la respuesta como si viniera de arriba: «Solo aquellas ovejas que han sido lavadas por la sangre del Cordero».

Ese es el punto que Jesús plantea. Solo hay un rebaño que abarca a todas sus ovejas. Pero trágicamente, cuando escucho a algunos cristianos hablar respecto a cuando lleguemos al cielo, me imagino que allá va a ser como si estuviéramos en diferentes habitaciones, divididos en muchos grupos. Pero es todo lo contrario, todos seremos un solo rebaño con un solo pastor.

LA OPCIÓN ENFÁTICA DE JESÚS

Jesús concluye su explicación acerca de la cruz enfatizando cuán intencional será su muerte por sus ovejas. Él dijo: «Por eso me ama el Padre: porque entrego mi vida para volver a recibirla» (v. 17). Aquí, Jesús declara que el Padre ama a su Hijo porque obedece su voluntad. A Dios Padre le encanta la obediencia y se deleita al ver cumplida su voluntad. Al Padre le agrada el cumplimiento perfecto de su propósito eterno. El Hijo no ha venido a este mundo para hacer su propia voluntad. No vino a hacer lo suyo. El Padre ama al Hijo porque dio su vida en completa obediencia a la instrucción del Padre.

Cuando Jesús dijo: «Entrego mi vida para volver a recibirla» (v. 17), usa un lenguaje figurado que se refiere a su muerte y resurrección. La cruz no será el final, a ella le sigue la tumba vacía. Jesús enfatiza: «Nadie me la arrebata» (v. 18). Esta es una fuerte declaración de que nadie le quitará la vida a Él. Ningún gobernante romano puede hacerlo. Ningún líder judío, ninguna multitud enfurecida ni ninguna circunstancia ingobernable, nadie le arrebatará su vida. Ningún espíritu demoníaco ni demonio alguno tomará su vida. Solo serán causas secundarias subordinadas a la razón principal que es la voluntad soberana de Dios. «Yo la entrego por mi propia voluntad. Tengo autoridad para entregarla» (v. 18). «Autoridad» (*exousia*) significa «aparte del propio ser, aparte de uno mismo». Por esta declaración, Jesús afirmó poseer el derecho de ejercer poder sobre su propio ser.

Incluso en su encarnación, Jesús conservó la autoridad suprema para ejercer su derecho a dar la vida en el momento y lugar que eligiera. Jesús poseía toda autoridad para dar su vida, misma que tenía para retomarla. Jesús dio su vida hasta que sufrió la muerte y luego se levantó de entre los muertos. En realidad, la resurrección de Jesucristo fue una resurrección trinitaria en la que las tres personas de la Deidad estuvieron involucradas. Sin embargo, Jesús se levantó de entre los muertos y salió de la tumba como un Salvador resucitado, vivo y victorioso que puede salvar a sus ovejas.

Jesús concluye este discurso diciendo: «Este es el mandamiento que recibí de mi Padre» (v. 18). Este mandamiento se refiere a la misión salvadora que le fue dada por el Padre. Este le ordenó que abandonara el cielo, naciera de una virgen bajo la ley y viviera en perfecta obediencia a Él. Jesús vino a la tierra bajo las estrictas órdenes de su Padre. Antes de que el mundo comenzara, el Padre le dio su oveja elegida a su Hijo para que fuera su futura esposa. Entonces el Padre le ordenó al Hijo que entrara en este mundo, que llevara una vida sin pecado a fin de asegurar la justicia perfecta que se da a sus ovejas en el acto de la justificación. A Jesús se le ordenó dar su vida por sus ovejas y luego resucitar Él mismo de entre los muertos. En respuesta a ese mandato, Jesús obedeció al Padre.

Un Buen Pastor a quien adorar y seguir

¿Cómo puede alguna de las ovejas volver a la mesa del Señor igual? ¿No se han derretido nuestros corazones de amor por este Buen Pastor? El hecho de que nuestros nombres fueron escritos en su corazón cuando estaba colgado en la cruz debe hacer que nuestros corazones exploten de afecto por Él. ¿No están nuestros ojos llenos de lágrimas? ¿No tiemblan nuestras voces cuando participamos de la comunión? ¿No se nos cae la mandíbula ni se doblan nuestras rodillas ante Dios cada vez que tomamos el pan y la copa al recordar su muerte?

Este es el Cristo que todo pastor terrenal debe imitar en su faena pastoral. Deben entregarse al rebaño que se les ha confiado. Deben dar sus vidas por el bien de las ovejas. Deben conocerlas y llamarlas por su nombre. Deben dejarse conocer por el rebaño. Deben hacer todo lo que puedan para unir a las ovejas en uno solo.

¿Alguna vez ha dado ese paso decisivo de fe y ha acudido a la fe salvadora de este Pastor? Debe responder a la voz del Buen Pastor. Debe acudir a Él por fe y confiarle su vida. La Biblia dice: «Todo el que invoque el nombre del Señor será salvo» (Romanos 10:13). Él le invita a entrar por la puerta angosta. La puerta es pequeña y el camino que lleva a la vida también lo es, y pocos son los que lo encuentran. Dé ese paso de fe y venga al Buen Pastor de sus ovejas.

7

El camino, la verdad y la vida

Miguel Núñez

Juan 14:6

En el Evangelio de Juan, encontramos una larga discusión sobre los eventos que sucedieron la noche previa a la crucifixión de Cristo. Al observar los capítulos 13 y 14, enfatizaremos algunas de las palabras más valiosas que Cristo pronunció en esa ocasión. Al final del día antes de la Pascua, Jesús y sus discípulos fueron al Aposento Alto para celebrar su Última Cena. Después de reunir a los que amó hasta el final (13:1), Jesús comenzó a revelarles el sufrimiento que enfrentaría en las horas que venían a continuación. El Maestro les comunicó de manera clara no solo la prueba en sí misma, sino también cómo podrían tener esperanza a pesar de su inminente partida. Ellos no entendieron, quedaron confundidos.

Mientras les hablaba, hicieron una serie de preguntas. Una de ellas la hizo Tomás, al que Jesús le respondió: «Yo soy el camino, la verdad y la vida. Nadie llega al Padre sino por mí» (Juan 14:6). Estas palabras pronunciadas por Jesús en uno de los momentos más cruciales de toda su vida deben estar entre las declaraciones más odiadas en nuestra sociedad pluralista, relativista, antiautoritaria, postmoderna y postcristiana. Es más, muchos creyentes ni siquiera se atreven a repetirlas en sus lugares de trabajo, por temor a ser rechazados o considerados estrechos de mente y poco sofisticados.

Ese es el ambiente en el que vivimos hoy. En una sociedad pluralista, las personas con diversas culturas y creencias deberían poder disfrutar de la libertad de religión y coexistir pacíficamente. Sin embargo, cuando pasamos de una idea tan saludable a la convicción de que cada creencia es tan válida como cualquiera, entonces podemos esperar una sociedad que no le dé ningún valor a la verdad y, por lo tanto, tampoco a Cristo. Esa es nuestra sociedad. No hay nada novedoso en eso. Cuando Pilato formuló la pregunta: «¿Qué es la verdad?», no esperó la respuesta. Al contrario, dio la vuelta y dejó la presencia inmediata de la única persona que encarnaba la verdad. Pilato no le dio valor a la verdad ni a Cristo, y eso fue hace dos mil años.

Confusión actual acerca de la persona de Jesús

Vivimos en medio de lo que algunos han llamado un «pluralismo soteriológico», que afirma que todas las religiones pueden conducir a Dios, especialmente si las personas son sinceras. Una encuesta sobre el panorama religioso de los Estados Unidos realizada en 2007 por Pew Research Center, informó que «la mayoría de los estadounidenses que afirman tener una afiliación religiosa adoptan una visión no exclusiva de la salvación, y siete de cada diez expresan que muchas religiones pueden conducir a la vida eterna mientras menos de una cuarta parte dice que la suya es la única y verdadera fe que conduce a la vida eterna».[1] La Iglesia Católica Romana se ha estado moviendo en esa dirección desde el Concilio Vaticano II (1962-1965) cuando declaró: «Aquellos que no sienten culpa, no conocen el Evangelio de Cristo ni su Iglesia, pero sin embargo buscan a Dios con un corazón sincero e intentan con sus acciones —y movidos por la gracia—, hacer la voluntad de Dios tal como la conocen, a través de los dictados de su conciencia, también pueden alcanzar la salvación eterna».[2]

Como se puede ver, en vez de reformarse en la dirección correcta, la Iglesia de Roma continúa distanciándose de la revelación bíblica. Por desdicha, muchos líderes evangélicos han llegado a creer y enseñar esa misma doctrina. Si los cristianos evangélicos llegan a tal conclusión, deben comprender que la única manera de hacerlo es desobedeciendo las enseñanzas de Jesús. El Nuevo Testamento enseña, en diversas formas y pasajes, la exclusividad de nuestra fe, pero muchos han sucumbido a la presión de nuestros tiempos.

Otros se consideran «inclusivistas particulares». Se llaman a sí mismos «particulares» porque creen que el trabajo salvador de Cristo es esencial para que uno se salve. Y se llaman a sí mismos «inclusivistas» porque entienden que aquellos que no conocen a Cristo pueden salvarse a través de otros mediadores o religiones.[3] Clark Pinnock, por ejemplo, afirmaba que no podemos negociar la obra salvadora de Jesucristo. Desde ese punto de vista, sería considerado como «particularista». Sin embargo, Pinnock y otros, creía que la obra de Cristo en nombre de la humanidad permite a las personas ser salvadas a través de diferentes caminos que conducen a Dios. Por tanto, esta segunda creencia lo haría inclusivista.

Ahora, si fusionamos las dos ideas, calificaría como «inclusivista particular». En otras palabras, la obra salvadora de Cristo es lo que permite a otros actuar como mediadores de la salvación a través de diversas religiones o caminos, contradiciendo así las palabras del apóstol Pablo en 1 Timoteo 2:5: «Porque hay un solo Dios y un solo mediador entre Dios y los hombres, Jesucristo hombre».

Es sorprendente ver cuántos inclusivistas toman las afirmaciones exclusivas de Cristo y cambian sus significados para que se ajusten a sus propias ideas. Un ejemplo de este error se puede ver en la enseñanza de Deepak Chopra, que cree que cuando Jesús dijo: «Yo soy el camino, la verdad y la vida, nadie llega al Padre, sino por mí», no era nada más que el hecho de que Jesús alcanzó la «conciencia de Dios». Jesús no se ganó la conciencia de Dios. Si lo hizo, entonces debe haber sido un mentiroso, ya que afirmó que era Dios desde toda la eternidad.

Para la mayoría, Jesús es solo un gran maestro entre muchos. Eso puede ser políticamente correcto en nuestra generación. Sin embargo, no es bíblico y ni siquiera es lógicamente congruente. Jesús aceptó la adoración de los hombres y afirmó su propia divinidad de distintas formas. Si no lo era, entonces fue un engañador o un lunático, pero no un gran maestro, ya que un buen maestro debe ser veraz. La salvación requiere que la gente crea no en un Jesús que es superior a los demás en algunos aspectos, sino en un Jesús que no es igual a nadie. «Él es algo más que todos los hombres».

Como ya se dijo, muchos están convencidos de que todos los caminos conducen a Dios, lo cual es cierto si se refiere al tribunal de Cristo, como declaró Pablo: «Porque es necesario que todos comparezcamos ante el tribunal de Cristo, para que cada uno reciba lo que le corresponda, según lo bueno o malo que haya hecho mientras vivió en el cuerpo» (2 Corintios 5:10). De modo que, el cristiano, el hindú, el budista, el moralista y el resto de la humanidad se presentarán ante Dios un día, el día del tribunal de Cristo. En cierto sentido, la pregunta no es si el camino que sigo me llevará a Dios. Más bien, debe ser: ¿En base a qué voy a pararme ante Él? Porque si no permanecemos por fe en Cristo, nuestro Redentor, no permaneceremos en lo absoluto. Debemos mantenernos firmes por fe en la obra terminada de Cristo y solo de Cristo. Todos los caminos nos llevarán a Dios, pero solo uno nos llevará a la gloria con Él. Todos los demás conducirán a la condenación eterna.

La enseñanza de Cristo acerca de sí mismo

Estas palabras en Juan 14:6 —«Yo soy el camino, la verdad y la vida»— son parte de una larga conversación que tuvo Cristo con sus discípulos en el aposento alto la noche antes de su crucifixión. Las horas previas a la muerte de nuestro Señor fueron extraordinariamente oscuras y sombrías. Esa noche, Jesús les dijo a sus discípulos que iba a dejarlos. Luego habló acerca de su traición y acto seguido anunció su muerte. Además, declaró que uno de ellos iba a negarlo y les mencionó que todo el grupo lo abandonaría pronto.

Intente imaginarse en medio de todos esos anuncios. Realmente no podían seguir al Maestro mientras continuaba preparando el escenario de lo que sucedería en solo unas horas. Solo podemos imaginar cuán tensa debe haber sido la atmósfera. Es probable que los discípulos se sintieran perturbados emocionalmente, tal vez incluso aterrorizados. Y Cristo lo sabía. Es por eso que comenzó esta parte de la conversación con estas palabras: «No se angustien. Confíen en Dios, y confíen también en mí» (Juan 14:1). Al decir eso, Jesús estaba tratando de asegurarlos, pero la seguridad estaba en Él y no en sus circunstancias.

Momentos antes de pronunciar esas palabras, Jesús les dijo: «Mis queridos hijos, poco tiempo me queda para estar con ustedes. Me buscarán, y lo que antes les dije a los judíos, ahora se lo digo a ustedes: Adonde yo voy, ustedes no pueden ir» (Juan 13:33). Con frecuencia, Jesús guiaba a la gente a hacer preguntas que deseaba responder con asombrosas revelaciones, para beneficio de ellos. Inmediatamente después de estas palabras, surgió una pregunta, luego otra, y otra y una cuarta. ¿Qué hacemos cuando no entendemos algo? Hacemos preguntas, al igual que ellos. Pedro hizo la primera pregunta (13:36), luego Tomás (14:5), luego

Felipe (14:8) y finalmente Judas (no Iscariote, 14:22). Pedro preguntó: «¿Y a dónde vas, Señor?», preguntó Simón Pedro. «Adonde yo voy, no puedes seguirme ahora, pero me seguirás más tarde» (13:36).

La conversación en el aposento alto continuó progresando a medida que Jesús reveló verdades más importantes anticipándose a su partida: «Y, si me voy y se lo preparo, vendré para llevármelos conmigo. Así ustedes estarán donde yo esté. Ustedes ya conocen el camino para ir adonde yo voy» (Juan 14:3-4). Tomás, entonces, formuló una pregunta lógica: Señor, no sabemos a dónde vas, así que ¿cómo podemos conocer el camino? Uno puede ver lo confundidos que estaban. Jesús les dijo primero que iba a un lugar que no conocían y donde no podían seguirlo y luego que, aunque no sabían a dónde iba, conocían el camino. Tomás hizo la pregunta que Jesús estaba buscando responder: «¿Cómo conocemos el camino?» Entonces Jesús respondió: «Yo soy el camino, la verdad y la vida. Nadie llega al Padre sino por mí».

Cristo indujo a los discípulos, paso a paso, a hacer las preguntas que darían lugar a las respuestas que necesitaban saber. Esta vez, la respuesta fue sobre la autoidentidad de Jesús. Una característica notable de Jesús era la frecuencia con que habló sobre quién era, en oposición a lo que estaba haciendo. A menudo, cuando hizo algo por alguien, le indicó a esa persona que no se lo dijera a nadie. Sin embargo, tal no fue el caso cuando reveló quién era para ellos. Él fue muy franco acerca de quién era.

Considere estos pronunciamientos que aparecen en el Evangelio de Juan:

- Yo soy el pan de la vida (6:35)
- Soy la luz del mundo (8:12)
- Yo soy la puerta (10:9)
- Yo soy el buen pastor (10:11)
- Yo soy la resurrección y la vida (11:25-26)
- Yo soy el camino, la verdad y la vida (14:6)
- Yo soy la vid verdadera (15:1)

El texto que se discute en este capítulo es la sexta declaración «Yo soy» de Jesucristo. Cada frase «Yo soy» que aparece en el Evangelio de Juan expresa su propia identidad. Más de un autor ha dicho que el

Evangelio de Juan contiene más revelación dada por Cristo acerca de sí mismo que cualquier otro libro o carta del Nuevo Testamento. Cristo fue el objeto y el tema de la revelación de Dios y, por esa razón, habló de sí mismo todo el tiempo.

Los rabinos judíos no pudieron hacer eso. Continuamente hablaban sobre la ley de Moisés, a la que llamaron Torá. Para ellos, la autoridad estaba en la ley, por eso los rabinos debatían en base a los veredictos de la Torá. Para Cristo, sin embargo, la autoridad no estaba en la Torá sino en sí mismo. Cuando Cristo vino, se atrevió a decir: «Has oído que fue dicho; pero te digo...» Otros maestros hablaron sobre lo que decía la Torá. Jesús habló sobre lo que era: «Yo soy el camino, la verdad y la vida». Él era el Señor de la Torá y el dador de la ley, que vino a cumplirla. Los rabinos hablaban del contenido de la Torá, pero Cristo habló de la esencia de su ser: Yo soy, Yo soy, Yo soy. Una vez más, estas declaraciones —«Yo soy»— eran la autoidentidad o autorrevelación de Jesús. Cuando el rico joven gobernante se acercó a Jesús a preguntarle qué debía hacer para obtener la vida eterna, Jesús no le dijo que debía seguir la Torá. De hecho, el joven le dijo que había cumplido todos los mandamientos de la Torá. Pero Jesús le dijo: «Ve y vende todo lo que tienes y sígueme». Él era y es el camino.

La vida eterna no se encuentra en rituales, libros, mantras, profetas ni maestros. Se encuentra en aquel que es el camino, la verdad y la vida. Jesús no dijo: «Te digo la verdad». No. Uno puede decir la verdad hoy y mentir mañana. Jesús dijo: «Yo soy la verdad». Con esa frase, definió la esencia de su ser. Él no mentiría nunca puesto que Él es la verdad. Jesús no dijo: «Te mostraré el camino». Lo que dijo fue: «Yo soy el camino. Por lo tanto, síganme». Él era una persona con quien podían relacionarse, no era un sistema religioso. Él era una persona a seguir, no una ley a obedecer. Era un Maestro del cual aprender, no un déspota que dictara veredictos. Jesús no dijo: «Soy capaz de dar vida», aunque eso era cierto. Lo que dijo fue: «Yo soy la vida». Por tanto, si Él es la vida, entonces cualquiera que no se encuentre en Cristo está muerto.

Nadie había hablado como Jesús antes que Él y nadie lo ha hecho desde entonces. Es más, nadie podría hacerlo. Solo Dios puede hablar de la manera que lo hizo. Como afirma James Edwards, la mayoría de las religiones intentan encapsular su principal enseñanza en una sola frase. Para el judaísmo, la frase clave era el Shema: «Escucha, Israel:

El Señor nuestro Dios es el único Señor» (Deuteronomio 6:4). Para el islam es: «No hay más Dios que Alá y Mahoma es su profeta». Los budistas hablan de las «cuatro nobles verdades». Para los comunistas, la frase clave fue: «De cada cual según su capacidad a cada quien según su necesidad».

Sería imposible resumir la esencia de Cristo o sus enseñanzas en una sola oración, pero podríamos resumir su identidad en relación con su misión en una frase citando Juan 14:6: «Yo soy el camino, la verdad y la vida; nadie llega al Padre sino por mí». Esta única frase nos dice quién es, para qué vino y cómo obtener la vida eterna. Estas son las cuatro leyes espirituales de Jesús:

1. Yo soy el camino
2. Yo soy la verdad
3. Yo soy la vida
4. Nadie llega al Padre sino a través de mí

Habiendo cubierto ampliamente la declaración de Cristo, repasemos cada frase por separado.

JESÚS ES EL CAMINO

Antes de la caída, Adán tenía acceso a Dios, pero al pecar no pudo encontrar el camino de regreso a su Creador. Perdió el mapa, por así decirlo. En el jardín, Satanás les ofreció un fruto a Adán y a Eva, convirtiéndolo en el perfecto jardín de la tentación. Pero si usted está en una sociedad sofisticada como la nuestra, la tentación o la seducción va a ser más refinada o inteligente. Por eso, Satanás le ha ofrecido diversos caminos al hombre de acuerdo a los tiempos y las culturas:

- La moralidad
- La filosofía
- Las religiones
- El mejor esfuerzo

Y a cada uno de esos caminos les ha puesto un complemento que dice: «te lleva a Dios»:

- La moralidad te lleva a Dios
- La filosofía te lleva a Dios
- Las religiones te llevan a Dios
- El mejor esfuerzo te lleva a Dios

Al estar en tal condición, la única forma de volver a Dios sería si una persona viniera de parte de Dios y, conociendo el camino, nos llevara hasta Él. Eso es precisamente lo que Jesús hizo.

Primero, en los inicios de su ministerio les había dicho: «Nadie ha subido jamás al cielo sino el que descendió del cielo, el Hijo del hombre» (Juan 3:13). Más tarde, esa última noche con sus discípulos, agregó: «Y, si me voy... vendré para llevármelos conmigo. Así ustedes estarán donde yo esté» (14:3). Él vino y nos está llevando a donde ahora reina.

El salmista sabía que el hombre había perdido su camino, por lo que clamó a Dios: «Guíame, Señor, por tu camino; dirígeme por la senda de rectitud, por causa de los que me acechan» (Salmos 27:11). Si Dios no nos muestra el camino, nunca lo encontraremos. Sin embargo, si nos lo mostrara y nos dejara seguirlo a nuestra opción, lo perderíamos de nuevo. Por tanto, ¿qué hizo el Padre? Envió a su Hijo, que nos tomará de la mano hasta que lleguemos a casa. Él prometió: «Nunca te dejaré; jamás te abandonaré» (Hebreos 13:5).

Un camino es una forma de unir dos puntos. Le lleva de un lugar a otro. Eso es exactamente lo que es Jesús. Él es:

- la persona que reconcilia al hombre con Dios;
- el que lleva al hombre de la oscuridad a la luz;
- el Redentor que nos lleva de la esclavitud a la libertad;
- la persona que encuentra un huérfano y lo convierte en hijo adoptado;
- el que le lleva de la muerte a la vida.

Es por eso que se le llama el Camino.

La iglesia primitiva conocía esta terminología muy bien. A ellos, y a todo lo que tuviera que ver con ellos, los llamaron «el Camino» en seis ocasiones, en el libro de Hechos (9:2; 19:9, 23; 22:4; 24:14, 22). El Camino era considerado como una secta de personas extranjeras y, por lo tanto, digna de ser perseguida. La gente rechaza la idea de que Cristo sea el único camino porque, en nuestra condición caída, nacemos con el deseo de ser independientes y autónomos. Por eso, lo más normal para nosotros es la rebelión; y la única solución para ello es la crucifixión del Hijo de Dios. James Montgomery Boice, en su comentario sobre Juan, habla de tres maneras en las que el hombre planea llegar a Dios. El primero es el camino de la naturaleza. Algunos piensan que pueden adorar a Dios con solo contemplar su creación en vez de adorarlo a Él directamente. Al hombre le gusta eso. Y creo que es porque la creación no le exige responsabilidad de ningún tipo. El segundo es el camino de la moralidad. Aquí encontramos a aquellos que creen que una vida moral, cualquiera sea la forma en que la definan, los conducirá a Dios. El problema es que aun la persona más moral que exista se queda corta, inmensamente corta, y no puede ver la gloria de Dios. Como está escrito: «No hay un solo justo, ni siquiera uno; no hay nadie que entienda, nadie que busque a Dios. Todos se han descarriado, a una se han corrompido. No hay nadie que haga lo bueno; ¡no hay uno solo!» (Romanos 3:10b-12).

Muchos han entrado en la condenación eterna pensando que acumularon suficientes buenas obras para entrar al cielo. El problema es que sus buenas obras fueron en realidad malas acciones. Sus mejores vidas ahora los llevaron al peor final de la historia. Solo hay una cosa peor que perderse sin Dios y es perder todo el tiempo pensando que se es salvo. Eso les sucede a los moralistas. El apóstol Pablo estuvo en esa senda por un tiempo hasta que encontró el camino. Por eso dice en Romanos 7:11: «porque el pecado se aprovechó del mandamiento, me engañó, y por medio de él me mató». Él seguía los mandamientos, creyendo todo el tiempo que los estaba obedeciendo a cabalidad, pero en realidad no los estaba cumpliendo.

El tercero es el camino de la religión. Muchos están convencidos de que su participación en actividades eclesiásticas o su generosidad allanan el camino hacia Dios. Por desdicha, esas personas entrarán a una eternidad de condenación. Estaban convencidos, pero no convertidos. Otros simplemente eligen otra religión como el hinduismo, el budismo o el islam. Cristo es el camino que siempre está delante de todas las personas, pero como los incrédulos viven en la oscuridad, no pueden ver lo que tienen enfrente. La falta de luz no les permite ver el camino. La solución a su oscuridad es la Palabra de Dios. Como dijo el salmista:

«Lámpara es a mis pies tu palabra, y lumbrera a mi camino» (Salmos 119:105). La verdad ilumina el camino.

Jesús es la verdad

Adán cayó cuando dejó de creer en la verdad y la cambió por la mentira. Fue así de simple. Ese mismo intercambio es el que da origen a la idolatría como se revela en Romanos 1:25: «Cambiaron la verdad de Dios por la mentira, adorando y sirviendo a los seres creados antes que, al Creador, quien es bendito por siempre. Amén». El hombre terminó adorando a la criatura en lugar del Creador porque cambió la revelación de Dios por una mentira. Cada ídolo del corazón es resultado de una mentira que la mente ha abrazado. Como resultado de ese acogimiento, el hombre se ha convertido en esclavo de su propio sistema de valores, que construyó a partir de una visión distorsionada de la realidad. Por eso no vemos las cosas como son, sino como somos. Como todos somos mentirosos (Salmos 116:11), percibimos la verdad como mentira y la mentira como verdad hasta que somos regenerados. ¿Por qué? Una vez más, porque no vemos las cosas de la manera que son, sino más bien como somos.

Cristo es el lente que nos permite ver las cosas como realmente son. Los creyentes en el Antiguo Testamento creían en la verdad de Dios, pero las cosas no estaban muy claras para ellos. Muchas de ellas se veían como sombras de la verdad. Pero Cristo, como culminación de la revelación divina, ha expuesto las realidades que yacen tras esas sombras. Sin la verdad, el hombre no puede ser salvado. Esto es tan veraz que Jesús sintetizó toda su misión, todo el propósito de su venida, en un solo versículo: «Yo para esto nací, y para esto vine al mundo: para dar testimonio de la verdad. Todo el que está de parte de la verdad escucha mi voz» (Juan 18:37). Conocer la verdad es primordial puesto que afecta todo el espectro de la existencia humana. Como lo expresó Vince Vitale:

> Si toda la verdad está —en definitiva— basada en la persona de Dios, entonces cada interrogación que se hace debe ser acerca de una persona, y cada respuesta dada es recibida por una persona. Cada pregunta sobre la ciencia es una interrogante sobre cómo y por qué Dios ha hecho y sostiene el universo como lo

hizo. Toda pregunta sobre moralidad es un cuestionamiento sobre el carácter de Dios. Cada pregunta sobre política y economía cuestiona lo que significa ser hecho a la imagen de Dios y el dominio otorgado sobre la tierra. Toda verdad, cualquiera sea la disciplina, dice algo acerca de quién es Dios y qué ha hecho.

No podemos sobrevivir sin la verdad. Cristo vino no solo para proclamar la verdad sino también para encarnarla. Como tal, podemos seguir el Camino, y ahora podemos conocerlo a Él, la Verdad. Observe cómo vincula el salmista los temas del camino y la verdad: «Instrúyeme, Señor, en tu camino para conducirme con fidelidad. Dame integridad de corazón para temer tu nombre» (Salmos 86:11). ¿Por qué? Porque su camino es el camino de la verdad y solo el verdadero camino puede llevar al hombre al verdadero Dios. Por esa sola razón, «no hay otro nombre debajo del cielo que haya sido dado entre los hombres por el cual debemos ser salvos» (Hechos 4:12).

De la misma manera que la luz disipa la oscuridad y revela todo lo que alguna vez estuvo oculto en ella, la verdad disipa el error y expone cómo es realmente el hombre. Sin verdad, uno no puede tener un orden ni un mundo moral.

El 10 de mayo de 1996, una gran tormenta descendió sobre el Himalaya; al día siguiente, ocho alpinistas de diversas expediciones murieron tratando de escalar el Monte Everest. Otros cuatro escaladores fallecieron antes que la temporada de escalada terminara ese año. Dos alpinistas japoneses (Eisuke Shigekawa e Hiroshi Hanada) estaban en pleno ascenso cuando pasaron al lado de dos de los escaladores que estaban heridos, congelados y en peligro de muerte. Los japoneses aparentemente tenían suficientes provisiones para compartir con los accidentados, pero decidieron continuar sin prestarles ayuda. Shigekawa más tarde relató: «Estábamos demasiado cansados para ayudar. Un lugar a más de ocho mil metros no es apropiado para permitirse actuar con moralidad».

Uno no puede ser moral cuando no conoce la verdad. La ausencia de Cristo en los alpinistas explica por qué no se detuvieron para ayudar a dos seres humanos moribundos que tenían la imagen de Dios. Cristo vino a infundir la verdad en nuestro mundo con el fin de salvar al hombre. Y cuando infundió la verdad en el mundo, también indujo la moralidad. El conocimiento de la verdad revela lo que es moral.

El intercambio de la verdad por la mentira creó una serie de caminos pecaminosos hacia Dios. La verdadera guerra espiritual en la que estamos involucrados consiste en luchar contra esos sistemas de creencias que compiten con la verdad exclusiva de Dios. Estamos en una batalla por la verdad. Como resultado de la caída, el hombre se pierde en la oscuridad y la ignorancia.

JESÚS ES LA VIDA

La verdad es que el problema de Adán fue peor que el simple hecho de haber perdido su camino hacia Dios y no poder discernir la verdad del error. Perdió no solo su capacidad de regresar a casa y a la verdad, perdió su vida espiritual. Adán no pudo cumplir ni un mandamiento tan simple como «no comerás». Tan pronto como Adán y Eva comieron el fruto, murieron. Perdieron la comunión con Dios, experimentaron temor y vergüenza, y perdieron su propósito en la vida. Los descendientes de Adán heredaron la misma vida empobrecida. Por esa razón, Jesús vino a darnos vida abundante (Juan 10:10). Los animales tienen un tipo de «vida». Los incrédulos tienen una vida mejor que los animales. Pero solo aquellos que nacen de nuevo están verdaderamente vivos. Los hijos de Dios tienen un alma regenerada y un cuerpo que espera la glorificación. Ahora tenemos una mejor calidad de vida y una existencia mejor nos espera. La vida que Jesús comparte con el Padre es la vida que nos da. Sin embargo, los incrédulos tienen una vida espiritualmente pobre en el presente y una peor que espera por ellos.

De la misma manera que nuestros padres murieron al comer el fruto prohibido, volvemos a la vida comiendo el pan de la vida. Necesitamos el perdón de Dios, ciertamente, pero también necesitamos la vida de Cristo. Necesitamos la cruz, pero también necesitamos la resurrección puesto que estábamos muertos en pecados y transgresiones. Aparte de Cristo, no hay resurrección, y si no hay resurrección, no hay vida ni evangelio. Y si no hay evangelio, no hay esperanza. Es increíble que Jesús nos haya dado vida al morir. La suya es la única muerte que da vida. No puedo nacer de nuevo espiritualmente sin su muerte. En la época de Jesús, las funerarias no lo querían cerca. No era bueno para sus negocios fúnebres. Cada vez que aparecía, los muertos volvían a la vida. Así como la luz disipa la oscuridad, la vida de Cristo disipa la muerte.

El hombre no regenerado está muerto y, por lo tanto, no busca a Dios. No puede hacerlo puesto que «la mentalidad pecaminosa es enemiga de Dios, pues no se somete a la ley de Dios, ni es capaz de hacerlo» (Romanos 8:7). La mente carnal no se interesa en las cosas de Dios hasta que cobra vida a través del nuevo nacimiento.

Apartados de Cristo, podemos tener existencia, pero no tenemos vida verdadera. Usted debe tener a Cristo para tener una vida verdadera. Justo antes de la resurrección de Lázaro, Jesús le dijo a Marta: «Yo soy la resurrección y la vida. El que cree en mí vivirá, aunque muera; y todo el que vive y cree en mí no morirá jamás. ¿Crees esto?» (Juan 11:25-26). Desde la perspectiva divina, experimentamos la vida solo cuando tenemos una relación íntima con Dios, disfrutando de la plenitud de sus bendiciones. Y eso solo es posible en Cristo Jesús.

Los incrédulos están muertos en sus delitos y pecados (Efesios 2:1). Los muertos no entienden la Palabra de Dios (la Biblia) ni sus propósitos con la humanidad. Llegamos a la vida al conocer la Verdad y seguir el Camino.

Jesús es el único camino a Dios

Cuando Cristo dijo: «Nadie llega al Padre sino por mí», probablemente pronunció las palabras más ofensivas que salieron de sus labios. Esa única declaración establece al cristianismo como una fe exclusiva. No hay otra forma de salvación. Como dijo Martyn Lloyd Jones: «No hay conocimiento de Dios aparte de Él; no hay comunicación con Dios aparte de Él». Luego añadió: «A menos que este Cristo, el Hijo de Dios, esté en el lugar central como el único camino hacia Dios, no hay evangelio».

Si no hay evangelio, no hay vida. Es por eso que Jesús quería que María y Marta —y todos nosotros—, supieran que Él es la resurrección y la vida. Si estas palabras de Jesús fueron ofensivas en ese entonces, imagínese cuánto deben ser hoy. El mundo odia que digamos que Jesús es el único camino a Dios. A nuestra sociedad pluralista no le agrada las verdades y menos una exclusiva. Estoy convencido de que los cristianos tenemos la verdad. Pero si no la tenemos nosotros, entonces alguien más la tiene y los demás no. La verdad siempre es exclusiva.

Algunas religiones están dispuestas a aceptar a Jesús como una de sus muchas deidades o grandes maestros. El error siempre tiene lugar para la verdad, pero la verdad no lo tiene para el error. Una persona que hace facturas falsificadas se arriesga a recibir una verdadera de otra persona, pero un banco no acepta una falsificación de nadie. Los falsos sistemas religiosos pueden acomodar a Cristo en sus creencias, pero el cristianismo no lo hará nunca con otros líderes religiosos aparte de Jesús. La verdad siempre es exclusiva, como lo es el cristianismo.

Cristo afirmó que solo hay una entrada al cielo: «Ciertamente les aseguro que el que no entra por la puerta al redil de las ovejas, sino que trepa y se mete por otro lado, es un ladrón y un bandido. El que entra por la puerta es el pastor de las ovejas» (Juan 10:1-2). Y continúa definiendo quién es esa puerta exclusiva: «Yo soy la puerta; el que entre por esta puerta, que soy yo, será salvo. Se moverá con entera libertad, y hallará pastos» (10:9). Jesús no dijo que era una de las muchas puertas. Más aun, afirmó que Él era la puerta. Jesús no podría ser más específico al identificarse a sí mismo como la única entrada al reino de los cielos. En Mateo 7:13-14, aprendemos más acerca de esta puerta: «Entren por la puerta estrecha. Porque es ancha la puerta y espacioso el camino que conduce a la destrucción, y muchos entran por ella. Pero estrecha es la puerta y angosto el camino que conduce a la vida, y son pocos los que la encuentran».

Solo hay un camino y es Cristo. Solo hay una verdad y es la que Él proclamó: Él mismo. Y solo hay una vida eterna: la que Él da.

En una sociedad pluralista, es necesario establecer el camino. En una generación postmoderna, es vital afirmar a Cristo como la fuente de la verdad absoluta. En una cultura occidental decadente y agonizante, proclamar a Cristo como la fuente de la vida es dar esperanza a los que se pierden. Alejarse de Él es lo que provoca la desaparición de nuestra sociedad.

REFLEXIÓN FINAL

Cuando la Verdad se encarnó en la persona de Jesús, todo sistema religioso fue negado y el judaísmo fue remplazado. Una nueva autoridad ocupó su lugar. Por eso, nadie ha hablado como lo hizo Jesús. Medite en los siguientes ejemplos:

Buda murió buscando más iluminación, lo que requeriría verdad y luz. Sin embargo, Cristo dijo: «Yo soy la verdad» y «Yo soy la luz del mundo». Buda estaba buscando a Jesús sin saberlo. Jesús era la verdad que él buscaba.

Mahoma pensó en sí mismo como profeta, pero Cristo pensó en sí mismo como Dios. De hecho, esa es la razón por la cual el pueblo judío quería matarlo (Mateo 26:65; Lucas 5:21; Juan 10:33). Cristo aceptó la adoración de los hombres, sin embargo, no consideró la igualdad con Dios como algo a que aferrarse (Filipenses 2:6). Se hizo hombre, siervo de todos (Filipenses 2:7-8).

Al parecer, Confucio declaró en una ocasión: «Nunca dije que fuera santo». Pero Jesús preguntó: «¿Quién de vosotros me condenará de pecado?» La respuesta fue: nadie. Confucio supuestamente tuvo una relación difícil con su esposa y murió divorciado. Mahoma tuvo trece esposas y muchas concubinas, aunque el Corán solo permite cuatro. Y Buda abandonó a su esposa y a su hijo cuando se fue a buscar iluminación. Pero Cristo murió sin pecado:

- Pilato no pudo encontrar ninguna falta en Él. La esposa de Pilato dijo que era un hombre justo.
- Herodes lo encontró inocente.
- Uno de los ladrones en la cruz reconoció que Jesús no había hecho nada malo.
- El centurión al pie de la cruz dijo: «Ciertamente este hombre era el Hijo de Dios».

Buda enseñó unos veinticinco años y Mahoma aproximadamente veintidós años. Confucio enseñó casi el mismo período de tiempo. Entre los tres, enseñaron por casi setenta y cinco años. Jesús enseñó solo por tres años, pero ninguna otra persona en la historia de la humanidad ha impactado el curso de la civilización tanto como lo hizo Él en ese lapso.

Jesús nació en un pesebre en un pueblo oscuro y, sin embargo, el suyo es el nacimiento más famoso de la historia. Dios el Padre lo llamó: «Mi Hijo amado». Los profetas lo llamaron «Mesías». Isaías dijo que el niño que nacería se llamaría «Consejero admirable, Dios fuerte, Padre eterno, Príncipe de paz». Sus discípulos lo llamaron «Maestro» y, a fin de cuentas, «Hijo de Dios». Sin embargo, se llamó a sí mismo «Hijo del Hombre». Juan lo llamó «El Logos que fue desde el principio con el Padre». Los demonios lo llamaron el «Santo de Dios». Cumplió la ley y se convirtió en nuestro jubileo. Fue clavado en una cruz donde pagó por los pecados de los elegidos de Dios. La cruz, un instrumento de maldición, se convirtió en uno de bendición. Por lo tanto, lo llamamos «Salvador». Cuando murió, el infierno tembló y desarmó a los gobernantes, a las autoridades y a las fuerzas espirituales malignas en los lugares celestiales (Colosenses 2:15). Fue enterrado en una tumba prestada que estaba tapiada con una gran piedra y, tres días después, la dejó abierta y vacía. Cumplió cada profecía acerca de Él, puso fin a la ley y luego exclamó: «¡Está cumplido!» Y antes de ascender al cielo, reunió a sus discípulos y les dijo: «Se me ha dado toda autoridad en el cielo y en la tierra. Por tanto, vayan y hagan discípulos de todas las naciones, bautizándolos en el nombre del Padre y del Hijo y del Espíritu Santo» (Mateo 28:18-20). Él tiene toda la autoridad en el cielo y en la tierra. Nadie va al Padre sino a través de Él. O entramos al cielo a través de Él o vamos al infierno sin Él, esa es la verdad absoluta. Por lo tanto, conociendo ahora el temor del Señor, debemos persuadir a los hombres (2 Corintios 5:11). Él es el camino de regreso al jardín, al jardín definitivo, la Tierra Prometida, nuestro hogar final. Él es la verdad que le libera de la esclavitud del pecado y de la muerte. Él es la vida en la que vivimos, nos movemos y tenemos existencia eterna.

¡Él es el Cristo que predicamos!

8

La Cabeza de la iglesia

Mark Dever
Colosenses 1:18

Tuve la experiencia de vivir en Inglaterra en la década de 1980. En ese tiempo, se celebraban festivales entre iglesias evangélicas que trataban de mostrar cuán grandioso es seguir a Jesús. Algunos realizaban desfiles, que hasta incluían payasos. Trataban de comunicar que los cristianos eran grandes personas y que eran divertidos. Querían que los no cristianos se unieran a esa diversión. Nunca participé en esos eventos, aunque apreciaba el propósito que tenían de dar testimonio del evangelio. Sin embargo, pensaba que era extraña la forma que habían elegido para testificar lo que significaba seguir a Jesucristo.

Hay una razón por la cual al predicar a Cristo —sobre su Persona y su obra—, volvemos a ver —ineludiblemente— la manera en que nos afecta la verdad acerca de Él. ¿Por qué sucede eso? Porque Él es quien nos invita a venir, tomar nuestra cruz y seguirlo. Aun cuando la vida cristiana en verdad está llena de alegrías, no obstante, es una jornada difícil. Es como una carrera con muchos obstáculos y, además de eso, llevando una cruz. En este capítulo, quiero enfocarme en la resistencia, en el hecho de continuar fortalecido en la fe. ¿Y quién mejor que el apóstol Pablo para aprender eso?

Al considerar a Pablo al final de su vida, cuando escribe sobre sí mismo en 2 Timoteo 4, nos entran ganas de ser como él, ¿lo cree? Queremos respirar ese aire enrarecido. Queremos resistir como él lo hacía, pero a la vez nos damos cuenta de que eso es un desafío. A veces nos intimida el hecho de querer llamarnos seguidores de Cristo puesto que estamos conscientes de lo que es nuestra vida. Pienso que cada vez que meditamos en cómo poder persistir y estar en la presencia de Dios, tenemos que —por supuesto— referirnos a Jesucristo —lo cual es lo más importante—, y a Colosenses 1.

Pablo escribe en el versículo 23: «con tal de que se mantengan firmes en la fe, bien cimentados y estables, sin abandonar la esperanza que ofrece el evangelio. Este es el evangelio que ustedes oyeron». No queremos apartarnos de la esperanza que tenemos en el evangelio de Jesucristo. Para ello, debemos ser sabios y considerar las lecciones que Pablo nos enseña aquí, sobre todo en los versículos 15-20, que tratan acerca de nuestras creencias respecto a Cristo, y los versículos 21-23, que hablan sobre nuestra creencia en Cristo.

NUESTRAS CREENCIAS RESPECTO A CRISTO

En los versículos 15-20, Pablo describe nuestras creencias acerca de Cristo. Él es la respuesta a las grandes preguntas sobre Dios, el mundo, la iglesia y la trama de la historia de la humanidad. El centro mismo y la respuesta a cada una de esas interrogantes es Cristo. Consideremos cuatro asuntos que Pablo nos enseña acerca de Él en este pasaje: Cristo nos muestra a Dios, Cristo es el autor de la creación, Cristo es el autor de la nueva creación —la iglesia—, y Cristo es la respuesta a nuestro gran problema.

La imagen de Dios

El versículo 15 afirma que Cristo nos muestra a Dios. Pablo despierta a los creyentes colosenses de sus ilusiones religiosas al plantear un asunto sencillo: ¿a qué clase de Dios están adorando? Quería ayudar a los creyentes colosenses a redescubrir a aquel a quien adoraban. Eso era importante, por supuesto, porque a diferencia de todos los otros habitantes de Colosas, el Dios que los cristianos adoraban era invisible.

La mayoría de los que vivían en Colosas eran paganos que adoraban a su dios en templos llenos de imágenes. Habían aprendido leyendas sobre su dios y hasta podían hablarle en cuanto a cómo era esa deidad. Pero el Dios que Pablo estaba presentando era invisible, lo cual presentaba ciertos desafíos para entender quién era este Dios. Es probable que usted siempre haya pensado que al pronunciar la palabra Dios solo podía referirse a un significado, pero si habla con personas en el mundo de hoy y les pregunta en qué piensan cuando usted pronuncia la palabra Dios, verá que significa muchas otras cosas, la mayoría de las cuales entran en conflicto con la comprensión cristiana de Dios. C. S. Lewis dijo que la experiencia religiosa puede producir casi cualquier tipo de dios.[1] Las personas se refieren a Dios como a una voz, una fantasía, un término poético, un mero convenio lingüístico, una garantía, una cualidad, una sustancia, una solución, el epítome de la inteligencia humana o una fuerza creadora. Cuando dicen la palabra Dios, se refieren a muchas cosas —muy distintas— y a menudo divergentes. Pero el Dios del que Pablo escribe no es simplemente el Dios de los monoteístas fervientes, el Creador y Soberano de todos. No, este Dios se ha acercado a nosotros.

Una de las cosas más asombrosas acerca de este gran Dios invisible que Pablo describe aquí es que quiere ser conocido. En Juan 1, vemos que la Palabra era en el principio y que la Palabra estaba con Dios. En la propia naturaleza de Dios yace el deseo de comunicarse y establecer una relación. Vemos esta cualidad reveladora de Dios en Colosenses 1:15, donde leemos que Él es la imagen del Dios invisible, el primogénito de toda la creación. Y más adelante, en el versículo 19: «Porque a Dios le agradó habitar en él con toda su plenitud». Al estudiar los versículos 13 y 14, aprendemos que «él» en el versículo 15 se refiere al Señor Jesucristo. Jesús es la expresión visible del Dios invisible. Él nos muestra cómo es el Dios invisible. Por lo tanto, Cristo nos muestra cuál es el contenido de la fe cristiana acerca de Dios.

El autor de la creación

Cristo es también el autor de la creación. Pablo pasa al versículo 15 para escribir no solo sobre cómo es Dios, sino también cómo es la creación. Creo que lo hace, al menos en parte, porque parece que los cristianos colosenses estaban tentados a entender erróneamente el mundo. No diferían tanto de usted ni de mí. Muchos de nosotros en la actualidad tenemos una idea básicamente secular de la realidad y hablamos de Jesús como alguien que está en la cima. Pablo explica aquí cómo se relaciona la creación con Jesucristo y plantea cinco aseveraciones para ayudarnos a entender con claridad quién es Cristo.

Primero, Cristo es eterno y la creación es limitada. Él dice que Cristo fue antes de la creación (v. 17). Pablo negó cualquier idea sobre un mundo infinito y eterno, el tipo de materialismo filosófico que impera en las universidades y las escuelas hoy en día. Pablo declara aquí que Cristo es eterno y que el mundo no lo es. De modo que, por implicación, la existencia de Cristo mismo es más un hecho que la existencia de nuestro mundo.

Segundo, Cristo hizo toda la creación. Cristo fue el agente de la creación. Por Él, todas las cosas —que Pablo menciona dos veces en el versículo 16— fueron creadas: «porque por medio de él fueron creadas todas las cosas en el cielo y en la tierra, visibles e invisibles, sean tronos, poderes, principados o autoridades: todo ha sido creado por medio de él y para él». Solo hay un Dios que debe ser el soberano de nuestras vidas y del mundo que Él ha creado.

Pablo vuelve a expresar esto de manera concisa y poderosa en el versículo 17: «Él es anterior [precedente] a todas las cosas, que por medio de él forman un todo coherente». La declaración de que Él es «anterior» a todas las cosas tiene una connotación doble. No solo es anterior a todas las cosas en términos cronológicos puesto que Él es eterno; Él es antes de todas las cosas en términos condicionales. Cristo es primario, es precedente. En otras palabras, es el Señor. Es soberano, como lo indicó Pablo en el versículo 16.

Palabras y conceptos como «primario» o «precedente», incluso «autor» y «autoridad», están entretejidos en todas las culturas del mundo. El que crea es el que gobierna. Hebreos 7 emplea esta misma idea al describir la majestad de Cristo.

Pablo les recuerda a los cristianos colosenses que Dios es el que creó todo. Lo que afirma, en esencia, es: «Colosenses, cualquier cosa que adoren aparte de Cristo —sean tronos celestiales invisibles, poderes, gobernantes, autoridad, personas terrenales, animales o imágenes—, todos fueron creados por Él. ¿Por qué adoran a lo creado más que al que lo creó todo?»

Tercero, Cristo es el gobernante de la creación. Él es el principio, el primogénito, como dice Pablo (v. 18). Esa palabra «primogénito» tiene diversas connotaciones. Puede significar «primeros frutos» o el «primero» de algo en términos cronológicos. También puede significar preeminencia en términos de estatus y autoridad, lo cual es claramente lo que Pablo considera aquí. Cristo no fue una criatura. Si al estudiar este libro sobre cristología, usted no aprende nada más, espero que al menos aprenda y sea receptivo al hecho de que Arrio —que enseñaba que Dios el Hijo era un ser creado y no eterno en esencia con el Padre—, fue engañado. Las personas siempre están, por naturaleza, rehaciendo a Dios a su propia imagen. Somos especialmente tentados a hacer eso con el Dios encarnado, porque Él se hizo a sí mismo como nosotros. Se convirtió en humano verdadera y completamente. Los testigos de Jehová no son los únicos arrianos en la actualidad. Muchos de nuestros amigos protestantes liberales menosprecian la encarnación. Además, están descartando a Jesús como algo menos de lo que se ha revelado a sí mismo.

Según lo que Pablo afirma aquí, Cristo creó todas las cosas. De forma tal que, el término primogénito no parece estar diciendo que Jesús —como afirman los mormones— era el primer nacido de Jehová; sino que Cristo ejerce el privilegio sobre la creación que es suya puesto que la creó como todo lo demás. Es su derecho —como autor de todo— gobernar lo que creó. La creación fue un acto de amor lo cual, a su vez, es la esencia de la actividad creadora y recreativa de Cristo.

Cuarto, Cristo sustenta la creación. «Todas las cosas en él subsisten» (v. 17, RVR1960). Pablo recoge una idea popular —de las filosofías y religiones de su tiempo— que enseñaba que existía una fuerza subyacente en el mundo, y afirma que esa fuerza, en efecto, es Dios. Su condición de Creador y Soberano se manifiesta en ese mismo momento. Eso que llamamos leyes de la naturaleza —como por ejemplo, la gravedad y otras más— es, en última instancia, un soberano acto divino. Dios es la razón por la cual nuestro cosmos no se derrumba y se convierte en un caos en este instante. Él es la razón por la que uno, literalmente, no se deshace. Como dice en Hebreos 1:3: «[Él] sostiene todas las cosas con su palabra poderosa». Dios sostiene todas las cosas. Cristo sostiene todas las cosas. Nada hay que no dependa por completo de Él en cada segundo.

Dios no es una realidad que usted y yo hicimos. Todos podemos estar equivocados acerca de Dios y eso no lo afecta en nada. No, Él es el que es, y sabemos lo que hacemos con Él porque se nos ha revelado. A diferencia de esos dioses a los que Pablo se opuso, el verdadero Dios nos habla y nos está hablando a través de su Palabra por medio de su Espíritu. Él no es como usted ni como yo. No es creado. Él es el Creador. Él no es el cumplimiento de una revelación que usted haya tenido. Él es el

Dios eterno que fue antes del mundo, lo cual entendemos parcialmente a través de Jesucristo cuando vemos quién es Él.

Quinto, Cristo es el propósito de la creación. «Porque por medio de él fueron creadas todas las cosas» (v. 16). Pablo declara que el universo no solo fue creado por Cristo, sino que también le debe lealtad a Él. El mundo entero y todos los cielos cuentan su gloria (Salmos 19:1). Por lo cual, todo lo que hagamos debe hacerse para glorificarlo. Medite en la conocida frase de Shakespeare: «Todo el mundo es un escenario».[2] Muchos cristianos han pensado que esa es una imagen adecuada de lo que Dios ha planeado con nuestro mundo. Juan Calvino escribió sobre este mundo como el teatro de la gloria de Dios. Jonathan Edwards también escribió acerca de la manifestación del Creador con su creación a través del progreso del plan de redención —a lo largo de la historia—, todo ello para la gloria de Dios.

Es posible que al aprender esto, algunos supongan que Dios está orgulloso de hacer todo para su propia gloria. Pero no creo que podamos usar eso como lo que hacemos con nuestros propios hijos, cuando le decimos a uno de ellos que no se imponga sobre los demás. Cuando pensamos en Dios, cualquier analogía se anula. Por ejemplo, considere nuestro sistema solar. Sería presuntuoso si Mercurio, Venus, Marte o incluso la Tierra quisieran estar en el centro de dicho sistema. Esos cuerpos no tienen las características apropiadas para cumplir tal función. Sin embargo, no es motivo de jactancia para el sol que esté en el centro del sistema solar porque así es que debe ser.

Cuando tratamos de poner algo que no sea Dios —ya sea la profesión, la familia o el ministerio—, en el centro de nuestras vidas, las cosas no funcionan. Nada de eso fue hecho para ser el centro de nuestras vidas, ni nosotros mismos. Puede que se trate de objetivos inmediatos, acciones, compromisos y otras cosas a través de las cuales agrademos al Señor. Por eso debemos trabajar duro al respecto y disciplinarnos a nosotros mismos. De manera similar, los tronos, poderes, principados o autoridades que Pablo menciona en el versículo 16 no eran necesariamente malos en sí mismos. Pero si tratamos de poner cualquier objeto natural o sobrenatural en el centro de nuestras vidas, veremos con rapidez que perdemos a Dios, a todas esas cosas y hasta a nosotros mismos. Solo Cristo debe ocupar el centro de nuestra vida. Él es la audiencia final a la que nosotros y toda la creación nos presentamos, por lo cual debemos analizar lo que le agrada para encontrarlo.

La Cabeza de la iglesia

Habiendo establecido la relación de Cristo con la creación, Pablo ahora se enfoca en el papel de Cristo como autor de la nueva creación o como la Cabeza de la iglesia. Pablo declara: «Él es la cabeza del cuerpo, que es la iglesia. Él es el principio, el primogénito de la resurrección, para ser en todo el primero. Porque a Dios le agradó habitar en él con toda su plenitud y, por medio de él, reconciliar consigo todas las cosas, tanto las que están en la tierra como las que están en el cielo, haciendo la paz mediante la sangre que derramó en la cruz» (vv. 18-20).

Todos esos pronombres en nuestro pasaje se refieren no solo a Dios el Padre, sino también a Dios Hijo. Dios se ha revelado en todas las maneras en que hemos estado meditando hasta ahora, pero se nos ha revelado a nosotros de manera especial en Jesús. No solo eso, Pablo enseña que la iglesia es el objetivo especial de la obra de Dios al revelarse en la creación.

En el versículo 18 vemos que la iglesia fue creada por Cristo. Él es el principio, el primogénito de entre los muertos. Del mismo modo en que Dios creó al mundo a través de Cristo, comenzó la iglesia —en forma especial— a través de Cristo. Así como Dios llamó al universo a existir a partir de la nada e hizo que el mundo saliera del caos por medio de Cristo, creó a la iglesia de entre los muertos por medio de Cristo. Si somos cristianos, le pertenecemos dos veces más en virtud de haber sido creados por Él —en primer lugar— y de haber sido recreados por Él en Cristo.

Este pasaje presupone el hecho de que el mundo entero está esclavizado a la muerte y que solo en Cristo hay libertad y nueva vida. Debido a lo que Dios ha hecho en Cristo, todos sus pecados pueden ser perdonados. Dios envió a su único Hijo a llevar una vida de perfecta confianza y completa santidad, bondad y rectitud, la vida que todos nosotros deberíamos haber vivido. Él murió en la cruz como un sacrificio sustituto por todos los que alguna vez nos apartaríamos del pecado y confiaríamos en Él. Así que vuélvase a Cristo, arrepiéntase de sus pecados y encuentre la verdad en todo lo que está leyendo aquí. Como le dijo Jesús a Nicodemo: «Debes nacer de nuevo».

Eso es lo que Jesucristo ha venido a hacer. Fue a la tumba a costa de su vida y ascendió a la vida en el otro lado. Me encanta el viejo dicho: «Nacido una vez, muere dos veces. Nacido dos veces, muere una vez». El Cristo resucitado es una señal de lo que Dios va a hacer con toda su iglesia. En ese sentido, la nueva creación ha comenzado; la resurrección final empezó el día que Jesús salió triunfante de la tumba. Él es el primogénito de entre los muertos. Por tanto, así como ocurrió con la vieja creación —que Cristo fue su iniciador—, Él es el comienzo de la iglesia, el primogénito de entre los muertos y el creador de una nueva humanidad. Pablo implica que, al igual que con la primera creación, esta nueva creación se ve afectada por la mediación de Cristo.

Vemos en este pasaje que la iglesia es gobernada por Cristo. Cristo la dirige. Él es la Cabeza del cuerpo de la iglesia. Cristo no solo es el sustentador soberano del universo, sino que es especial y particularmente el sustentador soberano de la iglesia. Él es su Cabeza. Él es quien en definitiva nos da vida e instrucción, no cualquier semidiós que tratemos de sustituir, ya sea papa o presidente, obispo o presbítero, diácono o anciano, pastor o escritor cristiano, orador de convenciones o líder de estudios bíblicos. No. Cristo es la Cabeza de la iglesia. Lo buscamos para que nos guíe. Él nos muestra cuán involucrado está Dios con la iglesia, tanto que ¿cómo llama a la iglesia aquí? Su cuerpo. No sé si a usted le preocupa su iglesia, pero estoy seguro de que le preocupa su cuerpo físico. Pablo usa esa imagen aquí bajo la inspiración del Espíritu Santo para mostrarnos cuán preocupado está Cristo por la iglesia. La iglesia es creada y gobernada por Él, sostenida por su cuidado, atenta a su juicio. Como afirma Pablo: «Para que, en todo, él tenga la supremacía».

El Hacedor de paz

La cuarta y última parte de la gran historia acerca de Dios que Pablo comunica a los cristianos colosenses es que Cristo es la respuesta a nuestro gran problema. Vea el versículo 20: «y, por medio de él, reconciliar consigo todas las cosas, tanto las que están en la tierra como las que están en el cielo, haciendo la paz mediante la sangre que derramó en la cruz». Tal vez la verdad más extraña para muchos en la época de Pablo, y en la nuestra, es que ese Dios soberano se hizo hombre. La expresión que dijo fue asombrosa: «Dios se complació en tener toda su plenitud morando en Él». Apenas puedo entender lo que eso debe significar.

Pablo no estaba diciendo que Dios se hizo hombre así como los griegos se referían a cualquier dios de su mitología que —según ellos— asumía temporalmente la forma de un ser humano y luego abandonaba el mundo de los vivos. No. El eterno Hijo de Dios, en su plenitud, se convirtió en el hombre Jesucristo. Y este Dios, a diferencia de las deidades griegas que se burlaban de los pusilánimes —y que tendían a irse cuando surgían problemas—, acudía a las mismas personas que había creado para sí mismo, pero a quienes la Biblia dice que estaban en guerra con Él. ¿Y ve usted lo que hizo? Hizo las paces. Trajo reconciliación. Y lo hizo a través de su sangre derramada en la cruz.

El Dios que vemos en este texto no es solo un Señor soberano, sino también un reconciliador extraordinariamente amoroso. En Cristo, Dios nos ha rescatado del dominio de las tinieblas y nos ha traído al reino de su Hijo, en quien tenemos redención y perdón de pecados. El lenguaje reconciliatorio de Pablo en el versículo 20 supone algún tipo de confinamiento, alguna clase de enemistad, incluso guerra, entre dos partes. Pero ¿entre quiénes?

Los bandos están claramente establecidos en los versículos 19 y 20. Por un lado, está Dios, cuya plenitud absoluta está en Cristo. El Dios que está interesado en todas las cosas. Por el otro lado está la creación. Debido a la posición de autoridad que Dios le dio a la humanidad, cuando caímos, hicimos que el mundo entero se inclinara de alguna manera y cayera. Entonces leemos en otro lugar que la creación gime (Romanos 8:22). Colosenses 1:20 indica que, comenzando con la iglesia, Dios está en el proceso de volver a poner todas las cosas —en cuanto a sus relaciones con Él— en orden, tanto las que están en la tierra como las que están en el cielo.

Podríamos preguntarnos: ¿De veras? ¿Todas las cosas? La palabra griega traducida como «todas» aquí es igual a la palabra castellana «todas». Puede referirse a cada individuo. Sin embargo, también podría significar solo un montón. Por tanto, ¿qué quiere decir Pablo exactamente aquí? ¿Significa que definitivamente al final de la historia, todo, especialmente cada individuo que haya vivido, se salvará? Porque la palabra «todo» gramaticalmente podría significar eso. ¿O quiere decir que se salvará mucha gente? Como dice el libro de Apocalipsis, una multitud innumerable de cada tribu, lengua, pueblo y nación. Este es un ejemplo en el que, gramaticalmente, usted podría sostener cualquier posición. Pero estamos gobernados por la analogía de las Escrituras. Debemos mirar lo que Dios ha revelado aparte de Colosenses 1. Lo que encontramos a lo largo de la Escritura es que no todos serán salvos, sino que una gran multitud lo será.

Sin embargo, el enfoque principal de Pablo aquí, está en aquellos que se encuentran en Cristo. Pablo aquí está presentando el problema porque quiere hablar de la solución. Si ponemos cuidadosa atención al texto, vemos que debemos comunicar ciertas verdades —a nuestro pueblo— con claridad. Debemos tener claro que Dios no es moralmente indiferente. Él no ha decidido que, en virtud de la creación, está obligado a pasar por alto a cualquier criatura traviesa que se meta en problemas. Me conmueve y entristece ver cuán eficaz es Satanás engañando a tanta gente de modo que piensen que, puesto que Dios nos hizo y nos ama, podemos hacer lo que queramos. El hecho de que seamos creados a la imagen de Dios no significa que seamos buenos por la eternidad, puesto que ser hechos a semejanza de Dios implica la enorme responsabilidad de representarlo. Y no hay ni uno de nosotros que haya cumplido eso a cabalidad. Necesitamos ser claros en nuestra propia comprensión de las Escrituras sobre cómo es este Dios. En otro lugar, Pablo argumenta que la sentencia de muerte permanece como evidencia de que el juicio de Dios sobre cada persona le alcanzará infaliblemente. Dios no es moralmente indiferente a las vidas que llevamos. Su justicia es más aguda que lo que nuestros pensamientos más claros pueden imaginar. Está claro en todo el Antiguo y el Nuevo Testamento que detesta, resiste y condena el pecado. Y la muerte de Cristo es la imagen más clara de cuánto odia Dios al pecado.

No obstante también, Dios ha mostrado su justicia de la manera más extraordinaria rescatándonos a pesar del costo para sí mismo. La cruz no se presenta aquí como muestra de cuán amoroso era Jesús y cuán cruel era su Padre celestial. No, es la justicia de Dios la que se manifiesta salvando a los impíos. Pablo dice en Romanos: «A la verdad, como éramos incapaces de salvarnos, en el tiempo señalado Cristo murió por los malvados» (5:6). Y dos versículos más adelante declara: «Pero Dios demuestra su amor por nosotros en esto: en que cuando todavía éramos pecadores, Cristo murió por nosotros» (5:8). El Padre y el Hijo trabajan en armonía y en amor, y el sacrificio de Cristo revela el amor del Padre tan plenamente como el amor del Hijo. En Hechos

20:28, Lucas escribe —con palabras extraordinarias— que Dios compró la iglesia con su propia sangre. Esa es la clase de Dios a quien adoramos, un Dios que nos ha reconciliado, como afirma Colosenses 1:20.

Observe lo que le preocupaba a Pablo con los colosenses. No solo recordaba que ellos habían decidido seguir a Jesús con determinación, aunque no lo pareciera. Pablo estableció todo este gran esquema de redención ante ellos. Él no supuso que entendían el evangelio. Nunca suponga que las personas que vienen a su iglesia entienden el evangelio. Asegúrese de que las canciones que usted canta representen la verdad del evangelio claramente. Asegúrese de que aquellos que dirigen los servicios entiendan el evangelio y lo presenten de manera clara. No solo los incrédulos presentes necesitan escuchar y entender el evangelio.

Usted y yo no perseveraremos en Cristo si no escuchamos el evangelio y lo entendemos. Tenemos que escuchar y abrazar las buenas nuevas. Cuando conocemos la verdad acerca de nosotros mismos y lo que Dios ha hecho por nosotros entonces, realmente, tenemos esperanza. Mantenga el evangelio y la gloria de Cristo como cabeza de la iglesia cada vez que se reúnan. En sus entrevistas para membresía, pídales a los miembros potenciales que le hagan un resumen del evangelio de Jesucristo a usted o a los otros líderes de su iglesia, para que sepan que realmente lo entienden. Es nuestra tarea como pastores ayudarlos a comprender, lo mejor que podamos, las buenas nuevas que Dios nos ha dado en Cristo.

NUESTRA CREENCIA EN CRISTO

En Colosenses 1, Pablo no habla solo del contenido de la fe cristiana, nuestras creencias acerca de Cristo. También habla sobre nuestra creencia en Cristo. Así como el contenido de la fe cristiana se enfoca en Cristo, nuestra fe como individuos cristianos se enfoca en Cristo. A Pablo le preocupaba que esos cristianos hicieran más que simplemente conocer varias facetas de la cristología. No quería que simplemente supieran algo acerca de cómo era Dios ni incluso que Dios se había revelado más plenamente en Jesús. Ciertamente, quería que la gente lo supiera. Pero también quería asegurarse de que los cristianos colosenses conocieran a Dios de manera personal. Por eso, Pablo se vuelve a dirigir a ellos para hablarles en una forma más directa.

Observe cómo en los versículos 21-23, Pablo pasa a hablar en segunda persona —«ustedes»—, para conectar la doctrina de los versículos 15-20 con ellos personalmente. En esencia, lo que les dice es: «Si ustedes siguen creyendo positivamente y si continúan en su fe...» Esa era la preocupación de Pablo por ellos y debería ser la nuestra por nosotros mismos: establecernos y afirmarnos. Por otro lado, significa que no nos movemos de la esperanza del evangelio.

El evangelio es el foco de nuestra unidad. Claramente, la desunión fue el peligro que instigó la Carta de Pablo a los Colosenses. Al apóstol le preocupaba que no continuaran juntos en la fe. Los colosenses escucharon ese mismo evangelio (v. 23), ellos representan la reconciliación actual de cada creyente con Dios, la manera en que su Espíritu santifica y nuestra presentación futura a Dios cuando todo sea perfeccionado. La tentación constante que enfrentamos en este mundo es perder el evangelio, razón por la cual Pablo los exhorta a tal fidelidad.

Pablo dice que los Colosenses —y nosotros, sin duda alguna— alguna vez estuvieron extraviados, lejos de Dios, haciendo el mal (v. 21). Hablaba específicamente de su mal comportamiento anterior sin determinar cuáles fueron esas acciones malvadas. No es como Romanos 1. No menciona ninguna lista. Pero recuerde, Pablo nunca había conocido a esa gente. Esta era una de las iglesias, como la de Roma, a quien le escribe basado en lo que ha escuchado. Pero él sabía que sus acciones eran, dice aquí, malvadas. ¿Cómo? Él dice que antes eran enemigos en sus mentes. Pablo sabía que su mal comportamiento simplemente reflejaba el problema más profundo de sus malos pensamientos. Pablo afirma que hicieron lo incorrecto porque pensaban cosas incorrectas.

Por tanto, ¿qué significa ser hostil en pensamiento? Sin duda, había hostilidad hacia Dios. Si considera su propio corazón y examina su propia lucha con el pecado, hallará que el pecado no es meramente quebrantar la ley. Cuando pecamos, se nos recuerda que tenemos una naturaleza pecaminosa y que una vez estuvimos alejados de Dios. El efecto del pecado siempre es alejar a la criatura del Creador. Así había sido en sus vidas. Esa es la situación en la que estaban los colosenses.

En todo eso, por supuesto, los colosenses representan el pasado de cada uno de nosotros los que creemos en Cristo. No hay uno de nosotros que se haya convertido que no haya luchado con el pecado y que deba ser perdonado por la obra de Dios mediante Jesucristo. Y seguimos estando alejados de Dios a menos que nos arrepintamos y creamos que nos ha reconciliado consigo mismo mediante el cuerpo físico de Cristo a través de la muerte (v. 22). Así que no fue que los colosenses hubieran sido tan virtuosos que, de algún modo, lograron revertir su propio rumbo; sino que Dios realmente tomó la iniciativa de tender un puente sobre el abismo, de derribar el muro de separación, de venir como el novio en busca de la novia. La venida, la búsqueda: esto es lo que Dios ha hecho en Cristo.

Pablo no se está enfocando aquí en toda la encarnación de Cristo. Él dice: «Mediante su muerte…» (v. 22). Recuerdo que abrí una revista cristiana, supuestamente evangélica, y descubrí que algunos hombres que conocía y respetaba estaban demasiado centrados en la expiación, al menos a juicio de ese escritor. Niego que sea posible centrarse demasiado en la expiación. Los escritores de los evangelios se enfocaron en la cruz, no se centraron demasiado en la expiación. Es por eso que enfocamos la adoración cristiana en la cruz, porque ese es nuestro camino a Dios. Él es un Dios Santo, nosotros no lo somos. Él es un Dios que nos ha hecho a su imagen y lo hemos rechazado. Pablo enfoca la expiación en Colosenses, porque es por la muerte de Cristo que puede presentarlo a uno «delante de Él santo, sin mancha e irreprensible» (v. 22). El cambio que Pablo quería ver estaba hecho y se estaba manifestando. Y eso sucede no simplemente creyendo las cosas correctas acerca de Cristo. ¡Debemos creer en Cristo!

No hace mucho tiempo, estaba mostrándole a uno de los pasantes de nuestra iglesia una imagen muy apreciada que está en la pared de mi oficina. En mi decimoquinto aniversario como pastor, la iglesia me sorprendió. De todo el país y de todo el mundo, vinieron hombres que habían salido de nuestra iglesia y que ahora están en el ministerio pastoral. La iglesia celebró un servicio especial cuando, de repente, todos aquellos hombres comenzaron a aparecer en el escenario. Fue un tiempo maravilloso. La foto era de todos esos hombres conmigo. Le estaba diciendo al pasante el nombre de cada uno de ellos y en que parte del mundo ministraban. Los señalaba a cada uno y le decía: «Este hermano está en Los Ángeles. Este otro está en Rumania. Este está aquí en D.C. Este está pastoreando en Londres». Le hablé acerca de cuarenta o cincuenta hombres que estaban en la foto. Cuando llegamos a uno que estaba en la última fila, tuve que decirle al pasante que ese hombre, en particular, ya no cree en Dios.

La forma de estar firmes es si somos atraídos por el centro o la razón de nuestra existencia: Jesucristo mismo. Si usted sabe que es amado y redimido por Cristo —que es la imagen expresa de Dios, el autor de la creación, la Cabeza de la iglesia, nuestro pacificador—, hará cualquier cosa por Él. En el versículo 15, vemos que Cristo es la imagen del Dios invisible, el primogénito de toda la creación. Pablo afirma en Romanos 8: «Ahora bien, sabemos que Dios dispone todas las cosas para el bien de quienes lo aman, los que han sido llamados de acuerdo con su propósito. Porque a los que Dios conoció de antemano, también los predestinó a ser transformados según la imagen de su Hijo, para que él sea el primogénito entre muchos hermanos» (vv. 28-29). En otra parte dice: «Así como hemos llevado la imagen de aquel hombre terrenal, también llevaremos la imagen del celestial» (1 Corintios 15:49). Y en 2 Corintios 3:18, él escribe: «Así, todos nosotros, que con el rostro descubierto reflejamos como en un espejo la gloria del Señor, ¡somos transformados a su semejanza con más y más gloria por la acción del Señor, que es el Espíritu!» Estábamos destinados a ser conformados a su imagen, por lo que algún día seremos como Él, ¡a condición de que podamos soportarlo!

Creo que Martyn Lloyd-Jones es algo así como un Pablo de los últimos días que nos enseña cómo terminar fuertes. Hace casi cuarenta años, se fue a morar con el Señor. Hace unos meses, estaba leyendo una colección de las cartas de Lloyd-Jones que compiló Ian Murray. Es fascinante ver cómo se comportaba con las cosas durante el siglo veinte. Pero lo que más me conmovió fue el final de la colección. Incluye dos cartas del 11 de febrero de 1981 que Murray cree que fueron probablemente las últimas que Lloyd-Jones dictó. Con la salud deteriorándose muy rápidamente, Lloyd-Jones y una mano temblorosa, escribió en un trozo de papel para su esposa Beth y la familia, el 24 de febrero: «No oren por la sanidad. No me impidan llegar a la gloria».

Lleno de sonrisas y gratos gestos, pudo continuar expresándose hasta la madrugada del 1 de marzo, cuando el día irrumpió y todas las sombras huyeron. Murray cita, entonces, dos partes de la predicación del propio doctor como una especie de epitafio, una conclusión de las cartas.

Este es mi último alivio y mi consuelo final en este mundo. Mi única esperanza de llegar a la gloria radica en el hecho de que toda mi salvación es obra de Dios... Este es mi último alivio y consuelo final en este mundo. Es gracia al principio, gracia al final. De modo que cuando usted y yo nos acostemos en nuestros lechos de muerte, lo único que debería consolarnos, ayudarnos y fortalecernos ahí es lo que nos ayudó al principio, no lo que hemos sido, no lo que hemos hecho, sino la gracia de Dios en Jesucristo nuestro Señor. La vida cristiana comienza con gracia. Debe continuar con gracia. Termina con gracia, gracia, gracia maravillosa. Por la gracia de Dios, soy lo que soy, pero no soy yo, sino la gracia de Dios que estaba conmigo.[3]

Crea y predique la verdad acerca de Cristo. Apóyese en Cristo hasta que el día irrumpa y todas las sombras huyan. Es solo a través de Cristo que continuamos en nuestra fe, sólidamente establecidos y firmes, sin movernos de la esperanza que se sostiene en el evangelio. Solo a través de Cristo.

Segunda parte

La obra de Cristo

9

SE VACIÓ A SÍ MISMO: LA KÉNOSIS

MIKE RICCARDI

Filipenses 2:5-11

La «encarnación del Hijo de Dios». Para muchos de nosotros, creyentes de larga data, ese tipo de taquigrafía teológica se ha vuelto tan familiar que dejamos de sorprendernos por la verdad que describe. La Palabra eterna y preexistente, siempre con Dios, siempre Dios mismo, se hizo carne y tabernáculo entre los pecadores (Juan 1:1-14). Con razón se llama el milagro más grande de todos. El Dios infinito, eterno, autoexistente, autosuficiente y omnipotente se rebajó a sí mismo al asumir la naturaleza humana, que es finita, temporal, dependiente y mortal, sin perder su naturaleza divina (Filipenses 2:5-8). El Dios inmutable se convirtió en lo que no era, sin dejar de ser lo que era. El reformador irlandés James Ussher dijo de manera acertada que la encarnación es «el tono más elevado de la sabiduría, la bondad, el poder y la gloria de Dios».[1] El pastor y escritor Mark Jones escribió: «La encarnación es la mayor maravilla de Dios, una que ninguna criatura podría haberse imaginado nunca. Dios mismo no podría haber hecho un trabajo más arduo y glorioso que ese. Justamente por eso se ha llamado el milagro más grande de todos los milagros».[2]

Hay una gloria característica en el más grande de los milagros de Dios. Entre todas las obras que Dios ha acabado, la encarnación posee un especial brillo de magnificencia. La unión de la majestad del Dios infinito con la humildad del hombre finito, fusionada en una Persona magnífica, hace que la gloria de la encarnación sea más resplandeciente que el resto de las gloriosas obras de Dios. Por lo tanto, debemos dedicar nuestras mentes al estudio de este prodigio. Debemos fijar la atención en este misterio con la esperanza de apasionar nuestros corazones con la adoración que Dios merece debidamente.

Al estudiar la encarnación, encontramos la doctrina de la kénosis de Cristo. Ese término deriva del verbo griego *kenoō*, que el apóstol Pablo usa en Filipenses 2:7 para hablar de la humildad de Cristo en la encarnación. En vez de insistir en sus propios derechos para continuar con su poder y su autoridad divina, el Hijo eterno de Dios entregó desinteresadamente esos derechos asumiendo una naturaleza humana para lograr la salvación de los pecadores. La doctrina de la encarnación está vinculada a la doctrina de la kénosis y, por lo tanto, es digna de nuestra atención, estudio y adoración.

Sin embargo, esa no es una tarea fácil. Estudiar la encarnación y la kénosis de Cristo nos confronta con algunas de las ideas más elevadas que pueden ser concebidas por la mente humana: la sutileza de definir una naturaleza y a una persona, confesando la unión de dos naturalezas distintas en un ser sin contradicción y más. Muchos cristianos se burlan de tal estudio y aconsejan a otros que no pierdan el tiempo en lo que consideran discusiones excesivamente especulativas y filosóficas.

No obstante, nuestra alabanza a Cristo es tan profunda como lo enraizado en la verdad que es nuestro entendimiento de su gloriosa persona y su obra. Las alturas de nuestra adoración nunca superarán las profundidades de nuestra teología. Por lo tanto, el verdadero adorador debe ser siempre un estudiante de Cristo. John Murray escribió sobre la encarnación y la kénosis: «Es una doctrina elevada y celestial, y por esa razón de poco atractivo para las mentes tristes y los corazones oscurecidos. Es el misterio en el que los ángeles desean mirar. Pero también es el deleite de las almas iluminadas y humildes; las que les encanta explorar los misterios que hablan de las glorias de su Redentor».[3] Al observar ese misterio, surge la pregunta: «¿Cuál es la kénosis de Cristo?» Tres observaciones de los comentarios de Pablo en Filipenses 2:5-8 dan la respuesta a ese cuestionamiento.

La gloria del Hijo eterno

Primero, debemos captar la gloria del Hijo eterno. Pablo escribe: «Tengan la misma actitud de Cristo Jesús el cual, siendo en forma de Dios...»

(vv. 5-6a, traducción del autor). Aun cuando algunas traducciones dicen «siendo» en tiempo pasado, Pablo usa un participio presente para expresar una acción continua, constante. Antes de encarnarse, el Hijo eterno existía eternamente en forma de Dios.

Ahora, «forma» no significa que Jesús solo parecía ser como Dios. El término griego *morphē* no connota simplemente la apariencia exterior de algo. La palabra es notoriamente difícil de traducir. Un erudito escribe: «"Forma" es una interpretación inadecuada de *morphē*, pero nuestro lenguaje no ofrece una palabra mejor». En lugar de una sola palabra, tenemos que explicar lo que significa la expresión. En el siguiente versículo, describe la humanidad genuina que Cristo asumió para sí mismo en la encarnación. Cristo tomó el *morphē doulou*, la forma de un esclavo. No solo apareció como humano ni simplemente tiene las características externas de la humanidad; esa es la misma herejía docetista a la que el apóstol Juan le aplica la prueba de la ortodoxia (1 Juan 4:2-3). En cambio, el *morphē doulou* se refiere al hecho de que Cristo fue plena y verdaderamente humano, que posee una naturaleza humana genuina. De la misma manera, entonces, el *morphē theou* se refiere al hecho de que Cristo fue plena y verdaderamente Dios, que posee la naturaleza divina genuina.

Sin embargo, *morphē* no es solo un sinónimo de *ousia* o *physis*, las otras palabras que se refieren a la sustancia, la esencia o la naturaleza de uno. *Morphē* no se usa en ninguna otra parte del Nuevo Testamento (excepto en el largo final de Marcos, cuya autenticidad se discute), pero en la traducción griega del Antiguo Testamento, se emplea para hablar claramente de la apariencia propia. Además de eso, una forma afín de *morphē* se utiliza para describir la transfiguración de Jesús: Él fue *metemorphōthē*: cambiado en *morphē* (Mateo 17:2). Pero la inmutable esencia divina de Cristo no cambió en la transfiguración. Más bien, la gloriosa expresión exterior de la naturaleza divina de Cristo había sido velada y, por un momento, Él le estaba quitando el velo y dejando —una vez más— que su gloria resplandeciera.

Tomando todo eso en conjunto, debemos concluir que *morphē* se refiere a la manifestación externa que corresponde a la esencia interna, a la forma externa que representa lo que es intrínseco y esencial. Es «una forma que expresa verdadera y plenamente al sujeto que lo subyace». En otras palabras, *morphē* no es la esencia, pero nadie puede aparecer o existir a la vista de otros en forma de Dios, manifestando todas las perfecciones de Dios, a menos que esa persona sea —en efecto— Dios. Cristo estaba existiendo en la forma (o *morphē*) de Dios precisamente porque en su misma esencia y su ser es Dios desde toda la eternidad.

El contexto de Filipenses 2 lo aclara. En el versículo 6, Pablo afirma que Cristo no consideraba la igualdad con Dios como algo a lo que podía aferrarse (v. 6b). «Igualdad» se representa a partir de la palabra griega *isos*, de la cual obtenemos el vocablo isómeros, que describe los compuestos químicos que tienen el mismo número de elementos iguales, pero diferentes fórmulas estructurales. Son compuestos distintos, pero a nivel químico, son iguales entre sí, por lo que los llamamos isómeros. Pero pasemos de la clase de química a la de geometría, un triángulo isósceles es uno que tiene dos lados iguales. Jesús es *«isa theō»*, igual a Dios. Cuando uno considera declaraciones como la de Isaías 46:9, en la que Dios declara: «Yo soy Dios, y no hay ningún otro, yo soy Dios, y no hay nadie igual a mí», la conclusión es ineludible. Si (a) nadie puede ser igual a Dios sino Dios mismo, y (b) Cristo es igual a Dios, entonces (c) Cristo mismo debe ser completamente Dios. «La forma de Dios» se refiere a la dignidad de la esencia del Hijo, mientras que «igual a Dios» se refiere a la dignidad de la estación o posición del Hijo.

Si *morphē* se refiere a la manifestación externa de la esencia interna y la naturaleza, ¿cuál es la manifestación externa de la esencia interna y la naturaleza de Dios? Respuesta: la gloria. A lo largo del Antiguo Testamento, cuando la presencia de Dios es representada como habitar con su pueblo, siempre hay una manifestación de esa gloria *shekinah*: la columna de nube, la columna de fuego, la luz brillante que llenó el tabernáculo y el templo. Ahora bien, el Hijo es el mismo resplandor de la gloria de Dios (Hebreos 1:3), la imagen de Dios en cuyo rostro brilla a plenitud la gloria de Dios (2 Corintios 4:4, 6). Él es el Señor exaltado, sentado en el trono del cielo, las orlas de cuyo manto llenan el templo celestial, del cual los ángeles declaran: «Toda la tierra está llena de su gloria» (Isaías 6:1-8; ver Juan 12:37-41). Antes de que el mundo fuera, la Palabra que se hizo carne y habitó entre nosotros existía eternamente en la misma naturaleza, esencia y gloria de Dios.

La humildad del Hijo eterno

Habiendo contemplado la gloria del Hijo eterno, también podemos observar desde este pasaje su humildad: «quien [Cristo], siendo por naturaleza Dios, no consideró el ser igual a Dios como algo a qué aferrarse. Por el contrario, se rebajó voluntariamente, tomando la naturaleza de siervo y haciéndose semejante a los seres humanos» (Filipenses 2:6-7).

Aunque Cristo existió eternamente en la misma naturaleza de Dios, igual que el Padre, gobernó la creación en majestad y recibió la adoración de los santos y los ángeles en el cielo, no consideró esa igualdad como garantía. No consideraba que la dignidad de su posición fuera algo a lo que aferrarse o aprovecharse, y usarlo para sus propios fines. Más bien, aceptó con humildad la misión de su encarnación, en la cual renunciaría a las glorias del cielo por un tiempo, asumiría la naturaleza del ser humano y ocultaría el esplendor y la majestad de su deidad tras la forma de un esclavo. Aunque tenía todo el derecho de continuar con ilimitado poder y autoridad manifiesta, de irradiar la misma esencia y la gloria de la deidad, de recibir nada más que la adoración excelsa de las huestes celestiales, de inmune a la pobreza, al dolor y a la humillación, no contó con egoísmo esas bendiciones, sino que las sacrificó para hacerse hombre y lograr la salvación de los pecadores. Él «se despojó a sí mismo» (Filipenses 2:7).

Sin embargo, ¿de qué se despojó Cristo? Algunos teólogos, que abrazan lo que se llama cristología kenótica, han respondido: «Se despojó de su deidad» o «de sus atributos divinos "relativos"» o «de su conciencia divina» o «de sus prerrogativas divinas». Sin embargo, esas respuestas fallan ante la fidelidad bíblica y la solidez teológica.

En primer lugar, la Escritura presenta a Jesús como consciente de su deidad, de sus prerrogativas divinas y del ejercicio de sus atributos divinos. Además, Jesús no podría deshacerse de ningún aspecto de su deidad —atributo o conciencia divina— sin dejar de ser verdadera y completamente Dios. ¿De qué se despojó entonces el Hijo divino? La sola pregunta muestra un mal entendimiento del idioma. Aunque *kenoō* literalmente significa «vaciar», en todas partes en las que aparece en las Escrituras, se usa en un sentido figurado (ver Romanos 4:14;

1 Corintios 1:17; 9:15, 2 Corintios 9:3). De acuerdo al uso en el Nuevo Testamento, *kenoō* no significa «derramar», como si Jesús derramara su deidad, sus atributos o sus prerrogativas y los echara fuera de sí mismo. Si esa era la intención de Pablo, habría usado *ekcheō*, que emplea en otro lugar para hablar de verter algo en otra cosa (por ejemplo, Romanos 5:5, Tito 3:6). Pero en todas partes de las Escrituras, *kenoō* se usa con significados como «vaciar», «anular», «invalidar». Pablo lo usa de esa manera en Romanos 4:14 (RVR1960), donde dice: «Porque si los que son de la ley son herederos, vana (*kekenōtai*) resulta la fe, y anulada la promesa». Sin embargo, nadie piensa preguntar: «¿De qué se ha anulado la fe?» La idea es que la fe se anularía —vendría a ser nada—, si la justicia pudiera venir por la ley.

Nuestro texto, por lo tanto, no enseña que Cristo anuló algo suyo, sino que se vació a sí mismo. Se anuló a sí mismo. El Hijo mismo es el objeto de este vaciamiento o despojo. Él no se despojó de la forma de Dios ni de los atributos divinos ni sus prerrogativas divinas, sino de sí mismo. La versión Reina Valera 1960 lo capta bien al traducir el versículo 7 así: «[Él] se despojó a sí mismo». (La traducción de la NVI también es útil: «[Él] se rebajó voluntariamente».) Luego, la siguiente frase explica la manera en que el Hijo no se hizo nada: «[Él] se despojó a sí mismo, tomando forma de siervo, hecho semejante a los hombres». Cristo no sufrió ningún efecto al tomar la naturaleza humana en su encarnación. Él se anuló a sí mismo, sin sustraer nada a su deidad; solo se humanó. ¡Esto es un vaciamiento por adición! John Murray escribe:

> A veces se piensa que cuando el Hijo de Dios se hizo hombre y se humilló a sí mismo, dejó de ser lo que era y que de alguna manera se despojó de los atributos y prerrogativas de la deidad, que cambió la forma de Dios por la forma de hombre. Él se hizo pobre, dicen algunos, al despojarse de las propiedades divinas, se hizo pobre por desinterés, por privación. La Escritura no respalda esa noción… Aun en su estado encarnado, en Él habitaba toda la plenitud de la divinidad (Colosenses 2:9). Cuando el Hijo del hombre se hizo pobre, no fue renunciando a su divinidad ni a ninguno de los atributos y prerrogativas inseparables de la deidad.

Cuando se hizo hombre, no dejó de ser rico en cuanto a su ser divino, a sus relaciones y sus posesiones. No se volvió pobre al dejar de ser lo que era, se hizo pobre al convertirse en lo que no era. Se empobreció por adición, no por sustracción.

Cristo permaneció como era, aun cuando llegó a ser lo que no era. No cambió su deidad por su humanidad. Tampoco se convirtió en una persona humana. Como persona divina, asumió una naturaleza humana. La segunda Persona divina de la Trinidad, que existía eternamente en forma de Dios, se anuló a sí misma tomando la forma de un esclavo y naciendo a semejanza de hombre. Verlo en el majestuoso cielo, habría sido ver el epítome de toda belleza. Pero verlo como hombre (Filipenses 2:8), era otra cosa. «No había en él belleza ni majestad alguna; su aspecto no era atractivo y nada en su apariencia lo hacía deseable. Despreciado y rechazado por los hombres... Todos evitaban mirarlo; fue despreciado, y no lo estimamos» (Isaías 53:2-3). Los ricos se hicieron pobres (ver 2 Corintios 8:9). El adorado llegó a ser despreciado. El bendito se convirtió en hombre de dolores. El Amo se convirtió en esclavo. Como escribió Juan Calvino: «Cristo, en efecto, no pudo despojarse de la divinidad, sino que la mantuvo oculta por un tiempo, para que no se viese, bajo la debilidad de la carne. Por lo tanto, dejó a un lado su gloria a los ojos de los hombres, no disminuyéndola, sino ocultándola». Y Herman Bavinck agrega: «Dejó de lado la majestad y la gloria divina... en la que existió antes de la encarnación, o mejor dicho, ocultó todo eso tras la figura de un siervo en la que anduvo por la tierra».

Así que debemos comprender que un aspecto significativo de la kénosis era la krípsis, es decir, un velo que oculta la gloria de la manifestación externa de su naturaleza. Cristo poseía plenamente su naturaleza divina, sus atributos y sus prerrogativas; sin embargo, como verdadero humano, no siempre expresaba plenamente las glorias de su majestad. De modo que cuando es tentado por Satanás en el desierto a que use su omnipotencia divina y convierta las piedras en pan o a lanzarse desde lo más alto del templo y manifestar su gloria divina al ser rescatado por los ángeles, simplemente se niega (Mateo 4:1-11). En el episodio en que es traicionado, en Getsemaní, Jesús es el Hijo de Dios que tiene a su disposición doce legiones de ángeles (Mateo 26:53); sin embargo, se rehúsa a usarlos. Siempre que cualquier ejercicio de su poder divino

—o cualquier manifestación de su gloria— pudieran beneficiarle o aliviar las limitaciones de una existencia verdaderamente humana, y no redundara en favor de aquellos a quienes vino a servir —de acuerdo a su misión mesiánica—, se negó a ejercer tales prerrogativas.

Por tanto, ciertamente hubo momentos en que ejerció su poder celestial y manifestó su divina gloria, como cuando convirtió el agua en vino, cuando reprendió a las olas, cuando leyó las mentes y resucitó a los muertos. En esos casos, fue esencial para su ministerio que el Hijo mostrara su gloria divina. Cuando la misión que recibió de su Padre requirió que padeciera hambre en medio de la tentación, para que la obediencia imputada a su pueblo fuera la obediencia de un hombre, Jesús voluntariamente se negó a insistir en su derecho a no padecer hambre (Mateo 4:3-4). Sin embargo, cuando esa misma misión divina requirió que mostrara su gloria para probar su deidad y obrar con fe en los corazones de los elegidos, Jesús convirtió el agua en vino (Juan 2:11).

Tal fue la humildad del Hijo eterno. Él existió eternamente en la perfecta bendición de la comunión celestial con el Padre y el Espíritu Santo. Desde el inicio de la creación, disfrutó la adoración de las huestes del cielo sin restricciones. Aun cuando su misión divina lo enviara a nacer en un regazo lujoso en vez de aquel establo humilde, para que el eterno Hijo de Dios experimentara una sola punzada de hambre, habría sido una condescendencia infinita. Exento de todas las debilidades, enfermedades, de toda decadencia y tristeza, el Hijo eterno contempló las riquezas de su gloria preencarnada y humildemente eligió hacerse pobre (2 Corintios 8:9), a fin de ocultar su gloria al tomar la naturaleza humana y la debilidad de la carne para así vivir y morir como esclavo de todos.

LA HUMILDAD DEL CRISTO ENCARNADO

La humildad del Hijo no acabó al tomar este la naturaleza humana. Así que continuamos observando la humildad del Cristo encarnado: «Y, al manifestarse como hombre, se humilló a sí mismo y se hizo obediente hasta la muerte, ¡y muerte de cruz!» (Filipenses 2:8).

El Hijo divino se convirtió no solo en un hombre, sino en uno obediente. Desde toda la eternidad, el Hijo fue igual al Padre en gloria, majestad y autoridad. En su encarnación, sin embargo, comenzó a relacionarse con el Padre en términos de autoridad y sumisión (por ejemplo: Juan 5:30; 6:38). El Maestro se había convertido en esclavo. El Señor, que legítimamente transmite mandatos, se sometió a obedecerlos. Y eso no es todo. No solo era obediente, sino que lo hacía hasta arriesgándose a morir. El autor de la vida se sometió humildemente. El que no tenía pecado se sometió humildemente a la maldición del pecado. El que tiene vida en sí mismo (Juan 1:4; 5:26) —que da vida a quien Él desea (Juan 5:21)— humildemente dejó el dominio de su propia humanidad y lo sometió al Padre por amor a aquellos a quienes este le había dado. He aquí la humildad brillando como el sol en todo su esplendor. Con razón cantamos: «¡Inmenso amor! ¿Cómo puede ser que tú, mi Dios, mueras por mí?»

No obstante, hay mayores profundidades por sondear antes de que la humillación del Hijo de Dios llegue al fondo. Él no era solo un hombre, no solo obediente y no solo obediente hasta la muerte. El santo Hijo de Dios, el Señor de la gloria, «se humilló a sí mismo y se hizo obediente hasta la muerte, ¡y muerte de cruz!» Los horrores de la cruz apenas necesitan ser descritos. Un comentarista afirmó: «La cruz mostró las profundidades más bajas de la depravación y la crueldad humana. Exhibió la forma más brutal de tortura sádica y ejecución jamás inventada por mentes humanas malignas». En la crucifixión, las muñecas y los pies de la víctima eran atravesados con púas de metal, y la dejaban a la intemperie hasta por varios días. Debido a que el cuerpo caería por la gravedad, el peso del propio organismo de la víctima presionaría sus pulmones, los que junto con los músculos del tórax dificultarían la respiración. Las víctimas jadearían por aire al intentar levantarse, pero al hacerlo, las heridas en sus muñecas y sus pies se desgarrarían con las estacas que los atravesaban, y la carne de sus espaldas, usualmente arrancada por los azotes, se tallaría contra la madera dentada. Al fin, cuando ya no podía reunir la fuerza para levantarse y respirar, la víctima de crucifixión moriría asfixiada bajo el peso de su propio cuerpo. Esa era la muerte más sádica y cruel, insoportablemente dolorosa y despreciativamente degradante que un hombre podía sufrir. Y en el Gólgota hace dos mil años, el Hijo de Dios sufrió esa muerte. Dios en una cruz.

Aun en ese punto, sin embargo, su misión no estaba completa. La vergüenza y el dolor de la cruz no fueron lo más bajo a lo que el Hijo de Dios se sometió. Deuteronomio 21:23 enseñó que cualquier persona ahorcada en un árbol es maldita por Dios y Pablo cita ese versículo en Gálatas 3:13: «Maldito todo el que es colgado de un madero». Peor que el dolor, la tortura y la vergüenza generados por la crucifixión fue la maldición divina. Esto es lo peor. Este es lo más alto que cayó a lo más bajo. He aquí al Hijo eterno maldito por Dios el Padre. Nunca mereció conocer la ira de su Padre, solo su decepción y su aprobación. Sin embargo, en el Calvario, al Padre le sacaron la niña de su ojo, la alegría de su corazón. ¿Qué desconcierto debe haber experimentado el Hijo de Dios cuando por primera vez en toda la eternidad sintió el desagrado de su Padre? ¿Cómo debe haber sido ese angustioso grito: «Dios mío, Dios mío, por qué me has abandonado?»

Ese era el propósito de la kénosis. El hombre había pecado contra Dios, por lo tanto se requería que hiciera expiación por el pecado, pero era absolutamente incapaz de hacerlo. Solo Dios puede expiar el pecado y, sin embargo, solo el sacrificio del hombre sería aceptado en nombre del hombre.

Por tanto, en la maravillosa sabiduría divina, Dios se hizo hombre para reconciliar al hombre con Dios:

> Así que, por cuanto los hijos participaron de carne y sangre, él también participó de lo mismo, para destruir por medio de la muerte al que tenía el imperio de la muerte, esto es, al diablo, y librar a todos los que por el temor de la muerte estaban durante toda la vida sujetos a servidumbre… Por lo cual debía ser en todo semejante a sus hermanos, para venir a ser misericordioso y fiel sumo sacerdote en lo que a Dios se refiere, para expiar los pecados del pueblo (Hebreos 2:14-15, 17, RVR1960).

Lecciones de la kénosis

¿Qué debemos aprovechar de nuestro estudio de la kénosis de Cristo? Primero, debemos confiar en este Mediador divino-humano que se hizo hombre para llevar la maldición del hombre. La encarnación y la kénosis de Cristo no significan nada para usted si no es beneficiario de la salvación por la que Él se encarnó. Su primera tarea es admitir su pecado ante un Dios infinitamente santo, confesar su propia incapacidad para satisfacer las demandas de la justicia divina, ver a ese glorioso Salvador que ha hecho todo por su salvación, confiar en Él y servirle.

Segundo, tener la misma actitud de Cristo Jesús (Filipenses 2:5). Es interesante notar que el punto principal de Pablo al escribir Filipenses 2:5-11 no es el discurso sobre los puntos sutiles de la alta cristología. Esas verdades teológicas están en el texto, ¡y son gloriosas! Pero Pablo las emplea como ilustración y ejemplo de la humildad con que la iglesia debe andar. «No hagan nada por egoísmo o vanidad; más bien, con humildad consideren a los demás como superiores a ustedes mismos. Cada uno debe velar no solo por sus propios intereses, sino también por los intereses de los demás» (Filipenses 2:3-4). Si Cristo pudiera venir de las glorias del cielo mismo, hasta la abyecta degradación de la cruz, seguramente nosotros —meras criaturas del polvo que hemos sido salvados por ese evangelio impulsado por la humildad—, podríamos rendir nuestros derechos a fin de mantener la unidad del Espíritu en el vínculo de la paz (Efesios 4:3). En medio de un conflicto con un hermano o hermana en Cristo —o con un cónyuge o un miembro de la familia—, aunque tengamos razón y derecho a la deferencia, el respeto y el reconocimiento, debemos pensar en el único que alguna vez tuvo la autoridad de reclamar sus derechos y rehusó hacerlo; y amarnos los unos a los otros con amor fraternal, respetándonos y honrándonos mutuamente (cf. Romanos 12:10) por el bien de la unidad. La kénosis es un llamado a imitar la humildad de Cristo.

Tercero, capturar el difícil vínculo entre la teología más elevada y los elementos más prácticos de la vida cristiana. Las cuestiones más triviales y aplicables del cristianismo, como la humildad personal y la unidad corporativa (Filipenses 2:3-4), están unidas a las doctrinas más profundas y difíciles que la mente puede concebir (Filipenses 2:5-8). Muchos cristianos profesantes dicen cosas como: «No quiero escuchar sobre debates doctrinales y controversias teológicas. Quiero enseñanza práctica. Quiero un cristianismo que me muestre cómo vivir aquí donde estoy». A la luz de Filipenses 2, sin embargo, tal pensamiento es pura necedad. ¡No existe tal dicotomía entre teología y práctica! La teología es la misma tierra en la que crece la práctica. La vida cristiana está ineludiblemente enraizada en la teología. John Murray lo dijo bien: «Los misterios más trascendentes de nuestra sacra fe son las fuentes de los deberes cristianos más comunes y prácticos. Las corrientes de la liberalidad cristiana se alimentan del océano de los misterios de Dios. Si vaciamos el pensamiento, el interés y la fe del misterio de la piedad, perdemos no solo la fuente de la fe, sino que también se secarán las corrientes de la gracia práctica».

Por último, la kénosis nos enseña a adorar a nuestro Dios trino. Adore al Dios cuya mente es tan vasta —cuya sabiduría es tan indescifrable—, que las verdades por las que luchamos y nos esforzamos por entender —tan poderosamente— no pueden hacer que Dios agote su sapiencia. Aunque son elementales para Él, para nosotros son maravillosas. Debemos expresar nuestra adoración a Dios como lo hizo Charnock cuando escribió:

> Qué maravilla que dos naturalezas infinitamente distantes estén más íntimamente unidas que cualquier cosa en el mundo… que la misma persona tenga tanto gloria como pena; una alegría infinita en la Deidad y un dolor inexpresable en la humanidad; que un Dios sobre un trono sea un bebé en una cuna; que el imponente Creador sea un bebé que llora y un hombre sufriente; [la encarnación asombra] a los hombres sobre la tierra y a los ángeles en el cielo.

Que nunca deje de sorprendernos. Que sea causa de adoración perpetua a Dios el Hijo encarnado, a través del Espíritu Santo, para la gloria de Dios Padre.

10

En lugar nuestro: La expiación

Matthew Barrett
2 Corintios 5:21

Una de las características del pensamiento teológico sobresaliente es la capacidad para demostrar cómo cada doctrina de la fe está unida. La doctrina cristiana es como una red en la que cada hilo y cada doctrina están conectados a otros. Si usted rompe un hilo, pone toda la red en riesgo. Más categóricamente, por sí mismos, cada hilo es poco impresionante, pero juntos forman una red bien tejida, tanto que su detalle, integración y belleza nos quitan el aliento.

En 2 Corintios 5:21, Pablo teje dos hilos —sustitución e imputación— que se encuentran en el centro mismo de nuestra red doctrinal. «Al que no cometió pecado alguno, por nosotros Dios lo trató como pecador, para que en él recibiéramos la justicia de Dios». «Muy cierto», indica D. A. Carson, «el texto no dice explícitamente que Dios atribuye nuestros pecados a Cristo, pero mientras percibamos que Jesús muere en nuestro lugar, que lleva nuestra maldición y que fue hecho "pecado" por nosotros, es extraordinariamente difícil evitar la noción de que nuestros pecados se le imputaron a Él».[1]

De manera similar, Thomas Schreiner agrega: «Decir que Jesús fue hecho pecado significa que fue contado como pecador, aunque no tenía pecado, o significa que Jesús se convirtió en sacrificio por el pecado a favor nuestro». De cualquier manera, dice Schreiner, «el pecado de los seres humanos se le imputó a Jesús para que, como sustituto de los pecadores, llevara el castigo que merecíamos. Este es el gran intercambio, Jesús cargó el pecado humano y los creyentes reciben la justicia de Dios en, y por medio de, Jesucristo».[2]

La imputación asume una cualidad sacrificial y penal, como queda claro en las otras epístolas de Pablo, ya que la intención del sustituto es actuar indirectamente en nombre de los impíos cuya única recompensa es la ira divina (Romanos 1—2; Efesios 2:1-3). Tan cerca está el sustituto que representa al pecador que Pablo puede decir que Cristo fue hecho pecado. Cuando 2 Corintios 5:21 se combina con el conocimiento de Pablo acerca de la propiciación en sus otras cartas (por ejemplo, Romanos 3:25), comenzamos a ver lo que los teólogos han identificado como la esencia misma de la cruz: la expiación sustitutiva penal (ESP, de aquí en adelante).

Sin embargo, Pablo, en el mismo aliento, explica el propósito y el resultado de tal sustitución: Por nuestro bien, Cristo fue hecho pecado «para que en él recibiéramos la justicia de Dios». Aquí está la expiación en su absoluta belleza dogmática, un hilo de la red doctrinal (sustitución) inseparablemente unida a otra (imputación).

Los teólogos que se remontan a la iglesia primitiva (por ejemplo, la epístola a Diognetus) han leído pasajes como 2 Corintios 5:21 como articulaciones del «gran intercambio». Como nuestro sustituto, Cristo se convirtió en pecado, tomando la pena del pecado por completo y, en intercambio, hemos recibido su justicia perfecta. Para Pablo, la naturaleza sustitutiva de la expiación está unida irreversiblemente a la imputación de la justicia de Cristo en la justificación de los impíos. Es precisamente porque se ha hecho un sustituto sin pecado, que los impíos son considerados justos por Dios. «Recibir la justicia de Dios», dice Brian Vickers, «no es un atributo sino una declaración de que Dios considera a los individuos correctos ante Él, porque los ve con respecto a su unión con Cristo, su representante, más que como parte de la antigüedad del pecado y la muerte». Para Pablo, la imputación de nuestro pecado a Cristo es con el propósito de asegurar la expiación, que es en parte la base para la justificación de Dios por los injustos.

Sin embargo, en el siglo veintiuno, las palabras de Pablo a los corintios contrastan fuertemente con gran parte de la teología contemporánea. En cuanto a los evangélicos reformados, pasajes como 2 Corintios 5:21 pueden ser básicos para el evangelio mismo, pero la gran cantidad de literatura sobre expiación y justificación revela que ya no podemos dar por hecho las afirmaciones fundamentales de Pablo. De hecho, la situación se ha vuelto enormemente compleja. En años pasados podríamos haber supuesto que negar la ESP podría contrarrestarse apelando a textos bíblicos específicos. Si bien eso, sin duda, sigue siendo absolutamente esencial, cada vez es más evidente que las negaciones de la ESP se deben en gran parte a la modificación de otros aspectos doctrinales como el pecado original, la justicia divina, la unión hipostática y la unión con Cristo. Se han eliminado hilos en la red. Por lo tanto, no necesitamos prestar atención meramente a la teología de Pablo en 2 Corintios 5:21, sino también a su metodología. También nosotros debemos reconocer que el núcleo de la red del evangelio solo se cuelga majestuosamente en el aire porque es respaldado por muchísimos otros hilos doctrinales. En otras palabras, la tarea que tenemos ante nosotros es dogmática, quizás en una manera que el apóstol Pablo nunca pudo haber imaginado. Como un tapiz en el que cada hilo doctrinal está conectado con el siguiente, entraremos y saldremos de varios hilos doctrinales, mostrando cómo cada uno de ellos contribuye al tejido de la teología de la expiación.

Exploraremos los contornos de varios dominios doctrinales para determinar su relación con la expiación: (1) el pecado original, la imputación y la unión con Cristo, (2) las perfecciones divinas, específicamente la justicia divina y la simplicidad, y (3) la Trinidad.

La naturaleza legal del pecado original, la imputación y la unión con Cristo

En su reciente teología sistemática, *The Christian Faith*, Michael Horton hace una observación profunda:

> Si el problema del pecado consistiera meramente en acciones negativas, comportamientos o sistemas sociales, un ejemplo moral o una demostración de la oposición de Dios a tales acciones quizás sería suficiente. Si el problema fuera simplemente enfermedad, desilusión y sufrimiento, podría marcar una diferencia saber que Dios cuida y sana, e incluso que ha hecho posible la vida eterna. Sin embargo, la condición del pecado y sus penas es ante todo legal. La muerte de Cristo salva porque resuelve la grave crisis entre Dios y los seres humanos en el tribunal cósmico.

Esta conexión entre el pecado original y la expiación se hace notable cuando consideramos las teorías sobre la transmisión del pecado original. El pelagianismo del siglo cuarto viene inmediatamente a la mente aunque, por supuesto, no se limitó al monje Pelagio, sino que fue revivido en el siglo diecinueve por Albert Barnes (1798-1870), en el siglo veinte por el erudito bíblico C.K. Barrett (1917- 2011) y por teólogos como Emil Brunner (1889-1966) y Rudolph Bultmann (1884-1976).

Según el pelagianismo, no heredamos la culpa de Adán ni la naturaleza corrupta. Más bien, la humanidad simplemente imita los malos ejemplos que presencia. La tragedia de Adán en Génesis 3 no es que toda la humanidad sea condenada como resultado de la representación de Adán, sino que este fue un terrible modelo a seguir. La visión de la imitación es especialmente evidente en la forma en que Pelagio interpreta Romanos 5:12: «La declaración de que todos pecaron en Adán no fue pronunciada a causa de un pecado contraído por su origen al nacer, sino a causa de la imitación del pecado de Adán». Sin embargo, la humanidad es capaz de resistir este hábito de pecar; en realidad, él es capaz de no pecar en absoluto ya que no ha heredado la disposición pecaminosa de Adán o no está inclinado necesariamente al pecado.

¿Cuál es el propósito, entonces, de enviar a Cristo al mundo? Según Pelagio, el Padre envió a su Hijo a traer una ley mejor que la de Moisés. La justificación, para Pelagio, sigue siendo por medio de la ley de Dios, como lo fue en el Antiguo Testamento; pero ahora, con la venida de Cristo, uno se justifica obedeciendo los mandamientos de Cristo. ¿Dónde encaja la cruz en esta ecuación? Aunque la humanidad tomó un giro equivocado al seguir el ejemplo de Adán, eso se puede revertir si se sigue la piedad perfecta de Cristo.

Si uno elimina la doctrina del pecado original, es innecesario e irrelevante un sustituto que lleve el pecado, quite la culpa y pague un precio. El pecado ya no es un problema legal y, por consecuencia, la cruz ya no satisface la justicia divina, ni sirve de base sobre la cual se pueda imputar la condición de justo a aquel que confía en Cristo. Convertir el pecado original en imitación más que imputación tiene poca capacidad para explicar por qué el Nuevo Testamento contrarresta los efectos del pecado original con un Mediador que actúa como cabeza de un nuevo pacto con el fin de redimir al pueblo del pacto de Dios por medio de un sacrificio propiciatorio. El malentendido de la difícil situación del hombre inevitablemente malinterpreta la naturaleza forense de la cruz. La situación difiere por completo, sin embargo, cuando la cruz se interpreta a la luz de una concepción del pecado original que opera por categorías teológicas pertinentes. El espacio impide una evaluación de los debates entre el realismo, la imputación mediata y la imputación inmediata. No obstante, en aras de la argumentación, considere las formas en que la imputación inmediata salvaguarda a la ESP.

La visión inmediata se puede encontrar en la literatura escolástica protestante, y ha sido enseñada por teólogos reformados y bautistas desde el siglo dieciséis.

El concepto básico para la visión inmediata es el de la jefatura federal. Cuando Adán pecó, representó a su progenie y su culpa fue imputada directamente a todos los hijos del pacto. Dado que su culpabilidad se le atribuye a la humanidad, cada persona nace en un estado de contaminación. Volviendo al argumento de Pablo en Romanos 5:12-21, los defensores de la imputación inmediata impugnan que la culpa de Adán no está mediada por la corrupción (imputación mediata), ni la solidaridad con Adán se basa única o principalmente en una concepción realista de una naturaleza humana común. Al contrario, la culpa de Adán se imputa en forma directa y, lógicamente hablando, la humanidad recibe su naturaleza corrupta como resultado. Debido a que Adán no es solo la cabeza física (natural) de la humanidad, sino su representante federal, su estatus y —por consecuencia—, su naturaleza les son imputadas a sus hijos.

La imputación inmediata posee las herramientas teológicas necesarias para dar sentido a la concepción forense de Pablo acerca de la expiación y su tipología de pacto (con el primer Adán y el segundo Adán) en Romanos 5 y 1 Corintios 15:22. La justificación proviene del único acto de justicia de Cristo, que contrarresta la condenación que se origina en el único acto de desobediencia de Adán (ver Romanos 5:18-19). «Somos constituidos pecadores en Adán», afirma Turretin, «de la misma manera en que somos constituidos justos en Cristo». Tal constitución por lo tanto, depende por completo de con quién estemos unidos, a saber, Adán o Cristo.

El segundo Adán es como el primero en que actúa como nuestro representante, nuestra cabeza del pacto. Con ello, el segundo Adán toma sobre sí la culpa imputada del primer Adán. Sin embargo, tal liderazgo solo es posible si este nuevo jefe del pacto actúa como sustituto. Tenga en cuenta que, como es culpa del segundo Adán, la cruz debe tener también una naturaleza penal, no solo sustitutiva. Como estamos en Adán, heredamos su culpa, que es la fuente de nuestra condena, juicio y castigo. El remedio solo puede encontrarse en un Mediador que sea condenado en nuestro lugar, traspasado por nuestras rebeliones y molido por nuestras iniquidades (Isaías 53:5). La unión con Adán debe ser contrarrestada por nuestra unión con Cristo, un vínculo que implica una doble imputación: nuestra culpa imputada a Él en la cruz y su perfecta obediencia y justicia imputadas a nosotros por la fe.

Estamos mucho mejor equipados para sacar conclusiones bíblicas sobre la expiación cuando tenemos establecido un paradigma, igualmente bíblico e igualmente congruente, del pecado original.

La expiación, la justificación y las perfecciones divinas

Si alcanzamos o no la conclusión que Pablo hace en 2 Corintios 5:21 depende de si tenemos en su lugar no solo una noción bíblica de pecado original, sino también un entendimiento adecuado de las perfecciones divinas.

Justicia divina y justificación divina

Una de las principales razones por las cuales los críticos de la ESP reaccionan negativamente a la doctrina es que no han considerado exactamente por qué Cristo necesitaría ser hecho pecado, en primer lugar. Para ellos, la sustitución parece innecesaria e irrelevante porque no pueden comprender a un Dios que se oponga al pecado y exija un castigo.

No sin relación con nuestra discusión del pecado original, la imputación inmediata supone que la culpa y la corrupción se oponen directamente a la santidad y justicia divinas. Si Dios no hace nada en respuesta a la caída de Adán entonces, para empezar, se justifica preguntar si este Dios en realidad es una deidad justa. La justicia no puede pasar por alto la maldad y la injusticia. Tampoco puede ignorar la violación de la ley. Ni un Dios justo moderará su ley. Cualquier sistema judicial asume eso, de lo contrario se cuestiona su credibilidad. ¿Por qué uno tiene que suponer que el Dios que es la justicia misma, que define y determina el verdadero significado de la justicia, y que ejemplifica la justicia, es diferente?

La razón por la cual la sustitución penal parece tan ofensiva es que tenemos una alergia muy profunda al concepto de justicia retributiva. Sin embargo, la justicia retributiva proviene del mismo carácter de Dios. Como Dios inquebrantable en santidad, inmutable en justicia que Él es, debe —al menos si va a permanecer santo— castigar a aquellos que transgreden su santa ley. No es solo que este Dios debe castigar la maldad; debe arder en ira contra la maldad porque representa todo lo que no es y amenaza con un asalto total sobre todo lo que Él es.

Los defensores de la teoría gubernamental de la expiación han pasado por alto este último énfasis. Su padre, el teólogo del siglo diecisiete Hugo Grotius (1583-1645), entendió correctamente a Dios como el gobernador supremo del universo. Sin embargo, Grotius creía que Dios era el tipo de gobernante que puede mantenerse por encima de la ley, lo que lo llevó a concluir que este Dios podría suavizar su ley para resolver el problema del pecado. Mientras se conserve la ley, aunque se trate de una versión moderada, la santidad de Dios aún se ejemplifica, el orden moral aún se conserva y nuestra relación con Dios como gobernador se mantiene intacta. Es por nuestro «bien común» que hay una «conservación y ejemplo de orden» en nuestro mundo, concluyó Grocio.

¿Por qué, entonces, Cristo experimenta el castigo en la cruz? En esta se cumple la versión moderada de la ley, se expone el pecado y aprendemos a guardar y honrar la ley de Dios. El propósito fundamental del Calvario, para Grotius, no es la satisfacción; después de todo, Cristo solo está satisfaciendo una versión suavizada de la ley. Sin embargo, su propósito principal es preservar la identidad de Dios como gobernador moral.

Lo irónico es que la visión gubernamental no toma en serio al gobierno ni a la justicia divina. La violación de la ley de Dios no es meramente legal, sino que es fundamentalmente antiética en cuanto a la propia integridad moral de Dios. Suavizar la ley y reducir la cruz a una lección de orden moral es despersonalizar el pecado y tratar mecánicamente la integridad moral de Dios, como si la violación de su justicia necesitara simplemente la restitución pública en lugar de la propiciación personal. «La cruz», dice Horton, «no solo demuestra la justicia de Dios (como si se necesitara la muerte cruel del Hijo de Dios para ofrecernos meramente una lección objetiva), sino que la cumple».

Dios no solo está irritado porque aquellos hechos a su imagen han interrumpido el equilibrio del orden moral del mundo. Los pecadores están condenados en manos de un Dios enojado. «El arco de la ira de Dios está curvado», observa Jonathan Edwards, «la flecha lista en la cuerda, la justicia dirige la flecha a tu corazón, y tensa el arco, y solo es por la simple misericordia de un Dios que está airado, quien sin ninguna promesa y obligación del todo retiene la flecha por un momento antes de que se embriague con tu sangre».

Al mismo tiempo, es fundamental abandonar las caricaturas que describen a Dios como un marido borracho y abusivo que entra en erupción sin ningún motivo. Esa es una ira injusta y arbitraria que resulta en brutalidad. La ira de Dios, por otro lado, es una indignación justa, una ira santa, contra sus enemigos, aquellos que se han unido al reino de las tinieblas.

El despliegue de la justicia retributiva de Dios impregna la esencia argumental bíblica: Es la destrucción que envuelve a los malvados, cuyos corazones estaban llenos de mal continuamente. Es el fuego y el azufre que caen sobre Sodoma y Gomorra porque persistentemente pervirtieron la belleza de la sexualidad que Dios había diseñado. Son los egipcios que se ahogan en el Mar Rojo porque insistieron en desistir, después de numerosas oportunidades, de esclavizar al pueblo del pacto de Dios. Es Israel arrastrado al exilio por Asiria y Babilonia porque cambiaron al único Dios verdadero por ídolos que hicieron a la imagen de la creación. Es Jesús volcando mesas en el templo porque está indignado por la sacrílega indiferencia hacia el lugar sagrado de adoración a su Padre. Es Jesús afrentando a los fariseos, condenándolos al castigo eterno porque han usado el nombre de Dios para enmascarar su hipocresía.

Estos no son actos aleatorios de locura divina, como si Dios hubiera perdido el control de su ira, una suposición que viola la impasibilidad divina. Tal lectura divorcia la justicia retributiva de la historia bíblica, sin ver que hay un enemigo marchando contra el reino de Dios, y que los hijos de Adán se han unido a él, sosteniendo sus puños en el aire, gritando el grito del rebelde. El hombre ha heredado la culpa y la corrupción de Adán, y actúa con esa naturaleza contaminada en la primera oportunidad que tiene. No es coaccionado, sino que se complace con gusto, lo que aumenta su condena. Por esa razón, la justicia retributiva es merecida. La solución no es que esa justicia sea dejada de lado, sino que se cumpla. La razón por la cual Cristo es una buena noticia para los pecadores es que su acto sustitutorio tiene el propósito de satisfacer esa justicia. A menos que el Hijo encarnado, el jefe del nuevo pacto, beba la copa de la ira derramando su sangre del nuevo pacto (Lucas 22:20), el hombre siempre y para siempre recibirá la justicia que merece.

Nótese, sin embargo, que la expiación sustitutiva penal (ESP) no solo aborda la justicia que la humanidad merece, sino que también preserva la santidad de la justicia divina. ¿No es esta la razón de Pablo para regocijarse en Romanos 3:26? Es solo porque Dios presentó a Cristo como «propiciación» (Romanos 3:25) que Dios podría justificar a los impíos sin perder su propia identidad como el «justo».

Ya que la justicia retributiva solo es satisfecha con el sacrificio propiciatorio, se hace un cambio de curso por el cual, la justicia divina pasa de ser activa a pasiva, usando las categorías de Martín Lutero.En otras palabras, la propiciación es el fundamento mismo sobre el que se basa la justificación. Debido a que Cristo tomó sobre sí la justicia de Dios, esta justicia puede ser imputada a los que están unidos a Cristo.Para volver al lenguaje paulino: «Pero ahora, sin la mediación de la ley, se ha manifestado la justicia de Dios… Esta justicia de Dios llega, mediante la fe en Jesucristo, a todos los que creen» (3:21a, 22). Es a través de la «la redención que Cristo Jesús efectuó. Dios lo ofreció como un sacrificio de expiación que se recibe por la fe en su sangre» (3:24-25) que somos «justificados gratuitamente por su gracia» (3:24, RVR1960).

La justicia retributiva también se asume en 2 Corintios 5. No es de extrañar que Pablo, en el versículo 18, presente el concepto de «reconciliación». Por medio de Cristo, Dios «nos reconcilió consigo mismo y nos dio el ministerio de la reconciliación» (5:18). ¿Podría esta reconciliación con Dios a través de Cristo tener algo que ver con nuestra posición legal? El versículo 19 responde de manera afirmativa: «en Cristo, Dios estaba reconciliando al mundo consigo mismo, *no tomándole en cuenta sus pecados*» (énfasis añadido). La reconciliación solo es posible como resultado si las ofensas del hombre no se cuentan en su contra (no imputación) sino que se le cuentan a Cristo (imputación). Eso explica por qué Pablo dice al comienzo del versículo 21: «Al que no cometió pecado alguno, por nosotros Dios lo trató como pecador». Basado en esto, recibimos la «justicia de Dios» (5:21b).

Simplicidad divina

La justicia divina no es el único hilo doctrinal entretejido en la red de la expiación sustitutiva penal; la simplicidad divina también lo es, tal vez de una manera en que los evangélicos no se han sintonizado para percatarse.

En la literatura contraria a la ESP, llama la atención la frecuencia con que los críticos elevan el amor divino para ponerlo en contra de la justicia divina.la falla radica en una caricatura común: el Padre airado que castiga a su Hijo amado. Observe, sin embargo, cómo la misericordia y el amor, en oposición a la ira y la justicia, se convierten en las perfecciones hermenéuticas de control. Sin embargo, no se les da prioridad, sino que se considera antitético a un Dios que expresa enojo e ira.

Muchos cristianos hoy encuentran este argumento extraordinariamente persuasivo. Sin embargo, si los evangélicos respetaran el teísmo clásico, verían instintivamente tal maniobra porque traiciona la simplicidad divina.

Aunque negado por algunos (arminianos) remonstrantes y socinianos en los siglos dieciséis y diecisiete, la simplicidad es una vieja doctrina, articulada y defendida por los pensadores patrísticos, medievales y de la Reforma.Agustín escribiría en su obra La Trinidad: «La naturaleza de Dios es simple, inmutable e imperturbable, ni él mismo es una cosa, y lo que es y tiene es otra cosa». Para contrarrestar a los que argumentan que la Trinidad da como resultado «tres cosas» en lugar de tres personas unidas en una esencia, Anselmo también apeló a la simplicidad.

La sustancia de Dios es una «sustancia simple» y no puede «componerse de partes». Dios no puede ser un ente «compuesto»; porque «una cosa compuesta —por necesidad— puede ser dividida en realidad o conceptualmente en partes. Aquino hace una observación similar:

> Dios no está compuesto de partes extendidas (ya que él no es un cuerpo), ni de forma y materia, ni difiere de su propia naturaleza, ni su naturaleza de su existencia. Tampoco podemos distinguir en él género y diferencia, ni sustancia ni accidentes.

Por lo tanto, está claro que Dios no es de ninguna manera compuesto. Más bien, él es completamente simple.

Al afirmar con Agustín, Anselmo y Tomás de Aquino que Dios es sus atributos, preservamos la unidad de las perfecciones de Dios. Aplicada a nuestra discusión, la simplicidad significa que la ira que se muestra en la cruz es una ira santa. La simplicidad nos resguarda de la caricatura que convertiría la ira del Padre en una rabieta caprichosa. El tipo de ira que expresa Dios es congruente con todo su ser, lo que significa que ese enojo puede arder, pero lo hace como un enojo justificado y justo. Leon Morris lo dice de esta manera:

> Si pensamos en un arrebato incontrolable de pasión, entonces tenemos una concepción pagana, completamente inaplicable al Dios del Antiguo Testamento. Pero si pensamos más bien en una ira que es lo opuesto a un amor santo, una llama que abrasa, pero purifica, entonces tenemos una concepción que es valiosa no solo para entender las Escrituras antiguas, sino también para cualquier concepción correcta de la naturaleza de Dios.

¿Se puede decir lo mismo del amor divino? Si bien puede parecer contradictorio decir que la ira de Dios es una ira amorosa, sin embargo, eso es congruente con las Escrituras. La Palabra de Dios no se divorcia de la intención amorosa del Padre de salvar a sus elegidos. La razón por la cual su ira se derrama sobre su Hijo es porque Dios amó «tanto» al mundo (Juan 3:16), no a pesar de su amor por el mundo.

¿Podemos revertir el orden y decir que el amor de Dios es un amor airado? Eso podría dar la impresión equivocada, como si al final el amor de Dios no fuera realmente amoroso. Pero podemos decir algo relacionado: el amor de Dios es celoso. ¿Cuántas veces en el Antiguo Testamento disciplina Dios a su pueblo, e incluso lo juzga porque —como su novio—, es celoso no solo de su propio nombre sino también de la fidelidad del pacto de su novia (Éxodo 34:14; Deuteronomio 4:24)? Lejos de ser un «sentimentalismo negligente, indiferente a la integridad moral de los seres queridos», dice Leon Morris, el amor de Dios es un «fuego purificador».

Dentro de este mismo dominio doctrinal, es necesario decir que el amor de Dios es un amor justo. Un amor justo nos reintegra a la justicia divina. Aunque la cruz muestra el amor más grande de todos —el Padre entregando a su propio Hijo a la muerte—, ese amor no debe reducirse a una simple voluntad. Dios no hará una declaración de su voluntad, simplemente por perdonar el pecado sin exigir el debido castigo. Ese tipo de amor violaría su justicia y un poder absoluto y voluntario que es impredecible, poco confiable y potencialmente no ético. La necesidad de la expiación asume que el amor del Padre al enviar a su Hijo a la cruz es un amor santo y recto.

Tal lógica puede ir un paso más allá para argumentar que la ESP, contrario a la creencia popular, en realidad, es más sensata en cuanto al amor divino —por su compromiso con la simplicidad divina—, que otras teorías de la expiación. Textos como Juan 3:16-17; Juan 15:13; Romanos 5:8 y, especialmente, 1 Juan 4:8-10 no solo parean la propiciación con el amor de Dios, sino que también fundamentan la ESP en el amor de Dios. Es solo porque el Padre nos amó tanto que envió a su Hijo a soportar nuestro castigo. El amor referido en estos versículos no se restringe al Hijo, sino que también se aplica al Padre. Jesús no solo cumplió su papel de sustituto por amor al pueblo de Dios, sino que el amor del Padre lo movió a abandonar a su Hijo amado. «Dios no demandó satisfacción y luego amor», observa Horton, «pero se conmovió por su amor al enviar a su Hijo a cumplir la satisfacción».

Además, el amor del Padre es igualado por el del Hijo. Él no es una víctima pasiva en la cruz, forzado a una recepción abusiva de la ira de su Padre. Jesús dice en Juan 10:15 y 18 que Él da su vida por su propia voluntad, un acto deliberado que se deriva de su pacto espontáneo con el Padre en la eternidad, lo que los teólogos han denominado el *pactum salutis* («el pacto de redención»).

El Padre apunta a su Hijo y el Hijo voluntariamente acepta su misión.

La expiación sustitutiva penal, más que cualquier otra teoría, destaca el horror de la cruz: no solo el tormento físico sino también la aflicción de la ira divina. Sin embargo, tal horror solo acentúa el amor de nuestro Dios trino. Muestra cuánto se rebajaría Dios para redimir a su pueblo. «Si la verdadera medida del amor», dice J. I. Packer, «es lo bajo que se inclina para ayudar y cuánto le permita hacer y soportar su humildad, entonces se puede afirmar con justicia que el modelo sustitutorio penal es el testimonio más rico del amor divino que cualquier otro modelo de expiación, porque ve al Hijo —bajo la voluntad del Padre— dispuesto a ir más abajo que cualquier otra visión». Cristo no solo soportó la crucifixión, pero la expiación sustitutiva penal, dice Packer, «agrega a todo eso una dimensión más de angustia verdaderamente inimaginable. Es la dimensión indicada por Denney, que en esa hora oscura tuvo que darse cuenta plenamente de la reacción divina contra el pecado en la carrera».

Packer critica a McLeod Campbell que afirmó ante él, y muy alineado con Fausto Socino, que el punto de vista reformado «redujo el amor de Dios a una decisión arbitraria que no revela su carácter». Por el contrario, la ESP surge del carácter de Dios. Lejos de ser arbitrario, el motivo subyacente a la cruz no es solo la satisfacción de nuestra merecida retribución, sino la benevolencia salvífica que define a las tres personas de la Deidad. Con la simplicidad a la vista, podemos concluir que la cruz es la máxima demostración de amor justo. La cruz es el Salmo 85:10 en acción: «El amor y la verdad se encontrarán; se besarán la paz y la justicia».

Expiación, ira, amor y operaciones inseparables en la Trinidad

Hasta ahora, hemos visto por qué es ilegítimo, a la luz de la simplicidad divina, oponerse a las perfecciones divinas como el amor y la rectitud. Aquellos que lo hacen no se arriesgan simplemente a colocar las perfecciones divinas en desacuerdo entre sí, sino también a las personas divinas. Las caricaturas de la ESP tienden a situar al Padre y al Hijo uno contra el otro, victimizando al Hijo por un Padre enojado. Si es cierto, la ESP es culpable de convertir la expiación en un mecanismo por el cual la divinidad está dividida. ¿Cómo evitamos esa distorsión?

En este punto, debemos aprender de los Padres y Reformadores que afirmaron que las obras externas de la Trinidad no están divididas *(opera ad extra trinitatis indivisasunt)*, a menudo denominadas doctrina de operaciones inseparables. De acuerdo a Agustín, el Padre, el Hijo y el Espíritu «son indivisibles» y por eso «trabajan indivisiblemente». Así como las tres personas son indivisibles en esencia y voluntad, son indivisibles en su propósito y actividad redentores. Richard Muller explica: «Puesto que la Deidad es una en esencia, una en conocimiento y otra en voluntad, sería imposible en cualquier trabajo *ad extra* para una de las personas divinas querer y hacer una cosa y otra de ellas quiera hacer otra». Dado que las tres personas comparten por igual una naturaleza y una voluntad, también lo es el trabajo económico de la Trinidad en la historia de la salvación como reflejo de esa esencia única e indivisa.

¿Significa eso, entonces, que no hay distinción en cuanto a cómo cada persona actúa en un momento particular en la historia de la salvación? ¿Nos hemos deslizado en el territorio de un modalismo funcional? De ningún modo. Aunque las tres personas son indivisibles en esencia y voluntad, y por lo tanto indivisibles en su obra salvífica, sin embargo, son personas distintas, con una o más personas de la Deidad manifestadas en el cumplimiento de esa única obra indivisible en cualquier punto de la historia redentora. «La encarnación y la obra de la mediación», por ejemplo, «terminan en el Hijo, aunque sean deseadas y efectuadas por el Padre, el Hijo y el Espíritu», concluye Muller.

¿En qué modo es esto relevante para la expiación? Las caricaturas de la ESP solo pueden existir dentro de un paradigma de expiación en el que la teoría de las operaciones inseparables esté ausente. A diferencia de la caricatura, es inconcebible que las personas de la Trinidad se pongan una contra la otra, como si un Padre enojado se enfrentara a su Hijo victimizado. Tampoco es el caso que una persona trinitaria actúe independientemente o en contradicción con otra.

Más bien, las tres personas están unidas en la obra redentora que conduce a la cruz. Aparte de esta unidad e indivisibilidad, la expiación sería imposible en el Gólgota. Tampoco la certidumbre sería alcanzable; después de todo, ¿qué seguridad podría tener el Hijo de que su Padre justificaría su expiación vindicándolo a Él de la tumba si no hay unidad en el propósito? Por otro lado, las operaciones inseparables significan que cuando un miembro particular de la Trinidad actúa en la historia de la salvación, lo hace de una manera coherente con la voluntad única de la Deidad trina. Independientemente de si una persona particular de la Deidad está en el extremo receptor o en el extremo distributivo, ninguna desunión puede introducirse en las obras externas de la Trinidad.

En su libro *Pierced for Our Transgressions,* Mike Ovey explica que esta estructura trinitaria significa que una persona de la Trinidad puede ser el sujeto de una acción, mientras que otra es el objeto, y que no debe haber (como suponen los críticos) división dentro de la Trinidad. Considere las muchas formas en que las Escrituras hablan de esta manera:

- Padre (sujeto) e Hijo (objeto)
  - El Padre ama al Hijo (Juan 3:35; 5:20; 17:23)
  - El Padre envía al Hijo (Juan 6:39)
  - El Padre entrega al Hijo para redimir al mundo (Juan 3:16; Romanos 8:32)
  - El Padre levanta al Hijo de la tumba (Gálatas 1:1, Efesios 1:20, Hechos 2:24, Romanos 6:4, 1 Corintios 6:14)
  - El Padre exalta al Hijo (Filipenses 2:9)
  - El Padre glorifica al Hijo (Juan 17:1, 22, 24)

- Hijo (sujeto) y Padre (objeto)
  - El Hijo ama / obedece al Padre (Juan 14:31)
  - El Hijo glorifica al Padre (Juan 17:1)

- Padre e Hijo (sujetos) y Espíritu (objeto)
  - Padre e Hijo envían al Espíritu (Juan 3:34; 14:16, 26; 15:26; 16:7; Hechos 1:4)

- Espíritu (sujeto) e Hijo (objeto)
  - El Espíritu envía al Hijo al desierto (Marcos 1:12)
  - El Espíritu glorifica al Hijo (Juan 16:14)

Esa garantía escritural demuestra que las personas de la Trinidad pueden actuar como sujeto u objeto en cualquier acto redentor. ¿Por qué tendría que ser la cruz una excepción?

Dicha visión fue oscurecida por C.H. Dodd, que revisó significativamente una definición bíblica de la ira divina, que no «describe la actitud de Dios ante el hombre», sino «un proceso inevitable de causa y efecto en el universo moral». Luego intercambió propiciación por expiación (como se ejemplifica en la Nueva Biblia inglesa [1961], ver traducción de *hilastērion* en 1 Juan 2:2, 4:10; Romanos 3:25), y concluyó que el Hijo no puede ser el sujeto que propicia su Padre ni el objeto que absorbe la ira divina. Aunque la exégesis de Dodd ha sido criticada sustancialmente por Leon Morris y Roger Nicole, muchos hoy en día, como Paul Fiddes, Joel Green, Mark Baker y Tom Smail, perpetúan la aversión de Dodd a la propiciación y han agregado un elemento teológico, argumentando que una distinción sujeto-objeto crearía una brecha en la Trinidad.

Sin embargo, ninguno de esos autores contemporáneos presta suficiente atención al modo en que la doctrina de las «operaciones inseparables» preserva la cohesión de la expiación. En la cruz, el Hijo actúa como sujeto, propiciando a su Padre, el objeto. Sin embargo, también podríamos reconocer que el Padre actúa como sujeto, derramando su ira sobre su propio Hijo, el objeto. Sin embargo, esta interacción objeto-sujeto es el cumplimiento mismo de la voluntad única e indivisa de la Trinidad en conjunto. El Hijo encarnado se somete voluntariamente al propósito predeterminado del Padre, como es evidente en la oración de Getsemaní que hizo Jesús, y el Padre a su vez aprueba la obra de la propiciación que su Hijo realiza, manifestado más visiblemente cuando lo resucita de entre los muertos, vindicando a su Hijo y justificando su obra expiatoria (Romanos 4:25).

¿Qué debería hacer uno ante el clamor de abandono del Hijo? Después de todo, cita el Salmo 22 para expresar el abandono de Dios. En respuesta, su clamor no debe interpretarse como el momento en que la Trinidad se disolvió o rompió ontológicamente. Al contrario, su clamor debe interpretarse en categorías redentoras de evidencias y pactos. Aquí es donde la doctrina del pecado original es estratégicamente necesaria. El Hijo es abandonado por el Padre, pero solo en el sentido de que Él, nuestro segundo Adán, nuestra cabeza central, ha cargado nuestra culpa y con ella nuestro desamparo como pactos-quebrantados. Él no merece este castigo (como dice Pablo en 2 Corintios 5:21: «Al que no cometió pecado alguno, por nosotros Dios lo trató como pecador, para que en él recibiéramos la justicia de Dios» (2 Corintios 5:21). O para usar el lenguaje de Gálatas, «Cristo nos rescató de la maldición de la ley al hacerse maldición por nosotros» (3:13).

En tal sentido representacional, Cristo es maldecido y abandonado por el Padre, recibiendo el debido castigo de un portador de pecados.

Sin embargo, incluso aquí, en su desamparo, la Trinidad es en otro sentido inmutablemente indivisible y omnipotentemente indivisa porque el Hijo ha cumplido la mismísima misión que el Padre le ha encomendado. Por muy intuitivo que pueda parecer, en este oscuro momento de abandono, el Dios trino muestra su inquebrantable Trinidad.

Conclusión

En verdad, podrían explorarse otros hilos doctrinales en la red de la expiación. La red doctrinal tiene muchos hilos, teológicos, cada uno conectando a otro. El hecho de que se conecten adecuadamente entre sí determinará, en gran medida, a qué tipo de teología expiatoria se suscribe al final.

Las ramificaciones para el ministerio pastoral son profundas también. Tan importante como escudriñar de manera exegética los pasajes individuales de las Escrituras en preparación para el sermón dominical, eso es solo el comienzo. Se necesita mucho más. Los pastores deben pensar teológicamente. El pastor debe ser teólogo. Solo entonces se verá la expiación en toda su gloria dogmática. Solo entonces las ovejas verán la expiación en toda su belleza sistemática.

11

VENCIÓ LA TUMBA: LA RESURRECCIÓN

TOM PENNINGTON
1 Corintios 15:1-20

Tome un curso de religiones comparadas y descubrirá que la mayoría de ellas se basan en proposiciones filosóficas. Solo cuatro se basan principalmente en sus fundadores: el judaísmo, el budismo, el islam y el cristianismo. Y los cuatro fundadores murieron. Abraham murió alrededor del año 2000 a.C. y fue enterrado en Hebrón. Buda murió en el siglo quinto o sexto antes de Cristo, según dice la tradición a la edad de ochenta años, y su cuerpo fue incinerado. Mahoma murió el 8 de junio del 632 d.C. Su cuerpo está enterrado en Medina, Arabia Saudita, y millones visitan su tumba cada año en su peregrinación a La Meca. Jesús murió en el año 30 o 33 d.C. y fue enterrado en una tumba prestada a las afueras de Jerusalén. Todos ellos murieron.

Sin embargo, el cristianismo es exclusivo en el sentido de que es el único que cuenta con una tumba vacía. Solo la fe cristiana afirma que su fundador fue levantado permanente y eternamente de entre los muertos. La razón por la que predicamos a Cristo es que predicamos a Cristo resucitado de entre los muertos.

Las mentes más esclarecidas en la historia de la iglesia han entendido la importancia vital de este tema. Martín Lutero escribió: «Lo más importante se relaciona con este artículo de la fe. Porque si no hubiera resurrección, no tendríamos consuelo ni esperanza, y todo lo que Cristo hizo sería en vano».[1] Juan Calvino afirmó: «La resurrección de Cristo es el artículo más importante de nuestra fe»; «el punto principal del evangelio» y «el principal artículo de religión».[2] Más tarde, B. B. Warfield escribió: «Cristo mismo, de manera deliberada, impugnó toda su proclamación en su resurrección. Cuando se le pidió una señal, apuntó a la resurrección como su credencial única y suficiente».[3]

Ningún artículo de nuestra fe es más esencial, y ningún pasaje de la Escritura articula más claramente su importancia para la fe cristiana, que 1 Corintios 15. Pablo escribió este capítulo para responder a lo que había escuchado que se estaba enseñando en Corinto. En 15:12, Pablo dice: «Ahora bien, si se predica que Cristo ha sido levantado de entre los muertos, ¿cómo dicen algunos de ustedes que no hay resurrección?» Ciertamente esto no vino de Pablo.

Los creyentes de corintios eran principalmente griegos. Muchos en su cultura creían en la inmortalidad del alma. Platón, por ejemplo, afirmó que el alma humana es inmortal, pero también enseñó que el cuerpo es una prisión y que la muerte libera al alma inmortal de su prisión. Los griegos encontraban la idea de la resurrección del cuerpo ridícula. ¿Por qué querría usted retener su prisión para siempre? Es por eso que cuando los atenienses escucharon a Pablo hablar de la resurrección de los muertos, algunos comenzaron a burlarse (Hechos 17:32).

Como sucede a menudo con la iglesia, trágicamente, el pensamiento secular —en este caso— el dualismo helenístico, encontró su camino en la iglesia. Pablo escuchó que había algunos en la iglesia de Corinto que negaban que los cuerpos de los creyentes fueran levantados. Aparentemente estaban enseñando que una vez que el creyente muere, existe para siempre como espíritu. Esa es la falsa enseñanza que Pablo está corrigiendo en 1 Corintios 15.

La primera sección de este capítulo es meramente la introducción de Pablo al tema que quiere abordar. En los versículos 1-11, él nos recuerda que la resurrección de Jesús es un principio central del evangelio. «Ahora, hermanos, quiero recordarles el evangelio que les prediqué, el mismo que recibieron y en el cual se mantienen firmes. Mediante este evangelio son salvos, si se aferran a la palabra que les prediqué. De otro modo, habrán creído en vano» (vv. 1-2). Este fue el evangelio que él y los apóstoles habían predicado y que los corintios habían creído. Y es el evangelio que deben seguir creyendo para poder ser salvos.

Pablo luego resume su evangelio: «Porque ante todo les transmití a ustedes lo que yo mismo recibí: que Cristo murió por nuestros pecados según las Escrituras» (v. 3). Pablo les había dicho este mismo mensaje del evangelio los dieciocho meses que les ministró, como se registra en

Hechos 18. Y declara que él no inventó su mensaje. Por eso dice: «Lo recibí». En Gálatas, Pablo nos dice cómo y dónde lo recibió: «Quiero que sepan, hermanos, que el evangelio que yo predico no es invención humana. No lo recibí ni lo aprendí de ningún ser humano, sino que me llegó por revelación de Jesucristo» (Gálatas 1:11-12). Pablo quiere que comprendamos que el evangelio que está a punto de resumir no es su evangelio. ¡Es el evangelio que le fue enseñado directamente por Jesucristo mismo!

Este mensaje es de fundamental importancia. Es primario, central e indispensable. Pablo llama a este mensaje central de la fe cristiana *euangelion*, «las buenas nuevas» (v. 1). Luego, en los versos 3-11, lo resume. Incluso es posible que este pasaje sea un fragmento de una confesión temprana de la iglesia; muchos historiadores de la iglesia creen que eso es verdad.

> Que Dios nuestro Padre y el Señor Jesucristo les concedan gracia y paz. Jesucristo dio su vida por nuestros pecados para rescatarnos de este mundo malvado, según la voluntad de nuestro Dios y Padre, a quien sea la gloria por los siglos de los siglos. Amén. Me asombra que tan pronto estén dejando ustedes a quien los llamó por la gracia de Cristo, para pasarse a otro evangelio. No es que haya otro evangelio, sino que ciertos individuos están sembrando confusión entre ustedes y quieren tergiversar el evangelio de Cristo. Pero, aun si alguno de nosotros o un ángel del cielo les predicara un evangelio distinto del que les hemos predicado, ¡que caiga bajo maldición! Como ya lo hemos dicho, ahora lo repito: si alguien les anda predicando un evangelio distinto del que recibieron, ¡que caiga bajo maldición! ¿Qué busco con esto: ganarme la aprobación humana o la de Dios? ¿Piensan que procuro agradar a los demás? Si yo buscara agradar a otros, no sería siervo de Cristo. Quiero que sepan, hermanos, que el evangelio que yo predico no es invención humana. No lo recibí ni lo aprendí de ningún ser humano, sino que me llegó por revelación de Jesucristo (vv. 3-11).

En estos versículos, Pablo reduce el evangelio —el mensaje central de la fe cristiana que predicó, que nuestro Señor mismo le dio— a cuatro proposiciones básicas. La estructura del pasaje es clara. En cada caso, presenta las proposiciones del evangelio que Cristo le dio y que él entregó a los corintios, con la conjunción de subordinación griega común «eso» (*hoti*). Él dice: «Les transmití» estas verdades: «*que* Cristo murió por nuestros pecados según las Escrituras» (1 Corintios 15:3), «*que* fue sepultado» (v. 4), «*que* fue resucitado el tercer día según las Escrituras» (v. 4), y «*que* apareció» (vv. 5-8; énfasis añadido).

Esas cuatro proposiciones se encuentran en el corazón del evangelio y se refieren a nuestro Señor Jesucristo. La esencia del evangelio se capta en estos cuatro eventos de la vida de Jesús.

LAS CUATRO PROPOSICIONES DEL EVANGELIO
EN DETALLE

Su muerte sustitutiva

Primero, vemos aquí que según las Escrituras «Cristo murió por nuestros pecados» (v. 3). La palabra griega traducida «por», es un vocablo general que significa «en nombre de o a beneficio de». La muerte de Jesús logró cierto beneficio con respecto a los pecados de aquellos que creen. La pregunta clave —y, lamentablemente este debate sobre la naturaleza de la expiación continúa en nuestros días— es: ¿cuál es la naturaleza de la relación entre la muerte de Jesús y el pecado? En Marcos 10:45, nuestro Señor explicó claramente que la relación entre su muerte y nuestro pecado fue una *sustitución*. Él vino a «dar su vida en rescate *por* muchos» (énfasis añadido). En Marcos 10:45, la palabra griega traducida «por» es anti, que significa «en vez de» o «en lugar de». Cristo murió por nuestros pecados, por lo tanto, murió en el lugar de aquellos cuyos pecados merecían la muerte.

Debido a su santidad y justicia, Dios no puede dejar sin castigo ni un solo pecado. Pero en la maravillosa transacción de la justificación, el Padre, impulsado por su amor y su gracia, asignó a Cristo la culpa por cada pecado de cada persona que creyera alguna vez. Cada mal pensamiento que alguna vez ha cruzado por su mente, cada actitud repulsiva que haya mostrado, cada palabra impía que haya hablado alguna vez, cada acto pecaminoso que haya cometido en algún momento, Dios los conocía todos y todos requerían castigo. Pero en su gracia, el Padre atribuyó cada uno de esos pecados a Jesucristo, y luego derramó sobre su propio Hijo la justicia divina que cada uno de esos pecados merecía.

Romanos 3:25 dice que Dios el Padre exhibió públicamente a su Hijo en la cruz como la propiciación, la satisfacción de su justa ira contra nuestros pecados. En 2 Corintios 5:21 dice que Cristo, «que no cometió pecado alguno, por nosotros Dios lo trató como pecador». Primera de Pedro 2:24 dice: «Él mismo, en su cuerpo, llevó al madero nuestros pecados». Esto es lo que nuestro Señor hizo por nosotros.

La idea de que el Mesías muriera como sustituto de los pecadores no fue algo inventado por Pablo. Él dice en el versículo 3 que eso estaba de acuerdo con las escrituras hebreas. De hecho, se remonta a Génesis 3:15. Allí, Dios le dijo a la serpiente que un hombre único vendría al mundo y, finalmente, se enfrentaría al pecado. En Génesis 12:3, Dios le dijo a Abraham que, a través de sus descendientes, todas las naciones de la tierra serían bendecidas espiritualmente a pesar de que merecen ser maldecidos. Génesis 22:17-18 fue más específico. Habla de la simiente de Abraham en un sentido general, sus descendientes físicos, pero luego el Señor dice: «Tu simiente poseerá las puertas de sus (el texto hebreo dice, literalmente, "sus") enemigos». Ahí, Dios no está hablando de la simiente de Abraham como colectivo, Él está hablando de un Descendiente. Y esa Semilla poseerá las puertas de sus enemigos. Por ese único descendiente de Abraham, Dios bendeciría espiritualmente a las personas de todas las naciones que solo merecen su ira.

A través de su obra, el Mesías le permitiría a Dios bendecir espiritualmente a los pecadores que solo merecen su ira. Pero, exactamente, ¿cómo se lograría eso?, no estuvo claro hasta unos setecientos años antes de que naciera nuestro Señor. Vino a través del profeta Isaías en sus sencillas palabras en el capítulo 53: «Él fue traspasado por nuestras rebeliones, y molido por nuestras iniquidades, sobre él recayó el castigo, precio de nuestra paz, y gracias a sus heridas fuimos sanados. Todos andábamos perdidos, como ovejas; cada uno seguía su propio camino, pero el Señor hizo recaer sobre él la iniquidad de todos nosotros» (vv. 5-6). Isaías dice, al pie de la letra, que Yahweh puso la culpa de todos nosotros para golpear al Mesías. Todo fue puesto sobre Él. Isaías continúa diciendo: «Después de aprehenderlo y juzgarlo, le dieron muerte; nadie se preocupó de su descendencia. Fue arrancado de la tierra de los vivientes, y golpeado por la transgresión de mi pueblo» (v. 8). El versículo 10 explica la razón de la muerte del siervo sufriente: «Pero el Señor quiso quebrantarlo y hacerlo sufrir». Y el versículo 11 agrega: «mi siervo justo justificará a muchos, y cargará con las iniquidades de ellos». Claramente, el Mesías moriría en lugar de los pecadores como su sustituto. Según las Escrituras, Cristo murió por nuestros pecados.

Su sepultura

En 1 Corintios 15:4, Pablo agrega una segunda proposición central de su evangelio: les transmití «que fue sepultado». Los cuatro evangelios hablan sobre la sepultura de Jesucristo. Describen cómo fue derribado su cuerpo de la cruz el viernes por la tarde antes del atardecer y cómo dos hombres, Nicodemo y José de Arimatea (ricos e influyentes miembros del Alto Concilio judío que secretamente se habían convertido en sus seguidores) prepararon su cuerpo para su sepultura.

Rápidamente lo envolvieron en tiras de tela con treinta kilogramos de especies aromáticas entre las vendas y luego colocaron apresuradamente su cuerpo en una nueva tumba cercana, una cueva excavada en la suave caliza nativa. Era la tumba de José de Arimatea, probablemente localizada en lo que hoy es la Iglesia del Santo Sepulcro. Una vez que José y Nicodemo colocaron su cuerpo en la tumba, la sellaron con una gran piedra. Los evangelios nos dicen que al menos cuatro de las seguidoras de Jesús fueron testigos del entierro. Pablo predicó el evangelio que recibió de Cristo, incluido el hecho de que nuestro Señor fue sepultado. Su cadáver fue colocado en esa tumba.

¿Por qué es este tema una parte crucial del evangelio? Porque era evidencia de la muerte de Jesús. El soldado romano confirmó la muerte de Jesús con la punta de su lanza. El centurión certificó su fallecimiento a Pilato. El entierro de Jesús fue simplemente una evidencia más de que, en efecto Él, estaba muerto. Pero la sepultura de Jesús también es evidencia de su resurrección. Una de las principales pruebas que convenció a los discípulos de ello fue la tumba vacía. Y la certeza de la tumba vacía se basó en el testimonio de los testigos que presenciaron su sepultura y sabían la ubicación exacta de su tumba. Hubo testimonios de dos miembros del Sanedrín judío, el testimonio de al menos cuatro mujeres y el del guardia romano asignado para vigilar. Jesús murió por nuestros pecados según las Escrituras y fue sepultado.

Su resurrección triunfal

La tercera gran proposición del evangelio que Pablo predicó es que «resucitó al tercer día según las Escrituras» (v. 4). Los cuatro evangelios alcanzan su cumbre en la resurrección. Y si examina los sermones de la iglesia primitiva, descubrirá que la resurrección yace en el corazón de todos. La fe cristiana y la salvación se sostienen o caen con la resurrección de Jesucristo.

Pablo dice, al pie de la letra: «Él ha sido levantado»; y usa el presente perfecto que describe un evento pasado con resultados continuos en el presente. Jesús ha sido levantado. Sigue vivo. ¡Él tiene el poder de una vida indestructible! El Padre restableció la vida física en el cuerpo de Jesús de manera milagrosa. Pero Jesús no fue levantado como aquellos a quienes Él mismo había levantado. Cuando el Padre resucitó a Jesús, le dio un nuevo cuerpo glorificado. Pablo lo describe en Filipenses 3:21 como «el cuerpo de su gloria». Fue y es un verdadero cuerpo físico con carne y huesos. Puede ser palpado. Puede comer y beber. Y es un cuerpo que ya no está sujeto a la debilidad, a la enfermedad ni a la muerte.

De nuevo, la resurrección del Mesías no es una idea reciente. Pablo afirma que sucedió «de acuerdo con las Escrituras» (1 Corintios 15:4). El texto del Antiguo Testamento citado con mayor frecuencia por los apóstoles en el libro de Hechos, es el Salmo 16:10: «No dejarás que mi vida termine en el sepulcro; no permitirás que sufra corrupción tu siervo fiel». En su sermón de Pentecostés, Pedro explica que David profetizó que el Mesías ciertamente moriría, pero que su cuerpo nunca experimentaría deterioro. Sin embalsamamiento, la descomposición de un cuerpo comienza en pocos días, por lo que el hecho de que Jesús fue resucitado en el tercer día —en realidad alrededor de treinta y seis horas— fue muy importante para el cumplimiento de esa profecía. Otro pasaje clave del Antiguo Testamento que implica la resurrección, es Isaías 53:10: «Pero el Señor quiso quebrantarlo y hacerlo sufrir, y, como él ofreció su vida en expiación». Para ser una ofrenda por la culpa, el Mesías tenía que morir. Pero la siguiente frase dice que, aunque moriría como ofrenda por la culpa, «le daré un puesto entre los grandes, y repartirá el botín con los fuertes, porque derramó su vida hasta la muerte». Isaías 53:12 agrega que después de la muerte del Siervo, «Le asignaré una porción con los grandes, y él dividirá el botín con los fuertes;

porque él se derramó a sí mismo hasta la muerte». Jesús fue resucitado al tercer día según las Escrituras.

Su gloriosa resurrección

La cuarta proposición del evangelio de Pablo en 1 Corintios 15 es que Cristo apareció, después de su resurrección, a muchos testigos (vv. 5-11). Aquí hay otra parte de ese mensaje central del evangelio que Pablo entregó y que Cristo le había dado: «que apareció» (v. 5).

Dios optó por establecer la realidad histórica de la resurrección a través de catorce apariciones posteriores al suceso. Jesús se apareció a un total de más de quinientas personas en diversos momentos en al menos diez lugares diferentes. Se apareció a individuos, a grupos de discípulos y a una multitud de quinientas personas. Se apareció a hombres y mujeres. Apareció en público y en privado, en diferentes momentos del día, en Jerusalén y en Galilea. En los versículos 5-8, Pablo registra seis de las catorce apariciones de Cristo después de la resurrección. El punto de Pablo es que las buenas nuevas que hemos llegado a abrazar no son un acto ciego de fe. Se basa en el registro de las Escrituras del Antiguo Testamento. Se basa en el registro escrito de los representantes escogidos por Jesús, los apóstoles, quienes transmitieron ese registro en el Nuevo Testamento. Se basa en el testimonio de testigos oculares de más de quinientos creyentes que vieron al Cristo resucitado.

Están las cuatro proposiciones fundamentales del corazón del evangelio, el núcleo del mensaje que predicamos. Pablo concluye esta primera sección en el versículo 11: «En fin, ya sea que se trate de mí o de ellos [los otros apóstoles], esto es lo que predicamos, y esto es lo que ustedes han creído».

CONSECUENCIAS DE NEGAR LA RESURRECCIÓN

Todo eso fue la presentación de Pablo. En los versículos 12 al 19, finalmente llega a su principal preocupación. Quería mostrar a los corintios la contradicción que tenían en su pensamiento. Era ilógico para ellos rechazar la futura resurrección física de los creyentes al mismo tiempo que afirmaban creer en el evangelio que tiene la resurrección física de Jesús como una de sus promesas centrales.

«Ahora bien, si se predica que Cristo ha sido levantado de entre los muertos, ¿cómo dicen algunos de ustedes que no hay resurrección?» (v. 12). En esencia, Pablo dice: «Si niegas la resurrección de los creyentes, lógicamente, nadie ha resucitado de entre los muertos. Eso significa que Cristo no ha resucitado». Y los resultados de negar la resurrección de Jesucristo son absolutamente catastróficos.

En los versículos 14 al 19, Pablo cataloga las aterradoras consecuencias de su posición para probar la centralidad de la resurrección de nuestro Señor. Si Cristo no ha resucitado, todo está perdido. Si se quita esta piedra angular, el cristianismo se derrumba, y solo tendríamos un montón de escombros. Solo sirve como basura histórica de las religiones muertas e inútiles. Si el cuerpo de Jesús aún yace enterrado en una remota tumba en Israel, las consecuencias son incalculables e incluso inimaginables. Específicamente, Pablo señala cinco consecuencias trágicas si Cristo no ha sido resucitado.

No hay un evangelio legítimo

La primera consecuencia es que no hay un evangelio legítimo. El versículo 14 dice: «Y, si Cristo no ha resucitado, nuestra predicación no sirve para nada». La palabra griega traducida como «predicación» aquí es *kerigma*. No se refiere al acto de predicar, sino al contenido que Pablo proclamó oficialmente en nombre de su Señor. Él acaba de explicarnos ese contenido en los versículos 1-11. Básicamente dice: «Si Cristo no ha resucitado, entonces ese evangelio es en vano». La palabra «vano» significa «vacío, sin sustancia, vacío de valor espiritual». O está vacía la tumba o es el evangelio. Si Cristo no ha sido resucitado, el evangelio es un mensaje sin valor y la superestructura entera del cristianismo colapsa.

Uno de los desastres más devastadores en la historia de los Estados Unidos fue la inundación de Johnstown. Después de varios días de lluvia, el 31 de mayo de 1889, la represa South Fork experimentó una falla catastrófica. Estaba a veintidós kilómetros de la ciudad de Johnstown, Pensilvania. Cuando la represa se desbordó, fluyeron veinte millones de toneladas de agua a una velocidad igual a la del río Mississippi. Varios minutos más tarde, una montaña de agua y escombros como de quince metros de alto que viajaba a sesenta kilómetros por hora llegaba al centro de Johnstown. Se destruyeron diez kilómetros cuadrados del centro de la ciudad y murieron más de dos mil personas. Noventa y nueve familias enteras desaparecieron.

¿Por qué falló la represa? El historiador David McCullough, en su libro sobre esa catástrofe, explica: «En el caso de la represa de South Fork, los hombres encargados de la reconstrucción, que se suponía que eran expertos en esos asuntos, en realidad no lo eran. No sabían lo que debían hacer e, igualmente importante, desconocían las posibles consecuencias de lo que hicieron». Como resultado, la integridad estructural de la represa resultó defectuosa.

La superestructura de nuestra fe tiene la resurrección de Cristo como su fundamento. Eso es lo que sostiene al evangelio y la fe cristiana. Si no es verdad, toda la estructura colapsa al igual que la represa de South Fork, destruyendo a todos los que han puesto su confianza en ella. Si el cuerpo de Cristo no ha sido levantado y permanece hasta nuestros días en una oscura tumba judía, las buenas nuevas que predicaron Pablo y los demás apóstoles son una ficción antigua que merece ser olvidada. No hay un evangelio legítimo, ni tenemos un mensaje que predicar.

No hay una fe razonable

Eso nos lleva a una segunda consecuencia trágica: si Cristo no ha sido resucitado, no hay una fe razonable. Pablo les dijo a los corintios: «Y, si Cristo no ha resucitado, nuestra predicación no sirve para nada, como tampoco la fe de ustedes» (v. 14). Es vacía, irreal. Usted puede creer, pero su fe no vale nada, está completamente vacía de todo valor espiritual.

La muerte sustitutiva de Cristo y su resurrección se sostienen o caen juntas. O son eventos históricos —que son verdaderos como los describieron los apóstoles y nuestra fe es razonable—, o ambas cosas son mentira y nuestra fe es irracional. Contrariamente a la postmodernidad, la realidad no es lo que usted quiera que sea.

Quizás haya leído el artículo de noticias sobre los niños pobres en México cuyo cáncer fue tratado con quimioterapia falsa. Un funcionario del gobierno informó: «Tenemos resultados de un laboratorio que señaló que la quimioterapia que se les dio a los niños no era realmente medicinal sino un compuesto inerte. Era prácticamente agua destilada». Eso fue realmente trágico. Esas familias creían que esos medicamentos eran reales y que estaban ayudando a sus hijos. Por desdicha, varios chicos murieron. Esa es una ilustración trágica del hecho de que ninguna cantidad de fe ayuda si el objeto de su fe es defectuoso.

Nuestra fe está en un Señor resucitado y si Él todavía está muerto, nuestra fe no vale nada. Nuestra confianza en el evangelio es completamente irrazonable. Si Cristo no ha resucitado, no hay un evangelio legítimo ni una fe razonable.

No hay una revelación confiable

En tercer lugar, no hay una revelación confiable. En el versículo 15, Pablo escribe: «Aún más, resultaríamos falsos testigos de Dios por haber testificado que Dios resucitó a Cristo, lo cual no habría sucedido si en verdad los muertos no resucitan». El apóstol Pablo escogió unas palabras pintorescas para este versículo. La expresión «se encuentran» se usa a menudo para descubrir la verdadera naturaleza del carácter de alguien.

Si algunos de los corintios tenían razón y los muertos no resucitan, entonces Cristo no ha resucitado. Eso significa que todos los que han enseñado que hay una resurrección han sido descubiertos como falsos testigos de Dios. Pablo dice: «No solo nuestro testimonio es falso», sino que «hemos dado testimonio contra Dios». Es un delito grave afirmar que habla en nombre de Dios cuando Él no le ha hablado ni le ha enviado.

En Jeremías 23, por ejemplo, Dios dice: «Yo no envié a esos profetas, pero ellos corrieron; ni siquiera les hablé, pero ellos profetizaron. Si hubieran estado en mi consejo, habrían proclamado mis palabras a mi pueblo» (vv. 21-22). Jeremías continúa pronunciando el juicio de Dios contra esos autoproclamados profetas con sus mensajes hechos por hombres.

Pablo está diciendo que, si Cristo no ha resucitado, entonces todos los que han enseñado que Dios resucita a los muertos son como esos profetas inútiles en los días de Jeremías. Son mentirosos, falsos profetas y no son de fiar. Están incluso bajo el juicio de Dios.

¿A quiénes incluye eso? Incluye a los testigos presenciales de los versículos 5-7. Incluye a Pablo mismo, porque en el versículo 8 dice: «Él se me apareció a mí». Incluye a todos los apóstoles, como dice el versículo 5: «Jesús se apareció a Cefas, luego a los doce», y en el versículo 7: «A Santiago, luego a todos los apóstoles». Según el versículo 11, los apóstoles no solo presenciaron la resurrección, sino que la predicaron. Entonces, si Cristo no ha resucitado, todos los apóstoles son falsos profetas. Todo lo que enseñaron, todo el Nuevo Testamento, es enseñanza falsa. La acusación de Pablo va más allá. Incluso regresa y capta al Antiguo Testamento, porque en el versículo 4 dijo que Cristo «resucitó al tercer día según las Escrituras». Eso significa que no se puede confiar en el Antiguo Testamento. La acusación de Pablo incluso recae en Jesucristo mismo. ¿Cómo? Porque ese evangelio que Pablo predicó tenía por núcleo la resurrección, y Pablo lo recibió de Jesucristo. Nuestro Señor, al comienzo de su ministerio, dijo: «Destruyan este templo, y en tres días lo levantaré» (Juan 2:19). Al menos otras tres veces en su ministerio, Jesús claramente profetizó su resurrección. Entonces, si no hubo resurrección, ni siquiera se puede confiar en Cristo. La Biblia no tiene más valor, no es más confiable que los escritos de Confucio, Mahoma o José Smith. No hay un mensaje de Dios digno de confianza, ninguna revelación es confiable.

No hay perdón verdadero

Una cuarta consecuencia trágica de la no resurrección es que no hay un perdón real disponible para nosotros. «Porque, si los muertos no resucitan, tampoco Cristo ha resucitado. Y, si Cristo no ha resucitado, la fe de ustedes es ilusoria y todavía están en sus pecados» (vv. 16-17). Pablo recuerda a sus lectores el hilo de su argumento: «Si las personas muertas no resucitan, entonces Cristo no ha resucitado. Si eso es verdad, entonces tu fe no vale nada». La palabra sin valor habla de aquello que no produce resultados y que es inútil.

Pablo explica específicamente en qué manera nuestra fe es inútil: no produce un verdadero perdón de nuestros pecados. Pablo dice: «Todavía estás en tus pecados». En otras palabras, la muerte de Cristo no logró nada con respecto a su pecado. El Nuevo Testamento a menudo conecta el perdón y la justificación. Ese es un paquete asombroso, tanto el perdón de nuestros pecados como el reconocimiento de la justicia para nosotros a través de la justicia de Jesucristo. Y a menudo conecta la justificación con la resurrección.

Por ejemplo, Romanos 4:25 dice: «Él fue entregado a la muerte por nuestros pecados, y resucitó para nuestra justificación». La resurrección de Jesús fue necesaria para asegurar nuestra justificación. Pero Pablo no puede querer decir que Cristo aseguró nuestra justificación solo a través de su resurrección, porque unos pocos versículos después, en 5:9, dice que fuimos «justificados por su sangre».

Por tanto, si la muerte de Jesús aseguró nuestra justificación, ¿cómo se relaciona la resurrección con la justificación? Principalmente, la resurrección comprobó que el Padre había aceptado el sacrificio de Jesús por el pecado, asegurando así nuestra justificación. Si el Padre no hubiera resucitado a Cristo de entre los muertos, habría sido una declaración pública de que Jesús no era quien decía ser y, por lo tanto, no estaba en posición de lograr nuestra redención. «Si Cristo no ha sido levantado... todavía estás en tus pecados» (v. 17).

Martin Lloyd-Jones escribe: «La resurrección es la proclamación del hecho de que Dios está completamente satisfecho con la obra que su Hijo hizo en la cruz... Al resucitarlo, Dios estaba proclamando que su Hijo había completado la obra, que se había hecho la expiación completa, que se había propiciado y ¡estaba completamente satisfecho!» La resurrección demostró que el Padre había aceptado el sacrificio del Hijo, asegurando así nuestra justificación.

Cada dólar estadounidense lleva el sello oficial del Departamento del Tesoro. Ese sello ha estado en cada moneda estadounidense emitida. El gobierno de los EE. UU. Comenzó a imprimir dinero en 1862, cuando se emitió la divisa de Greenback para financiar la Guerra Civil. Al principio, cinco empleados en el ático del edificio principal del Tesoro tenían un trabajo simple: adherir el sello oficial del Tesoro a cada uno de los proyectos de ley impresos. El sello mostraba que el dinero era real y sería aceptado para curso legal. De la misma manera, la resurrección fue el sello oficial de aprobación de Dios para el sacrificio de Jesús. Era la forma en que Dios decía que había aceptado la muerte de Cristo como un pago completo por la deuda que teníamos. El viernes a las tres de la tarde, nuestro Señor terminó su terrible experiencia gritando en voz alta: «Todo está terminado». Pero el cielo esperó para ver si el Padre estaba de acuerdo. En algún momento antes del amanecer del domingo por la mañana, el Padre básicamente dijo: «¡Consumado es!», al resucitar a Jesús nuestro Señor de entre los muertos.

Charles Spurgeon escribió:

La sangre de Jesucristo es sangre que ha sido aceptada. Cristo murió, fue sepultado; pero ni el cielo ni la tierra podían decir si Dios había aceptado el rescate. Se quería [se necesitaba] el sello de Dios sobre la gran Carta Magna de la salvación del hombre, y ese sello se puso... en esa hora cuando Dios convocó al ángel, y le ordenó que descendiera del cielo y lanzara la piedra... Y cuando Cristo salió, resucitando de entre los muertos en la gloria y el poder de su Padre, entonces fue el sello puesto sobre los grandes mapas de nuestra redención. La sangre fue aceptada y el pecado perdonado. Y ahora, alma, no es posible que Dios te rechace, si vienes este día a Él suplicando la sangre de Cristo. Dios no puede —y aquí también hablamos con reverencia—, el Dios eterno no puede rechazar a un pecador que ruega por la sangre de Cristo; porque si lo hiciera, sería negarse a sí mismo... Él nunca puede revocar esa aceptación divina de la resurrección; y si vas a Dios, mi oyente, suplicando —simple y solamente— la sangre de aquel que colgó del madero, Dios debe negarse a sí mismo antes de que pueda rechazarte o rechazar esa sangre.

¡El Padre puso su propio sello en la muerte de Jesucristo al resucitarlo de entre los muertos! Pero si el Padre no resucitó a Cristo, significa que rechazó el sacrificio, y todavía tenemos la culpa de nuestros pecados. No hay perdón verdadero.

No existiría vida eterna

Una quinta y última consecuencia de la no resurrección es que no hay vida eterna. Pablo escribe: «Entonces los que durmieron en Cristo perecieron» (v. 18). La palabra implica que esta es la consecuencia inevitable de lo que Pablo acaba de decir. Si todavía estamos en nuestros pecados, lo mismo debe ser cierto para aquellos que se han quedado dormidos en Cristo. Si algunos de los corintios tenían razón en que no hay resurrección, entonces los que murieron creyendo en Cristo murieron aún en sus pecados. Y ellos «han perecido». Perecer es la palabra que Pablo utiliza para describir la condición de aquellos que mueren para siempre separados de Dios. En 1 Corintios 1:18 dice: «La palabra de la cruz es necedad para los que se pierden». Y en 2 Corintios 4:3 dice: «Nuestro evangelio...

está velado a los que están pereciendo». Además, 2 Tesalonicenses 2:10 define a los que perecen como aquellos que no amaron la verdad para ser salvos. La Escritura rechaza enfáticamente la idea de la aniquilación. En Mateo 25:46, nuestro Señor mismo deja en claro que aquellos que mueran sin Él existirán tanto como aquellos que tienen vida eterna: «Estos irán al castigo externo, pero los justos a la vida eterna».

Pablo no quiere decir que aquellos que murieron creyendo en Cristo han dejado de existir, continuarán viviendo para siempre. Pero si Cristo no ha resucitado, están perdidos para siempre, separados para siempre de Dios en el sufrimiento eterno del infierno. Para ellos, no hay vida eterna, solo castigo eterno.

Pablo resume las trágicas consecuencias si Cristo no ha sido alzado en las aleccionadoras palabras del versículo 19: «Si hemos esperado en Cristo solamente en esta vida, somos de los hombres más dignos de compasión». ¿Por qué? Porque significa que el evangelio que creemos no tiene sustancia, la fe en Cristo no vale nada y la Palabra de Dios es una mentira. Todavía vivimos bajo la pena del pecado y todos los que murieron confiando en Cristo están irremediablemente perdidos. Y en la muerte, nosotros también seremos separados para siempre de Dios. Es por eso que somos de los hombres más dignos de lástima.

Luego viene el versículo 20: «Pero ahora Cristo ha resucitado de entre los muertos». La palabra ahora no es cronológica sino lógica. Con el propósito de argumentar, Pablo asumió por un largo y oscuro momento que Cristo no había sido resucitado. Pero con la palabra ahora, nos vuelve a la realidad.

Casi nunca recuerdo mis pesadillas, por lo cual estoy agradecido. Pero periódicamente, tengo uno que otro recuerdo. Y siempre es lo mismo. Aparezco en un lugar donde un gran grupo de personas que se han reunido, claramente para el culto. Pasan unos cinco minutos antes de que comience el servicio y, de repente, descubro que se supone que debo predicar. Lo que hace que eso sea una pesadilla es que no estoy preparado. Mientras la congregación canta la última canción esperando que me levante y comparta la Palabra de Dios, estoy agitando mi Biblia tratando de encontrar un mensaje que pueda predicar. Tal vez haya tenido pesadillas aún más inquietantes. Cuando se levanta de una pesadilla y se da cuenta de que no es verdad, que en realidad no sucedió, una gran sensación de alivio recorre su alma.

Eso es lo que debería sucedernos cuando lleguemos al versículo 20: «Pero ahora Cristo ha resucitado». ¡Bienvenido de nuevo a la realidad! Puesto que Cristo ha resucitado de entre los muertos, todas esas terribles consecuencias no son ciertas. De hecho, lo opuesto es exactamente la verdad. El evangelio es un mensaje legítimo de gracia y esperanza. Nuestra fe es razonable; nuestra confianza en el evangelio está completamente justificada. Todos aquellos que han enseñado la resurrección de Cristo son testigos confiables y, por lo tanto, la Escritura es la revelación confiable de Dios. La muerte de Cristo logró el perdón genuino y permanente. «¡Mi pecado, oh, la bienaventuranza de este pensamiento glorioso, mi pecado, no en parte sino en su totalidad, está clavado en la cruz y no lo soporto más!» Todos los creyentes que han muerto están en la presencia de Cristo. Y algún día experimentarán la resurrección de sus cuerpos tal como lo hizo nuestro Señor mismo. Como explica Pablo en el resto de este maravilloso capítulo, podemos tener una gran confianza en todas esas realidades debido a la resurrección de Jesucristo.

CAMINEMOS A LA LUZ DE LA RESURRECCIÓN

Es probable que ya crea en la resurrección. Pero, ¿cómo deberíamos responder a lo que enseña este pasaje? Le animo a que examine la doctrina bíblica, donde encontrará una lista de aproximadamente veinte resultados de la resurrección. Pero permítame explorar solo algunas implicaciones de la resurrección de Cristo para aquellos que predican la Palabra de Dios y pastorean al pueblo de Dios.

Recuérdese a sí mismo y a su gente que el evangelio siempre incluye la resurrección. En el versículo 4, Pablo dice que la resurrección fue uno de los principios clave del evangelio que él y los otros apóstoles predicaron. Romanos 10 declara que, para ser cristiano, uno debe creer en la resurrección de Jesucristo de entre los muertos. Charles Hodge explica ese pasaje de esta manera: «Como la resurrección de Cristo fue la evidencia categórica de la divinidad de su misión, y la validez de todos sus reclamos, creer que resucitó de los muertos, es creer que era el Hijo de Dios, la propiciación por nuestros pecados, el Redentor y el Señor de los hombres; que era todo lo que decía ser, había logrado todo lo que se propuso». No hay salvación para el que no cree todo lo que Jesús afirmó y enseñó autenticado por la resurrección. Determine incluir siempre la resurrección en el evangelio que usted predica.

Recuérdese a sí mismo y a su gente que la resurrección comprueba las afirmaciones de Jesús. Él afirmó ser el Hijo de Dios y tuvo la audacia de arriesgar la validez de ese reclamo en su resurrección. En Juan 2:18, los judíos le dijeron a Jesús: «¿Qué señal nos muestras como autoridad tuya para hacer estas cosas?» Él les respondió: «Destruyan este templo, y en tres días lo levantaré» (v. 19). Fue la declaración de Jesús —que era el Hijo de Dios— lo que hizo que los líderes judíos lo condenaran a muerte. En Marcos 14:61-64, el sumo sacerdote Caifás interrogó a Jesús, diciéndole: «"¿Eres tú el Cristo [el Mesías] el Hijo del Bendito?" Y Jesús dijo: "Yo soy; y verás al Hijo del Hombre sentado a la diestra del poder, y viniendo en las nubes. Rasgándose la ropa, el sumo sacerdote dijo: "¿Qué necesidad adicional tenemos de testigos? Has escuchado la blasfemia; ¿cómo te parece?" Y todos lo condenaron a merecer la muerte». Habrían estado en lo cierto si no hubiera resurrección. Pero la resurrección de Jesús demostró que su pretensión de ser el Hijo de Dios no era una blasfemia, ¡era absolutamente cierto!

Es por eso que Pedro en el día de Pentecostés podría decir, a la luz de la resurrección y la ascensión: «Que toda la casa de Israel sepa con certeza que Dios le hizo Señor y Cristo, a este Jesús a quien crucificaste» (Hechos 2:36). Romanos 1:4 agrega: «[Él] fue declarado Hijo de Dios con poder por la resurrección de entre los muertos, según el Espíritu de santidad, Jesucristo, nuestro Señor». La resurrección confirmó las afirmaciones de Jesús.

Recuérdese a sí mismo y a su gente que la resurrección asegura y garantiza todas las bendiciones que Jesús compró en su muerte. Romanos 5:10 dice: «Porque si, cuando éramos enemigos de Dios, fuimos reconciliados con él mediante la muerte de su Hijo, con ¡cuánta más razón, habiendo sido reconciliados, seremos salvados por su vida!» Es nuestra conexión con Jesucristo, nuestra unión con Cristo resucitado, lo que garantiza todas las bendiciones que aseguró que se convertirán en nuestras. Romanos 8:34 dice: «¿Quién condenará? Cristo Jesús es el que murió, e incluso resucitó, y está a la derecha de Dios e intercede por nosotros». ¿Qué está haciendo allí? «Intercediendo por nosotros». Hebreos 7:25 dice: «Por eso también puede salvar por completo a los que por medio de él se acercan a Dios, ya que vive siempre para interceder por ellos». Lo que nos aseguró en su muerte está garantizado para nosotros por su vida.

Recuérdese a sí mismo y a su pueblo que todos los que morirán en Cristo resucitarán de entre los muertos. A menudo he tenido la experiencia de pararme frente a un ataúd con aquellos en mi familia de la iglesia que inclinan el rostro para ver el cuerpo de alguien que aman. Cuando haga algo similar, dígale a su gente que, para el cristiano, la muerte no es definitiva. Recuérdeles que predicamos a Cristo resucitado y que nuestro Señor resucitado ha vencido a la muerte; Él ha eliminado su aguijón. Y tiene las llaves de la autoridad sobre la muerte y la tumba.

Recuérdeles que no debemos temer a la muerte. Más bien, podemos enfrentarla con alegría y confianza. Más tarde en 1 Corintios 15, Pablo dice: «¿Dónde está, oh muerte, tu victoria? ¿Dónde está, oh muerte, tu aguijón»? (v. 55). No lo recomiendo, pero cuando era un niño crecí en el sur de Alabama; recuerdo que en ocasiones buscaba abejas en un trébol. Esperaba hasta que una abeja desprevenida se posaba en un trozo de trébol, y luego pisaba suavemente, no tanto como para aplastarla, sino lo suficiente para aturdirla. Luego, la levantaba por sus alas, retiraba su aguijón y así jugaba con la abeja sin temor a que me picara. Eso es exactamente lo que Cristo ha hecho con la muerte. ¡Eliminó su aguijón al tomarlo Él mismo!

Dígales a los incrédulos que la resurrección significa que Jesús será su juez. ¿Cómo deberían aquellos que nunca se han arrepentido y han abrazado a Jesucristo cual Señor y Salvador responder al hecho de que Jesús ha resucitado? Pablo lo deja en claro en su mensaje en Hechos 17. Él dice: «Pues bien, Dios pasó por alto aquellos tiempos de tal ignorancia, pero ahora manda a todos, en todas partes, que se arrepientan. Él ha fijado un día en que juzgará al mundo con justicia, por medio del hombre que ha designado. De ello ha dado pruebas a todos al levantarlo de entre los muertos» (vv. 30-31). Solo hay una aplicación sencilla de la resurrección para el pecador: arrepentirse. En la resurrección, Dios les dio todas las pruebas que necesitan para validar ese comando. Pero si se niegan, algún día comparecerán ante Jesucristo como su juez. En Romanos 2, Pablo lo llama el «día de la ira». Será un día en que no habrá nada más que ira. Advierta a los pecadores que la resurrección significa que deben arrepentirse o enfrentar la furia completa del Cordero.

Por último, recuérdese a usted mismo y a su gente que la resurrección nos conduce a una vida ministerial fiel. Al final de 1 Corintios 15, Pablo brinda una implicación de la verdad de la resurrección de Jesús y nuestra futura resurrección: «Por tanto, mis amados hermanos, estad firmes, inmutables, siempre abundando en la obra del Señor, sabiendo que vuestro trabajo es no en vano en el Señor» (v. 58). Sea firme con la convicción de la verdad del evangelio. Cristo murió por nuestros pecados, fue sepultado y resucitó. Ánclese a la confianza de que, así como Él fue resucitado, nosotros, los que creemos en Él, también seremos resucitados. Permanezca siempre abundando en la obra del Señor. Comprométase a una vida de obediencia y servicio consciente de que su trabajo en el Señor no es en vano.

¡Prediquemos a Cristo resucitado de entre los muertos!

12

POR ENCIMA DE LOS CIELOS: LA ASCENSIÓN

H. B. CHARLES JR.
Efesios 1:15-23

Habían transcurrido cuarenta días después de la resurrección del Señor Jesucristo, sin embargo, los discípulos no tenían idea de la magnitud de lo que había sucedido y lo que significaba eso para el futuro. «Señor, ¿es ahora cuando vas a restablecer el reino a Israel?», preguntaron (Hechos 1:6). Estaban más preocupados con las potencias ocupantes de Roma y las fortunas políticas de Israel, que con las necesidades espirituales que cumplía la obra acabada de Cristo. Jesús respondió: «No les toca a ustedes conocer la hora ni el momento determinados por la autoridad misma del Padre. Pero, cuando venga el Espíritu Santo sobre ustedes, recibirán poder y serán mis testigos tanto en Jerusalén como en toda Judea y Samaria, y hasta los confines de la tierra» (vv. 7-8).

Esta fue la última instrucción de Jesús a sus discípulos, antes de su ascensión a la diestra del Padre en el cielo. Entonces la conversación terminó abruptamente. Apareció el Uber del Señor. Jesús fue arrebatado en una nube y desapareció de la vista de ellos. Cuando Cristo ascendió al cielo ante los ojos de ellos, los ángeles anunciaron: «Galileos, ¿qué hacen aquí mirando al cielo? Este mismo Jesús, que ha sido llevado de entre ustedes al cielo, vendrá otra vez de la misma manera que lo han visto irse» (v. 11). Después de este acontecimiento glorioso, solo tenemos atisbos del Cristo exaltado, mientras los discípulos extendían las buenas noticias del Salvador resucitado hasta los confines de la tierra.

Cuando Esteban era apedreado hasta morir, dirigió su vista hacia los cielos y vio la gloria de Dios y a Jesús de pie a su diestra (7:54-60).

Cuando Saulo de Tarso viajaba por el camino de Damasco para encontrar y arrestar a los seguidores de Cristo, las luces del estadio celestial lo cegaron y lo derribaron de su bestia. Y una voz le preguntó: «Saulo, Saulo, ¿por qué me persigues?» (9:4). Cuando Saulo pidió a la voz que se identificara, el Señor respondió: «Yo soy Jesús, a quien tú persigues» (9:5).

Aparte de estas escenas del Cristo resucitado, glorificado y exaltado, el enfoque de los escritos de Lucas en Hechos es en el ministerio terrenal de la iglesia. Capacitados por Dios el Espíritu Santo, los discípulos dieron la vuelta al mundo con el evangelio de Cristo. No es sino hasta Efesios 1 que vemos un seguimiento directo a los acontecimientos que tuvieron lugar en Hechos 1. Efesios 1:15-23 registra la oración intercesora de Pablo por los santos en Éfeso. En esa oración, se asume la ascensión de Cristo cuando Pablo se enfoca en la resurrección, la exaltación y la entronización de Cristo. Pero es aquí donde vemos el significado, la importancia y los beneficios de la ascensión de Cristo.

Después de las salutaciones iniciales de Pablo (1:1-2), este primer capítulo de Efesios registra el «Himno de la Gracia», una canción de alabanza a la gracia soberana del Dios trino que salva a los pecadores (vv. 3-14). En el versículo 3, Pablo se regocija: «Alabado sea Dios, Padre de nuestro Señor Jesucristo, que nos ha bendecido en las regiones celestiales con toda bendición espiritual en Cristo». Después de este llamado a adorar, Pablo canta alabanza a Dios el Padre, Dios el Hijo y Dios el Espíritu Santo, que gentilmente salva a los pecadores por la obra consumada de Cristo en la cruz. Luego, la alabanza de Pablo a Dios se desborda en oración por los santos en 1:15-23. Este es el primero de dos informes de oración en esta carta. Efesios 1:15-23 es una oración por la iluminación espiritual, una oración para conocer mejor a Dios, y 3:14-21 es una oración por el empoderamiento espiritual, una oración por fortaleza.

Esta primera oración, por iluminación divina, comienza con la oración en los versículos 15-16: «Por eso yo, por mi parte, desde que me enteré de la fe que tienen en el Señor Jesús y del amor que demuestran por todos los santos, no he dejado de dar gracias por ustedes al recordarlos en mis oraciones». Las noticias que Pablo recibió sobre la iglesia en Éfeso lo convencieron de que eran verdaderos creyentes, auténticos conversos a Cristo que tenían una fe salvadora en Él. También tuvieron amor genuino unos por otros, como hermanos y hermanas en Cristo. Esto mueve el corazón de Pablo para dar continuamente gracias a Dios por esos santos y recordarlos en sus oraciones.

En los versículos 17-18, encontramos la principal petición de esta oración por los santos: «Pido que el Dios de nuestro Señor Jesucristo, el Padre glorioso, les dé el Espíritu de sabiduría y de revelación, para que lo conozcan mejor. Pido también que les sean iluminados los ojos del corazón para que sepan a qué esperanza él los ha llamado, cuál es la riqueza de su gloriosa herencia entre los santos». Este elevado lenguaje representa una simple petición de oración. Pablo ora por iluminación espiritual, para que puedan conocer mejor a Dios y saber lo que Él ha hecho por nosotros en Cristo. Ora para que los ojos de sus corazones se abran y se iluminen, para que puedan conocer las grandes bendiciones que Dios ha otorgado mediante la sangrienta cruz y la tumba vacía de Jesús. Por supuesto, esta carta no fue escrita por nosotros. Pero fue escrita para nosotros. Y necesitamos esta oración tanto como la necesitaron los destinatarios originales. Necesitamos conocer mejor a Dios, comprender mejor la verdad, el trabajo y el poder de la gracia asombrosa de Dios. Esto es lo que más necesitan las personas a quienes servimos en la iglesia. Para esto, como líderes y siervos, es que nosotros también lo necesitamos más.

En los versículos 18-19, Pablo declara los resultados esperados de esta gran petición: «Pido también que les sean iluminados los ojos del corazón para que sepan a qué esperanza él los ha llamado, cuál es la riqueza de su gloriosa herencia entre los santos, y cuán incomparable es la grandeza de su poder a favor de los que creemos. Ese poder es la fuerza grandiosa y eficaz». Tres beneficios espirituales resultan de la respuesta divina a esta gran oración que Pablo ofreció en nombre de los santos. Cada uno es digno de un estudio profundo. Pero en este capítulo, quiero enfocarme en el tercer beneficio espiritual, que se encuentra en el versículo 19: «la grandeza de su poder a favor de los que creemos. Ese poder es la fuerza grandiosa y eficaz».

Pablo oró para que los santos experimenten personalmente la incomparable grandeza del poder de Dios en sus vidas. El poder omnipotente del Dios todopoderoso desafía toda descripción. De hecho, hay cuatro palabras griegas diferentes usadas en los versículos 19-20 para describir el poder de Dios. El poder de Dios es tan grande que está más allá de nuestra comprensión. Pero este inmenso poder de Dios que supera nuestro entendimiento está obrando en nuestro beneficio. Pablo lo presenta como la incomparable grandeza de su poder para con nosotros los que creemos. El enorme poder de Dios actúa en nombre de aquellos que creyeron en su Hijo, el Señor Jesucristo.

D. A. Carson comenta: «Pablo no puede estar satisfecho con un tipo de cristianismo que es ortodoxo pero muerto, rico en la teoría de la justificación, pero impotente cuando se trata de transformar las vidas de las personas».[1] Tampoco nosotros deberíamos estarlo. Las personas a quienes ministramos necesitan conocer la verdad de la gracia soberana de Dios. También necesitan experimentar el poder de la gracia soberana de Dios. Que eso sea verdad en nosotros también. Nuestra gente necesita saber la verdad de la gracia soberana de Dios. También necesitan experimentar el poder de la gracia soberana de Dios. Esto de ninguna manera pretende disminuir la prioridad de la predicación de Cristo (Colosenses 1:28). Sin embargo, nos recuerda que nuestro llamado pastoral requiere devoción a la oración y al ministerio de la Palabra.

En una ocasión, un joven pastor me preguntó qué es más importante: la oración o el ministerio de la Palabra. Respondí, si estás en un avión que está a diez mil metros de altura, ¿qué es más importante, el ala izquierda o el ala derecha? Si cualquiera de las alas funciona mal, caerás. Algo así dijo Warren Wiersbe cuando escribió: «Entonces, como dos alas que llevan un pájaro en pleno vuelo o dos remos que impulsan un barco a través del agua, la Palabra de Dios y la oración nos mantienen en equilibrio y avanzamos».[2]

Pablo ora para que los santos conozcan mejor a Dios y tengan una mayor comprensión de su gracia soberana que nos ha salvado mediante la sangre redentora del Señor Jesucristo. Pero su preocupación no es simplemente que conozcan a Dios en Cristo por el bien del conocimiento. Es que podamos experimentar el poder transformador de Dios que Pablo describe como «mucho más abundantemente que todo lo que pedimos o pensamos, de acuerdo con el poder que actúa dentro de nosotros» (3:20). Por el Señor Jesucristo, el poder de Dios está obrando a favor nuestro de modo que podamos resistir la tentación, vencer el pecado, vivir obedientemente, amar desinteresadamente, servir fielmente, testificar audazmente e incluso sufrir gozosamente. Puede que no lo sienta. Sin embargo, el poder de Dios en Cristo está presente y perpetuamente trabajando a favor de usted. John Phillips escribió: «Es tan suave como la formación de una gota de rocío, tan imperceptible como el crecimiento de un árbol y tan duradero como el trono de Dios».[3] Así que no se preocupe si no se siente fuerte. Así es como Dios trabaja para mantenernos en una postura de dependencia. Cuanto más débil se sienta, más se apoya en Dios. Puede que no lo sienta, pero Dios le dará la fuerza que se necesita.

¿Cómo sabemos que este grandioso poder está operando a favor nuestro? El versículo 20 dice: «Al que puede hacer muchísimo más que todo lo que podamos imaginarnos o pedir, por el poder que obra eficazmente en nosotros». No podemos experimentar el poder de Dios al enfocarnos en nosotros mismos, en nuestras circunstancias o en el mundo que nos rodea. Hebreos 12:2 dice: «Fijemos la mirada en Jesús, el iniciador y perfeccionador de nuestra fe, quien, por el gozo que le esperaba, soportó la cruz, menospreciando la vergüenza que ella significaba, y ahora está sentado a la derecha del trono de Dios». Somos propensos a saltar de la crucifixión y la resurrección de Jesús hasta el Pentecostés, pasando por alto la ascensión. Tendemos a tratar la ascensión como una ocurrencia tardía. Pero en Efesios 1:20-23, el Cristo ascendido se presenta como la prueba definitiva del poder de Dios que obra en nosotros, a través de nosotros y entre nosotros. Los versículos 20-23 resaltan cuatro maneras cómo el poder de Dios se manifestó en el Cristo ascendido.

DIOS RESUCITÓ A JESUCRISTO DE ENTRE LOS MUERTOS

Hay muchas verdades bíblicas que distinguen el cristianismo de otras religiones. Uno de los distintivos más significativos y evidentes es la resurrección de Jesús. Los cristianos creen que Jesús resucitó de entre los muertos después de que fue crucificado y sepultado.

Y después de su resurrección, muchos testigos vieron a Jesús. Este es el epicentro del cristianismo histórico. El cristianismo es la única religión cuyos seguidores van al sitio de entierro de su líder solo para confirmar que su cuerpo no está allí. El incrédulo más hostil y de corazón más duro no puede refutar estos hechos: la tumba está vacía y el cuerpo de Jesús está perdido. Varias teorías y filosofías rivales intentan revelar —o explicar incesantemente— estos hechos. Pero no hay mejor explicación que la bíblica: ¡Jesús vive! No hay esqueletos en el armario de Dios. Jesús está vivo hoy.

El cristianismo se afirma en el hecho histórico de la resurrección de Jesús. También se apoya en el poder dinámico de su resurrección. En Efesios 1:19, Pablo ora para que los creyentes conozcan el inmenso poder de Dios que obra a favor nuestro. La medida del poder de Dios en su obra a favor nuestro va más allá de nuestro entendimiento. Pero este grandioso poder de Dios se manifestó en Cristo. El versículo 20 establece la primera forma en que se mostró ese poder «que Dios ejerció en Cristo cuando lo resucitó de entre los muertos».

Crecí en una tradición eclesiástica en la que el predicador no consideraba su trabajo bien hecho si no tocaba el tema de la cruz. No importaba qué texto predicara, tenía que contar la historia del Calvario. Pero lo mejor es que el predicador no dejaba a Jesús en la cruz. La iglesia esperaba para escuchar que Jesús murió un viernes, fue sepultado en la tumba de José y se levantó de entre los muertos el domingo por la mañana. De hecho, Jesús se levantó de entre los muertos el tercer día. Pero no es así como la Biblia lo describe. El Nuevo Testamento consistentemente habla de la resurrección en términos pasivos, como lo hace Pablo aquí. Jesús no se levantó solo. ¡Dios lo levantó! Dios lo levantó para probar que Jesús es el único Hijo engendrado de Dios. Dios lo levantó para declarar que aprobaba la muerte expiatoria y sustitutiva de Jesús en la cruz. Dios lo levantó para lograr y completar la exaltación de Jesucristo como Señor de todo.

Efesios 1:19-20 nos dice que Dios también resucitó a Jesús de la muerte para probarnos a los que creemos que Él tiene poder para cambiar nuestras vidas. La crucifixión de Jesús fue la muestra del amor de Dios. Pero su resurrección fue la muestra del poder de Jesús. Pablo llamó a los santos en Roma a tener vidas santificadas al explicar el significado del bautismo: «¿Acaso no saben ustedes que todos los que fuimos bautizados para unirnos con Cristo Jesús en realidad fuimos bautizados para participar en su muerte? Por tanto, mediante el bautismo fuimos sepultados con él en su muerte, a fin de que, así como Cristo resucitó por el poder del Padre, también nosotros llevemos una vida nueva» (Romanos 6:3-4). El glorioso poder de Dios que levantó a Jesús de la muerte nos capacita para caminar en novedad de vida.

Más tarde en Romanos, Pablo escribe: «Y, si el Espíritu de aquel que levantó a Jesús de entre los muertos vive en ustedes, el mismo que levantó a Cristo de entre los muertos también dará vida a sus cuerpos mortales por medio de su Espíritu, que vive en ustedes» (8:11). Esta es la prueba de resistencia del poder de Dios con los creyentes. Si no se requiere más poder del que le costó a Dios resucitar a Jesús de entre los muertos, tiene la garantía de que Dios puede usarlo con usted. En 1 Corintios 15:58, Pablo nos dice cómo vivir, confiar y servir a Dios a la luz de la resurrección de Cristo: «Por lo tanto, mis queridos hermanos, manténganse firmes e inconmovibles, progresando siempre en la obra del Señor, conscientes de que su trabajo en el Señor no es en vano».

DIOS SENTÓ A JESUCRISTO A SU MANO DERECHA

El versículo 20 dice que los creyentes tienen acceso al poder «que Dios ejerció en Cristo cuando lo resucitó de entre los muertos y lo sentó a su derecha en las regiones celestiales». El poder de Dios que resucitó a Cristo también fue efectivo para sentarlo a la diestra del Padre. La grandeza del poder de Dios con los creyentes se ve en la posición en que sentó a Cristo: «a su diestra en los lugares celestiales». Hebreos 1:3 dice: «Después de llevar a cabo la purificación de los pecados, se sentó a la derecha de la Majestad en las alturas».

El Señor Jesucristo está sentado a la diestra de Dios en los lugares celestiales. No está parado a la diestra de Dios como un siervo ni arrodillado a la diestra de Dios como un esclavo. Está sentado a la diestra de Dios como Hijo. La mano derecha de Dios en el lenguaje bíblico representa la fuerza divina, el favor y la majestad. Aquí es donde Cristo está sentado, entronizado en la soberanía, de igual a igual con Dios todopoderoso. En Juan 17:5, Jesús oró: «Y ahora, Padre, glorifícame en tu presencia con la gloria que tuve contigo antes que el mundo existiera». Dios el Padre respondió esta oración levantando a Jesús de entre los muertos y sentándolo a su diestra. En el versículo 21, Pablo describe además la entronización de Cristo por su relación con la creación. Él está «muy por encima de todo gobierno y autoridad y poder y dominio, y sobre todo nombre que se nombra, no solo en esta era sino también en el que está por venir». Este versículo brinda dos hechos acerca de la autoridad soberana del Cristo exaltado.

Primero, la autoridad de Cristo es universal. El versículo 21 dice que la autoridad soberana de Cristo está «muy por encima de todo gobierno y autoridad, poder y dominio». Estos cuatro términos describen el reino invisible de los seres espirituales. Efesios 6:12 dice: «Porque nuestra lucha no es contra seres humanos, sino contra poderes, contra autoridades, contra potestades que dominan este mundo de tinieblas, contra fuerzas espirituales malignas en las regiones celestiales». Los seres enumerados en Efesios 1:21 muy probablemente se refieren a Satanás y su ejército de ángeles caídos. Pero no necesitamos tratar de resolver la distinción entre estos términos. El término clave es la palabra «todo». Dios sentó a Cristo «muy por encima de *todo* gobierno y autoridad y poder y dominio, y sobre todo nombre que se llame» (énfasis añadido). En caso de que no mencionara algún ser espiritual o fuerza, Pablo declara que, si puede nombrarlo, Cristo tiene autoridad sobre él.

No debemos temer, no podemos estar atados ni ser derrotados por Satanás y sus fuerzas malvadas. Cristo está sentado muy por encima de todos los poderes de esta oscuridad presente. No hay lugar donde el Señor Jesucristo no reine. No aprendí esto estudiando teología. Lo aprendí cuando era un chico en el coro infantil de la iglesia, donde me enseñaron a cantar: «¡Él tiene a todo el mundo en sus manos! ¡Él tiene al pequeño bebé en sus manos! ¡Él nos tiene a ti y a mí, hermano, en sus manos!» La autoridad de Cristo es universal. ¡Él reina sobre cada nombre que se pueda nombrar!

Segundo, la autoridad de Cristo es interminable. El versículo 21 dice que la autoridad de Cristo está «muy por encima de todo dominio y autoridad, poder y dominio, y sobre todo nombre que se llame, *no solo en esta era, sino también en la venidera*» (énfasis añadido). La autoridad de Cristo es universal e interminable. Está sobre todas las cosas todo el tiempo. Donde quiera que esté y siempre que sea, Cristo tiene el control ahí en ese momento y luego. No importa la edad, la época, el período, la estación o el tiempo, la autoridad soberana de Cristo nunca cambia. Hebreos 13:8 dice: «Jesucristo es el mismo ayer, hoy y siempre». La autoridad soberana de Cristo es interminable. Isaac Watts escribió: «Jesús reinará, donde sea que el sol haga su recorrido. Su reino se extiende desde una orilla a la otra, hasta que la luna mengüe y no decline más».

La autoridad de Cristo es universal e infinita. Eso se debe a que el poder de Dios lo ha levantado y lo ha sentado a su diestra. En otra parte de Efesios, Pablo escribe:

«Dios, que es rico en misericordia, por su gran amor por nosotros, nos dio vida con Cristo, aun cuando estábamos muertos en pecados. ¡Por gracia ustedes han sido salvados! Y en unión con Cristo Jesús, Dios nos resucitó y nos hizo sentar con él en las regiones celestiales, para mostrar en los tiempos venideros la incomparable riqueza de su gracia, que por su bondad derramó sobre nosotros en Cristo Jesús» (2:4-7).

Si usted está en Cristo por fe, lo que Dios ha hecho por Él, también lo ha hecho por usted. Estaba muerto en delitos y pecados. Pero Dios le ha levantado con Cristo. Estaba sin Dios y sin esperanza en el mundo. Pero Dios le ha sentado con Cristo en los lugares celestiales. Esta es una de las afirmaciones más elevadas que hace el Nuevo Testamento acerca de los redimidos. Hemos estado sentados con Cristo, lo que significa que —en Cristo—, tenemos autoridad espiritual, perspectiva trascendente y seguridad eterna.

DIOS PUSO TODAS LAS COSAS BAJO LOS PIES DE JESÚS

El versículo 22 dice: «Y él puso todas las cosas debajo de sus pies». A primera vista, esta afirmación parece ser una reafirmación del versículo 20. Pero aquí se hace una observación diferente. El versículo 20 es una declaración acerca de Cristo. Dios lo sentó a su diestra. El versículo 22 es una declaración sobre la creación. Dios ha puesto todo lo que existe en el mundo creado bajo los pies de Cristo. En Gran Bretaña, la reina Isabel II ocupa el trono, pero el primer ministro dirige el gobierno. La autoridad de la reina es solo protocolar. Ese no es el caso con el Señor Jesucristo. Dios ha sentado a Cristo a su diestra y colocado todo en la creación bajo la autoridad directa de Jesucristo. El Salmo 2:7-9 dice: «Yo proclamaré el decreto del Señor: "Tú eres mi hijo", me ha dicho; "hoy mismo te he engendrado. Pídeme, y como herencia te entregaré las naciones; ¡tuyos serán los confines de la tierra! Las gobernarás con puño de hierro; las harás pedazos como a vasijas de barro"».

Cristo impera y gobierna sobre todo en la creación. Filipenses 2:9-11 dice: «Por eso Dios lo exaltó hasta lo sumo y le otorgó el nombre que está sobre todo nombre, para que ante el nombre de Jesús se doble toda rodilla en el cielo y en la tierra y debajo de la tierra, y toda lengua confiese que Jesucristo es el Señor, para gloria de Dios Padre». Este pasaje no significa que cada persona será salva. Los pecadores que no se arrepientan de sus pecados y confíen en la sangre y la justicia de Cristo para la salvación morirán en sus pecados y sufrirán el castigo eterno en el infierno. Pero habrá una sumisión universal al señorío de Cristo. Esta es la autoridad soberana, el señorío absoluto y el reinado impecable del Señor Jesucristo. Incluso en el infierno, toda rodilla se doblará y toda lengua confesará que Jesús es el Señor. Además, 1 Corintios 15:25-28 dice:

Porque es necesario que Cristo reine hasta poner a todos sus enemigos debajo de sus pies. El último enemigo que será destruido es la muerte, pues Dios «ha sometido todo a su dominio». Al decir que «todo» ha quedado sometido a su dominio, es claro que no se incluye a Dios mismo, quien todo lo sometió a Cristo. Y, cuando todo le sea sometido, entonces el Hijo mismo se someterá a aquel que le sometió todo, para que Dios sea todo en todos.

DIOS LE DIO A JESUCRISTO EL DOMINIO DE TODAS LAS COSAS COMO CABEZA DE LA IGLESIA

Los versículos 22-23 dicen: «Dios sometió todas las cosas al dominio de Cristo, y lo dio como cabeza de todo a la iglesia. Esta, que es su cuerpo, es la plenitud de aquel que lo llena todo por completo». Jesús es la Cabeza de la iglesia. Él declaró: «Sobre esta roca edificaré mi iglesia, y las puertas del infierno no prevalecerán contra ella» (Mateo 16:18). Él no dijo: «Edificaré tu iglesia» ni «Construirás mi iglesia». La iglesia pertenece a Cristo y Él la está construyendo. Colosenses 1:18 afirma: «Él es la cabeza del cuerpo, que es la iglesia. Él es el principio, el primogénito de la resurrección, para ser en todo el primero». De hecho, Cristo es el jefe supremo y soberano de la iglesia. Pero el lenguaje de Pablo aquí parece hacer un reclamo más elevado. El versículo 22 dice que Dios hizo a Cristo «cabeza sobre todas las cosas». El Señor Jesucristo es el soberano que gobierna sobre todas las cosas. Y Dios «lo dio como cabeza sobre todas las cosas a la iglesia».

¿Entendió eso? Mi cabeza rige sobre mi cuerpo. Pero no controla lo que me sucede a mí, a mí o más allá de mí. Si Jesús solamente es la Cabeza de la iglesia, solo tiene el derecho de decir lo que sucede en la ella. Dios hizo a Cristo la cabeza de todas las cosas para la iglesia. Esta es la unión íntima entre el Cristo resucitado, ascendido y entronizado con su pueblo redimido. Un comentarista de la Biblia señaló: «Una de las extrañas paradojas entre los cristianos es que las personas parecen estar fascinadas por Jesucristo pero al mismo tiempo rechazan a la iglesia. O no saben nada sobre el Cristo real, o no saben nada sobre la verdadera iglesia, o ambas cosas».

Muchas personas han tenido malas experiencias con la iglesia. Pero uno no puede abrazar a Cristo y rechazar a la iglesia. Cristo es la Cabeza. La iglesia es su cuerpo Cristo es el novio. La iglesia es su Novia. Cristo es el pastor. La iglesia es su oveja. Efesios 1—3 enseña sobre una gran vista de la iglesia. Pero no hay una declaración más sublime acerca de la iglesia que Efesios 3:21: «¡a él sea la gloria en la iglesia y en Cristo Jesús por todas las generaciones, por los siglos de los siglos! Amén». Todas las doxologías en el Nuevo Testamento están dirigidas a la iglesia. Esta es la única que la incluye a la iglesia. Hay quienes dicen que la iglesia se interpone en el camino a la gloria de Dios. Pero Pablo declara que la iglesia es esencial para la gloria de Dios. No se puede tener al mismo tiempo una vista elevada de Cristo y una baja visión de la iglesia. Dios ha puesto todas las cosas bajo los pies de Cristo y lo ha dado como Cabeza sobre todas las cosas a la iglesia.

El versículo 23 señala que la iglesia es «su cuerpo, es la plenitud de aquel que lo llena todo por completo». Esta declaración es una afirmación notable de la unión íntima de Cristo y su iglesia. La iglesia es el cuerpo de Cristo. No es una organización muerta. Es un organismo vivo. Como el cuerpo de Cristo, la iglesia es «la plenitud de aquel que lo llena todo por completo». Esta es una frase difícil de interpretar, por lo que es muy debatida. Concuerdo con Juan Calvino, que comenta: «Este es el más alto honor de la iglesia, que el Hijo de Dios no se considere completo hasta que se nos una».

Este es el amor de Cristo por nosotros. ¡Esta es nuestra unión al Señor Jesucristo! ¡Esta es la gracia capacitadora que Dios nos ha dado en Cristo! Cristo está tan íntimamente ligado a la iglesia que la comunión de los santos —en cierta manera— lo hace completo. Esto no significa que la presencia, el poder y el propósito de Cristo son circunstanciales o sean caprichos de la iglesia. El versículo 23 dice que la iglesia es «la plenitud de aquel que lo llena todo por completo». La iglesia es la plenitud de Cristo. Pero Cristo lo llena todo por completo. Permítanos servir, predicar, testificar, sufrir y ministrar con los ojos firmemente fijos en este Cristo exaltado. Que lo hagamos confiando en que el poder de Dios en Cristo está obrando en nuestro beneficio para que podamos vivir el mensaje del evangelio para la gloria de Dios.

Un escritor que vivía en una pensión, reflexionaba cierta vez sobre su juventud. Ahí también vivía un maestro de música jubilado. Con el tiempo, el joven escritor y el viejo músico entablaron una amistad. Todas las mañanas hacían la misma rutina. El joven irrumpía en la puerta del anciano y le preguntaba: «¡Oye, viejo! ¿Qué noticias hay?» El anciano sacaba su diapasón y lo golpeaba contra su silla de ruedas. Luego anunciaba con alegría: «Joven, la buena noticia de hoy es que la nota que acabas de escuchar es Do. Ayer fue la misma Do. Mañana será Do otra vez. Y dentro de mil años, seguirá siendo Do. El tenor del piso de arriba la canta. Y el piano que está al otro lado del pasillo la entona. Siempre es la misma Do». Lo mismo pasa con el Señor Jesucristo: es el mismo ayer, hoy y siempre. ¡El Cristo exaltado siempre es nuestra esperanza, nuestra fortaleza y nuestra alegría!

13

EL REGRESO DEL REY:
LA SEGUNDA VENIDA

MICHAEL VLACH
2 Tesalonicenses 1:5-10

La segunda venida de Cristo es uno de los temas principales del Nuevo Testamento. Se expone de manera explícita en Zacarías 14, Mateo 24—25, Marcos 13, Lucas 21, Hechos 1, Apocalipsis 19, entre otros pasajes. El regreso de Jesús también es importante para el argumento de Pablo en 2 Tesalonicenses 1:5-10, que es el enfoque de este capítulo. El regreso de Jesús es una razón importante para la esperanza del creyente, sin embargo, también será un tiempo terrible de juicio para aquellos que rechazan a Jesús como Salvador y se oponen al pueblo de Dios. La segunda venida de Jesús es un tema que debe tomarse en serio. Nos recuerda que el mundo no continuará para siempre. Jesús viene de nuevo para eliminar la maldad y establecer su reino de justicia.

La iglesia ha reconocido tradicionalmente la importancia de la segunda venida de Cristo. Por ejemplo, el Credo de los Apóstoles dice:

al tercer día resucitó [Jesús] entre los muertos;
ascendió al cielo,
subió a los cielos y está sentado a la derecha de Dios Padre,
Todopoderoso.
Desde allí vendrá a juzgar a vivos y a muertos.

Cómo entender apropiadamente el cumplimiento de la primera y la segunda venida

Comprender el significado tanto de la primera como de la segunda venida de Jesús es importante para entender la historia de la Biblia. Hacer hincapié en una y no en otra puede llevar al error. Aquellos que enfatizan la primera venida de Jesús aparte de la segunda venida pueden tender hacia una escatología estandarizada que ve mucho cumplimiento de la esperanza escatológica en esta era. Pablo se refirió a este error en 2 Timoteo 2:18, donde se refirió a «hombres que se extraviaron de la verdad diciendo que la resurrección ya había tenido lugar, y que trastornaron la fe de algunos». Aparentemente, algunos decían: la resurrección ya había ocurrido, pero Pablo dijo que estaban en un grave error. La resurrección aguarda el regreso de Jesús. Además, en 2 Tesalonicenses 2, Pablo notó que algunos habían caído por la falsa creencia de que el Día del Señor ya había llegado. Él les suplicó: «no pierdan la cabeza ni se alarmen por ciertas profecías, ni por mensajes orales o escritos supuestamente nuestros, que digan: "¡Ya llegó el día del Señor!" No se dejen engañar de ninguna manera, porque primero tiene que llegar la rebelión contra Dios y manifestarse el hombre de maldad, el destructor por naturaleza» (vv. 2-3). Pablo tuvo que explicar a los Tesalonicenses que el Día del Señor no había llegado todavía por dos razones: (1) la apostasía no había ocurrido aún, y (2) el hombre de maldad aún no había sido revelado (vv.3b-4). Era importante para Pablo que los tesalonicenses entendieran correctamente por qué no estaban en el Día del Señor.

Por otro lado, es posible apreciar la segunda venida de Jesús, pero no prestar suficiente atención a lo que logró con su primera venida. Por ejemplo, algunas personas niegan que los creyentes hoy experimenten el nuevo pacto. Pero Pablo dice que los cristianos de hoy son «servidores de un nuevo pacto» (2 Corintios 3:6).

Así que, entender las dos venidas de Jesús es importante. El primer siglo de la era cristiana nos trajo la llegada de Jesús como cumplimiento de la profecía del Antiguo Testamento. Jesús es el último Adán, el Siervo sufriente y el Mesías. Con su primera venida, compró la salvación para su pueblo mediante su muerte. Él también ha traído la salvación del nuevo pacto tanto a judíos como a gentiles que creen en Él. Además, derramó su Espíritu Santo sobre su pueblo. Con respecto a la primera venida de Jesús, Pedro declaró: «Pero de este modo Dios cumplió lo que de antemano había anunciado por medio de todos los profetas: que su Mesías tenía que padecer» (Hechos 3:18). Como lo indica este versículo, se han cumplido los pasajes del Antiguo Testamento que predijeron el sufrimiento de Jesús.

Sin embargo, la primera venida de Jesús no es todo lo que concierne a su obra. También hay muchas profecías que todavía esperan su cumplimiento con su segunda venida. Acontecimientos como la venganza contra los malvados, el alivio y la recompensa por el justo, la resurrección corporal, la transformación de la naturaleza, la venida del Anticristo y la salvación o restauración de Israel todavía no se han cumplido. Hablando de sucesos futuros casi al final de su primer ministerio terrenal, Jesús declaró: «se *cumplirá* todo lo que está escrito» (Lucas 21:22; énfasis añadido).

Que algunas profecías se hayan cumplido mientras que otras aún esperan su cumplimiento tiene sentido. Si hay dos venidas de Jesús, parece natural entender que ciertas profecías se cumplieron con su primera venida, mientras que otras aguardan la segunda venida de Jesús. Un buen ejemplo de este paradigma se ve en Apocalipsis 5:9-10. De acuerdo con el versículo 9, se nos dice que Jesús fue «muerto» y que con su sangre «compró» para Dios gente de toda raza, lengua, pueblo y nación. Esa verdad se cumplió con la primera venida de Jesús y su muerte sacrificial. Sin embargo, el versículo 10 indica que esas personas que Jesús compró «reinarán sobre la tierra». Este reinado de los santos es un acontecimiento futuro y se explica con los sucesos de Apocalipsis 19 y 20, que describen la segunda venida de Jesús y el reino milenial sobre la tierra.

2 TESALONICENSES 1

La Segunda Carta de Pablo a los Tesalonicenses, en su primer capítulo, es un pasaje estratégico acerca de la segunda venida de Jesús. Con los primeros cuatro versículos de este capítulo Pablo, junto con Silvano y Timoteo, saludaron a los tesalonicenses extendiéndoles gracia y paz en nombre de Dios el Padre y Jesucristo. Pablo indica que la iglesia allí fue una causa para alabar a Dios. La fe de los tesalonicenses aumentó mucho. Su amor mutuo estaba creciendo. Y mostraban perseverancia y fe en medio de persecuciones y aflicciones. Por tanto, esa iglesia estaba bien. Pero la mención de «persecuciones» y «aflicciones» revela que algunas personas eran hostiles a los tesalonicenses debido a su fe en Jesús. No se nos dice específicamente en 2 Tesalonicenses 1 cuáles fueron estas persecuciones y aflicciones. Pero Hechos 17:5-8 establece que algunos judíos del mercado formaron una muchedumbre y alborotaron a la ciudad, incluso atacaron la casa de Jasón. Arrastraron a Jasón y a algunos hermanos ante las autoridades de la ciudad. Entonces Hechos 17 muestra que los tesalonicenses se enfrentaron a una persecución real, y Pablo reafirma esa verdad en 2 Tesalonicenses 1:4.

2 Tesalonicenses 1:3-5

En 2 Tesalonicenses 1, Pablo describe lo que el regreso de Jesús significará tanto para los cristianos como para los no creyentes. ¡La segunda venida de Jesús cambiará todo! Junto con la cruz de Jesús, su regreso en gloria será el suceso más dramático de la historia. Con él ocurrirá una reversión climática del ambiente. Aquellos que persiguen y afligen al pueblo de Dios serán afligidos por Él. Y aquellos que están afligidos por el bien de Jesús en esta era, finalmente encontrarán alivio. Durante la mayor parte de la historia humana, los malvados han prosperado (Salmos 73) y el pueblo de Dios a menudo es perseguido. Pero llegará el momento en que esa situación se revertirá.

En el prefacio a su comentario de 2 Tesalonicenses, Martín Lutero escribe que en el capítulo 1, «[Dios] los consuela con la recompensa eterna que vendrá de su fe y su paciencia en aflicciones de todo tipo y con el castigo que vendrá a sus perseguidores en dolor eterno».[1] Mientras la iglesia es perseguida, Pablo anuncia que vendrá un día en que eso cambiará. Los impíos serán juzgados, mientras que los justos serán recompensados y recibirán alivio.

Esto nos lleva a 2 Tesalonicenses 1:5, que afirma: «Todo esto prueba que el juicio de Dios es justo, y por tanto él los considera dignos de su reino, por el cual están sufriendo». Aquí, Pablo conecta la fe, el amor y la perseverancia de los tesalonicenses —que mencionó en los versículos 3-4— con la persecución a la que ahora se enfrentan. Él dice que hay «un juicio justo» a favor de los tesalonicenses. Aunque pronto veremos qué significará ese juicio justo de Dios para los enemigos suyos, también hay un juicio justo a favor de los tesalonicenses. Como aquellos que están en unión con Jesús, Dios ha decidido a su favor. Y su fe perseverante es evidencia de que el justo juicio de Dios ha sido aprobado a favor de ellos.

Los tesalonicenses se comportaban como aquellos que habían sido declarados justos y ahora estaban en una relación correcta con Dios. Su práctica de perseverar coincide con su posición justa en Jesús. Cuando un cristiano es fiel bajo persecución, evidencia la decisión de Dios por él. Edmond Hiebert indica: «El hecho de que se les permitiera soportar era una evidencia para ellos mismos de que se les había impartido una vida nueva».[2] De modo que la presencia protectora de Dios indica que no permitirá que los sufrimientos injustos no sean recompensados.

Pablo también señala que los tesalonicenses «serán considerados dignos del reino de Dios» por lo que ahora están sufriendo. El reino al que se refiere Pablo es uno futuro que llegará con la segunda venida de Jesús. Los creyentes tesalonicenses no están actualmente en el reino de Dios. Si fuera así, no experimentarían persecuciones y aflicciones por manos de los incrédulos. Pero su sufrimiento ahora revela que son dignos de entrar cuando se trata del regreso de Jesús a la tierra. En 2 Timoteo 2:12, Pablo dice: «Si resistimos, también reinaremos con él». Esta era actual exige una perseverancia fiel para que en la era futura reinemos con Jesús (Apocalipsis 2:26-27; 3:21). La iglesia está llamada a ser fiel. Y la fe perdurable en el sufrimiento revela que una persona ha recibido el juicio justo de Dios a su favor.

Los tesalonicenses (y todos los cristianos) perseverarán y serán considerados dignos del reino de Dios, pero esta dignidad no se basa en obras meritorias. Tampoco se basa en el valor inherente de los mismos tesalonicenses. Más bien, es por causa de Dios que está obrando en ellos, el Dios que les ha extendido su gracia.

A medida que avanza 2 Tesalonicenses 1, Pablo también describirá cómo el justo juicio de Dios afectará a los incrédulos. Pero antes de seguir, será útil saber que ha habido un juicio justo aprobado a favor de los tesalonicenses. Esto se evidencia por su perseverancia en medio de las pruebas.

2 Tesalonicenses 1:6-7

Comenzando con 2 Tesalonicenses 1:6, Pablo discute cómo tratará Dios con los malvados. No obstante, antes de observar este versículo, veamos tres fases de las interacciones de Dios con los incrédulos en el juicio: castigo, ruina y destierro. Los tres aparecen en el capítulo 1 y se reafirman en el libro de Apocalipsis. Primero, hay un castigo, que involucra lo que Dios les hace a las personas que no lo obedecen. Dios se venga de los malvados. Les paga según sus obras. Esto es retribución. Y lo que se merecen no es bueno. Con respecto al lago de fuego, Apocalipsis 14:11 dice: «El humo de su tormento sube por los siglos de los siglos. No habrá descanso ni de día ni de noche».

En segundo lugar, también está el concepto de ruina o destrucción, que es lo que el infierno implica para el pecador. Significa destrucción, pérdida y desperdicio. En el juicio, hay pérdida total para el incrédulo.

Tercero, hay un destierro. Los pecadores no pueden entrar en el reino de Dios ni en la tierra nueva. El Rey (Dios) no permite que los malvados participen de las glorias y bendiciones de su reino. Por lo tanto, los malvados no solo enfrentan el castigo y la destrucción, sino que se les niega el acceso a las bellezas y glorias del reino divino. Con respecto al destierro de la Nueva Jerusalén venidera, Apocalipsis 22:14-15 declara: «Dichosos los que lavan sus ropas para tener derecho al árbol de la vida y para poder entrar por las puertas de la ciudad. Pero afuera se quedarán los perros, los que practican las artes mágicas, los que cometen inmoralidades sexuales, los asesinos, los idólatras y todos los que aman y practican la mentira». En resumen, Dios actúa como un juez que castiga a los pecadores no arrepentidos, un guerrero que destruye a sus enemigos y un rey que destierra a los malvados de su reino.

Al considerar 2 Tesalonicenses 1:6-7, encontramos lo que la venida de Jesús significará para los incrédulos: «Dios, que es justo, pagará con sufrimiento a quienes los hacen sufrir a ustedes. Y a ustedes que sufren, les dará descanso, lo mismo que a nosotros. Esto sucederá cuando el Señor Jesús se manifieste desde el cielo entre llamas de fuego, con sus poderosos ángeles». Pablo indica que lo que Dios hará es «justo». Esto implica pagar con aflicción a los que afligen a los tesalonicenses. En otras palabras, habrá retribución para aquellos que perjudican al pueblo de Dios. El término *thlipsin* utilizado aquí significa «opresión», «aflicción«, «tribulación», «angustia». El término *antapodounai*, se traduce como «compensar», significa recompensar o dar lo que se debe o merece. Entonces Dios pagará a los que afligen a su pueblo. Esta es una ironía divina. Aquellos que afligen a los tesalonicenses en el presente serán afectados por Dios en el futuro. Dios realiza un seguimiento a todos los males hechos a su pueblo. Y llegará un día en que afligirá a los que afligen a los cristianos.

Esta idea también se encuentra en Romanos 12:19, donde Pablo declara: «No tomen venganza, hermanos míos, sino dejen el castigo en las manos de Dios, porque está escrito: "Mía es la venganza; yo pagaré", dice el Señor». Los cristianos no deben buscar venganza en aquellos que los lastiman porque la venganza solo le pertenece a Dios. Y una verdad similar se encuentra en Hebreos 10:30: «Pues conocemos al que dijo: "Mía es la venganza; yo pagaré"; y también: "El Señor juzgará a su pueblo"». De nuevo, vengarse de los malvados no es el trabajo de la iglesia. No debemos involucrarnos en inquisiciones ni en ninguna retribución física.

Con la parábola del trigo y la cizaña (Mateo 13:24-30, 36-43), Jesús revela que el juicio de los malvados es su responsabilidad al final de la era, cuando usa a «sus ángeles» para quitar al impío de su reino. La justicia se impartirá. Los cristianos deben esperar la persecución de los malvados y consolarse a sí mismos, sabiendo con confianza que Dios no permitirá que los errores contra su pueblo continúen impunes y sin resarcimiento.

La aflicción por los enemigos de Dios es parte de la segunda venida. Sin embargo, Dios también traerá «alivio» a los cristianos que han sido afligidos. Este término para «alivio» (*anesin*) significa «descanso» o «tranquilidad». La persecución y la aflicción darán paso al descanso y al alivio. Esto no significa que los cristianos nunca más harán ningún trabajo o se jubilarán para acomodarse en un sofá celestial. Múltiples pasajes indican que los cristianos estarán involucrados en la actividad después del regreso de Jesús (Lucas 19:11-27; Apocalipsis 20:4; 22:5). Pero la segunda venida significa que los cristianos encontrarán alivio y descanso de los opresores y las difíciles circunstancias asociadas con un mundo caído.

En 2 Corintios 7:5, vemos los conceptos de descanso (o reposo) y aflicción (o atribulación) contrastados: «Porque de cierto, cuando vinimos a Macedonia, ningún reposo tuvo nuestro cuerpo, sino que en todo fuimos atribulados; de fuera, conflictos; de dentro, temores». Debido a que Pablo estaba afligido, no fue capaz de experimentar ningún descanso o alivio.

La idea de la aflicción primero y luego del alivio también se ve en el mensaje de Jesús a las siete iglesias de Asia Menor (Apocalipsis 2—3).

Estas iglesias a menudo enfrentaban persecución, pero cada mensaje que Jesús daba a las iglesias prometía bendiciones venideras por vencer y perdurar. Apocalipsis 2:26-27 y 3:21 específicamente prometen posiciones dominantes para aquellos cristianos que superen circunstancias difíciles y persecuciones.

El alivio para los cristianos viene con la segunda venida de Jesús. Ciertamente, aquellos que mueren en Jesús antes de que regrese experimentan algún alivio de los trabajos de este mundo mientras disfrutan de la presencia de Jesús en el cielo. Pero el alivio del que Pablo habla en 2 Tesalonicenses 1:7 está relacionado con el regreso de Jesús.

Un ejemplo de esta verdad se encuentra en Apocalipsis 6:9-11, que describe a las personas que fueron asesinadas por testificar de Jesús en la tierra. Mientras sus cuerpos muertos permanecen en la tierra, sus almas aparecen en el cielo. Sin embargo, cuando llegan al cielo, no lo ven como su destino final. Ni se olvidan de lo que está sucediendo en la tierra. Claman a gran voz: «¿Hasta cuándo, Soberano Señor, santo y veraz, seguirás sin juzgar a los habitantes de la tierra y sin vengar nuestra muerte?» (Apocalipsis 6:10). Esos santos buscan venganza por parte del Señor con la gente que los mató. Sin embargo, en el versículo 11, se les dice que esperen un poco más. Entonces, estos santos en el cielo deben esperar un día futuro en que ocurra el alivio y la venganza. Esto sucede como resultado de la segunda venida de Jesús descrita en Apocalipsis 19. Y según Apocalipsis 20:4, los que fueron martirizados por la causa de Jesús cobran vida y reinarán con Él por mil años. En ese momento, los enemigos de Jesús serán destruidos y sus santos gobernarán con Él. Este es el cumplimiento de Apocalipsis 5:10, que dice: «De ellos hiciste un reino... y reinarán sobre la tierra».

El final de 2 Tesalonicenses 1:7 da más detalles con respecto al tiempo que este alivio llegará a los cristianos, como los de Tesalónica: «Cuando el Señor Jesús se manifieste desde el cielo entre llamas de fuego, con sus poderosos ángeles» (v. 7b). El término «manifieste» (*apokalypsis*) significa «develar» o «descubrir». En la actualidad, Jesús está oculto a la vista física. Está actualmente a la diestra del Padre en el cielo con toda autoridad, ya que comparte el trono de la deidad con el Padre (Salmos 110:1; Hebreos 10:12). Está en gran parte escondido del mundo en esta época. Pero en un momento será revelado, manifestado en gloria. Jesús pasará de estar oculto a la vista humana a ser revelado.

Un anticipo de la manifestación gloriosa de Jesús fue dado a algunos de los apóstoles en el Monte de la Transfiguración en Mateo 17, donde se nos dice: «Seis días después, Jesús tomó consigo a Pedro, a Jacobo y a Juan, el hermano de Jacobo, y los llevó aparte, a una montaña alta. Allí se transfiguró en presencia de ellos; su rostro resplandeció como el sol, y su ropa se volvió blanca como la luz» (Mateo 17:1-2).

La segunda venida de Jesús será el evento más dramático en la historia de la humanidad. La primera vez Jesús vino con gentileza. Como el Siervo sufriente y como el Cordero de Dios que quita el pecado. Se dejó maltratar y matar por la humanidad (Isaías 53). Aunque Jesús sufrió esas cosas, en su regreso vendrá como un feroz y guerrero rey que conquista y destruye a sus enemigos. La Segunda Carta de Pablo a los Tesalonicenses (2:8) dice que Jesús destruirá al hombre de maldad (es decir, el Anticristo). Al describir el regreso de Jesús, Apocalipsis 19:15 declara: «De su boca sale una espada afilada, con la que herirá a las naciones. "Las gobernará con puño de hierro". Él mismo exprime uvas en el lagar del furor del castigo que viene de Dios Todopoderoso».

Mateo 25:31-46 revela que Jesús vendrá en gloria con sus ángeles, lo que implica la eliminación de los malvados para que no entren en su reino. Jesús regresa con sus poderosos ángeles ardiendo en llamas. «Pero cuando el Hijo del Hombre venga en su gloria, y todos los ángeles con él, entonces se sentará en su trono glorioso» (Mateo 25:31). Es cuando Jesús viene en gloria con sus ángeles que se sentará en su glorioso trono davídico (Lucas 1:32-33). Todas las naciones serán reunidas delante de Él, y Él separará a los justos de los malvados como un pastor separa las ovejas de las cabras (Mateo 25:32).

Así como Mateo 25 y Apocalipsis 19, 2 Tesalonicenses 1 es un pasaje violento. Habla de Cristo como un rey guerrero que regresa para establecer su reino y para tratar con sus enemigos. Esto también se ve en el Salmo 110:5-7 (RVR1960), que implica el regreso de Jesús el Mesías:

El Señor está a tu diestra;
Quebrantará a los reyes en el día de su ira.
Juzgará entre las naciones,
Las llenará de cadáveres,
Quebrantará las cabezas en muchas tierras.
Del arroyo beberá en el camino; por lo cual levantará la cabeza.

En 2 Tesalonicenses 1:8 indica: «Para castigar a los que no reconocen a Dios ni obedecen el evangelio de nuestro Señor Jesús». De nuevo, hay una retribución para los malvados. Aquí, la palabra castigar (que en este caso es retribución) significa venganza, castigo completo o justicia. Esto es un castigo por crímenes cometidos. Esta retribución se aplica a aquellos que no conocen a Dios y a aquellos que no obedecen el evangelio de nuestro Señor Jesucristo. Algunos dicen que la primera referencia para los que no conocen a Dios se refiere a los gentiles. Y algunos dicen que aquellos que no obedecen el evangelio de nuestro Señor Jesucristo son judíos. Otros dicen que es solo un paralelismo donde ambos describen los que son incrédulos. De cualquier manera, esta retribución viene a los malvados que han rechazado la verdad.

En 1:9, Pablo continúa: «Ellos sufrirán el castigo de la destrucción eterna, lejos de la presencia del Señor y de la majestad de su poder». Este versículo habla de la destrucción y el destierro para el incrédulo. Primero, la mención de «destrucción eterna» indica una ruina que dura para siempre. Aquí no hay aniquilación en la que los malvados dejen de existir para siempre. No. Esta es una eterna destrucción consciente. El estado de total ruina y pérdida durará para siempre.

Luego, las palabras «lejos de la presencia del Señor» indican el destierro de la presencia del Señor. Lo mejor que le puede pasar a alguien es estar en la presencia de Dios. Pero estas personas estarán desterrados para siempre de la presencia maravillosa de Dios. Si lo mejor es vivir en la presencia de Dios, lo peor es desterrarlo de su presencia sin posibilidad de que esa sentencia se revierta. Pero eso es lo que les sucederá a los malvados. La historia no termina bien para todos. Solo para aquellos que confían en Jesús, que verán a Dios y sentirán su presencia.

En cuanto al día del juicio venidero, Jesús dijo: «Jamás los conocí. ¡Aléjense de mí, hacedores de maldad!» (Mateo 7:23). En el día del juicio, algunos afirmarán conocer a Jesús y apelarán a su actividad religiosa, pero tienen que apartarse de Él porque nunca lo conocieron. Sus vidas se caracterizaron por la maldad. En Mateo 25:41-46, Jesús dijo: «Apártense de mí, malditos, al fuego eterno preparado para el diablo y sus ángeles… Aquellos irán al castigo eterno, y los justos a la vida eterna».

Al llegar a 2 Tesalonicenses 1:10, leemos: «el día en que venga para ser glorificado por medio de sus santos y admirado por todos los que hayan creído, entre los cuales están ustedes porque creyeron el testimonio que les dimos». Esto podría significar que Jesús será glorificado *por* sus santos el día de su regreso. También es posible que Jesús sea glorificado *en* sus santos. Lo que Jesús ha hecho por ellos se muestra claramente en ellos que ahora están en cuerpos glorificados. La gloria de Él se manifestará en ellos. En 2 Timoteo 4:8 dice: «Por lo demás me espera la corona de justicia que el Señor, el juez justo, me otorgará en aquel día; y no solo a mí, sino también a todos los que con amor hayan esperado su venida».

Ese anhelo por la aparición de Jesús debería estar en el corazón de todo creyente. Debemos amar y anticiparnos ansiosamente a la segunda venida de Jesús. Si alguien no anhela el regreso de Jesús, entonces podría existir un problema en su vida. Los creyentes son los que aman la aparición de Jesús. Si ser cristiano se trata de una relación con Jesús, entonces, ¿por qué no desear su plena manifestación y su gloria sobre la tierra?

Pablo también señala que se admirarán «todos los que han creído» (v. 10). La palabra «admirarán» (*thaumazo*) significa «asombrarse» o «maravillarse». Tal vez se pregunte cómo será la venida de Cristo. No hay forma de predecir eso, pero va a estar más allá de cualquier cosa que pueda imaginarse. Nos vamos a sorprender. Nos vamos a maravillar.

Conclusión

La Segunda Carta de Pablo a los Tesalonicenses (capítulo 1) afirma que vivimos en un universo moral con objetivo buenos y malos. También indica la necesidad de recompensa y castigo. Hay un bien real y hay un mal verdadero. Y todo esto se relaciona con el Dios de la Biblia, el único que es el estandarte de la bondad. Aquellos que conocen a Jesús encontrarán alivio de las persecuciones, aflicciones y pruebas de esta época cuando Él regrese. Sin embargo, aquellos que permanecen en incredulidad sufrirán castigo, destrucción y destierro del reino de Dios. Que podamos alentar a aquellos que no conocen a Jesús a arrepentirse y a creer. Que podamos animar a quienes lo conocen a que sigan en pos de la esperanza que ofrece este capítulo. Jesús viene de nuevo. Cuando lo haga, ¡todo cambiará!

Tercera parte

La palabra de Cristo

14

NO HAY OTRO EVANGELIO:
EL VERDADERO EVANGELIO DE CRISTO

PHIL JOHNSON
Gálatas 1:6-7

Gálatas 1:6-10 contiene algunas de las palabras de confrontación más pronunciadas en todo el Nuevo Testamento. Desafía todas las nociones posmodernas más populares acerca de la tolerancia y la mentalidad amplia. Quizás es por eso que hoy este pasaje a menudo se pasa por alto o se reserva con cautela. Pero es un grave error tratar estos versículos tan a la ligera. Este es el primer saludo de Pablo en la más polémica de todas sus epístolas. Establece el tono para toda la carta. Y tiene profundas implicaciones prácticas para la iglesia al comienzo del vigésimo primer siglo, una iglesia ecuménica doctrinalmente floja, amplia y alegre.

En resumen, Pablo enfatiza que los cristianos no deben buscar compañerismo ni recibir enseñanza de cualquiera que corrompa la simplicidad del evangelio. Es más, pronuncia una maldición sobre los maestros de los evangelios alternos: «Pero, aun si alguno de nosotros o un ángel del cielo les predicara un evangelio distinto del que les hemos predicado, ¡que caiga bajo maldición!» (v. 8).

ANTECEDENTES DE LA CARTA

El apóstol escribe a un grupo de iglesias que conocía bien. El primer viaje misionero de Pablo (Hechos 13—14) lo llevó extensamente a través de Galacia. Comenzó su trabajo de plantación de iglesias predicando en Iconio, Listra, Derbe y Antioquía de Pisidia, los principales municipios de Galacia. Luego regresó a esas mismas ciudades en su segundo y tercer viajes misioneros.

Es obvio que tenía un apego personal por esas iglesias y un verdadero afecto por los fieles. Eran las congregaciones que fundó al principio de su ministerio y se llenaban de las personas que escucharon el evangelio, por primera vez, del propio Pablo. Él era su padre espiritual. Por tanto, esos primeros versículos de la epístola están comprensiblemente llenos de pasión paternal.

Sin embargo, el estado de ánimo no es precisamente muy cálido o amistoso. La apertura de la epístola tiene un tono mordaz que la diferencia de las otras que escribió Pablo. El apóstol escribe con la voz de un padre indignado que regaña a sus hijos: «Me asombra que tan pronto estén dejando ustedes a quien los llamó por la gracia de Cristo, para pasarse a otro evangelio. No es que haya otro evangelio, sino que ciertos individuos están sembrando confusión entre ustedes y quieren tergiversar el evangelio de Cristo» (vv. 6-7).

Pablo confrontaba un error que se estaba propagando a través de Galacia por falsos maestros que insistían en que los gentiles debían convertirse antes al judaísmo para poder ser cristianos. Decían que Dios nunca justificaría a los gentiles incircuncisos. No estaban haciendo ningún evangelismo ni plantación de iglesias propias; simplemente eran sanguijuelas que perturbaban las labores de los apóstoles. Eran los típicos lobos con piel de cordero y parecían acechar a Pablo implacablemente cada vez que plantaba una iglesia.

Hechos 15 identifica su falsa doctrina; allí nos enteramos que los principales hombres que estaban detrás de esa herejía eran fariseos que habían profesado su fe en Cristo. Hechos 15:5 se refiere a ellos como «algunos de la secta de los fariseos que habían creído». Pablo era, por supuesto, uno de ellos que una vez había odiado tanto a los cristianos como a los gentiles. Sin embargo, se había convertido dramáticamente al cristianismo y se le había dado la comisión —por parte de Cristo— de llevar el evangelio a los gentiles. Las iglesias que plantó estaban llenas de personas convertidas, procedentes de culturas paganas. Pero cuando se iba de una región para comenzar una iglesia en otro lugar, esos falsos maestros iban detrás de él y les decían a los miembros de la iglesia gentil que, si querían ser cristianos *reales*, tenían que someterse a una lista de rituales y ordenanzas dietéticas del Antiguo Testamento, comenzando con la circuncisión. Hechos 15:1

dice: «A menos que ustedes se circunciden, conforme a la tradición de Moisés, no pueden ser salvos». Decían que el simple mensaje de salvación por gracia a través de la fe era insuficiente para que los gentiles pudieran entrar en el reino. «Es necesario circuncidar a los gentiles y exigirles que obedezcan la ley de Moisés», insistían (v. 5).

Esa fue la esencia del error de ellos y contradecía rotundamente lo que Pablo había predicado a los gálatas. El apóstol siempre enfatizó que la fe es el único instrumento de justificación. «Sin embargo, al que no trabaja, sino que cree en el que justifica al malvado, se le toma en cuenta la fe como justicia» (Romanos 4:5). Ningún buen trabajo, incluida la circuncisión, es un requisito previo para la justificación.

Pablo fue muy específico sobre esto. En Romanos 4:9-11, regresó a Génesis y trazó la cronología de Génesis 15—17, que muestra que Abraham fue declarado justo varios años antes de ser circuncidado. «Es más, cuando todavía no estaba circuncidado, recibió la señal de la circuncisión como sello de la justicia que se le había tomado en cuenta por la fe. Por tanto, Abraham es padre de todos los que creen, aunque no hayan sido circuncidados, y a estos se les toma en cuenta su fe como justicia» (v. 11).

Pero esos falsos maestros básicamente les decían a los gentiles: «No. Pablo les está dando solo una parte del mensaje del evangelio. La fe es importante, pero también se requiere que las obras demandadas por la ley se cumplan». Habían arrastrado su legalismo farisaico a la iglesia. Eran precursores de los cultos de raíces hebreas que están ganando popularidad hoy, insistiendo en que el verdadero cristianismo debe ser completamente judío. Por eso es que les llama «judaizantes». En la Escritura los llamaban: defensores de la circuncisión, los de la circuncisión, partidarios de la circuncisión (Hechos 11:2; Gálatas 2:12; Tito 1:10). Y Pablo a veces los llamó con unos nombres peores que esos. En Filipenses 3:2, una de las epístolas posteriores de Pablo, este los llama «perros... esos que hacen el mal». Y usa una palabra griega que significa «esos que mutilan la carne».

Reprensión de Pablo a los falsos maestros

Pablo dice que la versión del evangelio que esos judaizantes enseñaban, en realidad, no era ningún evangelio. El texto griego en Gálatas 1:6-7 usa dos adjetivos distintos que son muy cercanos: «un evangelio *diferente*; lo que realmente no quiere decir que sea *otro*». La palabra traducida como «diferente» es *heteros*, que significa: «otro de un tipo diferente». La palabra traducida como «otro» es *allos*, que significa: «otro del mismo tipo». Así que está diciendo que están coqueteando con un tipo completamente diferente de evangelio, y que no es una alternativa legítima al verdadero evangelio. El punto de Pablo es que la expresión «otro evangelio» es completamente incorrecta. No hay otro evangelio. Ese es el tema de este pasaje. Pablo presenta ese punto con supremo vigor, usando el lenguaje más severo que puede invocar con justicia. Y lo puntualiza con una doble maldición: «Pero, aun si alguno de nosotros o un ángel del cielo les predicara un evangelio distinto del que les hemos predicado, ¡que caiga bajo maldición! Como ya lo hemos dicho, ahora lo repito: si alguien les anda predicando un evangelio distinto del que recibieron, ¡que caiga bajo maldición!» (vv. 8-9). Los signos de exclamación en la Biblia NVI transmiten de manera apropiada lo que Pablo enfatiza. (Si Pablo viviera hoy y publicara esta doble maldición en Twitter, probablemente lo pondría todo en mayúsculas.)

Es el lenguaje más fuerte que Pablo usa en sus cartas. Y viene al comienzo de una que está llena de palabras fuertes. En Gálatas 5:12, por ejemplo, el apóstol sugiere que, si la circuncisión puede hacer a una persona justa, esos falsos maestros deben llevar su doctrina perniciosa a su conclusión lógica y cortar completamente su hombría.

¡Eso es duro! Pero esos dos versículos en el capítulo 1 son aún más duros, porque Pablo dice que los judaizantes merecen la condenación eterna.

No pase por alto esas maldiciones sin considerar lo que debemos aprender de ellas. No hay una forma legítima de suavizar lo que Pablo está diciendo aquí. Esto es Escritura inspirada, por lo que no podemos dejarla de lado como una exageración accidental. Esas maldiciones son tan inspiradas por Dios como cualquier otro texto de las Escrituras, y están destinadas a mostrarnos cuán profundo es el mal de «sobrepasar lo que está escrito» (1 Corintios 4:6) al tratar de rediseñar el evangelio para adaptarlo a nuestros propios gustos y prejuicios.

Si los falsos maestros en Galacia eran antiguos fariseos como los de Hechos 15, es posible que alguna vez hayan sido colegas de Pablo, a los que él conocía en persona. Supuestamente profesaban la fe en Cristo, pero Pablo no intenta hacer las paces con ellos. No les muestra ningún tipo de deferencia académica artificial. Él no finge simpatía. No los invita a un diálogo cordial. Ni siquiera los reta a un debate.

Tampoco les escribe en privado antes de criticarlos en público. Simplemente los descarta como herejes absolutos y les ordena a los gálatas que no tengan nada que ver con ellos. Él *dice* que no debemos aceptar a nadie que venga promoviendo un evangelio diferente, sin importar quiénes sean, incluso ángeles o apóstoles. Eso, por supuesto, es un hipotético puro, que se utiliza para enfatizar lo más posible. Ningún ángel real ni ningún apóstol real promoverían deliberadamente un evangelio diferente. Pero si lo hacen, dice Pablo, *que los condenen*.

Pablo está usando un nivel de difamación polémica que los guardianes actuales de la etiqueta evangélica podrían tratar de decirnos que está totalmente fuera de lugar en cualquier discusión sobre creencias religiosas o doctrina bíblica. Se supone que usted no debe decir esas cosas. Pero aquí vemos que no siempre es correcto ser afable y acogedor. Hay momentos en que una maldición es más apropiada que una bendición.

Por supuesto, no es bueno ser tan claro con el lenguaje imprecatorio que condena a sus adversarios ya que se puede convertir en una segunda naturaleza. Es una buena idea evitar a los autodenominados guardianes de la precisión que nunca hacen otra cosa que maldecir y condenar a otros. No es muy honroso ser contradictor todo el tiempo. Si se incita de inmediato a lanzar fuego desde el cielo sobre todos aquellos con quienes tenga algún tipo de desacuerdo, no muestra un rasgo piadoso.

Jesús dijo: «Ama a tus enemigos, haz el bien a los que te odian, bendice a los que te maldicen, ora por los que te maltratan» (Lucas 6:27-28). Pablo dijo: «Si nos maldicen, bendecimos; si nos persiguen, lo soportamos; si nos calumnian, los tratamos con gentileza. Se nos considera la escoria de la tierra, la basura del mundo, y así hasta el día de hoy» (1 Corintios 4:12-13). En 1 Pedro 3:9 dice: «[No devuelva] mal por mal ni insulto por insulto, más bien, bendigan». Si tiene que oponerse a alguien, esa es una de las mejores maneras de hacerlo: «Bendigan a quienes los persigan; bendigan y no maldigan» (Romanos 12:14).

Eso es lo que debemos hacer cuando somos el objetivo de los ataques personales de un adversario. Pero ese no fue el caso aquí en Gálatas. El problema no era una afrenta ni un agravio al ego de Pablo. El *evangelio* estaba bajo ataque. Ese fue un asalto flagrante contra el reino de los cielos, por lo que era adecuada una respuesta tan dura.

Cuando Pablo dice: «Me asombra que tan pronto estén dejando ustedes a quien los llamó por la gracia de Cristo, para pasarse a otro evangelio»

(v. 6), no está hablando de sí mismo. La frase «quien los llamó» es una referencia a Dios. Dios es quien llama y atrae a los creyentes a través del evangelio. «*Dios*… nos llamó con un llamado santo» (2 Timoteo 1:8-9; énfasis añadido). «[A quienes] predestinó, también llamó» (Romanos 8:30). Y en Gálatas 5:7-8, Pablo les dice a los gálatas: «Ustedes estaban corriendo bien. ¿Quién los estorbó para que dejaran de obedecer a la verdad? Tal instigación no puede venir de Dios, que es *quien los ha llamado*» (énfasis añadido). Dios es quien nos llama a la gracia de Cristo. Al coquetear con ese evangelio alterno, los gálatas habían llegado al borde mismo de la separación de Dios: «dejando ustedes a quien los llamó por la gracia de Cristo, para pasarse a otro evangelio» (1:6).

Así que esos predicadores de un falso evangelio no eran meramente espinas perturbadoras en la carne de Pablo; estaban convirtiendo a las personas contra la verdad de Cristo y, por lo tanto, representaban una seria amenaza para las iglesias de Galacia. Es por eso que Pablo los llamó herejes malignos.

En otras palabras, Pablo está defendiendo el mensaje, no al mensajero.

Pero esos falsos maestros no eran abiertamente hostiles a Cristo. Simulaban ser predicadores del evangelio mientras atacaban sistemáticamente el principio de la gracia divina, que es el núcleo esencial de la verdad del evangelio. Estaban enseñando que el evangelio es un mensaje acerca de lo que los pecadores deben hacer por Dios, en lugar de simplemente decir lo que Cristo ha hecho por los pecadores. Habría sido peligroso bendecir a los proveedores de un mensaje tan contrario. Sería pecado hasta *ignorar* el peligro que representaban. (Eso es lo que Pedro intentó hacer en Gálatas 2 y Pablo lo reprendió públicamente por ello).

En Tito 1:10-11, Pablo menciona a estos mismos falsos maestros. Ahí los llama «partidarios de la circuncisión» y dice que «deben taparles la boca». Ese no sería un sentimiento políticamente correcto en estos tiempos postmodernos, pero es la única respuesta apropiada para los falsos maestros que corrompen el evangelio.

Casualmente el apóstol Juan, que ha sido apodado «el apóstol del amor», expresó algo similar. Dijo que no debemos recibir amistosamente a personas que tengan un plan para socavar o atacar las enseñanzas fundamentales de Cristo. En 2 Juan 9-11, él dijo: «Todo el que se descarría y no permanece en la enseñanza de Cristo no tiene a Dios; el que permanece en la enseñanza sí tiene al Padre y al Hijo. Si alguien los visita y no lleva esta enseñanza, no lo reciban en casa ni le den la bienvenida, pues quien le da la bienvenida se hace cómplice de sus malas obras».

Ambos apóstoles dicen que el evangelio es sencillo y específico, y que cualquiera que trate de modificarlo, torcerlo o manipularlo está cometiendo un pecado condenable. Los protestantes, me temo, han olvidado cuán enérgicamente enfatizaron esa verdad los apóstoles.

Peor aún, muchos de los así llamados protestantes parecen haber olvidado que solo hay un evangelio real. Quinientos años después de la Reforma, las relaciones ecuménicas con Roma nunca han sido más populares entre los protestantes. Pero Roma no se ha movido un centímetro en el evangelio desde el tiempo de Lutero. La Iglesia Católica Romana todavía vende indulgencias y rechaza categóricamente el principio de la *sola fide*: la doctrina de la justificación solo por la fe.

Los protestantes son los que han cambiado su postura sobre el evangelio desde el año 1500, y no para mejor. Si lo duda, encienda casi cualquier red de televisión religiosa grande y global y pase algunas horas mirando a los charlatanes religiosos que trafican con falsos evangelios. Prometen el favor divino y la prosperidad terrenal a cambio de dinero. Están vendiendo su propia marca de indulgencias materialistas.

Hay cientos de mercachifles religiosos hoy más de los que existían en tiempos de Juan Tetzel, y la mayoría de ellos son nominalmente evangélicos. La palabra evangélico supuestamente significa «orientado al evangelio», pero lo que los televangelistas están predicando es la definición misma de «un evangelio diferente» que, como dice Pablo, no es evangelio en lo absoluto. Necesitamos con desesperación una generación de hombres con el espíritu de Lutero y Calvino, verdaderos eruditos bíblicos que no se resistan a entablar una vigorosa guerra polémica contra falsos evangelios.

Parece ser la actitud predominante hoy en día que si uno se involucra en una pelea verbal contra el error, como lo hace Pablo aquí, automáticamente sacrifica la credibilidad académica. Esa es una visión castrada de los eruditos. Los mejores estudiosos a través de la historia de la iglesia siempre han sido vigorosos polemistas. El movimiento evangélico en este momento está lleno de falsos evangelios. Nunca ha habido un momento en que la iglesia necesitara voces claras, inteligentes e inquebrantables, dispuestas a hablar con franqueza y defender el verdadero evangelio como lo hace Pablo aquí.

Reprensión de Pablo a los gálatas

Considere el contexto de Gálatas 1. El versículo 6 es el primer verso del cuerpo principal de la epístola. Los versículos 1-5 son un saludo y una bendición. Esa era la forma estándar para una carta como esta en el primer siglo, y es típico que el apóstol Pablo siga ese patrón. La primera palabra en cada una de las epístolas paulinas es el nombre del apóstol, «Pablo», y algunas veces eso será seguido por los nombres de los colaboradores que viajan o trabajan con él. Luego tiene la dirección, nombrando a la persona o grupo de personas a las que está escribiendo. Y luego normalmente dice algo alentador o complementario a la iglesia o persona a la que le escribe.

Incluso cuando escribe a Corinto, esa congregación totalmente disfuncional con una larga lista de graves problemas, tiene algunas palabras de elogio. Piense en lo desorganizada y confundida que era esa iglesia. Se habían dividido en grupos enfrentados. La gente presentaba demandas unos contra otros. Descuidaron la disciplina apropiada, abusaron de sus dones espirituales y se emborracharon en la mesa del Señor. Se confundieron doctrinalmente en varios niveles, luchando incluso con el concepto básico de la resurrección corporal. Y, en última instancia, los corintios eran susceptibles a los herejes que intentaron tentarlos a rebelarse contra la autoridad de Pablo.

Sin embargo, a pesar de los muchos y serios problemas con los que Pablo tuvo que lidiar en Corinto, apenas cuatro versículos de esa primera epístola, dice: «Siempre doy gracias a Dios por ustedes, pues él, en Cristo Jesús, les ha dado su gracia. Unidos a Cristo ustedes se han llenado de toda riqueza, tanto en palabra como en conocimiento. Así se ha confirmado en ustedes nuestro testimonio acerca de Cristo, de modo que no les falta ningún don espiritual mientras esperan con ansias que se manifieste nuestro Señor Jesucristo» (1 Corintios 1:4-7).

Esa era la práctica normal de Pablo. Le gustaba comenzar con una palabra de elogio o ánimo. En el primer versículo de Efesios, elogia a esa iglesia por su fidelidad. Incluso cuando necesitaba presentar una reprimenda o alguna corrección, siempre intentaba comenzar con algunas palabras amables sobre las personas a las que les escribía. Cada una de sus epístolas sigue ese patrón, excepto Gálatas.

No hay una sola palabra de aprobación o recomendación de principio a fin en la epístola de Gálatas, ni siquiera una pizca de gratitud o alegría. Su saludo es seguido inmediatamente por un regaño; y en lugar de una bendición, pronuncia una maldición.

Eso es lo que hace que nuestro texto sea electrizante. En lugar de las educadas formalidades normales, Pablo va directamente al grano, con una reprimenda apasionada: «Me asombra que tan pronto estén dejando ustedes a quien los llamó por la gracia de Cristo… a otro evangelio» (1:6). Y el resto de la epístola es así de sincera. Es una repetición urgente y altamente didáctica, y Pablo la transmite sin remilgos.

En 3:1, él llama a los gálatas «torpes» y sugiere que algún agente malvado los ha puesto bajo un hechizo. En 4:11, él dice: «Temo por ustedes, que tal vez me haya estado esforzando en vano». Nueve versículos más adelante, indica: «lo que están haciendo me tiene perplejo». Él no habla siempre con dureza, pero a través de toda esta epístola, mantiene ese severo tono de voz. Él nunca dice nada que pueda suavizar o mitigar la fuerza de lo que tiene que decir. Está profunda y seriamente preocupado por su coqueteo con un evangelio diferente y, de principio a fin, puede captar esa pasión en sus palabras.

Otra característica notable de las epístolas de Pablo es que sus palabras de apertura casi siempre contienen una declaración de alguna verdad central del evangelio, o un resumen del mismo evangelio. Y, por supuesto, lo hace aquí porque se necesita desesperadamente. Los versículos 3-5 (RVR1960) contienen esta declaración simple y concisa del verdadero evangelio: «El Señor Jesucristo… se dio a sí mismo por nuestros pecados para que pudiera rescatarnos de este presente siglo malo, de acuerdo con la voluntad de nuestro Dios y Padre, a quien sea la gloria por siempre». Cualquiera que esté familiarizado con las enseñanzas de Pablo puede ver de inmediato cuán cargadas de significado son esas pocas palabras. Comprende el principio de expiación sustitutiva: Cristo «se entregó a sí mismo *por nuestros pecados*» (énfasis añadido).

El objetivo de la muerte de nuestro Señor no fue proporcionarnos prosperidad terrenal ni material; no solo para derribar los muros de las fronteras nacionales y los prejuicios étnicos; para redimir el arte y la cultura terrenales; para enviar un mensaje sobre justicia social; apuntarnos en un viaje a la autorrealización espiritual; y ciertamente no para dar un modelo de autosacrificio para que podamos expiar nuestros propios pecados. Él «se dio a sí mismo» para hacer una expiación completa y final por el pecado y, por lo tanto, «rescatarnos de este mundo malvado».

En 2 Corintios 4:5, Pablo dice: «No nos predicamos a nosotros mismos, sino a Jesucristo como Señor; nosotros no somos más que servidores de ustedes por causa de Jesús». Al hacer el mensaje sobre la circuncisión, esos falsos maestros se predicaban a sí mismos, no a Cristo. El evangelio no se trata de usted ni de mí, ni de lo que debemos hacer. Se trata de lo que Cristo ya hizo. El mensaje de Pablo se enfocó estrecha y cuidadosamente en eso. Les dijo a los corintios: «Predicamos a Cristo crucificado» (1 Corintios 1:23). «Me propuse más bien, estando entre ustedes, no saber de cosa alguna, excepto de Jesucristo, y de este crucificado» (2:2). Pablo proclamó, específicamente, las buenas nuevas de Gálatas 1:4, que «Jesucristo dio su vida por nuestros pecados para rescatarnos de este mundo malvado». Ese es el único y verdadero evangelio en una sola declaración, y cualquiera que venga con una narrativa más sofisticada debe ser rechazado. Se supone que no debemos involucrarlos en un diálogo amistoso para que todos puedan considerar su punto de vista.

Es intrigante y significativo que una herejía tan grave se infiltrara en la iglesia tan temprano en la era apostólica. Incluso Pablo estaba asombrado de que los gálatas abandonaran tan rápidamente la verdad. Algunas personas tienen la noción de que la iglesia primitiva era absolutamente pura y todo lo que se enseñara en ella debería ser creído automáticamente. Pero la Escritura misma dice que todo lo que se enseña debe examinarse a la luz de las Escrituras para ver si tales cosas son verdad, incluso si el maestro es un ángel o un apóstol. Eso es lo que el discernimiento demanda.

Por desdicha, la iglesia prácticamente en cada generación ha fallado en adoptar la postura que Pablo toma aquí. Esa falla explica por qué la iglesia siempre necesita una reforma. Siempre ha habido cristianos profesantes que se unen a la iglesia y se identifican con el pueblo de Dios, pero su fe es superficial. Realmente no les interesa el mensaje del evangelio, pero piensan que con un pequeño retoque podemos reimaginar el evangelio y eliminar la ofensa de la cruz. Como si pudiéramos arreglar el mensaje para que Cristo no sea una piedra de tropiezo y una roca de ofensa a los ojos de un mundo hostil.

Hay algo innato en el corazón de la humanidad caída que hace que todos los pecadores deseen un tipo diferente de evangelio y las Escrituras lo reconocen. «El mensaje de la cruz es una locura para los que se pierden» (1 Corintios 1:18). Estamos llamados a predicar a «Cristo crucificado. Este mensaje es motivo de tropiezo para los judíos, y es locura para los gentiles» (v. 23). La mente carnal quiere algo menos ofensivo, más refinado, más digno o más ritualista.

Un conocido músico que profesa ser creyente recientemente publicó una serie de mensajes en Twitter, diciendo que le parece primitiva y embarazosa la idea de la expiación con sangre. Él declaró que la enseñanza cristiana que afirma «que Dios necesitaba ser apaciguado con sangre no es hermosa». «Es horrible». Especuló que tal vez el verdadero mensaje de la cruz es que la idea del sacrificio con sangre [es] innecesaria [y deberíamos] dejar de tratar de llegar a Dios con «violencia». Él quiere tonificar el evangelio, limpiarlo, deshacerse de lo que es desagradable e inocularlo con principios religiosos más nobles.

Eso es exactamente lo que la parte de la circuncisión estaba tratando de hacer. R. C. Sproul cuenta que una vez estaba dando una conferencia sobre la expiación y alguien de la audiencia gritó: «¡Eso es primitivo y obsceno!»

Sproul respondió: «Tienes razón. Me gusta particularmente la elección de tus palabras: *primitivo* y *obsceno*… ¿Qué clase de Dios revelaría su amor y su redención en términos tan técnicos y conceptos tan profundos que solo un cuerpo elite de eruditos profesionales podría entenderlos? Dios habla en términos primitivos porque se está dirigiendo a sí mismo a los primitivos».

Sproul continuó: «Si *primitivo* es una palabra apropiada para describir el contenido de las Escrituras, *obsceno* es aún más… ¿Qué es más obsceno que la cruz? Aquí tenemos obscenidad a escala cósmica. En la cruz, Cristo toma sobre sí las obscenidades humanas para redimirlas».[1]

Pablo dijo lo mismo *sin inmutarse* en 2 Corintios 5:21: «Al [Cristo] que no cometió pecado alguno, por nosotros Dios lo trató como pecador, para que en él recibiéramos la justicia de Dios». La culpa acumulada de toda acción perversa, obscena o malvada que alguna vez hayan cometido todas las multitudes a las que Dios finalmente salvará fue imputada a Cristo. Spurgeon dice esto sobre ese texto:

Qué cuadro tan sombrío es concebir el pecado reunido en una sola masa: asesinato, lujuria y [violación], adulterio y toda clase de crímenes, todos apilados en un horrible montón. Nosotros, hermanos, por más impuros que seamos, no podríamos soportar esto; cuánto menos podría soportar Dios con sus ojos puros y santos a esa masa de pecado; y sin embargo ahí está, y Dios miró a Cristo como si fuera esa masa de pecado.[2]

No hay forma de entender la cruz correctamente sin verla como ofensiva. Eso significa que no podemos predicar fielmente el evangelio y evitar ofender a la gente. La maldición de Pablo se aplica a cualquiera que lo intente.

No creo que el típico hereje corruptor del evangelio se proponga deliberadamente cometer un pecado condenable. Probablemente sea bastante raro, casi inaudito, que alguien se una a la iglesia con un plan premeditado para convertirse en hereje. Creo que la mayoría de los falsos maestros son engañados antes de convertirse en engañadores. Ellos «piensan más en [ellos mismos] que lo que [ellos] deben pensar» (ver Romanos 12:3). Suponen que pueden determinar lo que es verdadero o falso por la sola razón o, peor aun, por sus sentimientos, aunque Proverbios 28:26 dice: «Necio es el que confía en sí mismo». Y realmente creen que están haciendo algo bueno al tratar de arreglar lo que encuentren desagradable con el mensaje de la cruz.

La iglesia visible hoy está llena de personas que son culpables del pecado que Pablo maldice aquí. Afirman haber descubierto una «nueva perspectiva», haber «refrescado» el evangelio para la generación del milenio o haber inventado alguna alternativa postmoderna a un mensaje porque creen que la expiación por sangre es demasiado primitiva o demasiado ofensiva. Ellos pueden pensar que sus motivos son puros. Pueden tener los mismos motivos que probablemente llevaron a los de la circuncisión a hacer lo que hicieron, es decir, tratar de hacer que el mensaje sea más aceptable o más atractivo para su público. Pero no se pierda el objetivo de este texto: Pablo maldice todos los esfuerzos en pro de eso.

Para ser totalmente franco, todos tendemos a pensar que podemos ser lo suficientemente listos como para ser atractivos e influyentes, de modo que podamos encontrar alguna forma ingeniosa de minimizar la ofensa de la cruz sin corromper el evangelio. La mayoría, si no todos, hemos jugado con pensamientos como ese. Es un deseo que debemos reconocer como pecaminoso, por lo que debemos afligirnos. Pablo fue enfático al respecto: «Al contrario, hablamos como hombres a quienes Dios aprobó y les confió el evangelio: no tratamos de agradar a la gente, sino a Dios, que examina nuestro corazón» (1 Tesalonicenses 2:4). La forma de hacerlo, le dijo a Timoteo, es así: «Evita las discusiones profanas e inútiles, y los argumentos de la falsa ciencia. Algunos, por abrazarla, se han desviado de la fe. Que la gracia sea con ustedes» (1 Timoteo 6:20-21).

Todos hemos visto durante décadas las corrientes filosóficas y pragmáticas que afectan a los ministerios sensibles y, por ahora, debe quedar claro que debemos tener cuidado cuando alguien alegremente insista en que la contextualización radical presenta poco o ningún peligro: que es posible que esté a la moda, adaptado a la cultura, tremendamente popular y doctrinalmente sano a la vez. Las personas que tienen esa filosofía siempre terminan retorciendo o hundiendo el evangelio, incluso si insisten en que nunca lo harán. Si nuestro principal objetivo es ser atractivos a los ojos de la gente del mundo y ganarlos a través de nuestro propio encanto o popularidad, ya hemos comprometido el evangelio. En otras palabras, aquellos que piensan que ganar la estima del mundo es la clave del evangelismo son culpables de predicarse a sí mismos en lugar de predicar a Cristo Jesús como Señor.

El evangelio es deliberadamente poco sofisticado. Ese es el diseño de Dios. El evangelio proporciona un golpe mortal al orgullo humano. Intente condimentarlo o atenuarlo e inevitablemente lo corromperá. De hecho, según 2 Corintios 11:3, una de las principales estrategias de Satanás es alejarnos «de la sencillez que hay en Cristo». Hay tres deseos comunes que sutilmente alejan a las personas de la fiel proclamación de la verdad del evangelio sin adornos, y Pablo alude a todos ellos aquí.

EL ANHELO DE NUEVA ENSEÑANZA

Lo primero es un ansia de algo nuevo. Esta es una tendencia maligna que ha afligido al movimiento evangélico estadounidense durante al menos doscientos cincuenta años. Es la razón por la cual los evangélicos de hoy pasan de una moda a otra con una velocidad y una facilidad muy impresionantes. Las personas a quienes ministramos, e incluso algunos pastores, son fácilmente corrompidos por la simplicidad que hay en Cristo. Hay una cantidad extraordinaria de presión dentro de la iglesia hoy en día proveniente de personas que insisten en que no podemos alcanzar efectivamente a nuestra generación a menos que sigamos los estilos de la cultura popular. Es la razón por la que tantos pastores están exagerando las películas en vez de predicar la Palabra.

Sin embargo, sea lo que sea que esté actualmente de moda, pronto pasará. No solo se ha vuelto prácticamente imposible mantenerse al día con los estilos cambiantes; también sabemos por experiencia que las modas de hoy serán la peor parte de las bromas de mañana.

Durante décadas, los evangélicos estadounidenses han huido ciegamente después de un desfile interminable de modas superficiales. En un momento dado, todos estaban leyendo historias ficticias sobre guerra territorial con demonios: *Esta patente oscuridad* y su secuela, por ejemplo. Luego vimos la locura de *Dejados atrás*. Eso comenzó a desaparecer tan pronto como todos leyeron *La oración de Jabes*. Luego fueron «Cuarenta días con propósito», seguido por la película de Mel Gibson; después el Movimiento de la iglesia emergente, seguido de la religión inconformista.

Hoy, recordamos casi con desprecio cómo todo eso, que se volvió muy popular, pasó de moda. Nadie que tenga ningún tipo de influencia sigue entusiasmado con *La oración de Jabes*. Bromeamos con *Salvaje de corazón*. Correr tras cada nueva moda evangélica no le hace más relevante; solo le garantiza que al fin usted será irrelevante.

En 1887, Robert Schindler, amigo y colega de Spurgeon, escribió el primero de dos artículos titulados «La decadencia». En él, dijo: «En teología... lo que es verdadero no es nuevo y lo nuevo no es verdad».[3] Eso es exactamente correcto. Si acepta el principio de la *Sola Scriptura* —que solo las Escrituras contienen todo lo necesario para la gloria de Dios, la salvación, la fe y la vida del hombre, y que nada debe agregarse a lo que dice la Escritura—, entonces debe reconocer la verdad de ese pequeño aforismo que dice: «Cualquier cosa nueva no es verdad y cualquier cosa verdadera no es nueva».

Ese es el punto de Pablo sobre el evangelio.

Note sus palabras nuevamente: «Me asombra *que tan pronto* estén dejando ustedes a quien los llamó» (énfasis añadido). Y justo antes de dar la maldición por segunda vez, dice: «Como hemos dicho antes, así lo digo de nuevo ahora». No les recuerda que dijo esto solo en un versículo previamente. No necesitaría decir nada tan obvio. Él les recuerda que mientras estuvo con ellos en persona, ya les había advertido que no escucharan si alguien venía enseñando un mensaje diferente.

Pero la velocidad con la que los gálatas se alejaron del claro y simple evangelio de Pablo en busca de algo nuevo fue impresionante. Insisto, esta es una tendencia común. Para mantenerse firme e inamovible se requiere firme determinación. Alguien que no esté profundamente anclado a la verdad de la Palabra de Dios siempre correrá el riesgo de ser «llevado de aquí para allá por todo viento de enseñanza y por la astucia y los artificios de quienes emplean artimañas engañosas» (Efesios 4:14). Eso es lo que les estaba sucediendo a los gálatas. Algo nuevo les había llamado la atención y, al carecer de un anclaje firme, se dejaban influir fácilmente por la pura novedad.

Esa misma tendencia es lo que usted ve a escala global, impulsando toda la cultura actual y también en la iglesia. Al igual que la gente de Atenas en Hechos 17:21, las personas «pasan su tiempo en nada más que decir u oír algo nuevo». Internet nos alimenta con listas ininterrumpidas de lo que está actualmente en tendencia, y eso aviva esa ansia de novedad.

El antídoto es el evangelio inmutable. Solo hay un evangelio verdadero y no se puede mejorar. Si alguien le dice que tenemos que elaborar un mensaje nuevo y más relevante para llegar a la próxima generación, «¡será condenado!»

La blogósfera cristiana en este momento está llena de personas que se identifican como evangélicas pero que no tienen un firme compromiso con la verdad de que Cristo «se entregó a sí mismo por nuestros pecados para que pudiera rescatarnos de esta edad maligna presente». Al contrario, están cautivados proclamando de todo, desde la justicia social hasta el compromiso cultural, como si la meta del evangelio fuera sumergirnos en los valores, la jerga y el entretenimiento de esta edad maligna en lugar de liberarnos *de* ella.

Algunas personas prefieren hablar de casi cualquier cosa más que de los grandes temas del evangelio. Recuerde, Jesús dijo: «Cuando él [el Espíritu Santo] venga, [él] convencerá al mundo de su error en cuanto al pecado, a la justicia y al juicio» (Juan 16:8). Pero hoy en innumerables púlpitos evangélicos, esos temas se omiten deliberadamente en nombre de la «relevancia».

Ese es el resultado inevitable cuando los líderes de la iglesia permiten que algo nuevo influya en su mensaje o en la filosofía de su ministerio. Este es, creo, el pecado principal del movimiento evangélico del siglo veintiuno.

El deseo de cambiar el evangelio

Un segundo deseo carnal que hace que los predicadores se desvíen del mensaje es la necesidad de modificar. «Hay algunos que te molestan y quieren *distorsionar* el evangelio de Cristo» (Gálatas 1:7; énfasis añadido). Pablo deja en claro que estos falsos maestros tenían un mal motivo, nacido de un deseo malvado. Tenían un plan premeditado para deformar y desbaratar el evangelio.

No creo que él necesariamente sugiera que esos tipos estaban en acuerdo con Satanás, buscando ser siniestros y conspirando a sabiendas para hacer el mal por puro odio a Cristo. Lo más probable es que no se veían a sí mismos como enemigos de Cristo. En sus mentes engañadas y espiritualmente oscurecidas, probablemente creyeron que estaban mejorando el evangelio, haciéndolo más armónico con la ley de Moisés; eliminando un estigma serio de los conversos gentiles; arreglando lo que vieron como una flagrante deficiencia en las enseñanzas de Pablo.

Su problema no era que les intrigara algo nuevo. Ese amor por lo novedoso pudo haber sido lo que hizo que los gálatas fueran tan susceptibles a la falsa doctrina. Pero el partido de la circuncisión tenía una agenda diferente. Querían preservar elementos del antiguo pacto que habían llegado a su fin. Y entonces tuvieron ese impulso de modificar el evangelio, tal vez para idear un mensaje que sería más aceptable para sus propios sacerdotes y eruditos. Querían algo más sofisticado que el simple mensaje de salvación solo por la gracia, a través de la fe solo en Cristo. Querían que su religión fuera más pulida, más ornamentada, más acorde con el orgullo humano.

Este impulso de modificar es la perdición de muchos en el mundo académico. Hoy en día, si un estudiante de seminario escribe una disertación sobre cualquiera de las doctrinas centrales del evangelio, es muy probable que se le aliente —o incluso se le exija formalmente— que elabore un punto de vista novedoso o presente un argumento que nadie haya propuesto antes contra algún principio magistral. En gran parte del mundo académico, parece que la filosofía que prevalece es «si no es nuevo, no tiene ningún valor».

Por tanto, ostensiblemente, los eruditos evangélicos siempre crean nuevas perspectivas y otras doctrinas modificadas. Incluso los principios más básicos y arraigados del trinitarianismo ahora se renuevan y se vuelven a imaginar con bastante frecuencia. Ese es el fruto de la idea posmoderna. Nada se considera seguro; nada está resuelto; nada es realmente autoritario. Cualquier cosa y todo hoy en día puede ser reimaginado, remodelado, ajustado y retorcido. Incluso los eruditos supuestamente conservadores y evangélicos a veces parecen estar infectados con un impulso implacable de modificar sus propias confesiones de fe.

Por peligroso que fuera, el partido de la circuncisión no era tan temerario. La verdad es que las modificaciones que hicieron al evangelio de Pablo parecen insignificantes comparadas con los estándares de hoy. No cuestionaron la autoridad de las Escrituras ni negaron la imputación de la justicia de Cristo. No atacaron directamente el concepto de la expiación sustitutiva. Lo que propusieron se redujo a un ligero cambio en el *ordo salutis*. Pensaron que era necesario que algún tipo de buena obra precediera a la justificación.

Pablo enseñó que las buenas obras fluyen de la fe salvadora, no al revés. Por tanto, el pecador está completamente justificado en el primer momento en que tiene fe. Entonces la obediencia sigue como el fruto inevitable de la fe auténtica. El apóstol enfatizó repetidamente que solo la fe es el instrumento por el cual los pecadores se aferran a la justificación. Nuevamente, eso es lo que dice de manera expresa en Romanos 4:5: «Al que no trabaja, sino que cree… se le toma en cuenta la fe como justicia». Así que la justificación es lo primero; luego las obras.

Los partidarios de la circuncisión se opusieron a eso, requerían una mínima expresión de obediencia; ese primer acto de cumplimiento con la ley ceremonial es un requisito previo y necesario para la justificación. Obediencia primero, justificación después.

Ambas partes acordaron que la fe sin obras es muerta. Ambas partes creían que la fe y la obediencia siempre acompañarán la salvación genuina. Pero no concordaban respecto al orden.

Según los estándares en boga actualmente, eso puede lucir como una diferencia demasiado pequeña como para preocuparse. Esto es lo que J. Gresham Machen dijo al respecto:

Los judaizantes estaban en perfecto acuerdo con Pablo acerca de *muchas* cosas. Ellos creían que Jesús era el Mesías… ellos creían que Jesús realmente había resucitado de entre los muertos. Ellos creían… que la fe en Cristo era necesaria para la salvación… Desde el punto de vista moderno, la diferencia [entre ellos y Pablo] eso habría parecido muy leve… Seguramente Pablo debería haber hecho una causa común con los maestros que estaban tan cerca de su posición; seguramente debió haberles aplicado el gran principio de la unidad cristiana.[4]

Sin embargo, Machen dice: «Pablo no hizo nada por el estilo; y solo porque él… no hizo nada de eso, la iglesia cristiana existe hoy».

Lo que parecía ser un pequeño punto de desacuerdo fue, en realidad, un ataque general al punto central del evangelio. Los de la circuncisión hicieron que la justificación dependiera de una obra realizada por el pecador y ese detalle, aparentemente pequeño, destruyó todo el mensaje del evangelio.

Eso sucede cada vez que alguien decide que el evangelio no es lo suficientemente sofisticado, lo suficientemente erudito o lo suficientemente riguroso. Cuando las personas comienzan a modificar el evangelio, casi siempre inoculan algún tipo de obra en la fórmula. Tal vez sea algo tan insignificante como caminar por un pasillo, decir una oración formal, ser bautizado o seguir algún otro requisito ceremonial simple. Pero hacer cualquier tipo de obra humana instrumental en la justificación es destruir la doctrina por completo.

La fe salvadora genuina es la expresión natural de la obra regeneradora de Dios. Él es aquel que abre espiritualmente los ojos ciegos, otorga arrepentimiento y despierta la fe. La regeneración, la fe y el arrepentimiento son obra de la gracia de Dios. Estas no son obras humanas. Como dice Pablo en Efesios 2:8-9: «Porque por gracia ustedes han sido salvados mediante la fe; esto no procede de ustedes, sino que es el regalo de Dios, no por obras, para que nadie se jacte». Ese es el principio central de la verdad del evangelio, y la pequeña modificación de los judaizantes la anuló totalmente, porque eliminaron la verdad fundamental de que ningún elemento de la salvación es una obra humana.

Cuando se trata del evangelio, el impulso de modificar es condenatoriamente pecaminoso.

El anhelo de aprobación

Una tercera actitud pecaminosa que comúnmente resulta en un evangelio corrompido es el anhelo por el aplauso de los hombres. «¿Qué busco con esto: ganarme la aprobación humana o la de Dios? ¿Piensan que procuro agradar a los demás? Si yo buscara agradar a otros, no sería siervo de Cristo» (Gálatas 1:10). Pablo podría haber complacido a mucha gente con solo consentir a los partidarios de la circuncisión o incluso ignorar el error de ellos en cuanto a la forma en que Pedro al principio parecía propenso a hacerlo.

En primer lugar, la búsqueda de la aprobación humana fue el motivo predominante de los partidarios de la circuncisión. Sin duda, pensaron en su trabajo como una astuta campaña de relaciones públicas. Estaban tratando de eliminar algo que los gobernantes de la elite del judaísmo encontraron ofensivo con el evangelio.

Pablo mismo casi lo reconoce. Por eso dice en Gálatas 5:11 que, al predicar la circuncisión, él mismo podría evitar la persecución y abolir «la piedra de tropiezo de la cruz». Los del grupo de la circuncisión probablemente se habían convencido a sí mismos de que le estaban haciendo un favor a Cristo al hacer el mensaje más atractivo. Lo que realmente estaban haciendo era buscar la honra de los hombres más que la de Dios. Y Pablo dice en el versículo 10 que no uno puede hacer eso y pensar que está sirviendo a Cristo.

Pablo sabía muy bien lo que era desear la admiración y el aplauso de los hombres, porque esa era la meta dominante de su vida antes de convertirse en el camino a Damasco. Persiguió a la iglesia a instancias del Sanedrín porque eso le daba prestigio y estatus con el cuerpo gobernante más poderoso del judaísmo.

Según Jesús, ese fue el error central del fariseísmo: «Todo lo hacen para que la gente los vea» (Mateo 23:5). Multitudes en Israel rechazaron a Cristo y permanecieron en la incredulidad por esa misma razón. «Preferían recibir honores de los hombres más que de parte de Dios» (Juan 12:43). No hay mayor impedimento para la fe genuina. Jesús dijo: «¿Cómo va a ser posible que ustedes crean, si unos a otros se rinden gloria, pero no buscan la gloria que viene del Dios único?» (Juan 5:44). En otra parte, dijo: «Aquello que la gente tiene en gran estima es detestable delante de Dios» (Lucas 16:15).

El deseo pecaminoso por los aplausos de los hombres puede producir una marca de legalismo fuerte y evidente, como la de los fariseos, aunque no siempre. En el ambiente académico moderno, eso hace que las personas tiendan a sofocar sus convicciones y matizar cada punto de la verdad, de modo que —al final—, toda la verdad se esconde bajo una montaña de calificaciones taciturnas e incertidumbres vagas. Pero usted no puede proclamar fielmente el evangelio si corta las palabras. No será claro y concluyente si teme tener una reacción negativa. Y no está predicando el verdadero evangelio si ha modificado el mensaje de una manera que busca el aprecio y la aprobación de sus oyentes.

Considere la filosofía de Pablo. Él reconoció que «los judíos piden señales milagrosas y los gentiles buscan sabiduría» (1 Corintios 1:22). Si él tuviera una filosofía ministerial que se asemejara a la estrategia de casi cada gurú de iglecrecimiento actual, el camino a seguir estaría claro. Ciertamente tuvo la habilidad de producir todas «las marcas distintivas de un apóstol, tales como señales, prodigios y milagros» (2 Corintios 12:12). Además, era el más educado de todos los apóstoles, capaz de defenderse de los filósofos griegos en el Areópago. Pudo haber contextualizado el evangelio en el lenguaje de la sabiduría griega, con todos los símbolos de la sofisticación filosófica. Sin embargo, dijo: «Predicamos a Cristo crucificado… motivo de tropiezo para los judíos, y es locura para los gentiles» (1 Corintios 1:23). En lugar de atender a la demanda judía de una señal, les dio tropiezo. Negándose a responder a la demanda de erudición y sabiduría de los griegos, predicó un mensaje que sabía que era una tontería para ellos.

Pablo no tenía un plan perverso para frustrar a sus oyentes. Continuó explicando que ese mensaje y esa estrategia fueron la elección de Dios, «a fin de que en su presencia [la de Dios] nadie pueda jactarse» (v. 29). El evangelio no atiende al orgullo humano, y cuando estemos tentados a atenuarlo o vestirlo, debemos recordar eso. Hay un solo evangelio y es demasiado fácil anularlo, modificarlo o embellecerlo para cumplir con un deseo carnal y enaltecedor. Necesitamos resguardarnos cuidadosamente de todas esas tendencias, como lo hizo Pablo.

El costo terrenal del ministerio fiel puede parecer alto, pero la gloria del cielo lo hace más que valioso.

15

CRISTO Y LA FINALIZACIÓN DEL CANON

BRAD KLASSEN
Juan 14—16

Una consideración importante afín a la persona y obra de Cristo es su relación como Palabra de Dios encarnada y la Biblia, que es la Palabra de Dios escrita. Esta relación es fácilmente discernible con respecto al Antiguo Testamento porque Jesús habló directamente sobre su inspiración y autoridad. John Wenham resumió esto muy bien cuando dijo: «Para Cristo, el Antiguo Testamento era verdadero, autoritativo, inspirado. Para Él, el Dios del Antiguo Testamento era el Dios vivo y la enseñanza del Antiguo Testamento era la enseñanza del Dios viviente. Para Él, lo que dice la Escritura, es lo que Dios dijo».[1]

La relación de Jesús con el Nuevo Testamento, por otro lado, no se puede discernir de la misma manera. Dado que sus libros fueron escritos después de su ministerio terrenal, Jesús no pudo citarlo o referirse a su composición particular. En consecuencia, aunque solo los escépticos radicales argumentan que Jesús tenía una visión baja del Antiguo Testamento, muchos que afirman ser menos radicales cuestionan si Jesús incluso anticipó la redacción del Nuevo Testamento y, si mucho menos lo autorizó. De hecho, para muchos estudiosos de hoy, el Nuevo Testamento como un canon autorizado a la par del Antiguo Testamento tiene poco que ver con Jesús. James Barr enunció bien esta posición cuando afirmó: «La idea de una fe cristiana regida por las sagradas Escrituras escritas por cristianos no era parte esencial del plan fundamental del cristianismo». Continuó: «Jesús en sus enseñanzas no está representado en ninguna parte como autoritativo ni incluso sancionador de la producción de un evangelio escrito, aún menos un Nuevo Testamento escrito. Ni siquiera por casualidad les dijo a sus discípulos que escribieran nada».[2] Se argumenta que el concepto completo de un canon del Nuevo Testamento se originó en la iglesia del siglo tercero y no en Cristo, y que la iglesia de Cristo existió muy bien durante sus primeros trescientos años sin una colección autorizada de escrituras cristianas.[3]

Esta baja visión del canon del Nuevo Testamento plantea una pregunta fundamental: *¿Alguna vez autorizó Jesús, o incluso anticipó, una serie de escritos que serían reunidos en una colección conocida como el Nuevo Testamento, para servir junto con el Antiguo Testamento como la máxima autoridad en asuntos de fe y práctica de la iglesia?*

Ciertamente, si uno requiere que una respuesta afirmativa demande órdenes explícitas de Jesús para que ciertos autores escriban algunos tipos de libros, entonces no es posible responder en forma afirmativa. Pero esa expectativa es simplista. La evidencia explícita no es la única forma de llegar a la confianza justificable de que Jesús anticipó e incluso autorizó los escritos que componen nuestro Nuevo Testamento. Más bien, hay una variedad de testimonios *implícitos* que demuestran que el concepto de un canon del Nuevo Testamento no es una conveniente invención eclesiástica del siglo tercero, sino que fluye natural y necesariamente fuera de la propia vida y enseñanzas de Jesús. Este testimonio se observará en tres aspectos particulares de su ministerio: (1) Jesús preparó *apóstoles* para proclamar su Palabra al mundo; (2) Jesús prometió el *Espíritu Santo* que guiaría a los apóstoles a toda verdad; y (3) Jesús oró para que la *iglesia* fuera santificada por el testimonio de estos apóstoles.

Se deben tener en cuenta tres advertencias. Primero, el estudio del «canon» es ciertamente amplio. Una obra de esta naturaleza no puede tratar todas las cuestiones comúnmente asociadas con el tema, como la extensión del canon o el proceso histórico involucrado en el reconocimiento de estos libros por parte de la iglesia.

El enfoque aquí se limitará exclusivamente a la pregunta: ¿Alguna vez autorizó o incluso anticipó Jesús la *transcripción de nuevas Escrituras autorizadas por sus seguidores del primer siglo?*

La segunda advertencia se refiere a la comprensión del término *canon*. Una definición de *canon* aquí solo será establecida y asumida. El término no será entendido de acuerdo con el «modelo extrínseco», que sostiene que la iglesia del tercer o cuarto siglo transmitió su propia autoridad a los veintisiete libros que conforman el Nuevo Testamento.

De acuerdo a esta definición, *canon* simplemente se refiere a la lista de libros que recibieron su autoridad de la iglesia primitiva.

El término *canon* tampoco se entenderá aquí de acuerdo con el «modelo de función», que enseña que la autoridad de los libros del Nuevo Testamento surgió gradualmente a medida que las iglesias comenzaron a usar ciertas enseñanzas y a ignorar otras como su modelo para la fe y la práctica. Este enfoque ve al canon como el resultado de un proceso pragmático, con los libros más universalmente respetados y utilizados adoptados como autoridad y colocados en una colección determinada.

Sin embargo, el término *canon* se usará de acuerdo con el «modelo cualitativo», que considera los libros del Nuevo Testamento como canónicos en virtud de su *naturaleza*. Tan pronto como un libro del Nuevo Testamento apareció por inspiración divina (2 Timoteo 3:16), ya era intrínsecamente autoritativo y, por lo tanto, «canónico», aun antes de que la iglesia primitiva tomara conciencia de su existencia. Como escribió B. B. Warfield:

> El Canon del Nuevo Testamento se completó cuando los apóstoles entregaron el último libro autoritativo a la iglesia, y fue entonces cuando Juan escribió el Apocalipsis, cerca del año 98 de la era cristiana… No debemos confundir las evidencias históricas de la lenta circulación y autenticación de estos libros sobre la iglesia ampliamente extendida, para evidenciar la lentitud de la «canonización» de libros por la autoridad y gusto de la iglesia misma.

O como dijo sucintamente Michael Kruger: «Los libros no se *vuelven* canónicos; son canónicos porque son libros que Dios ha dado como una guía permanente para su iglesia».

El papel de la iglesia con respecto al canon fue, por lo tanto, *reconocer* los libros que poseen inherentemente las cualidades de la revelación divina.

La tercera advertencia se relaciona con el enfoque del texto del Nuevo Testamento en sí mismo. Aunque los eruditos más críticos tienden a no tomar el texto bíblico al pie de la letra, y aun cuando algunos evangélicos están dispuestos a abordar el tema de la fiabilidad histórica del Nuevo Testamento desde la perspectiva del escéptico, presupondremos aquí que el texto del Nuevo Testamento es históricamente preciso e inerrante en todo lo que se propone comunicar. Las palabras y las obras de Jesús descritas por los escritores de los evangelios se tomarán como hechos históricos y no como adornos posteriores. Y cuando se toman como tales, los textos de los evangelios prueban suficientemente que Jesús, de hecho, autenticó la composición del canon del Nuevo Testamento.

Jesús preparó apóstoles para declarar su palabra al mundo

Cualquier discusión sobre la composición del canon del Nuevo Testamento debe comenzar con el entrenamiento que Jesús les dio a los Doce. A veces se pasa por alto la lógica de la preparación de los apóstoles porque es muy obvia, o porque se supone que los tres años del ministerio terrenal de Jesús se centró únicamente en su preparación personal para la expiación. Pero, ¿por qué era necesario traer un grupo de hombres de todas partes donde estuvo por tres años si su enfoque era solo en la cruz?

El propósito fundamental de estos tres años de ministerio fue preparar a un pequeño grupo de hombres elegidos para ser testigos presenciales de sus palabras y obras. Considerando su gran objetivo de evangelización global, este enfoque en solo doce hombres fue sorprendentemente pequeño. En verdad, Lucas registra que Jesús sí tenía un gran grupo de al menos setenta seguidores a quienes podía enviar para avanzar sus planes (Lucas 10:1-24). Pero aparte de este grupo más grande, Jesús escogió, y específicamente «nombró» solo doce de ellos como «apóstoles» o mensajeros autorizados (6:13).

Marcos registra que Jesús seleccionó a estos doce hombres por dos razones. Primero, tenían que «estar con Él» (Marcos 3:14a), no porque Jesús estuviera solo o necesitara asistentes serviles, sino porque los discípulos tenían que ver y escuchar todo lo que Jesús hizo y dijo. La identidad de ellos tenía que estar tan entrelazada con la de Él que cuando hablaran fueran reconocidos como aquellos que habían «estado con Jesús» (Hechos 4:13). El tiempo que pasaron con Él los establecería como testigos directos de su autoridad. Segundo, Jesús seleccionó a este grupo especial de hombres para «enviarlos a predicar» y «tener autoridad» (Marcos 3:14-15). Tal predicación no era una interpretación personal subjetiva. El verbo que Marcos usa para describir esta predicación —κηρύσσειν— implica la proclamación de un heraldo que transmite, con autoridad, al público un mensaje que le ha sido confiado por su superior. En otras palabras, los apóstoles fueron elegidos para hablar como portavoces de Jesús. Un escritor lo describe de esta manera: «En el acto de la κηρύσσειν el evento se convierte en realidad para el oyente. Por lo tanto, es de esencial importancia que el heraldo traiga el anuncio correcto. No puede dar su propia opinión, solo puede transmitir un mensaje que él mismo recibió de quien lo envía».

Además de la selección de sus apóstoles, la lógica del entrenamiento de Jesús con los Doce también incluye la impartición de sus palabras a través de instrucciones directas. Si sus apóstoles iban a proclamar fielmente las enseñanzas de Jesús con la autoridad de Él, tenían que ser destinatarios directos de las enseñanzas de la propia boca de Él.

Por lo tanto, durante tres años, Jesús fue en el verdadero sentido del término, el *maestro* de los apóstoles (Juan 13:13). De hecho, la mayor parte del ministerio terrenal de Jesús se centró estrictamente en instruir a los discípulos. Aunque ministró al público, su práctica fue siempre reunir a sus discípulos en privado para explicarles todo cuidadosamente (por ejemplo, Marcos 4:34). Día tras día, el que era «más grande que Salomón» (Mateo 12:42) y la encarnación de la «verdad» misma (Juan 14:6) les impartía —de manera metódica— sus palabras a ellos y los preparó para su propio ministerio de proclamación.

Como afirma A. B. Bruce:

Desde el momento en que fueron elegidos, de hecho, los doce ingresaron en un aprendizaje constante para el gran oficio del apostolado, en el curso del cual debían aprender —en la intimidad de una comunión diaria con su Maestro—, lo que deberían ser, hacer, creer y enseñar, como sus testigos y embajadores ante el mundo. A partir de entonces, el entrenamiento de esos hombres sería una parte constante y prominente del trabajo personal de Cristo. Tenía que ocuparse de su negocio para decirles en la oscuridad lo que debían después hablar a la luz del día, y susurrarles al oído lo que después de años deberían predicar en los terrados.

La lógica de la preparación de los apóstoles por parte de Jesús alcanzó su cúspide al encargarles que cumplieran sus responsabilidades en lugar de Él. Al principio, Jesús hizo eso mediante asignaciones temporales de predicación entre el pueblo de Israel (por ejemplo, Mateo 10:5-7), y con tales asignaciones iba la autoridad delegada. Al igual que con los profetas del Antiguo Testamento cuyas palabras debían ser tratadas como las mismas palabras de Dios, las palabras de los apóstoles debían ser recibidas como las mismas que Jesús dijo: «Si alguno no los recibe bien ni escucha sus palabras, al salir de esa casa o de ese pueblo, sacúdanse el polvo de los pies. Les aseguro que en el día del juicio el castigo para Sodoma y Gomorra será más tolerable que para ese pueblo» (10:14-15). La cadena ininterrumpida de autoridad verbal se extendió desde los apóstoles hasta el mismo que había enviado a Jesús: «Quien los recibe a ustedes me recibe a mí; y quien me recibe a mí recibe al que me envió» (10:40; ver Juan 13:20).

La última comisión de Jesús a los apóstoles es particularmente importante (ver Mateo 28:18-20, Marcos 16:15, Lucas 24:44-49, Juan 20:21, Hechos 1:8). Lucas registra que justo antes de la ascensión, Jesús dijo:

> «Estas son las palabras que os hablé, estando aún con vosotros: que era necesario que se cumpliese todo lo que está escrito de mí en la ley de Moisés, en los profetas y en los salmos. Entonces les abrió el entendimiento, para que comprendiesen las Escrituras; y les dijo: Así está escrito, y así fue necesario que el Cristo padeciese, y resucitase de los muertos al tercer día; y que se predicase en su nombre el arrepentimiento y el perdón de pecados en todas las naciones, comenzando desde Jerusalén. Y vosotros sois testigos de estas cosas» (Lucas 24:44-48, RVR1960).

Aquí Jesús teje tres fuentes de la verdad en una corriente uniforme de revelación divina: (1) las palabras de *Jesús* («Estas son mis palabras que os hablé», v. 44a); (2) las palabras *del Antiguo Testamento* («todo lo que está escrito de mí», vv. 44b-46); y (3) las palabras de los *apóstoles* testigos oculares («el arrepentimiento y el perdón de pecados en todas las naciones, comenzando desde Jerusalén. Y vosotros sois testigos de estas cosas», vv. 47-48). Además, como registra Mateo, Jesús declaró explícitamente que «todo lo que yo mandé» era necesario para hacer discípulos de «todas las naciones», y esta sería la regla hasta «el fin del mundo» (Mateo 28:19-20). Claramente, sin la fiel preservación de las palabras de Jesús, no podría haber una misión global.

En definitiva, aunque la selección, instrucción y comisión de los apóstoles de Jesús no es una evidencia directa de su anticipación y autorización de la redacción de las Escrituras del Nuevo Testamento, sí proporciona un prerrequisito necesario para ello. Las siguientes dos acciones de Jesús lo despliegan más.

Jesús prometió al Espíritu Santo para que guiara a sus apóstoles a toda la verdad

Al considerar la relación de Jesús con el canon del Nuevo Testamento, también debemos tomar en cuenta su promesa de que el Espíritu Santo guiaría a sus apóstoles «a toda la verdad» (Juan 16:13). Como escribió una vez Bernard Ramm: «Aquí, en este ministerio del Espíritu, está la credibilidad decisiva del Nuevo Testamento; aquí está la causa suficiente y necesaria para escribir el Nuevo Testamento; aquí está la autoridad de las Escrituras divinas dictadas a sus ejecutores; y aquí está el terreno real de nuestra propia certeza interior de la fe cristiana».

En su discurso en el Monte de los Olivos, Jesús declaró que sus palabras poseían perpetuidad eterna: «El cielo y la tierra pasarán, pero mis palabras jamás pasarán» (Mateo 24:35, ver Marcos 13:31, Lucas 21:33). Si bien la declaración se relaciona directamente con sus profecías sobre el «fin del mundo» (Mateo 24:3), el principio es, sin embargo, claro: los detalles que Jesús enseñó no se perderán con el paso del tiempo. Incluso la permanencia de los objetos más inmutables conocidos por el hombre, el cielo y la tierra, no se podía comparar con la permanencia de sus palabras.

Hubo, sin embargo, algo que sí poseía el mismo tipo de perpetuidad que las palabras de Jesús: las Escrituras del Antiguo Testamento. En su Sermón del Monte, Jesús afirmó con un lenguaje similar: «Les aseguro que mientras existan el cielo y la tierra, ni una letra ni una tilde de la ley desaparecerán hasta que todo se haya cumplido» (Mateo 5:18, ver Lucas 16:17). Haciendo hincapié en la misma verdad, también declaró que «la Escritura no puede ser quebrantada» (Juan 10:35). Tales declaraciones reiteraron la enseñanza del Antiguo Testamento mismo. Isaías declaró que «la palabra de nuestro Dios permanece para siempre» (Isaías 40:8); David afirmó que la ley «perdura para siempre» (Salmos 19:9); y el escritor del Salmo 119 exclamó: «Para siempre, Señor, tu palabra está asentada en el cielo» (v. 89). Sin lugar a dudas, el Antiguo Testamento debía tomarse como un registro permanente de la Palabra de Dios. Jesús reclamó la misma permanencia y autoridad para sus propias palabras.

¿Pero *en qué manera* permanecerían las palabras de Jesús tanto como las Escrituras del Antiguo Testamento? De hecho, Jesús había preparado apóstoles para propagar sus enseñanzas al mundo, pero no existe ningún registro de que alguna vez hayan escrito algo durante su ministerio terrenal. Además, algunos que no habían sido parte de este grupo selecto más tarde pretenderían registrar esas palabras de Jesús (Lucas 1:1-4). ¿Cómo pudo Jesús hacer tal afirmación con tanta valentía?

La respuesta se encuentra en la promesa de Jesús acerca del Espíritu Santo. A los encargados de dar testimonio de su vida y enseñanzas, Jesús les prometió un Ayudante que se aseguraría de que su testimonio fuera exacto y perdurable. Jesús comenzó a hacer esta promesa al principio de su preparación de los Doce. Antes de enviarlos a una tarea temporal, Jesús dijo:

«Los envío como ovejas en medio de lobos. Por tanto, sean astutos como serpientes y sencillos como palomas. Tengan cuidado con la gente; los entregarán a los tribunales y los azotarán en las sinagogas. Por mi causa los llevarán ante gobernadores y reyes para dar testimonio a ellos y a los gentiles. Pero, cuando los arresten, no se preocupen por lo que van a decir o cómo van a decirlo. En ese momento se les dará lo que han de decir, porque no serán ustedes los que hablen, sino que el Espíritu de su Padre hablará por medio de ustedes» (Mateo 10:16-20; ver Marcos 13:11; Lucas 12:12).

De la misma manera que Dios le había dicho a Moisés: «Anda, ponte en marcha, que yo te ayudaré a hablar y te diré lo que debas decir» (Éxodo 4:12), Jesús prometió que «el Espíritu de su Padre les daría a los apóstoles sus palabras mientras hacían su defensa ante el mundo».

El discurso del Aposento Alto proporciona la enseñanza más detallada de Jesús con respecto al ministerio de este Ayudante o Consolador.

Primero, Jesús enseñó que su propia partida indicaría la llegada de este Ayudante. En la primera de cinco declaraciones importantes sobre el ministerio del Espíritu Santo (Juan 14:16-17, 26; 15:26; 16:7-11, 12-15), Jesús declara: «Y yo le pediré al Padre, y él les dará otro Consolador para que los acompañe siempre: el Espíritu de verdad, a quien el mundo no puede aceptar porque no lo ve ni lo conoce. Pero ustedes sí lo conocen, porque vive con ustedes y estará en ustedes» (14:16-17).

La identificación de Jesús con el Espíritu Santo como «otro Ayudante [que es como se refiere al Espíritu Santo —Consolador—, en la Biblia en inglés New American Standard Bible (NASB)]» es significativa al responder a la pregunta planteada anteriormente. En términos simples, «Ayudante» (παράκλητος; ver 14:26; 15:26; 16:7) se refería a «una presencia que ayuda» o «uno que es llamado para proporcionar ayuda». En griego extrabíblico, el término era usado para referirse a la persona llamada junto con un acusado como un abogado o intercesor. Este fue un término apropiado, especialmente a la luz de la promesa anterior de Jesús a los apóstoles (Mateo 10:16-20), por ello describió sucintamente lo que el Espíritu Santo haría cuando los apóstoles fueran llamados a testificar ante judíos y gentiles.

Jesús identificó aún más a este Ayudante como «el Espíritu de verdad» (14:17; ver 15:26; 16:13). Jesús mismo fue descrito como «lleno de verdad» (1:14); afirmó que hablaba «verdad» en oposición a la falsedad (8:45-46); y aseveró ser la encarnación de la «verdad» misma (14:6). Ahora, el «Espíritu de verdad» —este *otro* Ayudador— se les daría a los discípulos para que permaneciera dentro de ellos (14:17). Él sería su nuevo agente de la verdad, así como Cristo lo había sido en el pasado.

El propósito de enviar al Espíritu de la verdad se identifica más explícitamente en la segunda declaración de Jesús con respecto a este Ayudante: «Todo esto lo digo ahora que estoy con ustedes. Pero el Consolador, el Espíritu Santo, a quien el Padre enviará en mi nombre, les enseñará todas las cosas y les hará recordar todo lo que les he dicho» (14:25-26). Aquí, se describe una función doble: la de *enseñar* y *recordar*.

Primero, el ministerio del Espíritu implicaría la enseñanza: la impartición del conocimiento divino. Hubo muchas verdades que los discípulos aún no habían estado preparados para recibir, pero que eran esenciales para su comisión de predicar a Cristo al mundo. Como declaró Jesús casi al final de su discurso:

«Muchas cosas me quedan aún por decirles, que por ahora no podrían soportar. Pero, cuando venga el Espíritu de la verdad, él los guiará a toda la verdad, porque no hablará por su propia cuenta, sino que dirá solo lo que oiga y les anunciará las cosas por venir. Él me glorificará porque tomará de lo mío y se lo dará a conocer a ustedes. Todo cuanto tiene el Padre es mío. Por eso les dije que el Espíritu tomará de lo mío y se lo dará a conocer a ustedes» (Juan 16:12-15).

En otras palabras, a la luz de su inminente partida, Jesús prometió la ayuda del Espíritu Santo para «guiar» o «ayudar a adquirir» lo que identificó como «toda la verdad» (16:13a), particularmente en lo relacionado con «lo que está por venir» (16:13b). Ciertamente, esa nueva revelación no sería cualitativamente diferente de la revelación que Jesús ya había dado. Como Jesús pasó a declarar, el Espíritu «toma de lo mío y se lo revelará» (v. 15). Habría una continuidad perfecta entre lo que Cristo ya enseñó en persona y lo que el Espíritu revelaría más adelante a esos testigos apostólicos. Como el Logos de Dios (Juan 1:1), Cristo continuaría su papel en el cielo como el gran revelador de la verdad divina del Padre, tal como lo había hecho históricamente en la tierra.

En segundo lugar, el ministerio del Espíritu implicaría *recordar*: Traer a la memoria lo que Cristo dijo y realizó a lo largo de su ministerio terrenal. Importante aquí es el concepto de «testimonio». A lo largo del discurso del Aposento Alto, Jesús aludió a la naturaleza de la comisión encomendada a sus discípulos. Por ejemplo, dijo: «Cuando venga el Consolador, que yo les enviaré de parte del Padre, el Espíritu de verdad que procede del Padre, él testificará acerca de mí. Y también ustedes darán testimonio porque han estado conmigo desde el principio» (15:26-27).

Los apóstoles habían sido seleccionados para dar testimonio del ministerio terrenal de Jesucristo. Pero debido a que su tiempo con Él terminó antes del cumplimiento de su obra, muchos detalles de su enseñanza fueron difíciles de entender (12:16) y algunos incluso fueron olvidados (2:22). Sin embargo, el centro de su misión fue la proclamación exacta de las palabras de Jesús. ¿Cómo recordarían y entenderían, especialmente dado que su tiempo con Jesús pronto terminaría?

Además, Jesús explicó la manera en que se mostraría el amor a Él después de su partida: «El que me ama, obedecerá mi palabra, y mi Padre lo amará, y haremos nuestra vivienda en él. El que no me ama, no obedece mis palabras. Pero estas palabras que ustedes oyen no son mías, sino del Padre, que me envió» (14:23-24). Si hubiera una expresión completa de amor por Cristo mediante la obediencia, se necesitaría nada menos que la totalidad de las enseñanzas de Cristo. Tal parámetro sería imposible si los testigos a quienes se les confiaron las palabras de Cristo no pudieran recordar lo que Él les enseñó.

Sin embargo, Jesús no dejaría a sus apóstoles desamparados. Sería un componente primario del ministerio del Ayudante para «recordar» todas las enseñanzas de Jesús (14:26). Él no permitió que los apóstoles recordaran, de manera incorrecta o parcial, ese contenido de conocimiento que era tan esencial para su amor por Cristo y su testimonio ante el mundo.

Por último, fueron las propias afirmaciones de Jesús sobre la necesidad de sus palabras de fe, amor, obediencia y testimonio las que establecieron la necesidad de un canon. Además, la promesa de Jesús en cuanto al Espíritu de la verdad garantizó que el recuerdo, la comprensión y la comunicación de sus palabras por parte de los apóstoles cumplirían los criterios necesarios para servir como este canon. Este canon se formaría primero en forma oral en lo que se llegó a llamar «enseñanza apostólica» (por ejemplo, Hechos 2:42). Pero con el reconocimiento de que su testimonio concerniente a Cristo necesitaba ser preservado y difundido a «toda la creación» (Marcos 16:15), y que el Espíritu Santo había sido prometido como el garante de la exactitud de ese testimonio, sería inexplicable para ellos creer que sus palabras, a diferencia de las palabras de los profetas de la antigüedad —que por el poder del mismo Espíritu (ver 2 Pedro 1:19-21) dieron testimonio acerca de Cristo (ver 1 Pedro 1:10-12)—, no necesitaran ser registradas.

El impacto total de la enseñanza de Jesús sobre el Espíritu en lo que se refiere a la composición del canon a menudo se pierde debido a la tendencia de los lectores contemporáneos a insertarse como destinatarios directos de las promesas de Jesús. Aunque partes del discurso se aplican a todos los creyentes, promesas como la de Juan 14:26 («[El Padre] les enseñará todas las cosas y les hará recordar todo lo que les he dicho») tienen una aplicación limitada.

Como escribe Sinclair Ferguson:

El significado de estas palabras también es comúnmente ter-
giversado como si tuvieran aplicación inmediata para los cristianos contemporáneos. Pero, de hecho, constituyeron una
promesa específica para los apóstoles que encontraron su cumplimiento en la redacción de las Escrituras del Nuevo Testamento. Los evangelios contienen lo que se les recordó que Jesús
había dicho y enseñado; en las cartas encontramos la iluminación adicional que recibieron a través del Espíritu Santo.

Jesús oró que la iglesia fuera santificada por el testimonio apostólico

Al considerar la relación de Jesús con la composición del Nuevo
Testamento, debemos tener más en cuenta su oración intercesora en
el jardín de Getsemaní. Esta petición, registrada en Juan 17, contiene
la comunicación más conocida y extensa del Hijo de Dios al Padre, y
resume conmovedoramente todo el ministerio terrenal de Jesús.

El contenido de la oración de Jesús se enfoca en tres objetos: (1)
Jesús mismo (vv. 1-5); (2) los apóstoles de Jesús (vv. 6-19); y (3) la iglesia futura (vv. 20-26). Cuando Jesús comienza a orar por sus apóstoles,
los hombres específicos dados por el Padre para ser testigos especiales
del ministerio de Jesús (v. 6), identifica la importancia del testimonio
verbal para el éxito de su misión:

«A los que me diste del mundo les he revelado quién eres.
Eran tuyos; tú me los diste y ellos han obedecido tu palabra.
Ahora saben que todo lo que me has dado viene de ti, porque
les he entregado las palabras que me diste, y ellos las aceptaron; saben con certeza que salí de ti, y han creído que tú me
enviaste» (vv. 6-8).

La última misión de Jesús fue revelar al Padre («por esta [razón] he
nacido», 18:37). Él habla con tanta confianza en su oración de su éxito
en esta misión que usa el tiempo perfecto: «Las palabras que me diste,
les he entregado [tiempo perfecto]» (17:8), y «He dado [perfecto] tu
palabra» (v. 14). En el centro de esta misión se encontraba un contenido

colectivo de conocimiento («palabra», v. 14) compuesto de proposiciones específicas («palabras», v. 8).

Sin embargo, a pesar del éxito de Jesús, la misión general aún no estaba completa. Ahora era responsabilidad de los apóstoles comunicar este mensaje. El punto culminante de la intercesión de Jesús por sus apóstoles, por lo tanto, se centra en los medios por los cuales el Padre los mantendría fieles y consagrados a la tarea que tenía entre manos: «Santifícalos en la verdad; tu palabra es la verdad. Como tú me enviaste al mundo, yo los envío también al mundo. Y por ellos me santifico a mí mismo, para que también ellos sean santificados en la verdad» (vv. 17-19). Si bien por extensión lógica, la designación «*tu* palabra» (v. 17) podría entenderse como una referencia a todas las palabras que procedían de la boca de Dios (que incluiría el Antiguo Testamento), el contexto de la oración de Jesús, particularmente los versículos 8 y 14, requiere que esta «palabra» del Padre sea tomada como una referencia directa a las palabras que Cristo mismo dio a conocer a los apóstoles. En otros términos, cuando Jesús pensó en la futura misión de enseñanza de los apóstoles, reconoció que los grandes medios para separarlos y mantenerlos fieles serían las mismas palabras que había recibido del Padre y que se les habían revelado. No solo necesitarían transmitir estas palabras; ellos también necesitarían ser santificados por ellas.

Luego, cuando Jesús pasa a orar por la iglesia global (vv. 20-26), reconoce el papel central que la «palabra» jugaría en la salvación y la santificación de los pecadores: «No ruego solo por estos. Ruego también por los que han de creer en mí por el mensaje [la palabra, en RVR1960] de ellos, para que todos sean uno. Padre, así como tú estás en mí y yo en ti, permite que ellos también estén en nosotros, para que el mundo crea que tú me has enviado» (vv. 20-21), crea la palabra de los apóstoles. El gran medio por el cual otros llegarían a conocer a Jesucristo de manera salvífica y estar espiritualmente unidos a Él ahora se identifica como «*la palabra*» (v. 20). Habiendo sido separados por las palabras que Cristo les dio del Padre, los apóstoles debían transmitir esas mismas palabras al mundo. Su palabra se hizo la misma de ellos, cuya fiel proclamación conduciría a la salvación de los perdidos y su incorporación al cuerpo espiritual de Cristo.

La asociación que Jesús hace en su oración entre la *fuente* de las palabras (el Padre), el *revelador* de las palabras (el Hijo) y los *mensajeros* de la palabra (los apóstoles), no puede ser ignorada. Se mueve a la perfección entre la descripción de la revelación divina como «tu palabra» (del Padre, v. 14) y «la palabra de ellos» (de los apóstoles), con Jesús mismo sirviendo como enlace efectivo. En la sabiduría divina de Dios, los tres componentes serían esenciales para el éxito final de la revelación de Dios al mundo. Como comentó F. F. Bruce: «El mismo mensaje que deben proclamar en su nombre ejercerá su efecto santificador sobre ellos: ese mensaje es la continuación del mensaje de Él, así como su misión en el mundo es la extensión de la misión de Él». Por lo tanto, en un sentido muy real, la composición del Nuevo Testamento como un testimonio autoritativo y duradero al mundo puede verse como parte de la respuesta del Padre a la oración del Hijo. La última misión no podría lograrse sin las palabras del Padre reveladas en Cristo, ni sin las palabras de Cristo transmitidas fielmente por sus apóstoles. La primera mitad de la ecuación fue completa; la segunda permaneció incompleta. Jesús ora por su éxito, y en la providencia de Dios, los apóstoles comienzan a tomar la pluma y a escribir para que todo el mundo la lea.

En consecuencia, solo se puede argumentar por prejuicio extremo que «durante el primero y gran parte del segundo siglo, habría sido imposible prever que tal colección surgiría» y que «nada dictaba que debería haber un "Nuevo Testamento" en absoluto». La preparación especial de un grupo de apóstoles por parte de Jesús, su promesa del Espíritu Santo para guiar a estos en su proclamación de sus enseñanzas, y su oración para que el Padre usara la palabra de los apóstoles para la salvación y santificación de la iglesia proporcionan el marco lógico para aprobar el Nuevo Testamento según lo anticipado y autorizado por Jesús. Como declaró Michael Kruger:

> Los apóstoles fueron portavoces de Cristo y se les dio la tarea de entregar y preservar este mensaje redentor, el cual fue originalmente entregado oralmente pero luego fue encarnado en una forma escrita más permanente. Los libros del Nuevo Testamento se consideraron autoritativos no porque la iglesia los declarara así, ni incluso porque fueron escritos directamente por los apóstoles, sino porque se entendía que tenían el respaldo apostólico esencial.

Varias décadas antes, John Wenham afirmó de manera similar:

Parecemos justificados al decir: Para Cristo, su propia enseñanza y la de sus apóstoles enseñados por el Espíritu eran verdaderas, autoritativas e inspiradas. Para Él, lo que Él y ellos dijeron bajo la dirección del Espíritu, fue dicho por Dios. Para Él, el Dios del Nuevo Testamento era el Dios viviente y, en principio, la enseñanza del Nuevo Testamento era la enseñanza del Dios viviente.

Y varias décadas antes que él, Geldenhuys escribió:

El hecho *de que* Jesús posee la suprema autoridad divina es... de la mayor importancia para el estudio del desarrollo del Nuevo Testamento. Porque nos da la seguridad de que el Señor de toda autoridad se habría preocupado de que, un relato adecuado y completamente confiable, y una proclamación auténtica sobre el significado de su vida y obra fueron escritos y preservados para las edades venideras. Debido a que la revelación de Dios en Cristo fue completa y *ephapax*, «extraordinariamente buena» (de una vez para siempre), se deduce por lógica que el Señor a quien se da toda la autoridad en el cielo y en la tierra habría regulado la historia de la iglesia primitiva de tal manera que el canon del Nuevo Testamento sería genuino y suficiente.

Mucho antes, menos de un siglo después de que se completara el último libro canónico del Nuevo Testamento, Ireneo escribió lo siguiente en *Contra las herejías* (c. 180 d.C.):

No hemos aprendido de nadie más el plan de nuestra salvación, sino por aquellos por quienes el evangelio nos ha llegado, quienes proclamaron en público en un momento y, en un período posterior —*por la voluntad de Dios, transmitido para nosotros en las Escrituras*—, ser la base y columna de nuestra fe. Porque es ilegal afirmar que predicaron antes de que poseyeran «conocimiento perfecto», como algunos incluso se atreven a decir, haciéndose valer como mejoradores de los apóstoles. Porque, después de que nuestro Señor resucitó de entre los muertos, [los apóstoles] fueron investidos con poder de lo alto cuando el Espíritu Santo descendió [sobre ellos], se llenaron de todos [sus dones], y tenían perfecto conocimiento, partieron hacia los confines de la tierra, anunciando las buenas nuevas de las cosas [enviadas] de Dios a nosotros, y proclamando la paz del cielo a los hombres, quienes de hecho hacen todo por igual y poseen individualmente el evangelio de Dios.

¿Creyeron los escritores del Nuevo Testamento que Jesús autorizó sus escritos?

Pablo de Tarso, el escritor más prolífico del Nuevo Testamento, no era uno de los Doce originales. Sus escritos proporcionan un excelente caso de prueba para determinar si un escritor del Nuevo Testamento reconoció que escribió la Palabra de Dios con la plena autoridad de Jesucristo. Si hubiera escritores del Nuevo Testamento que no sospecharan la naturaleza canónica de sus escritos, uno esperaría que Pablo estuviera entre ellos. Sin embargo, esto no es lo que demuestra el testimonio:

- Pablo se incluyó entre los «testigos» encargados personalmente por Jesucristo para testificar acerca de su vida y enseñanzas (Hechos 22:14-15, 23:11, 26:16-18, 1 Corintios 15:3-11).
- Pablo se identificó a sí mismo como «apóstol» designado por Dios, que tenía autoridad igual a los Doce para exigir la obediencia universal de la iglesia (Romanos 1:1-6, 1 Corintios 1:1, 17 y 9:1-2; 15:8-10; 2 Corintios 1:1; 12:11-12; Gálatas 1:1; 2:7-10; Efesios 1:1; 3:8-10; Col. 1:1; 1 Tesalonicenses 2:6; 1 Timoteo 1:1; 2:7; 2 Timoteo 1:1; Tito 1:1-3).
- Pablo demandó hablar la Palabra de Dios (2 Corintios 2:17; 4:2; 1 Tesalonicenses 2:13) y no su propio mensaje (2 Corintios 4:5).
- Pablo se vio a sí mismo como un mensajero de las mismas palabras de Cristo (1 Corintios 11:23-25; 15:3; Gálatas 1:12).
- Pablo creyó que la iglesia fue edificada sobre sus palabras y las de otros apóstoles y profetas del Nuevo Testamento (1 Corintios 3:10, Efesios 2:19-20).

- Pablo afirmó que el Espíritu Santo era el agente de la revelación directa a través de él (1 Corintios 2:1-4, 12-13; Efesios 3:1-5).

- Pablo afirmó que sus palabras escritas no eran menos autoritativas que su predicación (2 Corintios 10:11; 2 Tesalonicenses 2:15).

- Pablo colocó sus palabras escritas al mismo nivel de autoridad que las enseñanzas históricas de Jesucristo (ver 1 Corintios 7:10, 12, 25).

- Pablo puso sus enseñanzas («estas cosas», 1 Timoteo 4:11, 15-16, 5:7, 6:2b, 2 Timoteo 2:2, Tito 2:15) al mismo nivel de autoridad que las «Escrituras» (ver 1 Timoteo 4:11, 13).

- Pablo declaró que lo que escribió era parte del estándar de autoridad —o canon— para la iglesia, y que rechazar sus palabras era ubicarse fuera de ella (Romanos 16:25-26; 1 Corintios 7:17; 14:37-38; 2 Corintios 13:10; Gálatas 1:9; 2 Tesalonicenses 3:6, 14).

- Pablo proclamó autoridad sobre todas las iglesias (1 Corintios 4:17; 7:17; 11:16).

- Pablo lideró la lectura pública de sus cartas durante los servicios de adoración de la iglesia (Colosenses 4:16; 1 Tesalonicenses 5:27), colocando conscientemente sus escritos en el mismo plano que las Escrituras del Antiguo Testamento, que también debían ser leídas públicamente (1 Timoteo 4:13).

- Pablo, reconociendo su condición exclusiva como apóstol, tuvo el cuidado de enfatizar a sus lectores que las palabras en sus cartas eran las suyas (1 Corintios 16:21; Gal 6:11; Colosenses 4:18; 2 Tesalonicenses 2:6). 3:17; Filipenses 19). También advirtió a sus lectores que no aceptaran cartas escritas por otros que afirmaban falsamente ser el apóstol (2 Tesalonicenses 2:1-2).

- Pablo reconoció la condición canónica del Evangelio de Lucas, incluso antes de que hubiera sido ampliamente reconocida por la iglesia (ver 1 Timoteo 5:18, Deuteronomio 25:4, Lucas 10:7, Pablo escribió 1 Timoteo c. 62- 64 d.C.; el Evangelio de Lucas data del año 60-61 d.C.).

- El apóstol Pedro reconoció los escritos de Pablo como «Escritura» (2 Pedro 3:15-16).

En total, hay más evidencias de la conciencia de Pablo sobre la naturaleza canónica de sus escritos que en muchos libros del Antiguo Testamento, libros que Jesús reconoció como verdaderos, autorizados e inspirados. John Piper lo resume bien: «Pablo afirma que en el cumplimiento de la promesa de Jesús de enviar su Espíritu para guiar a los apóstoles a la verdad (Juan 14:25-26; 16:12-13), el Espíritu le inspiró a escribir la verdad. Eso estaba esencialmente a la par con las Escrituras inspiradas y autorizadas del Antiguo Testamento».

En última instancia, si bien hay preguntas fascinantes relacionadas con el canon del Nuevo Testamento que merecen ser exploradas, el esfuerzo por distanciar el canon de Jesucristo no es sino un atrevimiento por socavar su autoridad y establecer otra diferente (tradición eclesiástica, subjetivismo en forma de racionalismo o misticismo, o la comunidad religiosa de uno). Separar a Cristo del canon del Nuevo Testamento pone en duda la naturaleza misma de su misión. Sin embargo, es el testimonio de los mismos apóstoles contenido en el Nuevo Testamento, junto con el testimonio del Espíritu de Dios en nosotros, lo que nos lleva hoy a ver la armonía perfecta entre la Palabra de Dios inscrita en el Nuevo Testamento y la Palabra de Dios encarnada en la persona de Jesucristo.

16

CRISTO EN EL ANTIGUO TESTAMENTO

ABNER CHOU

Lucas 24:25-27

Hace quinientos años, los reformadores declararon *Solus Christus*, Cristo solo. Ese fue el latido del corazón de la Reforma. E incluso medio milenio después, *Solus Christus* sigue sonando fuerte. Esto no debería sorprendernos. La doctrina de Cristo por sí sola no puede contenerse hasta quinientos años. Es la verdad eterna. En el pasado, los profetas (Génesis 3:15; Salmos 110:1; Miqueas 5:2; Zacarías 14:4) y los apóstoles (Gálatas 6:14, Hebreos 1:1-4, 1 Pedro 1:13, 1 Juan 5:13) lo proclamaron. Al final, toda rodilla se inclinará ante Él (Filipenses 2:10-11). Todas las cosas son de Él, por Él y para Él (Colosenses 1:16). Solo Cristo es una realidad omnipresente y duradera.

Por esta razón, todos lo que somos tiene que ver con Cristo. Después de todo, somos cristianos, y las Escrituras nos dicen que este título no debe tomarse a la ligera. En Hechos 11:26, los habitantes de Antioquía llamaron «cristianos» a los creyentes de la ciudad debido a lo que predicaban y enseñaban. El título «cristiano» no surgió porque los creyentes se llamaban a sí mismos, sino porque se ganaron la reputación de aquellos que seguían a Cristo. Esto nos recuerda que debemos ganarnos el derecho de ser llamados cristianos. Como aquellos que nos precedieron, debemos proclamar a Cristo clara y audazmente.

Tal carga exige que declaremos a Cristo plenamente. No podemos exaltarlo simplemente en el Nuevo Testamento; también debemos exaltarlo en el Antiguo Testamento. Después de todo, el Señor mismo declara que Moisés y los profetas hablan de Él (Lucas 24:27). Aún más, los apóstoles usan repetidamente el Antiguo Testamento para explicar a Cristo (Hechos 2:33-35, Hebreos 1:1-14, ver Salmos 2:8, 110:1). El Antiguo Testamento es fundamental para nuestra comprensión de Cristo, por lo que es elemental en la tarea de magnificarlo.

Además, tal carga exige que declaremos a Cristo *fielmente*. La Escritura nos llama a tratar con corrección la Palabra de Dios (2 Timoteo 2:15) y no tergiversar lo que se ha escrito (2 Pedro 3:16). La gente a veces cree que debemos leer a Cristo en cada versículo del Antiguo Testamento. Sin embargo, no obedecemos a Cristo cuando malinterpretamos su Palabra. Necesitamos honrarlo no solo al declararlo a Él, sino también en la forma en que manipulamos las Escrituras.

Jesús modela perfectamente esta tarea de predicarlo a Él plena y fielmente. A lo largo de su vida, nuestro Señor expuso el Antiguo Testamento. Al hacerlo, podemos observar que Jesús es un maestro que interpreta las Escrituras. Incluso cuando tenía doce años, asombró a la gente con su visión del Antiguo Testamento (Lucas 2:41-51). Sus contemporáneos reconocieron que hablaba bien de las Escrituras (Lucas 20:39). Jesús fue un intérprete de la Escritura por *excelencia*. En efecto, la hermenéutica de nuestro Señor es la misma de la Escritura. Jesús, como el último profeta, lee el Antiguo Testamento en armonía con los profetas (1 Samuel 15:22; Oseas 6:6; Mateo 9:13; Hebreos 1:1-4) y lee el Antiguo Testamento en la misma forma en que los apóstoles lo leen (Mateo 21:42; Romanos 9:33; Efesios 2:20; 1 Pedro 2:4). Por lo tanto, la hermenéutica de Cristo es la misma tanto en el Antiguo como en el Nuevo Testamento. Él sabe exactamente cómo opera la Escritura. Por tanto, cuando se trata de estudiar la Biblia, no hay nadie mejor de quien aprender que Cristo.

Y eso es precisamente lo que queremos hacer en este capítulo. Mi objetivo es que nos sentemos a los pies de nuestro Señor y aprendamos de Él cómo leer el Antiguo Testamento. Él nos mostrará las profundidades del mismo y aprenderemos que exaltarlo no llega nunca a expensas de malinterpretar su Palabra. En conclusión, nuestro objetivo es honrar a Cristo de principio a fin, tener una hermenéutica que proviene de Él para proclamarlo de una manera que lo honre. De esa manera, verdaderamente trataremos solo a Cristo y haremos honor al nombre «Cristiano».

LA MANERA EN QUE JESÚS LEÍA SU BIBLIA

Así que, ¿cómo leía Jesús su Biblia? Como maestro de la interpretación, ¿qué ideas tenía Él sobre el Antiguo Testamento? Lucas 24:25-27 proporciona una manera de resumir su hermenéutica:

> «¡Qué torpes son ustedes —les dijo—, y qué tardos de corazón para creer todo lo que han dicho los profetas! ¿Acaso no tenía que sufrir el Cristo estas cosas antes de entrar en su gloria? Entonces, comenzando por Moisés y por todos los profetas, les explicó lo que se refería a él en todas las Escrituras».

En este punto, debemos aclarar lo que Jesús *no* hizo. Algunos leen estos versículos y suponen que Jesús se leyó a sí mismo en cada versículo del Antiguo Testamento. Sin embargo, eso no es lo que dice el texto. Lucas declara que Jesús habló sobre las cosas que «se referían a él en todas las Escrituras», es decir, en todo el Antiguo Testamento. En otras palabras, nuestro Señor presentó los textos relevantes sobre sí mismo que se encuentran en todo el Antiguo Testamento. Jesús no se involucra aquí en la interpretación creativa.

En realidad, Lucas 24 nos muestra que nuestro Señor tenía una hermenéutica tradicional. Nuestro objetivo aquí es mostrar, a partir de este texto y otros, cómo Jesús leyó el Antiguo Testamento de forma literal, gramatical e histórica. Aún más, queremos ver cómo utilizó ese enfoque en toda su complejidad.

Al reflexionar en esto, la primera lección que podemos observar de Lucas 24 es que nuestro Señor lee el Antiguo Testamento a la luz de la intención y la sofisticación de los profetas. Interpreta el Antiguo Testamento literalmente, en ese sentido. En Lucas 24, Jesús describe el Antiguo Testamento como lo que «los profetas han dicho». Con eso, Cristo afirma que lo que los profetas querían decir explica lo que significa el Antiguo Testamento. Esa es precisamente la razón por la que reprende a sus discípulos al no entender las Escrituras. Si Jesús creía que el Antiguo Testamento requería un significado diferente o más profundo, no podría haber condenado a sus discípulos. No podrían haberlo sabido mejor. Sin embargo, Jesús apunta a que los discípulos deberían haberlo sabido mejor basándose en lo que los profetas originalmente dijeron. Jesús no cree que el Antiguo Testamento necesite un significado más completo. De hecho, nuestro Señor declara que el problema no es que el Antiguo Testamento sea deficiente en su significado, sino que los discípulos necesitaban un corazón nuevo ya que eran necios y lentos para creer (Lucas 24:25).[1] Por lo tanto, Jesús cree que el significado del Antiguo Testamento es solo la intención del profeta. Él realmente tenía una hermenéutica literal.

Esto se debe a que Jesús creía que los profetas sabían de lo que estaban hablando. Él declara repetidas veces cómo los profetas hablaban de Él (Juan 5:39) y cómo el Antiguo Testamento lo anunciaba (Lucas 24:44). Él declaró que David habló del Mesías e incluso se dio cuenta de su divinidad (Mateo 22:41-46). Predicó que Isaías predijo el poder y la compasión del Señor (Lucas 4:17-19). Jesús entendió que los escritores del Antiguo Testamento tenían una compleja teología mesiánica. Aún más, Cristo sabía que la teología de los profetas incluía mucho más que la teología mesiánica. Él entendió que hablaban profundamente de varias cosas de la vida y la piedad. Jesús usó el Antiguo Testamento para discutir asuntos como la ira de Dios (Génesis 19:1-24; Mateo 10:15), el matrimonio (Génesis 2:24; Mateo 19:5-6), el adulterio (Éxodo 20:14; Mateo 5:27; 19:9), el divorcio (Deuteronomio 24:1-4; Mateo 19:7-8) y la escatología (Daniel 11:31; Mateo 24:15). Jesús no se leía a sí mismo en ninguno de esos textos. Más bien, apeló a lo que dicen los profetas porque creía que hablaban con conocimiento y poder. Todo eso muestra que Jesús leyó literalmente el Antiguo Testamento. No reinterpretó textos, pero sabía cómo sacar lo que Dios originalmente dijo en toda su profundidad y autoridad. Eso es parte de lo que lo convierte en un intérprete magistral de las Escrituras.

Segundo, Lucas 24 también nos enseña que Jesús confirmaba la intención del autor con más precisión. Su hermenéutica de esta manera es gramatical, centrándose en el lenguaje y los detalles del texto. En Lucas 24:25, Jesús les recordó a sus discípulos «*todo* lo que han dicho los profetas» (énfasis añadido). Con la palabra «todo», nuestro Señor enfatizó la totalidad del Antiguo Testamento en amplitud y profundidad. Jesús ciertamente mostró tal precisión. Usaba la palabra «dioses» del Salmo 82:6 para defender su deidad (Juan 10:34). Él sostuvo el tiempo de una frase para apoyar la resurrección (Mateo 22:32). Aludió a Isaías

53 con la frase «los muchos» (Marcos 10:45). Repetidas veces mostró que leía el Antiguo Testamento desde una perspectiva gramatical y una sintaxis individuales. Esa es una hermenéutica gramatical.

Sin embargo, lo que hace que Jesús sea un intérprete magistral es que su atención al detalle proporciona una visión notable de la forma en que los profetas tejen el Antiguo Testamento para hacer teología. Ya mencionamos que Jesús afirmó que los profetas eran innovadores por derecho propio. Esto desarrolla esa idea. Jesús estaba al tanto de cómo usaban los profetas ciertos detalles para conectarse y exponer sobre escrituras pasadas. Cristo, de hecho, sigue ese mismo razonamiento. Los profetas hablan de Israel como la vid (Isaías 5:1-3; Jeremías 2:21; Oseas 10:1), y Jesús completa esa metáfora (Juan 15:1-9). Los profetas hablan de varios reinos como un gran árbol (Daniel 4:11-16; Ezequiel 17:23), y Jesús discute sobre esa imagen (Mateo 13:31-32). Los profetas usan Levítico 18:5 para confrontar a Israel acerca de su desobediencia (Nehemías 9:29; Ezequiel 18:9), y Jesús hace lo mismo (Lucas 10:28). Él conocía los detalles de las Escrituras y cómo se interconectaban sus pasajes. Tal enfoque gramatical hace que Cristo sea excepcionalmente perspicaz.

Por último, Lucas 24 declara que nuestro Señor también tenía una hermenéutica histórica. Leía las Escrituras de una manera que afirmaba su historicidad. En Lucas 24:26, nuestro Señor habla de cómo el Antiguo Testamento establece la necesidad de que «¿Acaso no tenía que sufrir el Cristo estas cosas antes de entrar en su gloria?» Él cree que el Antiguo Testamento habla de los eventos reales que sucederán en la historia. Tal historicidad no se aplica meramente a las profecías concernientes a su ministerio. También afirma la realidad de Adán (Mateo 19:4-5), Isaías (Mateo 15:7), los ninivitas (Lucas 11:30), la reina del Sur (Lucas 11:31), Elías y Eliseo (Lucas 4:25-27), Salomón (Lucas 11:31), David (Marcos 2:25), Abiatar (Marcos 2:26), Jonás (Mateo 12:39-41), así como Abraham, Isaac y Jacob (Mateo 22:32). La asimilación de Jesús de las Escrituras está inmersa en la historia.

Por esa razón, la lectura de las Escrituras por parte de Jesús también está inmersa en la historia redentora o en el plan de Dios. Nuestro Señor es consciente de que la historia no es aleatoria, sino que es parte del trabajo soberano de Dios. Coherentemente, mira el Antiguo Testamento entre tanto que se mueve hacia el Nuevo. Él habla de cómo «los profetas y la ley profetizaron hasta Juan» (Mateo 11:13). Habla de cómo el pecado de las generaciones pasadas en el Antiguo Testamento recaerá en la generación actual (Mateo 23:35; Lucas 11:51). Esto concuerda con la forma en que los profetas del Antiguo Testamento vieron la historia como parte del plan de Dios moviéndose hacia la culminación del tiempo (Nehemías 9:1-38; Salmos 68:1-35). Jesús considera la historia no simplemente como hechos del pasado sino como el plan de Dios que avanza hacia el presente.

Por lo tanto, Lucas 24 nos muestra que Jesús leía su Biblia en una forma literal, gramatical, histórica. Todo su ministerio atestiguó esa realidad. Dentro de esto, Jesús sabía cómo esos principios jugaron a favor suyo. Estuvo presente en la historia de las Escrituras, comprendiendo que abarcaba el plan de Dios a medida que se movía del Antiguo Testamento al Nuevo. Él afirmó los detalles de las Escrituras, entendiendo cómo los pasajes entrelazan las Escrituras para producir teología. Todo eso lo llevó a abrazar la intención del autor, porque sabía cuán complicados eran los profetas. Sólo tenía que sacar a la luz toda la fuerza del Antiguo Testamento. Eso es lo que lo hizo tan profundo. Esa es precisamente la razón por la cual aquellos que lo escucharon quedaron tan cautivados por su enseñanza (Juan 7:46) y nunca pudieron refutarlo (Marcos 12:34). Jesús nunca necesitó reinterpretar el Antiguo Testamento. Simplemente desplegó todo lo que los profetas escribieron.

Nuestro Señor tuvo una visión magistral de la naturaleza del Antiguo Testamento. Realmente entendió «todo lo que han dicho los profetas» (Lucas 24:25). Las ideas de Jesús muestran que el Antiguo Testamento no es solo un montón de historias aleatorias, meros relatos o poemas confusos y profecías. Contiene una profunda teología establecida por los profetas para avanzar hacia el Nuevo Testamento; es la teología la que intencionalmente anticipa a Cristo de varias maneras.

Por lo tanto, no necesitamos idear nuestras propias formas de ver a Cristo en el Antiguo Testamento. Más bien, nuestro Señor declara que el Antiguo Testamento ya lo expone ante nosotros. Solo necesitamos leer a los profetas cuidadosamente, como lo hizo el propio Señor.

A la luz de la hermenéutica y las ideas de Cristo, podemos ver cuatro formas principales en que el Antiguo Testamento magnifica a Cristo.

LAS PROFECÍAS DEL ANTIGUO TESTAMENTO ACERCA DE CRISTO

Primero, el Señor nos recuerda que el Antiguo Testamento profetiza acerca de Él. Como acabamos de comentar, Jesús leyó el Antiguo Testamento «literalmente» en el sentido de que confirmó la intención de los profetas. Eso es así porque Jesús creía que los profetas sabían de lo que estaban hablando. Creía que los escritores del Antiguo Testamento hablaban de Él (Juan 5:39) y tenían una teología mesiánica. En consecuencia, el Antiguo Testamento mismo predice de manera intencionada a Cristo.

Esto ocurre desde el principio hasta el final del Antiguo Testamento. Génesis 3:15 declara que una simiente brotará de la mujer y que [Él] aplastará la cabeza de Satanás. Más adelante, en el mismo libro de Génesis, Jacob proclama que Judá poseerá el cetro real y que esa descendencia será el clímax de tal dominio. De hecho, su reinado restaurará la creación (Génesis 49:10-12). En Números, Balaam reafirma esas profecías. Él declara que un cetro surgirá y aplastará la cabeza de los enemigos de Dios (Números 24:17). Más tarde, David declara que esa simiente será a la vez sacerdote y rey, al igual que Melquisedec (Salmos 110:1-4). También proclama que este rey sufrirá (Salmos 22:1) bajo la maldición de Dios para asegurar las promesas hechas tanto a Abraham (Salmos 22:23-29) como a David (Salmos 89:1-52). Isaías se basa en esto con las realidades del Siervo sufriente (Isaías 52:13—53:12). Daniel también lo hace al describir las glorias de uno como el Hijo del Hombre (Daniel 7:9-13) que también está aislado de su pueblo (Daniel 9:26). Zacarías además afirma que este, que fue traspasado por su pueblo, lo restaurará tanto espiritualmente (Zacarías 12:10; 13:1) como a nivel nacional (Zacarías 14:1-10). Malaquías, el último libro del Antiguo Testamento, concluye con una exhortación a cuidar al mensajero que prepara el camino para este Rey (Malaquías 3:1-2). Estas, son solo unas muestras de las profecías mesiánicas dentro del Antiguo Testamento (ver también Isaías 7:14; 42:1-4; 61:1-3; Oseas 3:5; Miqueas 5:2; Zacarías 6:9-15; 9:9).[2] Todo esto muestra que el Antiguo Testamento está lleno de predicciones directas sobre el Mesías. Podemos aprender mucho sobre Cristo a partir de las profecías.

Sin embargo, ¿cómo sabemos si un texto es una profecía mesiánica? A menudo, el profeta conectará su nueva predicción con un texto mesiánico más antiguo para indicar de quién están hablando. Por ejemplo, en los Salmos 72 y 110, se trata acerca de cómo aplastará el rey la cabeza de sus enemigos (110:6) y cómo serán pisoteados como serpientes (Salmos 72:9). Este lenguaje alude a Génesis 3:15 y, por esto, el salmista indica que estos salmos también hablan de Cristo. Del mismo modo, ciertos salmos (2:8; 22:27; 72:8) y profecías (Isaías 52:10; Miqueas 5:4) usan la frase clave «los confines de la tierra», que discute exclusivamente el dominio definitivo del Mesías. De hecho, el Nuevo Testamento incluso conserva esta lógica. Debemos ser testigos de Cristo desde Jerusalén hasta «los confines de la tierra» (Hechos 1:8). Debido a que la frase es congruente con lo que tiene que ver con el Mesías (tanto en el Antiguo como en el Nuevo Testamento), los profetas la usan para mostrar que hablan de Él. Por tanto, podemos discernir cuándo los profetas anuncian una profecía mesiánica. Esto se debe a que los profetas dejaron indicadores de lo que pretendían. Sabían lo que estaban haciendo, por lo que solo debemos leerlos cuidadosamente.

En esa línea, debemos recordar que los profetas escribieron la profecía no solo para predecir a Cristo, sino también con un propósito teológico. El contexto de estas profecías saca a relucir su teología. En contexto, la profecía de Zacarías de que el Mesías regresará al Monte de los Olivos y lo dividirá en dos (Zacarías 14:4) muestra cómo convertirá Él ese lugar de la derrota (ver 2 Samuel 15:30) en el lugar de su victoria definitiva (Zacarías 14:4-5). En contexto, el Salmo 22 no solo predice la muerte del Mesías, sino que muestra las poderosas ramificaciones que tiene en el plan y la historia de Dios. La muerte y la resurrección del Mesías harán que Israel se arrepienta (vv. 23-25), las naciones se acerquen a Dios (vv. 27-28) y los muertos vivan (vv. 26, 29). De hecho, el Salmo 22 no es simplemente una predicción de la muerte de Cristo, sino una teología del sacrificio de nuestro Señor. Al observar las profecías en contexto, vemos que no solo sirven para un propósito apologético, sino que también proporcionan una rica teología sobre el Mesías.

De modo que, si estamos ocupados tratando de encontrar a Cristo en todas partes, podemos terminar no viendo la profundidad total de los textos que hablan genuinamente de Él. El Antiguo Testamento está lleno de profecías mesiánicas y, por lo tanto, está lleno de profundas verdades acerca de Cristo. Necesitamos hacerle justicia. Al leer el Antiguo Testamento en su contexto, podemos asegurarnos de tener el contenido completo y profundo que los profetas nos brindan a través de sus profecías acerca de Cristo.

EL ANTIGUO TESTAMENTO MUESTRA QUE CRISTO PARTICIPA EN EL PLAN DE DIOS

La segunda forma en que el Antiguo Testamento magnifica a Cristo es mostrando cómo participa Él en el plan de Dios. Jesús creía que los profetas tenían conocimiento del Mesías y sabían lo que estaban haciendo. Por tanto, además de la profecía, los profetas a menudo transcribieron tensiones que indican el trabajo de la segunda persona de la Trinidad. Tales tensiones se disciernen a través de una hermenéutica literal, gramatical e histórica; el mismo enfoque que Cristo usó.

Por ejemplo, Génesis 19:24 declara que Yahweh hizo llover fuego de Yahweh en el cielo. ¿Cómo puede haber dos Yahweh, uno en el cielo y otro en la tierra? Esta tensión implica que la segunda persona de la Trinidad, Dios el Hijo, estuvo involucrada en la desaparición de Sodoma y Gomorra. Del mismo modo, en Génesis 32:24-30, el Ángel del Señor parece ser diferente del Señor (porque Dios lo envía), pero aun así es Dios mismo. Después de todo, Él habla como Dios (32:29-30) y le cambia el nombre a Jacob por el de Israel (32:28), un acto que Dios hace distintivamente (Génesis 1:5). Con eso, el Hijo parece participar otorgando el nombre «Israel». En Éxodo 14, el texto declara que Yahweh miró hacia abajo desde el cielo a través de la columna de nube (Éxodo 14:24). El contexto ya establece la columna de nube como Yahweh mismo (Éxodo 13:21). ¿Cómo puede Yahweh mirar a través de Yahweh? Esto también indica que Dios el Hijo está guiando a Israel en la columna de nubes. Esto incluso ocurre en la conquista. El capitán de los ángeles del Señor aparece ante Josué. Es enviado por Dios (Josué 5:14) y por eso es distinto de Él, sin embargo, Él mismo es Dios, porque recibe adoración (Josué 5:15) y es el mismo que se apareció a Moisés en la zarza ardiente (Éxodo 3:5). La segunda persona de la Trinidad guía la conquista. La misma tensión se produce con el Ángel del Señor en el período de los jueces (Jueces 3:13-21) e incluso el de los reyes

(2 Reyes 19:35). El Hijo orquesta el nacimiento de Sansón y la liberación de Ezequías de sus enemigos.

Estos ejemplos ilustran el peligro de leer mal el Antiguo Testamento. Al tratar de encontrar a Cristo donde no está, podríamos obviar dónde se encuentra genuinamente. En eventos como Sodoma y Gomorra, el nombramiento de Israel, el éxodo y la conquista, nuestro Señor desempeña unos de los papeles más importantes de la historia. Él impulsa el plan de Dios. Por lo tanto, una lectura equivocada del Antiguo Testamento puede minimizar inadvertidamente cuán crítico es Cristo. Puede terminar haciéndolo menos central. En cambio, al tener una hermenéutica literal, gramatical e histórica, podemos distinguir las tensiones que indican cómo participa Cristo que, de hecho, es fundamental para el plan de Dios. Podemos destacar cómo el Antiguo Testamento demuestra que Cristo siempre ha sido el héroe a lo largo de toda la historia de la redención.

El Antiguo Testamento se prepara para la llegada de Cristo a un micronivel

En tercer lugar, Jesús nos recuerda que el Antiguo Testamento proporciona una teología que se relaciona con Él. Como observamos, Jesús tenía una hermenéutica gramatical que observaba el modo en que los profetas entretejían los detalles para crear teología. Esas verdades no solo dan forma a nuestras mentes y vidas sino que, a veces, amplifican la persona y la obra de Cristo.

Una buena forma de ver esto es recorrer diversas partes de los evangelios y observar cómo el Antiguo Testamento destaca la sustancia del ministerio de Jesús. Nuevamente, en estos casos, el Antiguo Testamento no predice que estos eventos sucederán. No son profecías *per se*, más bien nos dan verdades que derivan en la vida de nuestro Señor.

Esto comienza justo con el nacimiento de Cristo. Recordemos que Herodes intentó matar a los bebés varones, pero que Dios liberó a Cristo de esa masacre (Mateo 2:13-15). El Antiguo Testamento destaca el significado de ese acontecimiento. El rescate es paralelo al de Moisés de manos del Faraón por la intervención divina y muestra que Jesús es el nuevo Moisés que conducirá a Israel en un nuevo éxodo (Mateo 2:15; Oseas 11:1). Este suceso es una declaración divina de que Jesús es realmente el verdadero gobernante y el libertador de su pueblo (Mateo 1:1).

La teología del Antiguo Testamento configura la manera en que vemos no solo el nacimiento de Cristo sino también su ministerio. Por ejemplo, nos ayuda a ver el significado de los lugares a los que va Jesús. Jesús entra en Jerusalén y sana cojos y ciegos (Mateo 21:14). Esto no es aleatorio. En el Antiguo Testamento, David primero conquistó Jerusalén y declaró que los cojos y ciegos nunca entrarían a su pueblo (2 Samuel 5:8). Jesús completa esto al entrar en Jerusalén y sanar a todos los ciegos y cojos. Es una entrada verdaderamente triunfal.

Del mismo modo, el Antiguo Testamento también nos ayuda a ver el significado de las enseñanzas de nuestro Señor. Jesús declara que Él es la vid verdadera (Juan 15:1-4). Anteriormente, los profetas hablaban de Israel como una vid decrépita, incapaz de producir fruto (Isaías 5:2; Jeremías 2:21). La enseñanza de Jesús es heroica a la luz del Antiguo Testamento. Jesús declara, por primera vez, que Israel podría ser fructífero para el Señor. Esto se debe a que Él es todo lo que Israel no es para que puedan ser todo lo que deberían ser en Él.

Además, el Antiguo Testamento nos ayuda a ver el significado de las actividades de nuestro Señor. Jesús se queda dormido en el bote yendo a la región de los gentiles (Lucas 8:23). Esto contrasta con Jonás, quien también se durmió en un bote mientras huía de la misión de ir a los gentiles (Jonás 1:5). El Antiguo Testamento pone de manifiesto la intencionalidad de las acciones de Jesús. Él cumple a propósito la misión de Dios a las naciones donde Jonás falló. La teología del Antiguo Testamento demuestra que cada aspecto de la vida de nuestro Señor es valioso.

Y la teología del Antiguo Testamento ciertamente establece y expone la teología de la muerte de Cristo. Alusiones a los salmos (el 22:1; ver Mateo 27:46), al Siervo sufriente (Isaías 53:9-11; ver Marcos 10:45) y las tinieblas (Génesis 1:15; cf. Mateo 27:45) demuestran que la muerte de nuestro Señor fue fundamentalmente una expiación penal sustitutiva. Jesús murió para satisfacer la ira de Dios contra el pecado. Al mismo tiempo, ciertos salmos (22, 69) también muestran que Jesús sufrió como el Rey de Israel. Él no fue una víctima, sino el que llevó la maldición de Dios como el verdadero gobernante de su pueblo. Su muerte, en efecto, revirtió lo que Adán había hecho. En Lucas, Jesús le dice al ladrón en la cruz: «Hoy estarás conmigo en el paraíso» (Lucas 23:43). La palabra «paraíso» en griego, en realidad, se usa para traducir «Edén» en la traducción griega del Antiguo Testamento (*Septuaginta*, Génesis 2:8). La muerte de nuestro Señor nos devolverá finalmente a un estado edénico. La teología de los fundamentos del Antiguo Testamento nos informa de la naturaleza y de las inmensas ramificaciones de la muerte de nuestro Señor.

Lo mismo sucede con su resurrección. El hecho de que Jesús fue resucitado el tercer día corresponde con la promesa de Oseas de que Dios revivirá a Israel en el tercer día (Oseas 6:2). De hecho, la declaración posterior de Oseas en la que dice: «¿Dónde están, oh muerte, tus plagas?» (Oseas 13:14) se convierte en parte de la teología de la resurrección de Pablo. La resurrección de Jesús en el tercer día no es aleatoria. Dios la diseñó para evidenciar que Israel también se levantará tal como era. Aún más, la resurrección de Jesús en el primer día de la semana (domingo) es igualmente significativa. El énfasis del primer «día» en todos los evangelios (Mateo 28:1, Marcos 16:2, Lucas 24:1, Juan 20:1) alude a Génesis 1 y al primer día de la creación. La resurrección de Jesús produce una nueva creación; Él hará que todo sea nuevo. En esa línea, el hecho de que Jesús sea confundido con un jardinero (Juan 20:15) tampoco es accidental. Así como Adán fue jardinero, Jesús es el nuevo Adán que gobierna sobre esta creación. El Antiguo Testamento muestra que cada detalle de la resurrección de Cristo es vital y profundo.

El Antiguo Testamento da forma a la vida completa de Cristo desde su nacimiento hasta su resurrección. Esto muestra el peligro de leer el Antiguo Testamento sin considerar el contexto. Cuando hacemos eso, fallamos en conocer la amplitud y profundidad de su teología y, como resultado, no podemos ver el significado completo de la persona y obra de Cristo en el Nuevo Testamento. Por lo tanto, al tratar de leer a Cristo en lugares que no está, irónicamente disminuimos su gloria. Esto debería llevarnos a estudiar el Antiguo Testamento con más cuidado. Al leer gramaticalmente el Antiguo Testamento, podemos ver cómo los profetas vinculan las Escrituras. Eso no solo nos da verdades provechosas para la vida y la piedad, sino que también establece una amplitud teológica y una profundidad inmensa que nos prepara para ver la complejidad absoluta de la vida de nuestro Señor.

EL ANTIGUO TESTAMENTO ES LA ANTESALA A LA LLEGADA DE CRISTO A UN MACRONIVEL

Nuestro Señor, finalmente, tuvo una hermenéutica auténtica, inmersa en la historia y en su historia. Jesús sabía que el Antiguo Testamento era parte del plan de Dios que se movió al Nuevo Testamento. Los profetas mismos escriben con miras a este cuadro más grande. Por lo tanto, aunque un pasaje no hable directamente de Cristo, participa en el contexto más amplio de un libro que es parte del plan de Dios que a final se conecta con Cristo. Comprender correctamente el Antiguo Testamento nos permite ver todo el peso de ese plan que culmina en el Salvador.

La mejor manera de ver esto es dar un paso atrás y mostrar cómo cada libro del Antiguo Testamento se vincula con el panorama general. De esa manera, podemos comenzar a formar conexiones a un nivel macro que conduzca a Cristo.

En Génesis, Dios comienza su creación y su plan para aplastar la cabeza de la serpiente (Génesis 3:15). En este libro la historia avanza hacia este fin. Éxodo continúa diciendo que Dios libera a su pueblo para que sea una nación que lo proclame (Éxodo 19:6) y exhiba su gracia (34:6-8). Al mismo tiempo, Levítico muestra que Israel también explicará la santidad de Dios y la manera en que los impíos pueden llegar a ser santos. Números mueve el plan de Dios con su Simiente cuando juzga y preserva a Israel en el desierto. A medida que se aproximan a las naciones, Dios nuevamente proclama a través de Balán acerca de aquel que aplastará a sus enemigos (Números 24:16-17). Deuteronomio explica cómo Israel debe entender y explicar la ley de Dios: se trata del amor por Él (Deuteronomio 6:4). Además, Dios desarrolla su plan: es necesario un nuevo pacto (Deuteronomio 30:6) y un profeta como Moisés (Deuteronomio 18:18). Al final del Pentateuco, el plan de Dios pasa a la Semilla, un segundo Moisés.

Los libros históricos revelan que la historia se mueve en dirección a esta Semilla. Dios conquista la tierra en Josué y ahora surge la necesidad de un líder, como se evidencia en el libro de Jueces (Jueces 17:6). Rut muestra que Dios continúa la línea de la Semilla en la línea de Booz y David (Rut 4:22). En consecuencia, en 1 y 2 Samuel, Dios levanta esta línea real y le da a David preciosas promesas del pacto davídico (2 Samuel 7:1-14). Tanto David como Salomón muestran el poder de este pacto; realmente tiene el potencial de hacer las cosas bien (1 Reyes 4—5). Sin embargo, 2 Samuel y 1 y 2 Reyes demuestran que ningún hombre puede cumplir este pacto y actualizar la promesa de Dios. Del mismo modo, 1 y 2 Crónicas muestran que, aunque Dios desea la mejor relación con su pueblo, Israel es rebelde y el rey no puede mediar en esta relación. En consecuencia, Israel termina bajo el juicio de Dios en el exilio. Sin embargo, Dios todavía está resolviendo su plan. En Ester, Dios protege a su pueblo e incluso les permite tener la victoria sobre sus enemigos. Mardoqueo se describe en el esplendor de Salomón (6:14, 10:3; 1 Reyes 1:42, 2:33) porque el plan de Dios todavía se enrumba hacia un verdadero Rey que lo cumplirá todo. Sin embargo, Dios regresa a su pueblo a la tierra, pero esto no marca el cumplimiento de la promesa de Dios. Por un lado, Esdras y Nehemías muestran que Dios continúa su trabajo en el restablecimiento del templo y Jerusalén. Por el otro, ese trabajo no se puede hacer. El templo es pequeño (Esdras 3:12), Jerusalén es débil (Nehemías 4:1-23; 11:1), la gente sigue siendo malvada (Esdras 10:1-44), y aún ningún rey se sienta en el trono de David Con eso, los libros históricos del Antiguo Testamento muestran que el plan de Dios no está terminado; se dirige deliberadamente hacia el Nuevo Testamento.

La literatura sapiencial también revela el plan de Dios y anticipa a Cristo. Job, el primer libro escrito de todas las Escrituras, presenta la Biblia haciendo grandes preguntas sobre la justicia de Dios en un mundo que salió mal. Job establece la historia completa de la Escritura y de Cristo al establecer la necesidad de la Palabra de Dios (Job 28:1-28) y el evangelio (Job 7:21; 9:33; 14:14). Los salmos no solo contienen profecías acerca de Cristo, sino que también nos preparan intencionalmente para adorar al próximo Rey de reyes (72:1-20; 98:1-9). Proverbios explica la sabiduría de la corte real que el Mesías cumplirá como Rey supremo. Aun más, nos ayuda a saber cómo vivir sabiamente para honrarlo. Eclesiastés renueva nuestras mentes en cuanto a lo que es valioso en esta vida y así nos prepara para valorar la obra de Cristo. Cantar de los Cantares trata sobre el amor verdadero, la pureza y el matrimonio que honran a Cristo. Igualmente, aunque no habla directamente de Él, participa en un tema bíblico de amor más amplio, que Cristo exhibe para la iglesia (ver Efesios 5:22-33). A nivel macro, la literatura sapiencial cultiva a personas que saben cómo valorar, comprender y honrar a su Rey en todos los aspectos de la vida.

Además de la literatura histórica y sapiencial, los profetas mismos participan en la historia de la redención. De hecho, no solo conocen el panorama general sino que, por revelación, forman el plan general de Dios. Isaías discute el plan de salvación de Dios y cómo el Siervo sufriente lidiará con el pecado (52:13—53:12) y establecerá el reino de Dios (11:1-9). Jeremías muestra que el plan de Dios para destruir y reconstruir naciones (1:10) gira en torno al verdadero profeta, sacerdote y rey, el Vástago (23:5). Lamentaciones trata sobre el exilio y el dolor, y cómo el verdadero rey davídico padecerá tal sufrimiento al final (3:1, 19; ver Salmos 69:21). Ezequiel trata acerca de la relación de Dios con Israel y cómo la gloria de Dios llenará la tierra a causa del trabajo del Buen Pastor (34:1-31). Daniel aborda la amplitud del plan de Dios y muestra que, al final, el único verdadero gobernante es el Hijo del Hombre (7:9-14).

Los profetas menores también detallan partes del panorama general que conectan con Cristo. Oseas discute el amor de Dios y cómo eso impulsará un nuevo Éxodo, Moisés y David (1:11; 3:5; 11:1-11). Joel muestra el poder de Dios en el Día del Señor, lo que pone de manifiesto tanto el juicio de Dios como la restauración de su pueblo. Esto incluye las bendiciones producidas solo por Cristo (2:23-29; ver Hechos 2:1-21). Amós reitera esto al mostrar que Dios es justo tanto en su trato con Israel como en el aumento de la dinastía davídica para cumplir sus promesas a su pueblo (9:11-15). Abdías habla sobre el Día del Señor contra Edom y todas las naciones, lo que forma el contexto de la obra escatológica de Cristo (15-20, ver 1 Tesalonicenses 5:2-9). Jonás habla sobre el cuidado de Dios por los gentiles, también informa el plan de Dios para su inclusión en Cristo (ver Lucas 8:23, Hechos 10:5-23). Miqueas se ocupa de la supremacía de Dios en cuanto a que perdona los pecados y levanta al verdadero líder de Israel, un nuevo David nacido en Belén (5:2; 7:7-20). Nahum muestra la destrucción de Nínive como una señal de que el plan general de Dios establecido en Isaías se hará realidad (1:15).

Habacuc trata de cómo los fieles tendrán fe en Dios, quienes vendrán para defender a su Mesías (3:1-15). Sofonías muestra las ramificaciones del trabajo escatológico de Cristo al hablar de cómo Dios finalmente refinará a su pueblo y cantará de alegría por ellos. Hageo lo hace también al hablar de cómo Israel debe ser fiel porque Dios los restaurará en festividad al final. Zacarías proclama que Yahweh recuerda sus promesas, que incluyen el panorama general del plan de Dios y su figura central, el Mesías (6:9-15, 9:9, 12:10). Al final del canon e historia del Antiguo Testamento, Malaquías espera con ansias a «mi mensajero» (el nombre de Malaquías) que preparará el camino para el Mesías, mostrando que el plan general presentado por los profetas se dirige realmente a Cristo.

Hemos visto cómo cada libro del Antiguo Testamento se conecta con Cristo. En lugar de forzar a Cristo en cada versículo, podemos dar un paso atrás y ver cómo un libro en su totalidad contribuye al plan de Dios. Eso nos proporciona el contexto completo de la persona y obra de nuestro Señor, además que nos muestra cómo debemos vivir para Él. Esto nos recuerda lo que podemos perder si no estudiamos el Antiguo Testamento correctamente. Si allanamos el significado del Antiguo Testamento, no veremos todo el peso del plan de Dios y cuán concluyente es nuestro Señor. Jesús no se limitó a cumplir una simple agenda de Dios, sino que abarca una historia, naciones, individuos, promesas, convenios y el cosmos entero. Entonces, al entender correctamente el Antiguo Testamento, no solo nos beneficiamos de su teología, sino que, a su vez, vemos la plenitud que solo Cristo cumple. Conocer el Antiguo Testamento con una hermenéutica apropiada demuestra que Cristo es el héroe.

CONCLUSIÓN

Nosotros predicamos a Cristo. En un mundo que proclama tantos otros héroes y soluciones, declaramos que Cristo es el único digno y el único que puede (Apocalipsis 5:9). Esto es lo que hicieron los profetas y apóstoles. Esto es lo que recuperaron los reformadores. Ahora, debemos unirnos a aquellos que vinieron antes que nosotros. Esa es nuestra misión, e incluso nuestra identidad. Somos cristianos y todo lo que somos trata acerca de Él.

Predicamos a Cristo fielmente. No formamos nuestro propio método para interpretar las Escrituras, pero nos sometemos a lo que nuestro Señor ordenó, que es el mismo enfoque de los profetas y apóstoles, y por lo tanto el mismo método de la propia Escritura. Entendemos así lo que el autor pretende —con los detalles de lo que ha dicho—, sumergido en la historia y el plan de Dios. Esa hermenéutica es suficiente para ayudarnos a ver la teología profunda del Antiguo Testamento que da forma a nuestras vidas para magnificar a Cristo y muestra la totalidad de su gloria. Por lo tanto, no necesitamos leer a Cristo en cada texto. Más bien, lo honramos al interpretar la forma en que Él ha ordenado.

Nosotros predicamos completamente a Cristo. No predicamos solo al Cristo del Nuevo Testamento, sino también del Antiguo. Contemplamos la teología de Cristo desde la profecía del Antiguo Testamento. Declaramos cuán crucial es Él en el plan de Dios al impulsar la historia de la redención desde el Antiguo al Nuevo Testamento. Exponemos las complejidades de su vida traídas por la teología del Antiguo Testamento. Exaltamos su papel culminante como aquel que cumple el plan total de Dios revelado a través de toda la Escritura. No lo simplificamos, sino que presentamos su gloria tal como la Escritura intencionalmente lo revela. Nosotros predicamos a Cristo. Que seamos aquellos que le den la más plena gloria al proclamarlo y de una manera que honre su Palabra. Esa es verdaderamente una hermenéutica centrada en Cristo.

17

CRISTO, LA CULMINACIÓN DEL ANTIGUO TESTAMENTO

MICHAEL GRISANTI
Lucas 24:27, 44

Algunos acontecimientos en la vida surgen abruptamente y sin previo aviso. Otras cosas han sido cuidadosamente planeadas y han llegado al clímax o a un punto culminante en el momento preciso. El nacimiento de Cristo representa el clímax divinamente previsto de numerosos pasajes del Antiguo Testamento. Esta venida de Jesús, de acuerdo con el plan revelado de nuestro gran Dios, nos ayuda a apreciar mejor varias verdades.

Primero, nuestro gran y maravilloso Dios, como se revela en las Escrituras, lleva a cabo su plan *tal como lo prometió*. Él es un Dios que cumple lo que promete. En segundo lugar, veremos cómo el Antiguo Testamento teje un tapiz o construye una estructura que encuentra su sorprendente culminación en el nacimiento, vida y ministerio de Jesús. Aunque aquí no podemos cubrir todo eso, es esencial saber que Cristo desempeña un papel protagónico en el mensaje de la Biblia, así como en la consumación de los planes de Dios con su universo creado. *Dios el Padre gobierna a través de su Hijo, Jesucristo, sobre la tierra y todos sus habitantes, incluida la restauración de una nación redimida de Israel en la tierra de la promesa*. Tercero, este concepto señala la importancia de conectar lo que entendemos acerca de Jesús en el Nuevo Testamento al tomar en serio, más que reinterpretar, lo que el Antiguo Testamento prometió al allanar el camino para la venida de Jesús.

UNA BREVE DESCRIPCIÓN DE LA
CONTROVERSIA INTERPRETATIVA

Algunos eruditos han escrito libros relacionados con esta pregunta: «¿Es la Biblia un libro mesiánico?» Se podría ser algo más estricto y preguntar: «¿Se enfoca el Antiguo Testamento en lo mesiánico?» o «¿contiene el Antiguo Testamento predicciones específicas y claras acerca del Mesías prometido?» Uno de los lemas de la institución Master's Seminary es: «Predicamos a Cristo». Jesús mismo afirmó que sirvió como la consumación de las intenciones de Dios a través del Antiguo Testamento (Lucas 24:27, 44). De manera que, ¿cuál es la controversia que aborda este ensayo?

Por un lado, aquí no abordaremos el tema del enfoque cristocéntrico del Antiguo Testamento. Walter Kaiser expresa su preocupación por el enfoque cristocéntrico de esta manera:

> Expresaríamos nuestra preocupación por aquellos que parecen apresurarse a lograr una reinterpretación o representación cristológica incorrecta de cada texto del Antiguo Testamento —usando en forma incorrecta un Nuevo Testamento [*sic*] como base— para restablecer un nuevo significado en cuanto a lo que ese testamento pensaba originalmente que tenía la intención de decir.
>
> Sin embargo, primero se debe permitir que cada texto del Antiguo Testamento diga lo que el autor —que participó en el consejo de Dios— recibió (como debemos recordar una y otra vez) del Señor que nos dio su revelación, en vez de proyectar intrusa y arbitrariamente un mensaje tipo «solo Jesús» de cada texto en la parte anterior del canon. ¡No todos los textos del Antiguo Testamento tratan acerca de Jesús! ¡Algunos de ellos estaban destinados a reprender, amonestar y enseñar!

Por otro lado, este estudio se centra en cómo el Antiguo Testamento prepara el camino para el nacimiento, vida y ministerio de Cristo. No dedicará mucho espacio al debate académico sobre esta cuestión. Resumirá brevemente ese debate, pero concéntrese en el panorama general del modo en que el Antiguo Testamento sienta las bases para una comprensión creciente del Mesías prometido. Mi esperanza es que apreciemos mejor la forma en que el Antiguo Testamento dispone de manera excelente y servicial el camino para la venida de Jesús, el Mesías prometido.

Primero, resumamos dos extremos interpretativos para evitar y otros tres enfoques para comprender los pasajes mesiánicos.

Extremos interpretativos que debemos evitar

Aun cuando algunos eruditos han proporcionado ejemplos de enfoques extremos para entender al Mesías en el Antiguo Testamento, aquí tenemos dos ejemplos notables.

Primero, minimizar en gran medida o incluso rechazar la idea de que el Antiguo Testamento promete —de manera explícita— un Mesías venidero. Por ejemplo, Tremper Longman escribe: «Es imposible establecer que cualquier pasaje en su contexto literario e histórico original deba ser entendido como una futura figura mesiánica». Klyne Snodgrass agrega: «La iglesia primitiva le aplicó esos textos a Jesús debido a su convicción acerca de la identidad de Él. La convicción en cuanto a esto no se deriva del Antiguo Testamento. Ellos encontraron a Jesús y luego vieron cómo se ajustaban las Escrituras a Él». Y continúa diciendo que sería mejor ver a Jesús como el *clímax* más que como el *cumplimiento* de las Escrituras.

Larry Hurtado sugiere que, a partir de la esperanza bíblica posterior al exilio de una renovada monarquía davídica, los judíos comenzaron a buscar «un futuro agente ("mesías") enviado por Dios, que restaurara la independencia y la rectitud de Israel». Esta expectativa no se deriva de las predicciones de la Biblia hebrea, sino que surgió de las esperanzas de la era helenística postbíblica. Hurtado sostiene que «investigaciones recientes sugieren, sin embargo, que las antiguas expectativas escatológicas judías por la liberación y la santificación de los elegidos no siempre incluían la anticipación explícita o prominente de un "mesías"».

Encontrar declaraciones mesiánicas predictivas o conexiones cristológicas en muchos pasajes en los que Dios tenía la intención (al menos en principio) de dirigirse a las personas y las circunstancias en el contexto cercano de esos pasajes. Esto no solo implica los abusos interpretativos que suponen un enfoque cristocéntrico del Antiguo Testamento. Hay muchos ejemplos de escritores que sostienen que los detalles de la construcción del tabernáculo se cumplen en Cristo (por ejemplo, A. W. Pink). Una visión más antigua de la tipología, en la que todas las figuras son un tipo de aspecto de la vida y la obra de Cristo, a menudo forma parte de este problema. Varios pasajes en los libros históricos que se refieren al «ungido» tienen que ver con el rey davídico o con reyes de la historia de Israel. El modo en que interpretamos estos y algunos salmos u otros pasajes proféticos, podría proporcionar ejemplos de este enfoque.

Textos tentativamente mesiánicos

Además de estos dos extremos, algunos estudiosos consideran que la mayoría de los pasajes «mesiánicos» solo son «mesiánicos tentativamente». Este es un gran punto del debate, que solo podemos resumir aquí. En un volumen relativamente reciente centrado en el Mesías, por ejemplo, los autores afirman que el Antiguo Testamento contribuye al desarrollo del concepto o teología mesiánica. Sin embargo, argumentan que la gran mayoría de los pasajes que tradicionalmente se han llamado mesiánicos no son predicciones directas acerca del Mesías prometido, ni el escritor original quiso decir que tenían un significado mesiánico. Llegan a este conjunto de conclusiones por medio de: (1) «Lecturas no reveladoras de intérpretes humanos» en la literatura del segundo templo; (2) «Algunas reflexiones mesiánicas escatológicas»; y (3) «Lecturas reveladoras» en el Nuevo Testamento. A la luz de esas pautas interpretativas, los «pasajes tentativamente mesiánicos» presentan una «lectura cristológica previa o latente».

Directamente mesiánicos

Algunos estudiosos conservadores identifican muchos pasajes como directamente mesiánicos en su contexto original, con una relevancia incidental para el contexto inmediato. Estamos más familiarizados con esta visión, de la cual el trabajo de Walter Kaiser y Michael Rydelnik son muy representativos.

Directa e indirectamente mesiánicos

Muchos pasajes del Antiguo Testamento se inclinan a una comprensión clara del Mesías. Según este punto de vista, no todos los pasajes «mesiánicos» tradicionales son «directamente mesiánicos». Algunos de ellos tienen una referencia primaria inicial al contexto inmediato, pero aún contribuyen a una comprensión creciente del Mesías venidero. Otros pasajes proporcionan una presentación menos directa de conceptos que más tarde se entienden como relacionados con el Mesías de una manera más detallada (por ejemplo, Génesis 3:15, Isaías 7:14).

Consideremos el primer pasaje del Antiguo Testamento que inicia la introducción del Mesías prometido.

El mandato de la creación de Dios (Génesis 1:26-27)

En Génesis 1:26, Dios afirma: «Hagamos al ser humano a *nuestra imagen y semejanza*» (énfasis añadido). Esta afirmación se traduce mejor de la siguiente manera: «Hagamos al hombre a nuestra imagen, *según* nuestra semejanza». La segunda expresión, «según nuestra semejanza», sirve como una declaración de esencia. El Señor está afirmando que hay cierto grado de semejanza entre Dios y la humanidad. Nuestra personalidad, nuestros procesos de pensamiento racional y nuestra capacidad de tener comunión con Dios nos diferencian del mundo animal.

La primera expresión, «a nuestra imagen», presenta una declaración de función. Dios creó al hombre para que funcione como la imagen o portador de la imagen de Dios. La declaración de que la divinidad creó a la humanidad «a nuestra imagen y semejanza» delinea la función del hombre (lo que debe hacer) y no meramente su esencia (lo que es). La vida humana es para reflejar la naturaleza y la persona de Dios.

En el resto de 1:26, Dios delinea una parte clave de esa función «que tenga dominio». El Señor declara que creó a la humanidad a la imagen de Dios *para que lo representara como soberano rector* de todas las áreas de la creación. Desde el momento en que Dios creó al hombre, quiso que los seres humanos actuaran como sus representantes en la tierra. Cada persona ejemplificar la soberanía de Dios y manifestar su carácter en sus tratos con toda la creación divina.

La solución de Dios para la caída (Génesis 3:15)

Después que Dios habló sobre la existencia del universo y creó a Adán y a Eva, les dio las primeras instrucciones para que vivieran en el jardín del

Edén. En Génesis 3, Satanás tentó a Eva y luego, tanto Adán como Eva, eligieron pecar contra Dios. En consecuencia, Dios pronunció juicio sobre todos los involucrados, comenzando con la serpiente (Satanás). Esto podría parecer una situación totalmente negativa. Sin embargo, en medio del pronunciamiento del juicio de Dios, encontramos buenas noticias:

> Pondré enemistad entre tú [Satanás / serpiente] y la mujer,
> y entre *tu* simiente [Satanás / serpiente] y la de *ella* [la mujer].
> *su* simiente [la de la mujer] te [Satanás] aplastará *la cabeza*,
> pero *tú* [Satanás] le morderás *el talón* [a la simiente de la mujer] (3:15; énfasis añadido).

Una idea central aquí es que el prometido («Él») vendrá como la solución de Dios al pecado introducido a través de la caída. Esta predicción —aunque mucho más ambigua que otras «predicciones mesiánicas»— apunta a una realidad importante que encuentra su cumplimiento en la muerte redentora de Cristo.

A medida que el Señor expone sus intenciones con el mundo en los libros del Antiguo Testamento, continúa añadiendo a lo que sería esta persona, el «Él». Es como si el Señor, a través de varios pasajes, tejiera un tapiz o pintara un retrato que representara al prometido que resolverá el problema del pecado de la humanidad.

El Pacto de Abraham: El comienzo de la historia de Israel (Génesis 12:1-3)

Después que los once primeros capítulos de Génesis muestran las intenciones de Dios y su trato con la humanidad, tan amplio como el mundo entero, Él orienta su enfoque en Abraham y sus descendientes como el medio por el cual logrará sus planes con el mundo. En 12:1-3, Dios promete mostrarle a Abraham una tierra que será suya, convertirlo en una gran nación, y que bendecirá a todos los pueblos de la tierra por medio de él y sus descendientes. De hecho, los descendientes de Abraham serán un conducto de bendición para todas las naciones, un vehículo para la revelación de la Palabra de Dios y un pueblo del que vendría el Mesías prometido (el «Él» de Génesis 3:15).

La bendición de Jacob: Un cetro para Judá
(Génesis 49:10)

Después de establecer el pacto con Abraham, Dios lo reafirmó con este, Isaac y Jacob. Estaba reduciendo aún más su enfoque y la revelación de su plan para glorificarse en la tierra.

Finalmente, Jacob y todos sus descendientes se mudaron de Canaán a Egipto. Después de vivir allí por un tiempo, Jacob estaba cerca del momento de su muerte. Así que bendijo a su hijo Judá, diciendo: «El *cetro* no se apartará de Judá, ni de entre sus pies el *bastón* de mando, hasta que llegue el verdadero rey, quien merece la *obediencia* de los pueblos» (Génesis 49:10; énfasis añadido). El término *cetro* puede referirse literalmente a una vara o bastón que simboliza la autoridad de un rey. El profeta Amós también se refiere a los reyes de Siria y los filisteos como aquellos que sostienen un cetro (Amós 1:5, 8). Pero más importante aun, el Salmo 45:6 dice: «Tu *trono*, oh Dios, permanece para siempre; el *cetro* de tu reino es un *cetro* de justicia» (énfasis añadido). Claramente, el uso de «cetro» significa gobierno.

Las primeras dos líneas de la bendición de Jacob sobre Judá se refieren a la vara que marca a una persona como gobernante. La última línea de esta bendición se refiere a las personas que se someterán a la autoridad de este futuro gobernante. Así que, en la bendición de Jacob a la tribu de Judá, que describe el destino de la tribu, Jacob habla sobre el gobierno y la obediencia. Avanzando unos siglos, después de la muerte de Jacob y luego de José, sucedió una gran transición en Egipto, y los egipcios esclavizaron a los hebreos. Dios finalmente levantó a Moisés para liberarlos de esa esclavitud. Después que llegaron al Monte Sinaí, Yahweh estableció el pacto mosaico con su pueblo del pacto, lo que implicó la entrega de la ley mosaica. Veamos cómo esa ley contribuyó al desarrollo de la imagen del Mesías prometido en el Antiguo Testamento.

La concesión de la ley mosaica

Aunque se podría escribir mucho sobre la ley mosaica, resumiré cuatro categorías de evidencias relativas a ella que se relacionan con el Mesías prometido. Primero, el sistema sacrificial, parte de la dimensión vertical de la ley mosaica, introduce varios conceptos importantes: el problema del pecado; la muerte, que involucra el derramamiento de sangre requerido para el perdón; y fe en que Dios perdonaría.

Segundo, el tabernáculo —construido de acuerdo con las instrucciones de Dios— sirvió como nexo del pacto entre Dios y su pueblo. Fue el medio por el cual Dios habitó en medio de ellos. Esta realidad concreta, que existió durante cientos de años para la nación de Israel, conceptualmente preparó el camino para que el pueblo de Dios entendiera la realidad futura de la morada de Dios en medio de ellos en dos maneras: el Dios-hombre, el Mesías, viviendo en medio de ellos, y el Espíritu Santo que mora en ellos como creyentes.

Tercero, las demandas de la dimensión horizontal de la ley mosaica involucraban aquellas leyes que impactarían la forma en que Dios quería que su pueblo del pacto tratara a los demás, tanto a los israelitas como a los gentiles que los rodeaban. La obediencia israelita a estas leyes centradas horizontalmente habría destacado dos conjuntos clave de conceptos que pondrían a Yahweh a la vista el uno al otro, así como a los gentiles de su alrededor: justicia-equidad y amabilidad-compasión.

En cuarto lugar, es esencial considerar el propósito de Dios al dar la ley mosaica a su pueblo del pacto: Israel. Obviamente, Yahweh dio la ley mosaica a Israel para revelar verdades que prepararon el camino a la venida del Mesías y su provisión de salvación. Más allá de eso, de acuerdo con Éxodo 19:4-6 y Deuteronomio 26:16-19, Dios le concedió la ley a Israel para que esta les diera un conocimiento concreto de cómo podrían vivir en una forma que pusiera en evidencia el carácter superior de Dios uno frente al otro y entre los gentiles que los rodeaban. (Volveremos a ese concepto más adelante.)

Avancemos de nuevo algunos siglos. Los israelitas se han convertido en una nación encargada de gran parte de la tierra que le fue prometida. Tienen un rey que los gobierna bajo la autoridad de Dios. Durante el reinado de su segundo rey (David), el primer monarca elegido por Dios, el Señor proporciona otra pieza al rompecabezas del plan de Dios.

PROMESA DE UN FUTURO GOBERNANTE DAVÍDICO
(2 SAMUEL 7)

Por el bien del espacio, me centraré en los versículos 11, 12 y 16, comenzando con el 11: «desde el día en que nombré gobernantes sobre mi pueblo Israel. Y a ti te daré descanso de todos tus enemigos. Pero ahora el Señor te hace saber que será él quien te construya una casa». ¿Cuál es la promesa de Dios aquí? Él dará descanso a su pueblo de todos sus enemigos y establecerá una dinastía («casa») de reyes a través de David. El versículo 12 dice: «Cuando tu vida llegue a su fin y vayas a descansar entre tus antepasados, yo pondré en el trono a uno de tus propios descendientes, y afirmaré su reino». Dios promete proporcionar un heredero que continuará gobernando sobre Israel bajo la autoridad de Él. Finalmente, el versículo 16 concluye: «Tu casa y tu reino durarán para siempre delante de mí; tu trono quedará establecido para siempre». Dios declara que el reino davídico nunca terminará. ¿Qué está claro en este punto? *Dios pondrá a los gobernantes davídicos sobre Israel en un futuro no muy lejano.*

Entonces, ¿qué hemos visto hasta ahora con respecto al tapiz mesiánico que Dios está entrelazando? El «Él» prometido en Génesis 3:15, cuando Dios visualizó una solución para el problema del pecado, vendría a través de los descendientes de Abraham, Judá y David, ¡un gobernante sobre un reino!

Desde el tiempo de David, varios israelitas (salmistas) escribieron expresiones de su caminar con el Señor. Describieron su amor por el Señor y su Palabra; alabaron a Dios por su grandeza, majestad e innumerables obras en su nombre; e incluso lamentaron las dolorosas circunstancias por las que pasaron. Como hombres que fueron llevados por el Espíritu Santo y que habían estado escuchando las Escrituras grabadas antes de tiempo, esos salmistas escribieron sobre el futuro plan de Dios para el mundo que Él creó. Varios salmos contribuyen a la preparación del Antiguo Testamento para la venida del Prometido.

El salterio: Una presentación hímnica del Mesías venidero

Un punto de partida importante para entender en qué manera contribuyen los salmos a que entendamos al Mesías prometido es captar la gran visión de su mensaje. Robert Chisholm ofrece un útil resumen del mensaje teológico del salterio: «Como Creador de todas las cosas, Dios ejerce autoridad soberana sobre el orden natural, las naciones e Israel, su pueblo escogido. En calidad de Rey universal, Dios asegura el orden y la justicia en el mundo y entre su pueblo, a menudo al exhibir su poder como un guerrero invencible. La respuesta adecuada a este Rey sobera-no es la confianza y la alabanza».[1]

Otra forma de decir esto es que, como vasallos del Gran Rey, los sal-mistas *alaban* a Yahweh por lo que es y lo que hace; *anhelan y oran* por el establecimiento integral de su soberanía sobre la tierra *a través de su ungido davídico* (confiando en que Yahweh lo hará realidad); y *lamen-tan* la incapacidad que los embargaba. A la luz de esta tesis básica, hay tres elementos o categorías principales a considerar en una síntesis de la teología de los Salmos: Yahweh, el Gran Rey (el Soberano), la huma-nidad (sus vasallos) y la relación entre los dos (el gobierno de Yahweh).

Dios como Creador, Redentor y Rey

De los muchos temas que se encuentran en el salterio, la identidad de Dios y la actividad en favor de su pueblo se relaciona especialmente con el desarrollo del concepto del Mesías. Los salmistas prestan cuidadosa atención al carácter y la actividad de Dios, quién es Él y lo que hace.

Quién es Él. Los salmos proporcionan una descripción vívida y sor-prendente de los atributos de Dios que incluye, entre otros: su soberanía (47, 93, 96-99), su santidad (29:2; 71:22; 89:35; 96:9; 103:1; 111:9), su inmutabilidad (90:2-6; 102:25-27), su omnipresencia y su omnisciencia (139), su eternidad (90:2-6), su amor firme (חֶסֶד, [*ḥesed*]; 25:10; 62:12; 136, que enfatiza la fidelidad de Dios a su pacto), su virtud y su justicia (33:5; 37:28; 145:17), y su amor (אָהֵב; [*'āhēb*]; 47:4; 78:68; 87:2).

Qué hace Él. Además de ser Creador, Redentor y Juez, Yahweh tam-bién lo controla todo. Los salmos históricos (68, 78, 105-6, 135 y 136) muestran con claridad su participación en la historia como el Planifica-dor y Ejecutor de todos los eventos. La figura más común utilizada para expresar su soberanía es la *realeza*, su intención de gobernar sobre toda la creación y sus habitantes.

El gobierno soberano de Dios es el punto de contacto entre Él mis-mo como el gran Rey y sus súbditos. El salterio presenta al menos dos aspectos de su gobierno. Primero, el enfoque terrenal de su gobierno, el salterio afirma que Dios planeó que el centro administrativo terre-nal de su gobierno estuviera en Sión (es decir, Jerusalén). Muchos pasajes celebran a Jerusalén como la ciudad de Dios, el centro religio-so y cívico de la teocracia. Dios habita en Sión (84:2; 76:1-3). Desde allí, controla todas las otras naciones (46:4-8; 48:5-9; 76:4-11; 2:1-6), y en Sión Él será exaltado sobre toda la tierra (46:9-11; 48:11-14; 87:5-6). Las canciones de los peregrinos (102-34) celebran a Jerusalén como el centro de la teocracia y se centran en las fiestas establecidas por Yahweh.

Segundo, el salterio delinea al Administrador elegido de su gobierno: el Ungido. Para desarrollar más esto, anote dos asuntos fundamentales. Primero, debemos considerar las expectativas de Dios con los gobernantes davídicos de la época frente a la promesa de Dios de un próximo rey davídico. Considere los siguientes conceptos y la ilustración que intenta visualizar las ideas principales.

Dios ordenó que su Siervo ungido, el monarca davídico, condujera la administración terrenal de su teocracia. Los salmos de la realeza (2, 20—21, 45, 72, 89, 101, 110, 144) presentan a los reyes históricos davídicos en primer plano. El rey servía tanto de representante del pueblo como representante administrativo de Dios (ver Salmos 72). Las afirmaciones hechas concernientes al rey en algunos de esos salmos se aplican inmediatamente a Él, pero también apuntan al futuro y definitivo rey: el Hijo ungido de Yahweh, el Mesías prometido.

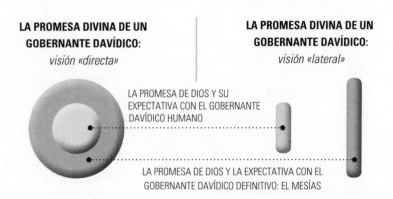

LA PROMESA DIVINA DE UN GOBERNANTE DAVÍDICO:
visión «directa»

LA PROMESA DIVINA DE UN GOBERNANTE DAVÍDICO:
visión «lateral»

LA PROMESA DE DIOS Y SU EXPECTATIVA CON EL GOBERNANTE DAVÍDICO HUMANO

LA PROMESA DE DIOS Y LA EXPECTATIVA CON EL GOBERNANTE DAVÍDICO DEFINITIVO: EL MESÍAS

Un salmo determinado puede proporcionar parámetros divinos para el reinado del rey davídico. Algunas de esas expectativas no son cumplidas en su totalidad por ese rey humano e histórico.

Además de ese salmo o esos salmos que solo se refieren al Mesías prometido, varios elementos de algunos salmos «reales» encuentran su cumplimiento en el futuro reinado del gobernante ideal prometido de David: el Mesías.

El hecho de que los reyes davídicos meramente humanos no estuvieran a la altura de las claras expectativas de un salmo real aumentaba las expectativas para el Mesías.

El segundo asunto fundamental pregunta: «¿Cómo apuntan diversos salmos al prometido gobernante davídico ideal: el Mesías?» Dicho de otra manera: «¿Cuáles salmos se pueden llamar "mesiánicos"»? Los salmos reales se refieren repetidamente a un gobernante ungido, de la línea de David, que gobernará a su reino con justicia y compasión. Estos salmos se centran en el rey de Israel y lo representan como el vicario de Dios, a través de quien este gobierna sobre su pueblo elegido. Estos salmos no solo se refieren al rey, sino que también lo presentan como el «ungido». Consecuentemente, varios salmos reales también se consideran como «salmos mesiánicos». Diversos salmos reales describen su divina colocación en el trono (2), la aflicción que Él experimentaría (16, 22) y la naturaleza incomparable de su reinado (72).

Desde nuestra perspectiva en la historia, es obvio quién trae todo esto a su cumplimiento: Jesús, el Cristo: el Mesías. El tema debatido gira en torno a la cuestión del enfoque primario. ¿Se enfocan estos salmos en su presente y futuro cercano (historia) o en el futuro distante (escatología)? Además, ¿cuáles son algunas categorías potenciales para estos salmos? Hay potencialmente tres categorías de salmos que se relacionan con el Mesías: (1) exclusiva o principalmente mesiánica (Salmos 110), (2) tipológicamente mesiánica (Salmos 22) y (3) indirectamente mesiánica (Salmos 72). Por asuntos de espacio, veremos los dos últimos tipos.

Tipológicamente mesiánico (Salmos 22)

Algunos toman el Salmo 22 como exclusivamente mesiánico. Sin embargo, debido a que muchos de los salmos están arraigados a la revelación de Dios de sus intenciones para la realeza humana bajo su gobierno, tienen cierta relevancia con su contexto inmediato. De todos modos, el incumplimiento de esas expectativas mesiánicas dio lugar a una anticipación del cumplimiento final, Jesucristo.

En el Salmo 22, el intenso sufrimiento del salmista presagió el sufrimiento de Cristo. Los términos usados por el salmista para describir la intensidad de su propio sufrimiento proporcionan un patrón que utilizan los escritores del evangelio. De acuerdo con Allen Ross:

Los cristianos no pueden leer este salmo sin recordar el modo en que Jesús se apropió de sus propios sufrimientos en la cruz, por lo que el pasaje debe leerse desde dos niveles para obtener todo lo que el Espíritu de Dios pretendía expresar cuando hablaba por medio del salmista.

Tiene que leerse primero pensando en la experiencia del salmista que sufre y pide por medio de una oración urgente que sea librado de los enemigos que sistemáticamente lo llevaban a la muerte; luego puede leerse en el nivel superior para ver cómo se aplicaba el salmo a los mayores sufrimientos de Jesús. El hecho de que las palabras del salmo encuentran su mayor significado en el sufrimiento de Jesús de ninguna manera minimiza el sufrimiento del salmista ni la acción de gracias y la alabanza que resultaron de haber sido liberado de la muerte. En ambos contextos, el sufrimiento —en el salmo— describe una muerte por ejecución a manos de enemigos depravados; su gravedad no se puede minimizar. En ambos casos, el lamento se intensifica porque Dios parece no escuchar el llanto del que sufre, sino que aparentemente lo está sepultando.[2]

Ross reconoce que algunos consideran el salmo como una profecía directa; que su significado solo se ajusta al cumplimiento mesiánico. Ross, sin embargo, sostiene que aun cuando este salmo incluye algunos elementos predictivos o anticipatorios, no es una profecía directa ni claramente mesiánica; nunca se refiere directamente al futuro rey ungido. Por eso escribe más:

Según todas las evaluaciones, el salmista describía un momento en que sus enemigos intentaron matarlo, un tiempo de intensos sufrimientos que lo dejaron casi muerto; pero finalmente el Señor escuchó su oración y lo libró para que pudiera alabarlo en la congregación. Si debe llamarse profético o mesiánico puede debatirse, pero lo que es cierto es que Jesús se apropió de este salmo en sus sufrimientos más grandes y, a partir de entonces, los evangelistas y los apóstoles vieron las conexiones entre el salmo y su pasión. Podemos llamarlo tipológico con seguridad; el salmista puede no haber sabido cómo se cumpliría el salmo, pero Dios sí lo sabía. Dado que la tipología no anula la intención original ni el significado de un pasaje, somos libres de usar este salmo como inspiración para nuestra perseverancia en la oración, aun cuando Dios parezca no estar ahí.[3]

La siguiente comparación delinea la conexión clara entre el Salmo 22 y la experiencia de Jesús, el Mesías.

SALMO 22	TIPO DE REFERENCIA	MATEO, JUAN, HEBREOS
22:1	Cita directa	Mateo 27:46; Marcos 15:34
22:7	Alusión indirecta	Marcos 15:29
22:8	Alusión indirecta	Mateo 27:43
22:15	Alusión indirecta	Juan 19:28
22:16	Alusión indirecta	Juan 20:25
22:18	Cita directa	Juan 19:24
22:22	Cita directa	Hebreos 2:12

Indirectamente mesiánico
(Salmo 72, ver Isaías 11:1-5; 60-62)

Como afirmara Zimmerli: «El rey de Israel hace visible el dominio de Yahweh en la tierra». El rey simboliza al reino de Dios. Cuando el rey se va, se va la nación. En el ámbito más inmediato, estos salmos presentan las intenciones de Dios para todos los descendientes de David que gobernarían sobre la nación sierva de Yahvé. En última instancia, sirven «como testigo de la esperanza mesiánica que buscaba la consumación de la realeza divina a través de su Ungido».

Estos salmos establecen un alto parámetro para cada uno de los descendientes davídicos que llegaran a ser rey. Representan al «gobernante davídico ideal». Además de enfocarse en diversos períodos clave del imperio de un rey, ponen gran énfasis en el compromiso inquebrantable de ese rey en cuanto a gobernar a sus súbditos con justicia y compasión. Esta presentación de lo que el rey debía ser creó un problema. Consideremos el Salmo 72:1-14:

Oh Dios, otorga tu justicia al rey,
  tu rectitud al príncipe heredero.
Así juzgará con rectitud a tu pueblo
  y hará justicia a tus pobres.
Brindarán los montes bienestar al pueblo,
  y fruto de justicia las colinas.
El rey hará justicia a los pobres del pueblo
  y salvará a los necesitados;
    ¡él aplastará a los opresores!
Que viva el rey por mil generaciones,
  lo mismo que el sol y que la luna.
Que sea como la lluvia sobre un campo sembrado,
  como las lluvias que empapan la tierra.
Que en sus días florezca la justicia,
  y que haya gran prosperidad,
    hasta que la luna deje de existir.
Que domine el rey de mar a mar,
  desde el río Éufrates hasta los confines de la tierra.
Que se postren ante él las tribus del desierto;
  ¡que muerdan el polvo sus enemigos!
Que le paguen tributo los reyes de Tarsis
  y de las costas remotas;
que los reyes de Sabá y de Seba
  le traigan presentes.
Que ante él se inclinen todos los reyes;
  ¡que le sirvan todas las naciones!
Él librará al indigente que pide auxilio,
  y al pobre que no tiene quien lo ayude.
Se compadecerá del desvalido y del necesitado,
  y a los menesterosos les salvará la vida.
Los librará de la opresión y la violencia,
  porque considera valiosa su vida.

Considere la manera en que este salmo describe el carácter, la extensión y la duración del gobierno de este rey. ¡El lenguaje es claramente iluso! ¿Quién podría estar a la altura de esto?

La verdad es que ningún descendiente davídico está a la altura de este parámetro divino. Este «incumplimiento» en la gestión de todos los reyes davídicos que gobernaron a Israel, en el Antiguo Testamento, creó una expectativa de un futuro monarca que gobernara de esta manera. Por tanto, aunque estos salmos se refieren en principio a los gobernantes davídicos humanos que rigieron la nación de Israel, allanan el camino a una expectativa mesiánica. Su anticipación de un rey davídico ideal encuentra su cumplimiento en Jesús (ver la figura a continuación). Como Ross señala, el Mesías «será el rey ideal, lo que el mundo ha estado buscando; y su reino será uno de rectitud, paz y prosperidad, como nunca se ha visto en la tierra».

Hemos visto que el Salmo 22 proporciona el tono agonizante y las palabras conmovedoras que Jesús usó para expresar la profundidad de su propio sufrimiento. El Salmo 72 presenta lo que Dios esperaba sería el resultado de cualquier rey davídico que viviera de acuerdo a sus expectativas: sincera lealtad a Yahweh. Estos y otros salmos proporcionan una parte importante del tapiz que Dios está tejiendo en la presentación bíblica del Mesías, un tapiz que encuentra su culminación en el nacimiento, vida, ministerio, muerte, entierro y resurrección de Jesús.

ISAÍAS: UN GRAN PASO ADELANTE

Como una de las «obras cumbre» del Antiguo Testamento, el libro de Isaías da un gran paso adelante en el escenario veterotestamentario al conformar el concepto de un Mesías venidero. Antes del libro de Isaías, numerosos pasajes desarrollaron el concepto anticipado de un gobernante davídico ideal. El «Él» de Génesis 3:15 vendría a través de los descendientes de Abraham (Génesis 12:3), específicamente Judá (Génesis 49:10), luego a través de David (2 Samuel 7:11-16). ¡Esa persona sería el gobernante de un reino! En el libro de Isaías, encontramos una claridad creciente acerca de este prometido.

Isaías 1-39

En los capítulos 7—11, especialmente, el Señor muestra cómo perdura su reino en contraste con los frágiles imperios humanos. Por un lado, apunta a reinos que no perdurarán. El débil reino de Judá estará dominado por el poderoso Imperio Asirio. Pero incluso ese imperio será considerado responsable por Yahweh y juzgado por su arrogancia. A diferencia de esos frágiles gobiernos, el reino de Dios durará para siempre. Como parte de esa presentación, Isaías apunta a los bloques de construcción que requiere esa realidad. Por tanto, revela algunos aspectos sorprendentes sobre ese reino y el Gobernante prometido.

9:6-7: *Porque nos ha nacido un niño, se nos ha concedido un hijo; la soberanía reposará sobre sus hombros, y se le darán estos nombres… Dios fuerte, Padre eterno* (v. 6). De los cuatro nombres mencionados para ese niño, estos dos resultarían ser algo impactantes para un israelita Dios fuerte y Padre eterno. ¿Cómo podría este gobernante prometido recibir esos nombres? Isaías continúa escribiendo que no habrá fin para el engrandecimiento de su gobierno, que se caracterizará por la justicia (v. 7).

11:1-9: *Él viene del linaje de David, será ungido por el Espíritu Santo, gobernará con justicia y establecerá la paz.* Isaías regresa a este ungido prometido en el capítulo 11. Será un descendiente de Isaí, habilitado por el Espíritu Santo (que se refiere a la unción teocrática), gobernará con justicia genuina y castigará a los malvados. Los versículos 6-9 presentan la imagen clásica de la paz en todos los ámbitos de la vida. En ese tiempo, el conocimiento de Dios llenará toda la tierra (imaginando el milenio, el gobierno de este prometido por mil años).

Isaías 35: Él inaugura la futura edad bendita. Isaías 34—35 presenta un contraste sorprendente entre una región productiva convertida en un desierto estéril (capítulo 34) y un desierto inhóspito convertido en un jardín fructífero (capítulo 35). El capítulo 34 delinea la muerte, la destrucción y la ira de Dios, enfocándose en la destrucción de las naciones que se oponen a Dios y en la venganza del pueblo de Dios. El capítulo 35 enfatiza la salud, la restauración y la gloria de Dios; las bendiciones de la salvación pueden ser disfrutadas por los redimidos del Señor. John Oswalt dice: «Alinearse con las naciones de la tierra es elegir un desierto; confiar en Dios es elegir un jardín».

Observe la progresión de ese pensamiento en el capítulo 35:

- Las tierras áridas se convertirán en tierras de belleza y abundancia (ver vv. 1-2)
- Los débiles y temerosos serán fortalecidos y animados por la intervención del Señor a favor de ellos (ver vv. 3-4)
- Las personas afligidas serán sanadas y, como se dijo anteriormente, la tierra seca se convertirá en una región bien regada (ver vv. 5-7)
- El camino a Jerusalén no tendrá obstáculos ni bestias depredadoras que perturben a los peregrinos espirituales en su viaje a Sión (ver vv. 8-10).

Isaías emplea con mayor precisión cuatro figuras literarias para representar las glorias y las bendiciones de ese tiempo futuro de salvación (vv. 5-6). Se espera el tiempo de la bendición futura, ese en que el Ungido gobernaría sobre ellos. En ese sentido, considere la correlación entre esas declaraciones que aparecen en Isaías 35 y las que se manifiestan en los evangelios que describen el ministerio de Jesús, el Mesías prometido:

Entonces se abrirán los ojos de los ciegos [Mateo 9:27-30; 12:22; 20:30-34; Juan 9:6-7], y los oídos de los sordos se abrirán [Mateo 11:5; Lucas 7:22]. Entonces el cojo saltará como un ciervo [Mateo 15:30-31; 21:14], y la lengua del mudo cantará de alegría [Marcos 7:32-37; 9:25].

El punto central de esta comparación comprueba que el ministerio del Mesías en su primera venida proporciona una conexión intencional entre su actividad y la espera por el Ungido que llevará a cabo la futura era mesiánica. Esa resonancia descriptiva le proporcionaba parte de las credenciales divinas a Jesús durante su ministerio terrenal: Él fue el prometido que brindaría solución al problema del pecado de la humanidad y serviría como gobernante de un reino futuro que abarcaría toda la tierra.

Isaías 40—66

Isaías 42:2-4: personificará la justicia y la compasión, como lo exige la ley mosaica. Una figura clave introducida por el profeta Isaías en la última mitad del libro es el Siervo sufriente. Los estudiosos han debatido durante mucho tiempo sobre su identidad, pero acojo profundamente la convicción de que esa figura de siervo anticipa al Mesías prometido, Jesucristo. Considere que el pacto mosaico proporciona parte del telón de fondo teológico para el gobernante davídico ideal ya presentado en 2 Samuel 7: Él gobernaría con justicia y equidad, así como con bondad y compasión. En un lenguaje que refleja al que se encuentra en los salmos de la realeza, Isaías 42:2-4 presenta a este siervo como humilde (v. 2) y uno que muestra amabilidad por los quebrantados en su mundo (42:3). Uno de cuyos objetivos principales es enseñar la verdad y establecer la justicia en toda la tierra (42:4).

Isaías 49:6, 8: Él traerá luz a Israel y al mundo. La presentación de Isaías de la figura del siervo concuerda totalmente con numerosos profetas que describen un día futuro en que la nación se arrepentiría y abrazaría por fe al Mesías que habían rechazado, y que ese prometido reuniría a esos israelitas creyentes y los restauraría a la tierra prometida. El siervo levantaría y restauraría al pueblo elegido de Dios, proveyendo una salvación (luz) que se extendería al mundo entero (49:6). En vez de abandonar a su pueblo elegido, el siervo los restaurará a la tierra que les prometió Yahvé (49:8).

Isaías 53:5-6: Morirá por los pecados de su pueblo. Isaías 53 describe la realidad más sorprendente aunque —a la vez— más humillante: el siervo que murió en nombre de los pecados de la humanidad —en lugar de cada pecador—, para su beneficio, como el que no tiene pecado. ¿Recuerda cuando el Señor promete un «Él» en Génesis 3 que traerá solución al problema del pecado ocasionado por la transgresión de

Adán y Eva? Isaías 53 conecta a este gobernante prometido, el Siervo sufriente, con la solución del problema del pecado de la humanidad.

EL LUGAR DEL NACIMIENTO DE CRISTO
(MIQUEAS 5:2)

El contexto de Miqueas arroja una luz significativa acerca de la importancia de 5:2. Miqueas 3 se enfoca en la destrucción que el Señor planeó traer sobre su nación elegida, la cual había participado congruentemente en la traición del pacto. Este juicio es muy merecido. Como se negaron a vivir de acuerdo a sus demandas, Él los desalojaría de la tierra prometida. Un invasor extranjero vencería al pueblo de Dios y lo enviaría al exilio. Miqueas 4—5 presta la mayor atención a la restauración que el Señor le proporcionará a Israel después de que experimenten este juicio.

En el capítulo 4, el profeta va y viene entre las ideas del juicio y la restauración. Hay un motivo tras esta estrecha conexión de estos dos temas. Reflexione en el panorama general del mensaje de Miqueas aquí. En primer lugar, por lo que Él es, Dios debe juzgar el pecado, en este caso, el pecado del cual su pueblo elegido no se apartará. Una vez que juzgue a Israel, Dios no restaurará una nación de corazón duro a un lugar de bendición. No, este juicio prometido será la herramienta divina para convencerlos de sus pecados y conducirlos al arrepentimiento de su rebelión. La estrecha conexión entre este juicio prometido y la restauración anunciada estaba destinada a enseñar a su pueblo (y a nosotros) otra verdad muy significativa.

Segundo, sin la intervención de Dios, ¡su pueblo no tiene esperanza de liberación! ¿Cómo dice Miqueas que Dios hará que eso suceda? Miqueas 5:1 representa a Israel como un pueblo asediado por sus enemigos. Observe cómo termina el versículo (5:1c): «Con vara golpearán en la mejilla al gobernante de Israel». La palabra *vara* aquí es el mismo vocablo *cetro* que mencionamos anteriormente. ¿Ve la horrible situación en la que se encuentra Israel? En lugar de que el gobernante de Israel sostenga o blandiera el cetro, se representa a los enemigos de Israel tomando ese cetro y golpeando al gobernante de Israel con él en la mejilla.

Para Israel, esto describe un mundo *opuesto*. En lugar de ser la nación que está en la cima del mundo, son humillados por sus enemigos.

La vara, que era símbolo de la autoridad del rey, se convirtió el instrumento de humillación y derrota.

¿Tiene Dios la intención de que ese sea el final de la historia para Israel? ¿Se cierran las cortinas sobre el destino de Israel con la escena presentada en Miqueas 5:1? Alabado sea Dios porque ese no es el final de la historia. En 5:2, leemos: «Pero de ti, Belén Efrata, pequeña entre los clanes de Judá, saldrá el que gobernará a Israel; sus orígenes se remontan hasta la antigüedad, hasta tiempos inmemoriales». El Señor anuncia que, desde Belén, en la región de Efrata, vendrá una persona que gobernará a Israel como representante de Dios. De los muchos asuntos que merecen atención en este versículo, consideremos tres verdades significativas.

Primero, ¿por qué de Belén? El nombre de la tribu en la que Belén estaba ubicada era Judá. En otros pasajes se nos dice que el cetro no se apartará de Judá. ¿Quién más nació allí? Por supuesto, David, rey de Israel. En 2 Samuel 7, Dios prometió que siempre habría un descendiente de David gobernando sobre Israel. Del Nuevo Testamento, sabemos que Miqueas 5:2 espera el nacimiento de Jesús en ese lugar: Belén.

Segundo, en este contexto, ¿cuál es el punto principal de la declaración que afirma que «sus orígenes se remontan hasta la antigüedad, hasta tiempos inmemoriales»? Por un lado, la Biblia describe a Jesús —de manera clara— como Dios, sin titubeo. En consecuencia, Él es eterno. El lenguaje de Miqueas 5:2 no contradice esa verdad. Sin embargo, para entender íntegramente este pasaje, volvamos a Amós 9:11. En Amós 9:11-15, el profeta Amós nos relata la intención de Dios de restaurar el reino davídico. El versículo 11 declara las intenciones de Yahweh: «En aquel día levantaré la choza caída de David. Repararé sus grietas, restauraré sus ruinas y la reconstruiré *tal como era en días pasados*» (énfasis añadido). Lo que Dios hará en el futuro está conectado con lo que estableció a través del rey David. La misma expresión que aparece en Amós 9:11 se manifiesta aquí en Miqueas 5:2. Aunque ciertamente no estoy tratando de socavar la eternidad de Jesús, una verdad claramente bíblica, creo que Miqueas trabaja arduamente para que su audiencia medite en los tiempos de David. Él quiere que conecten los puntos. Quiere que vean que lo que Dios promete hacer en Miqueas se conforma a muchos de los pasajes que ya hemos visto. Esta no es una predicción que es distinta de muchas otras profecías. No, lo que Miqueas declara en este versículo es un elemento más de una larga lista de declaraciones, parte de ese crescendo que se va forjando.

Tercero, ¿qué va a hacer este prometido? Gobernará sobre la creación de Dios, incluido Israel. Él no solo viene a ser un dulce y tierno niño, tan gracioso como lo son. No, este Prometido algún día gobernará sobre toda la creación en nombre de su Padre.

CONCLUSIÓN

Este estudio ha tratado de recorrer un conjunto de pasajes del Antiguo Testamento con el objeto de llegar a una conclusión que no sea sorprendente. El Antiguo Testamento se preparó de manera intencional y efectiva para la venida del Mesías prometido. La «construcción» del Antiguo Testamento en cuanto al carácter de ese individuo y los roles divinamente intencionados nos recuerda —como seguidores de Cristo— que Dios hará que su plan con su creación se desarrolle en consonancia con la forma en que presentó ese plan en numerosos pasajes del Antiguo Testamento.

¿Por qué orquestó Dios la venida de su amado Hijo a través de esos variados pasajes del Antiguo Testamento? Veamos por qué lo hizo a continuación: para…

- Comprobar su propósito y su plan de proveer salvación a la humanidad pecaminosa (Mateo 1:21).
- Mostrar su soberanía absoluta y la *forma precisa en que su cumplimiento se conjugó* con *sus predicciones* (por ejemplo, Belén, el Niño).
- Permitir que las personas reconozcan a Jesús como el Mesías largamente prometido. Isaías 35 les dio una vara de medir para identificar al Mesías, el ungido. A través de los milagros de Jesús, claramente hizo evidente su supremacía absoluta sobre la enfermedad, la muerte y la creación: Dios en carne humana.
- Revelar la gloria de Dios al mundo, mostrar a Dios (Génesis 1:26-27; Éxodo 19:5-6; ver Juan 14:9-11).Revelar quién y cómo extenderá su gobierno sobre la creación (Génesis 1:26-27, ver Filipenses 2:9-11).

Cuarta parte

El testigo de Cristo

18

Desde el inicio con Moisés: El Antiguo Testamento testifica del Mesías sufriente

Iosif J. Zhakevich
Lucas 24:27

Un mesías que murió no era el que esperaba la comunidad judía en el primer siglo. Cuando Jesús les dijo a sus discípulos que sufriría y moriría, Pedro lo llevó aparte y comenzó a reprenderlo: «¡De ninguna manera, Señor! ¡Esto no te sucederá jamás!» (Mateo 16:22). Más tarde, cuando Jesús murió, dos de sus seguidores que iban a Emaús vieron traicionada su perspectiva de que Jesús era el Mesías cuando este murió. Por eso declararon lo que sigue: «Lo de Jesús de Nazaret. Era un profeta, poderoso en obras y en palabras delante de Dios y de todo el pueblo. Los jefes de los sacerdotes y nuestros gobernantes lo entregaron para ser condenado a muerte, y lo crucificaron; pero nosotros abrigábamos la esperanza de que era él quien redimiría a Israel. Es más, ya hace tres días que sucedió todo esto» (Lucas 24:19-21).[1]

Ese sentimiento, en efecto, parece haber contagiado a la comunidad judía en ese tiempo. En Hechos 5:35-39, un destacado líder judío llamado Gamaliel articuló la idea de que un supuesto Mesías que muere, de hecho, demuestra ser un Mesías fallido:

> Hombres de Israel, piensen dos veces en lo que están a punto de hacer con estos hombres. Hace algún tiempo surgió Teudas, jactándose de ser alguien, y se le unieron unos cuatrocientos hombres. Pero lo mataron y todos sus seguidores se dispersaron

y allí se acabó todo. Después de él surgió Judas el galileo, en los días del censo, y logró que la gente lo siguiera. A él también lo mataron, y todos sus secuaces se dispersaron. En este caso les aconsejo que dejen a estos hombres en paz. ¡Suéltenlos! Si lo que se proponen y hacen es de origen humano, fracasará; pero, si es de Dios, no podrán destruirlos, y ustedes se encontrarán luchando contra Dios.

El punto de Gamaliel es claro: si el llamado Mesías muere, y si Dios no interviene en su nombre, entonces ese es un Mesías fracasado.[2]

Esto hace que surja la pregunta: ¿En qué se diferencia la muerte de Jesús de la de todos los supuestos mesías que murieron? ¿Cómo es que todo supuesto mesías que murió resultó ser un mesías fracasado, mientras que Jesús —que también murió—, demostró que era el verdadero Mesías?

Según el Antiguo y el Nuevo Testamentos, la muerte del verdadero Mesías se diferencia de cualquier otra muerte en la historia de la humanidad. La muerte del Mesías es única en tres aspectos. En primer lugar, la revelación de la muerte del Mesías en las Escrituras lo hace único entre la muerte de los demás. Segundo, el *propósito* de la muerte del Mesías es exclusivo. Tercero, la gloria de la muerte del Mesías es diferente. Una comprensión adecuada de estos tres aspectos de la muerte del Mesías debería impulsarnos a adorar al Mesías por su muerte.

LA REVELACIÓN DE LA MUERTE DEL MESÍAS

Desde el principio, las Escrituras revelan que la muerte del Mesías era parte del plan de restauración decretado por Dios.

Génesis 3:15

Esta es, probablemente, la primera profecía mesiánica registrada en las Escrituras: Génesis 3:15. Aquí se revela que la descendencia que revertirá las consecuencias de la caída sufrirá daño.[3] Cuando Dios pronuncia la maldición sobre la serpiente, en Génesis 3:14-15, por engañar a Eva, afirma que habrá una batalla entre la serpiente y un descendiente de Eva. Y Dios deja en claro que, si bien esta descendencia al fin saldrá victoriosa, en realidad sufrirá daño. Dios declara: «Pondré enemistad entre tú y la mujer, y entre tu simiente y la de ella; *su simiente te aplasta-rá la cabeza, pero tú le morderás el talón»* (énfasis añadido).

Aun cuando esta profecía es mínima en detalles, se pueden discernir tres observaciones en sus consecuencias. Primero, la descendencia tendrá naturaleza humana, por supuesto: él será descendiente de la mujer. En segundo lugar, la batalla es uno a uno. Es entre un vástago de la mujer y la serpiente misma. Apocalipsis 12:9 (ver 20:2) revela que la serpiente es el diablo, y Hebreos 2:14-15 revela que el individuo que venció al diablo es el Mesías Jesús. Tercero, como ya se mencionó, aunque su descendencia finalmente saldrá victoriosa («te aplastará la cabeza») aun así sufrirá daño («tú le morderás el talón»). También podemos observar que Dios está ansioso por anunciar su plan de restauración, el cual implica el sufrimiento de la descendencia. Antes de que Dios castigue a Adán y a Eva (3:22-24), e incluso pronuncie tal castigo (3:16-19), anuncia este plan de redención (3:15). En resumen, aunque breve en su naturaleza, la profecía revela que la descendencia sufrirá.

Salmo 22

El sufrimiento del Mesías se hace más evidente en el lenguaje hiperbólico que David emplea para describir su angustia en el Salmo 22. Sin embargo, la pregunta es: Si este salmo registra el sufrimiento de David, entonces, ¿cómo se le atribuye también, al Mesías, esta descripción del sufrimiento? La respuesta podría decirse que radica en el concepto de que el Mesías es el gran David, es decir, que las experiencias de David prefiguran, en cierta medida, las experiencias del Mesías. En 2 Samuel 7:4-17, Dios le promete a David una descendencia que será como la suya, pero que aun más grande (vv. 12-13). Y en el Salmo 132:11, esta promesa se conoce como un juramento que Dios le hizo a David. Si bien el contexto de 2 Samuel 7 y el del Salmo 132:11 no tienen ninguna duda acerca de la realeza, es importante reconocer que la experiencia de David como rey también estuvo llena de sufrimiento, incluso desde el momento de su unción (ver 1 Samuel 16—27). En consecuencia, si el gran David —entiéndase Mesías— debe ser como David —el primer monarca—, entonces debía como este último en su condición de realeza y en sus experiencias humanas con el sufrimiento (ver Romanos 1:1-4).

En efecto, Pedro parece presuponer esta misma perspectiva acerca de esa correlación entre las experiencias de David y las del gran David

(Cristo Jesús), cuando predica sobre la muerte y la resurrección de Jesús en Hechos 2:30-31. Este apóstol exclama:

> Pero siendo profeta, y sabiendo que con juramento Dios le había jurado que de su descendencia, en cuanto a la carne, levantaría al Cristo para que se sentase en su trono, viéndolo antes, habló de la resurrección de Cristo, que su alma no fue dejada en el Hades, ni su carne vio corrupción.

En este mensaje sobre la muerte y la resurrección del Mesías, Pedro apela a dos pasajes: uno que habla de la promesa de Dios a David en referencia a un linaje real (Salmos 132:11; ver 2 Samuel 7) y otro que habla de la muerte y la resurrección de la descendencia de David (Salmos 16:10), como lo explica Pedro. Al referirse a estos dos pasajes juntos, el apóstol argumenta que la promesa de Dios de una descendencia real a David avalaba que esa descendencia triunfaría sobre todo el sufrimiento y la muerte que padecería. La perspectiva de Pedro, por lo tanto, parece haber sido que el Mesías sería el gran David con respecto a ambos aspectos de la vida de David: su realeza y su sufrimiento. Por eso Pedro, de manera muy significativa, sugiere que así es como David entendió su relación con el gran David —Mesías—: David confiaba en que el gran David vencería todo el sufrimiento y la muerte (Hechos 2:31), porque sabía que Dios le prometió una descendencia real a él (Hechos 2:30; ver 2 Samuel 7:19, 21, 25-29). Con respecto al Salmo 22, entonces, podemos concluir que debido a que el gran David sería como David tanto en su realeza como en su sufrimiento, la expresión de angustia del cantor de Israel en el Salmo 22 puede y debe verse como representativa del sufrimiento del gran David, que es el Mesías, también.

Además, un análisis detallado del clamor de David en el Salmo 22 indica que aun cuando sentía genuinamente que estaba sufriendo en la mayor medida posible, el hecho es que todavía había un sufrimiento mayor que era concebible y que correspondería más apropiadamente al lenguaje superlativo de la angustia en este salmo que David —como ser humano— no podría soportar. El salmo comienza con la exclamación: «Dios mío, Dios mío, ¿por qué me has abandonado?» (v. 1). Experimentar ese sentimiento de que Dios lo abandona a uno es en verdad una prueba severa. Sin embargo, aun cuando David realmente sintió que había sido abandonado por Dios, esa sensación de desamparo es mucho más severa cuando el pecado del mundo entero se coloca sobre los hombros de uno; cuando a los ojos de Dios, uno se convierte en pecado en sí mismo; y cuando en esa condición, uno apela a Dios, pero parece que Él no le responde (ver Mateo 27:46; Marcos 15:34; 2 Corintios 5:21). Por lo tanto, cuando Jesús clama con esas mismas palabras en la cruz, ellas interpretan la intensidad de su angustia con mucho más precisión que el sufrimiento de David.

Esta modalidad de sufrimiento se manifiesta aún más a lo largo del resto del salmo. En el versículo 6, David se lamenta: «Pero yo, gusano soy y no hombre; la gente se burla de mí, el pueblo me desprecia». En el versículo 16, él dice: «Como perros de presa, me han rodeado; me ha cercado una banda de malvados; me han traspasado las manos y los pies» o, como dice el texto masorético, «como un león [están en] mis manos y mis pies». En el versículo 17, David continúa: «Puedo contar todos mis huesos; con satisfacción perversa la gente se detiene a mirarme». En resumen, la imagen que se retrata aquí es una de violencia y de muerte. Y así como sufrió David, también lo haría el gran David —entiéndase el Mesías—, pero en mayor grado. En otras palabras, aun cuando David fue rodeado por hombres malvados, aunque fue tratado de manera violenta e incluso sintió que su vida estaba siendo amenazada, esas palabras se materializan con mayor precisión cuando el afligido pende de una cruz, cuando sus manos y sus pies son traspasados, cuando las personas le miran fijamente y se burlan de él, y cuando los demás están dividiendo su ropa (ver Mateo 27:33-44). Por eso, cuando Juan describe la crucifixión de Jesús, se refiere al Salmo 22: «Esto sucedió para que se cumpliera la Escritura que dice: "Se repartieron entre ellos mi manto, y sobre mi ropa echaron suertes"» (Juan 19:24). Richard Belcher expresa esta idea con claridad cuando afirma que «el sufrimiento de David era real, pero el de Cristo fue mucho mayor al ser crucificado puesto que sufrió la ira de Dios por los pecados de su pueblo». Aunque este salmo, sin duda, describe el sufrimiento de David —dado que este salmista y rey es una figura del gran David—, y debido a que este lenguaje que usa aquí es tan extremo, también sirve para revelar el mayor sufrimiento del gran David, el Mesías.

Isaías 53

La revelación del sufrimiento del Mesías se desarrolla aún más en Isaías 53, con representaciones adicionales de violencia, una mención explícita de la muerte y la identificación del agente que está tras el sufrimiento del Mesías. Hablando del Siervo sufriente, Isaías escribe en 53:3: «Despreciado y rechazado por los hombres, varón de dolores, hecho para el sufrimiento. Todos evitaban mirarlo; fue despreciado, y no lo estimamos». Como en el salmo 22, el individuo aquí es perseguido por otros hombres. En 53:7, Isaías describe esta opresión de un modo aún más vívido: «Maltratado y humillado, ni siquiera abrió su boca; como cordero, fue llevado al matadero; como oveja, enmudeció ante su trasquilador; y ni siquiera abrió su boca». En los versículos 8-9, Isaías acerca al público a la escena de la muerte del siervo y declara: «Después de aprehenderlo y juzgarlo, le dieron muerte; nadie se preocupó de su descendencia. Fue arrancado de la tierra de los vivientes, y golpeado por la transgresión de mi pueblo». En otras palabras, el odio se expresa en la violencia, y esta violencia finalmente produce la muerte. Los enemigos que meramente amenazaron la vida del que sufre en el Salmo 22 en realidad asesinaron al individuo de Isaías 53.

Luego, sin embargo, el pasaje hace un giro repentino y sorprendente cuando Isaías revela quién finalmente orquestó el sufrimiento y la muerte del Mesías. En 53:10, Isaías declara: «Pero el Señor quiso quebrantarlo y hacerlo sufrir». Sin equívoco alguno Isaías anuncia que Dios no solo estaba complacido con ese plan, sino que también lo diseñó. El profeta afirma una maravillosa proposición en cuanto a que Dios, que no se complace con la muerte de nadie, se deleitó en un plan que mataba al Mesías (ver Ezequiel 18:32). Según este pasaje, el Mesías sufrió y murió porque ese era el plan predeterminado por Dios que, además, le agradaba.

Zacarías 12

El profeta Zacarías ofrece otra revelación indescifrable a medida que revela la identidad del Mesías. En Zacarías 12:10, cuando Yahweh declara que el pueblo de Israel algún día se arrepentirá, Él explica: «Sobre la casa real de David y los habitantes de Jerusalén derramaré un espíritu de gracia y de súplica, y entonces pondrán sus ojos en mí. Harán lamentación por el que traspasaron, como quien hace lamentación por su hijo único; llorarán amargamente, como quien llora por su primo-génito». Yahweh está hablando y declara que la gente de Israel mirará a *Yahweh, a quien traspasaron*. Este pasaje afirma que el Mesías que morirá es Dios mismo.

Sin embargo, ¿cómo podría Dios ser traspasado? ¿No es la muerte el destino del ser humano? En efecto, esto apunta a la naturaleza compleja del Mesías. Génesis 3:15 reveló que el Mesías es humano; Zacarías 12:10 revela que el Mesías es Dios. El Mesías es, de hecho, tanto hombre como Dios (ver Isaías 9:6; Jeremías 23:5-6; Miqueas 5:2). Debido a su compleja naturaleza, el Mesías, que es el Dios-hombre, puede soportar la muerte. Para que eso suceda, Dios necesitaría asumir una forma humana, vivir en esta tierra, ser crucificado y finalmente morir en su carne humana (Juan 1:14, 18; Colosenses 1:15-20). En consecuencia, Juan recuerda la profecía de Zacarías en la narración de la crucifixión y aplica este texto a Jesús, diciendo: y, como dice otra Escritura: «Mirarán al que han traspasado» (Juan 19:37; ver Apocalipsis 1:7). Dios fue traspasado cuando Cristo fue crucificado.

Como muestran estos pasajes, la muerte del Mesías fue un plan diseñado por Dios desde el principio (ver también Hechos 2:23, 13:27-29; 1 Pedro 1:20-21). La muerte del Mesías no fue una expresión de fracaso. Tampoco fue una manifestación de debilidad. Más bien, fue el cumplimiento del plan de Dios. De acuerdo con las Escrituras, el Mesías tuvo que morir. Es más, el que niegue el hecho de que el Mesías tuvo que morir está más alineado con la mente de Satanás que con la de Dios. Cuando Jesús les dijo a sus discípulos que sufriría, que moriría y Pedro le respondió: «¡Lejos de ti, Señor! Esto nunca te pasará a ti», Jesús le dijo a Pedro: «¡Quítate de delante de mí, Satanás!» ¿Por qué Jesús le hizo una reprensión tan dura? Porque era plan de Dios que el Mesías muriera; por tanto, rechazar ese plan sería oponerse al plan de Dios.

De modo que volvemos a nuestras preguntas originales: ¿Cómo es que la muerte de nuestro Mesías no fue un fracaso? ¿En qué se diferencia la muerte del Mesías de todas las otras muertes? La muerte del verdadero Mesías no es un fracaso puesto que ella fue parte del plan decretado por Dios. De hecho, si Jesús no hubiera muerto, *entonces* habría fallado en ser el verdadero Mesías porque no habría cumplido el plan de Dios como se revela en las Escrituras.

EL PROPÓSITO DE LA MUERTE DEL MESÍAS

La muerte del Mesías se distingue también por su propósito: el perdón del pecado. La muerte del Mesías cumplió un propósito que ninguna otra muerte ha tenido jamás y que ninguna otra podría tener. En Marcos 10:45 (RVR1960), Jesús, el Mesías mismo, declara: «El Hijo del Hombre no vino para ser servido, sino para servir y dar su vida en rescate por muchos» (Mateo 20:28; 26:28; Lucas 24:45-47; Hebreos 9:26-28; 1 Pedro 1:18-19). El propósito de la muerte del Mesías es lograr el perdón de los pecados.

Implicaciones de la muerte

Sin embargo, ninguna otra muerte puede lograr el perdón de pecados, ya que la muerte marca el final de toda clase de actividad. Cuando Dios pronunció las consecuencias de la desobediencia de Adán en Génesis 3:19, explicó: «Te ganarás el pan con el sudor de tu frente, hasta que vuelvas a la misma tierra de la cual fuiste sacado. Porque polvo eres, y al polvo volverás». La muerte de Adán, en otras palabras, marcó el final de su productividad. Salomón exclamó conmovedoramente en Eclesiastés 9:5-6: «Porque los vivos saben que han de morir, pero los muertos no saben nada ni esperan nada, pues su memoria cae en el olvido. Sus amores, odios y pasiones llegan a su fin, y nunca más vuelven a tener parte en nada de lo que se hace en esta vida». Y en 9:10: «Y todo lo que te venga a la mano, hazlo con todo empeño; porque en el sepulcro, adonde te diriges, no hay trabajo ni planes ni conocimiento ni sabiduría» (ver 2:18; 5:13-17; 8:8). Con la muerte termina la capacidad humana para cualquier forma de actividad. Hebreos 9:26-28 afirma que tal es el destino del hombre y articula el contraste entre la muerte del Mesías y la de todos los demás seres humanos, afirmando: «Pero tal como es, [Jesús] apareció una vez para siempre al final de las edades para quitar el pecado por el sacrificio de sí mismo. Y así como está establecido que el hombre muera una vez, y después de eso viene el juicio, así Cristo, habiendo sido ofrecido una vez para llevar los pecados de muchos, aparecerá por segunda vez, no para tratar con el pecado sino para salvar a aquellos que están ansiosamente esperándolo». Aun cuando la muerte de cada ser humano resulta en el juicio de Dios, la del Mesías resulta en el perdón de los pecados.

Muerte en Isaías 53

Esto es precisamente lo que las Escrituras profetizaron acerca de la muerte del Mesías. Isaías afirma de manera explícita: «Él fue traspasado por nuestras rebeliones, y molido por nuestras iniquidades; sobre él recayó el castigo, precio de nuestra paz, y gracias a sus heridas fuimos sanados. Todos andábamos perdidos, como ovejas; cada uno seguía su propio camino, pero el Señor hizo recaer sobre él la iniquidad de todos nosotros» (53:4-6). En el versículo 12, reitera: «Por lo tanto, le daré un puesto entre los grandes, y repartirá el botín con los fuertes, porque derramó su vida hasta la muerte, y fue contado entre los transgresores. Cargó con el pecado de muchos, e intercedió por los pecadores». Esta es la misma función que Jesús se atribuyó a sí mismo en Marcos 10:45: que vino a dar su vida en rescate por muchos. Por un lado, Jesús afirmó las palabras de Isaías: que el Mesías debía morir y cargar con los pecados de muchos. Por el otro lado, explicó el significado de la profecía de Isaías en cuanto a que aplicó el papel de este sustituto a sí mismo.

El sistema sacrificial

Esta función de la muerte del Mesías también está prefigurada en el sistema sacrificial del antiguo Israel. Dios estableció un sistema detallado de sacrificios para los israelitas dentro del cual se derramó mucha sangre a causa de los pecados de los israelitas (ver Levítico 1-10; 16-17). Levítico 17:11 describe la función de la cobertura de la sangre en los sacrificios: «Porque la vida de toda criatura está en la sangre. Yo mismo se la he dado a ustedes sobre el altar, para que hagan propiciación por ustedes mismos, ya que la propiciación se hace por medio de la sangre» (cf. 9:4; Deuteronomio 12:23). Hebreos 9:22 reitera este principio, declarando: «De hecho, la ley exige que casi todo sea purificado con sangre, pues sin derramamiento de sangre no hay perdón». Hebreos 10:1-4 deja en claro que estos sacrificios fueron en realidad un presagio del sacrificio final y que de hecho no podían alcanzar la expiación máxima: «Porque la ley no tiene más que una sombra de los bienes venideros en lugar de la verdadera forma de estas realidades, nunca pueden, por los mismos sacrificios que se ofrecen continuamente cada año, hacer perfectos a los que se acercan… Porque es imposible que la sangre de toros y de cabras quite los pecados» (ver Hebreos 10:1-18; 13:11-12). Estos sacrificios, por lo tanto, anticiparon el sacrificio máximo que, en efecto, quitaría los pecados de la humanidad.

El Sumo Sacerdote

Además, esta función de la muerte del Mesías para lograr la expiación también se prefigura en la vida y muerte del sumo sacerdote en las Escrituras. Hebreos 9:24-28 traza un paralelo entre la función del sumo sacerdote israelita y Jesús, el supremo Sumo Sacerdote, sosteniendo que al igual que el sumo sacerdote israelita ofreció sacrificios, Jesús se ofreció a sí mismo como el sacrificio máximo. El versículo 26 dice: «[Jesús] apareció una vez para siempre al final de las edades para quitar el pecado por el sacrificio de sí mismo» (ver 9:11-12). En otras palabras, los sacrificios que ofreció el sumo sacerdote, como se registra en el Antiguo Testamento, anticiparon el sacrificio máximo que el Sumo Sacerdote por excelencia ofrecería en su propia muerte.

Además, Números 35 ilustra específicamente el modo en que la muerte del sumo sacerdote sirvió como presagio de la muerte del Mesías y del perdón máximo del pecado. El texto trata acerca de la pena por asesinato intencional y no intencional. En el caso de un asesinato intencional, la ley exige que el asesino sea ejecutado (vv. 16-21). Pero en el caso de asesinatos involuntarios, la ley permite que el homicida huya a una ciudad de refugio para preservar su vida (vv. 9-15, 22-28). Un matiz notable dentro de esta ley, sin embargo, es que el homicida es liberado de su constricción a la ciudad de refugio a la muerte del sumo sacerdote. El versículo 28 explica: «[El homicida] Así que el acusado debe permanecer en su ciudad de refugio *hasta la muerte del sumo sacerdote*. Después de eso podrá volver a su heredad» (ver verso 25; énfasis añadido). La muerte del sumo sacerdote, en otras palabras, libera al homicida de su pena de confinamiento. De esta manera, la muerte del sumo sacerdote sirve como otra prefigura de la muerte del Mesías y de su función para lograr la absolución.

Como demuestran estos pasajes, el propósito de la muerte del Mesías fue lograr la redención, por lo que las Escrituras testifican esto tanto en profecía explícita como en las costumbres del sistema sacrificial. Esta función de la muerte del Mesías, en efecto, distingue la suya de todas las otras muertes en la historia humana. En consecuencia, la muerte del Mesías demuestra que no es un fracaso para el Mesías sino, por el contrario, un logro único del perdón de pecados.

La gloria de la muerte del Mesías

Por último, la muerte del Mesías se distingue por su gloria: que, en su muerte, el Mesías venció a la muerte y vio la gloriosa resurrección. Cuando Jesús resucitó de entre los muertos, demostró que venció a Satanás, superó la potencia de la muerte y logró el triunfo. Aunque la muerte determina la derrota en todos los demás casos, marcó el camino hacia la gloria del Mesías. Esto es precisamente lo que Jesús les dijo a los dos hombres en el camino a Emaús: «¿No era necesario que el Cristo padeciera estas cosas y entrara en su gloria?» (Lucas 24:26; ver Hechos 17:2-3; Filipenses 2:5-11; 1 Pedro 1:21; Hebreos 2:9) Y, de nuevo, esto es exactamente lo que las Escrituras revelaron: que el Mesías resucitaría de entre los muertos.

Salmo 22

Aun cuando el Salmo 22 presagia el sufrimiento del Mesías, también prefigura su gloria al describir la liberación que sigue a su sufrimiento. Aunque en el Salmo 22:1, el que sufre grita: «Dios mío, Dios mío, ¿por qué me has abandonado?» En 22:24, el salmista declara: «No esconde de él [el afligido] su rostro, sino que lo escucha cuando a él clama» (ver Isaías 53:3). Aun cuando en 22:6, el que sufre gime: «Pero yo, gusano soy y no hombre; la gente se burla de mí, *el pueblo me desprecia*» (énfasis añadido), en 22:24, anuncia: «*Porque él no desprecia* ni tiene en poco el sufrimiento del pobre» (énfasis añadido, ver Isaías 53:3). En otras palabras, el que sufre experimenta un cambio de circunstancias. Si bien al principio parecía que Dios no liberaría al que sufre, finalmente queda claro que Dios lo hace.

El resultado de esta liberación, además, es la gran adoración de Dios. En los versículos 22-23, David exclama: «Proclamaré tu nombre a mis hermanos; en medio de la congregación te alabaré. ¡Alaben al Señor los que le temen! ¡Hónrenlo, descendientes de Jacob! ¡Venérenlo, descendientes de Israel!» Esta respuesta de alabanza generalizada y reconocimiento a Dios se desarrolla en los versículos 25-31. El versículo

27 dice: «Se acordarán del Señor y se volverán a él todos los confines de la tierra; ante él se postrarán todas las familias de las naciones». Refiriéndose a esta adoración a Dios, Hebreos 2:12 cita el Salmo 22:22 y aplica las palabras a Jesús mismo: «Yo [Jesús] diré de tu nombre a mis hermanos; en medio de la congregación cantaré tu alabanza». Como explica Thomas R. Schreiner, «[Jesús] alaba a Dios con sus hermanos y hermanas a quienes ha redimido del poder de Satanás».

En otras palabras, el sufrimiento real, pero temporal, en el Salmo 22 finalmente se convierte en la gloria de Dios y liberación para el que sufre. Por lo tanto, el salmo prefigura tanto el sufrimiento *como* la liberación del Mesías, el gran David.

Salmo 16

Una imagen similar de liberación —aunque, en efecto, es de resurrección— se articula en el Salmo 16. El mensaje general de este salmo es que Dios es el refugio de David y su fuente de bien, delicia, consejo, seguridad y vida. Y en esta expresión de absoluta dependencia de Dios, David exclama la declaración acerca de la muerte y la resurrección: «No dejarás que mi vida termine en el sepulcro; no permitirás que sufra corrupción tu siervo fiel» (v. 10). Aunque el verso imagina la muerte y la tumba, el verdadero punto es que la muerte y la tumba no mantendrán cautiva a la víctima. De hecho, el lenguaje aquí se asemeja al del Salmo 22:1; pero la afirmación del Salmo 16 es lo opuesto exactamente al Salmo 22. En 22:1, David clama: «Dios mío, Dios mío, ¿por qué me has abandonado?» Pero en 16:10, declara: «[Dios] No dejarás que mi vida termine en el sepulcro». Si sufrir es ver la muerte y la tumba, Él no permanecerá en ese estado para siempre. Por el contrario, se levantará de la tumba y de la muerte.

Sin embargo, ¿de cuál alma no se olvidará Dios? ¿Y quién no verá el hoyo? Este asunto no es fácil de resolver. ¿Se está refiriendo David a sí mismo con la esperanza de que Dios finalmente lo resucite de entre los muertos? ¿O se está refiriendo al gran David, lo que significa que, si el Mesías muere, entonces Dios lo resucitará de entre los muertos? El contexto inmediato del salmo parece referirse a David. Pero otra vez, David entendió que generaría una descendencia que sería la del gran David, y entendió que su vida prefiguraba la vida de este gran David (ver 2 Samuel 7; Salmos 132:11-12). En consecuencia, aunque este salmo se refiere a David hasta cierto punto, podría decirse que David escribió estas palabras con la idea de que en última instancia se referirían y representarían al David más grande con mayor precisión. Al analizar este pasaje, Kaiser escribe: «El Mesías saldrá de la tumba o Seol. Cómo, cuándo y bajo qué circunstancias, el texto no da más detalles. Es suficiente para que David se dé cuenta de que uno de sus parientes, que vivirá para siempre, triunfará sobre la muerte». En otras palabras, cuando David articuló estas palabras, escribió a la luz de sus circunstancias personales, pero entendiendo que las mismas prefiguraban la vida del Mesías.

En su sermón en Hechos 2, Pedro declara que este salmo en definitiva se refiere al Mesías (ver 13:26-39). Después de hacer referencia al Salmo 16:8-11, Pedro explica:

> Hermanos, permítanme hablarles con franqueza acerca del patriarca David, que murió y fue sepultado, y cuyo sepulcro está entre nosotros hasta el día de hoy. Era profeta y sabía que Dios le había prometido bajo juramento poner en el trono a uno de sus descendientes. Fue así como previó lo que iba a suceder. Refiriéndose a la resurrección del Mesías, afirmó que Dios no dejaría que su vida terminara en el sepulcro, ni que su fin fuera la corrupción. A este Jesús, Dios lo resucitó, y de ello todos nosotros somos testigos (vv. 29-32).

Pedro deja muy claro que el Salmo 16:10 no se aplicaba en toda su extensión a la vida de David, sino que el último referente del Salmo 16:10 es la descendencia de David, es decir, Jesús. Así, mientras que el Salmo 16:10 visualiza a David y al David más grande en un contexto de muerte, ve más allá de esta muerte con respecto al David mayor y proclama que este David resucitará de entre los muertos.

Isaías 53

Isaías también revela el hecho de que la vida sigue a la muerte del siervo sufriente al referirse, en efecto, a la resurrección del siervo. Después de que la mayor parte de Isaías 53 describe el sufrimiento y la muerte del siervo justo —culminando con la afirmación de que Dios estaba complacido e incluso orquestó la muerte del siervo—, la profecía

procede con una serie de declaraciones que exponen la libertad del siervo por parte de Dios. En la segunda porción de 53:10 (RVR1960), Isaías
declara: «Con todo eso, Jehová quiso quebrantarlo, sujetándole a pade-
cimiento. Cuando haya puesto su vida en expiación por el pecado, verá
linaje, vivirá por largos días, y la voluntad de Jehová será en su mano
prosperada». Sin embargo, uno no puede producir descendencia si está
muerto. Ni puede prolongar sus días si no está vivo. El significado aquí
es claro, entonces: estas declaraciones presuponen vida. Además, en
53:12, Dios declara: «Por lo tanto, le daré un puesto entre los grandes,
y repartirá el botín con los fuertes, porque derramó su vida hasta la
muerte, y fue contado entre los transgresores. Cargó con el pecado de
muchos, e intercedió por los pecadores». Sin embargo, uno no puede
dividir ningún botín si es derrotado. Por lo tanto, estas líneas asumen
que el siervo triunfará y verá la vida después de su muerte. Estas declaraciones presuponen la resurrección. Por lo tanto, aunque el siervo sufría
y moría, también conquistó la muerte y vio la vida después de la muerte.

Esta es la gloria de la muerte del Mesías: con su muerte, venció a la
muerte. Hebreos 2:14-15 enfoca bien el triunfo del Mesías: «Por tanto,
ya que ellos son de carne y hueso, él también compartió esa naturaleza
humana para anular, mediante la muerte, al que tiene el dominio de
la muerte —es decir, al diablo—, y librar a todos los que por temor a
la muerte estaban sometidos a esclavitud durante toda la vida». Por lo
tanto, la muerte del Mesías cumple la promesa anunciada en Génesis
3:15: que un vástago de Eva derrotaría a la serpiente.

Para ayudar a entender cómo el Mesías venció a la muerte y a su
agente, Jesús proporciona una parábola en Lucas 11:14-22. Después que
Jesús expulsó un demonio de un hombre, sus oponentes lo acusaron
de echar demonios por el poder de Belcebú más que por el de Dios.
En respuesta a esas acusaciones, Jesús dijo: «Cuando un hombre fuerte, completamente armado, guarda su propio palacio, sus bienes están
seguros; pero cuando uno más fuerte que él lo ataca y lo vence, le quita
su armadura en la que confiaba y divide su botín». Jesús dice aquí que
Él es el más fuerte. Este es el lenguaje que Isaías emplea en 53:12 para
describir el triunfo final del siervo sufriente: «Por lo tanto, le daré un
puesto entre los grandes, y repartirá el botín con los fuertes». Como
dice Jesús esta parábola —posiblemente aludiendo a Isaías 53:12—, se

aplica la caracterización del fuerte a sí mismo. Él es el fuerte. Él es el triunfador. Él es el campeón.

Toda otra muerte es testimonio de la derrota. Sin embargo, la muerte del Mesías es una prueba del triunfo absoluto. Así, Pablo exclama en 1 Corintios 15:54-55: «La muerte ha sido devorada por la victoria. ¿Dónde está, oh muerte, tu victoria? ¿Dónde está, oh muerte, tu aguijón?» (ver Isaías 25:8; Oseas 13:14; Hechos 2:24; Apocalipsis 20:14; 21:4).

CONCLUSIÓN

¿Cómo es que todo supuesto mesías que murió resultó en un fracaso y Jesús, que también murió, demostró ser el verdadero Mesías? Porque su muerte fue única. Fue revelada en las Escrituras, sirvió para la expiación y resultó en una gloriosa resurrección. En consecuencia, la muerte de Jesús el Mesías no es un evento que implique una disculpa. La muerte del Mesías es otro acontecimiento que debería impulsarnos a adorar a Dios. Es más, la muerte del Mesías es un acontecimiento de adoración eterna para todos los santos en el cielo, que clamarán por siempre: «Digno es el Cordero que fue inmolado» (Apocalipsis 5:12).

19

Jesús es mejor: La última palabra

Austin Duncan
Hebreos 1:1-3

Hace poco tuve una improvisada reunión de ancianos en el portal de mi casa, pero no con los hombres fieles con los que tengo el privilegio de servir en la congregación Grace Church. Fue con dos ancianos con cara de niños muy bien vestidos, provenientes de Utah. Esos dos ancianos autoidentificados se me acercaron, con la intención de hablar sobre Jesús. No eran la clase de personas mayores que encontraría en mi iglesia, los que dirigen y alimentan al rebaño de Dios. Eran misioneros mormones y, esa tarde de octubre, yo era su misión. Cuando comenzaron a hacer las preguntas normales sobre la «gran apostasía» y la «Palabra profética de Dios», fui a una parte de la Biblia que no había usado en un encuentro apologético como ese antes. Abrí el libro de Hebreos.

En los dos años anteriores, he estado enseñando a través de este libro en el ministerio universitario de mi iglesia y exhortando a los estudiantes del área metropolitana de Los Ángeles a perseverar en Cristo, porque Él, nuestro Sumo Sacerdote, es mejor. Mejor que su estilo de vida anterior, mejor que el atractivo del placer del pecado, mejor que cualquier cosa que este mundo pueda ofrecerles. Mejor.

Mientras explorábamos el texto, las glorias de Cristo el Hijo brillaron en cada capítulo, exaltándolo sobre los ángeles, sobre Moisés, sobre el sacerdocio levítico, sobre todo. Hebreos demuestra que en todos los sentidos y desde todos los ángulos, Jesús es el cumplimiento perfecto de todo lo que el Antiguo Testamento anticipa, y es la única esperanza segura para los creyentes atribulados que necesitan fuerza perseverante.

Así que, cuando aparecieron dos camisas blancas almidonadas en mi porche ese día, les invité a ver al Jesús del libro de Hebreos, resumido en los versículos introductorios de la epístola. Este Jesús se ve diferente al semidiós rubio del mormonismo politeísta y tiene poco en común con muchas concepciones modernas del profeta nazareno. Este Jesús es Dios, Dios mismo, el mejor Adán, Hijo de una virgen, el sustituto sin pecado y el Rey resucitado. Y al comienzo del libro de Hebreos se le describe como la última palabra de Dios. Pero no solo los Santos de los Últimos Días necesitan encontrar al Jesús de la Epístola a los Hebreos. Esta epístola fue escrita para convencer a los creyentes perseguidos —al borde de la capitulación y la apostasía— de que la perseverancia y la fidelidad no son opcionales, sino que son una necesidad; y que la perseverante peregrinación cristiana necesita ser sostenida fijando nuestros ojos en el Hijo de Dios.

Eso es lo que esperaba mostrarles a mis visitantes mormones, a un auditorio lleno de universitarios y a mi propio corazón: que Jesús es la revelación completa y final de Dios. Las líneas de apertura de la Carta a los Hebreos demuestran que en Jesús encontramos la declaración final de Dios acerca de sí mismo. El texto alaba la inigualable grandeza de su última palabra. Hebreos 1:1-3 nos muestra que Jesús es la revelación final de Dios y Jesús, como el mensajero de Dios, tiene una supremacía que no tiene igual. Es esta visión de Jesús la que puede sustentar nuestra fe.

LA REVELACIÓN FINAL

Más que cualquier otro libro en la Biblia, la Epístola a los Hebreos presenta en forma convincente a Jesús como la revelación definitiva de Dios para el hombre. El autor de Hebreos lo aclara en su introducción. Comienza su carta sermón con palabras altisonantes, elevadas y sonoras: «Dios, que muchas veces y de varias maneras habló a nuestros antepasados en otras épocas por medio de los profetas» (v. 1). Para los destinatarios originales de la carta, habían pasado años sin una palabra de Dios respecto del pueblo judío. Ese silencio fue ensordecedor porque habían sido los destinatarios de la revelación continua de Dios por milenios. El Antiguo Testamento es la historia de miles de años de Dios hablando a través de sacerdotes, profetas, una zarza ardiente, un asno, sueños, visiones, el Urim y el Tummim, sabios y cantantes. Después de un largo período de silencio entre los testamentos, sucedió algo diferente y notable. En tiempos anteriores, Dios habló a través de los siervos.

Ahora Dios ha hablado a través de su Hijo. Un comentarista explica la fraseología del versículo 1 así:

> El griego pone énfasis en la calidad de la revelación final de Dios. Como tal, es más que una noción indefinida («un hijo») aunque menos que una definida («el hijo»), ya que esta revelación final no es solo a través de cualquier hijo de Dios, ni el énfasis está específicamente en la persona misma. Más bien, el enfoque aquí es en la naturaleza del vehículo de la revelación de Dios: Él no es un simple vocero (o profeta) de Dios, ni es simplemente un mensajero celestial (o ángel); al contrario, esta revelación final llega a través de alguien que está íntimamente vinculado con el Padre celestial de una manera que solo un familiar podría estarlo.

Jesús es el vehículo comunicacional más completo de Dios consigo mismo, el que está más cerca de Dios y que muestra lo realidad de lo que es Dios. Si alguien presta atención a las palabras de Hebreos 1, no buscará una experiencia espiritual secundaria, otro bautismo, otro chasquido, crujido o estallido de inspiración espiritual superior porque estaría consciente de que Jesús es la última palabra. Él es a través de quien Dios ha hablado por completo y definitivamente, ya no es «profeta» sino «Hijo», y Él es la representación exacta de su ser.

En la plenitud de los tiempos, Dios habló como nunca antes lo había hecho ni lo hará. Esta Palabra está llena y Él es conclusivo, Él es suficiente para sostener a su pueblo para terminar la carrera cristiana. F. F. Bruce dice: «Si Dios hubiera permanecido en silencio, envuelto en una espesa oscuridad, la situación de la humanidad habría sido desesperada, pero ahora ha hablado en su palabra reveladora, redentora y vivificadora. Y en su luz, vemos la luz».[1] La revelación de Dios sobre sí mismo en Jesús es una misericordia que tiene el poder de sostener nuestra fe.

Esto no quiere decir que la revelación anterior de Dios fue defectuosa o poco clara. En Jesús, la sombra ha sido reemplazada por sustancia. Lo incompleto ha sido terminado. La promesa ha sido reemplazada por el cumplimiento y los portavoces de Dios ya no son meros hombres que hablan en nombre de Él. Ahora, Dios hablará a través de su propio Hijo. Y todo depende de esas dos pequeñas palabras: «ha hablado». Esa expresión «ha hablado» aparece dieciséis veces en el libro de Hebreos. Tiene un sinónimo que generalmente se traduce con la palabra hablada que ocurre treinta y una veces, y es esa afirmación inicial lo que es básico para el argumento completo de esta epístola. Es crucial que veamos a Jesús como el pináculo de la autorrevelación de Dios. La encarnación es una revelación misericordiosa de Dios para nosotros.

¿Ha sentido la fuerza de la autorrevelación de Dios en Jesús? Considere que Dios habló a través de Adán, Abraham, Jacob, Moisés, Elías, Ezequiel, Isaías, Amós, Hageo, con historia y narrativa, sabiduría y poesía, ley y profecía, romance como Cantares y Rut, escenas de batalla en las llanuras de Moab, oráculos de Hageo y monodramas confusos de Ezequiel. Habló con la naturaleza y con palabras inspiradas. Su revelación fue buena, clara y misericordiosa, dada en porciones. Dios habló a una pequeña nación de personas elegidas y a la sociedad pagana de Nínive. Dios habló, habló y habló. A veces, las generaciones pasaban sin una palabra de Dios, y entonces se levantaba un profeta y la gente al fin escuchaba a Dios. Unas veces con una voz en pleno auge, y otras con murmullos, pero siempre a través de un mediador, profeta o sacerdote. Pero ahora, dice el autor de Hebreos, en estos últimos días, tenemos la última palabra de Dios, y no vino a través de un vocero. Ha llegado encarnada en su propio Hijo.

Tom Schreiner resume la naturaleza de Jesús como la revelación final de Dios así: «Dios ha hablado en su Hijo… La revelación en la era anterior fue diversa y parcial, pero en el Hijo es unitaria y definitiva. La revelación final ha llegado en los últimos días porque Dios ha pronunciado su última y mejor palabra. No se esperan más palabras, ya que la última palabra se enfoca en la vida, muerte y resurrección del Hijo… Los creyentes esperan el regreso del Hijo (9:28), pero no esperan una palabra más de Dios. No se necesitan más aclaraciones. El significado de lo que el Hijo logró ha sido revelado de una vez y por todas».[2]

¿Por qué buscar en otra parte una visión sustentadora de nuestra fe? ¿Por qué suplicamos escuchar una palabra mística de Dios? ¿Por qué tantos cristianos cierran sus Biblias y le piden a Dios que les hable? En una era de cultos y sectas que ofrecen «otro testamento acerca de Jesucristo» e incluso cristianos creyentes en la Biblia que buscan experiencias espirituales esotéricas para avanzar más en su fe, Hebreos 1 simplemente nos muestra que Dios ha hablado, completa, definitiva y persuasivamente para satisfacción de nuestras almas eternas en Jesús, su palabra final.

Si quiere conocer a Dios, debe conocer a Jesús. Si quiere escuchar a Dios, debe escuchar a Jesús. Si se pregunta cómo es Dios, simplemente abra su Biblia y disfrute de la gloria de Dios, la Palabra de Dios, contemplando el tesoro que es la revelación de Dios en Jesús, su Hijo. Cuando deje de buscar una nueva palabra de Dios y se percate de que Dios nos ha dado su última palabra en Jesús, verá —en una frase— su grandeza sin igual.

La revelación suprema

Después de haber mostrado a sus lectores la trascendental naturaleza de la autorrevelación de Dios en Jesús, el pastor que escribe a los perseguidos hebreos les dice por qué este Jesús es digno de su atención. En frases muy bien articuladas, presenta una visión que sustenta la fe impulsada por, o que describe acerca de, la inigualable grandeza de Jesús. Una breve mirada a estas frases puede ayudarnos a ver la gloria de Jesús, una gloria destinada a sustentar nuestra propia fe.

Heredero, Creador y Sustentador

De acuerdo con LegalZoom.com, el cincuenta y cinco por ciento de los estadounidenses no tienen un testamento ni otro plan de sucesión. Pocos parecen querer hacer arreglos finales. Aquellos que ponen sus asuntos en orden entienden la importancia de dejar un legado y cuidar a sus seres queridos cuando ya no estén vivos.

Cuando Dios llama a Jesús su heredero, no anticipa su propia muerte. Al contrario, usa el antiguo concepto de herencia para demostrar que todo lo que le pertenece a Dios le incumbe a Jesús. «Heredero de todas las cosas» es un título de dignidad. Esta ha sido la promesa de Dios en el Salmo 2:6-7: «He establecido a mi rey sobre Sión, mi santo monte. Yo proclamaré el decreto del Señor: "Tú eres mi hijo", me ha dicho; "hoy mismo te he engendrado"». La herencia de Cristo nos recuerda que todo lo que pertenece a Dios será dado final y eternamente a su Hijo.

Un hombre rico puede dejar sus posesiones a muchos hijos e hijas o donar a muchas organizaciones valiosas, pero —en el caso de Dios— este le dará «todas las cosas» a su Hijo. Todo le pertenecerá algún día a Jesús. El sistema solar, las estrellas, los planetas, los vastos océanos, continentes, bosques y junglas, cada criatura, arroyuelo y río, grandes árboles y pequeñas esporas de moho, tigres de Bengala y organismos celulares individuales, y cada persona en particular. Usted y yo. Todos estamos bajo la propiedad legítima de un Dios soberano y todos seremos dados a su Hijo digno (Hebreos 2:5-9).

Romanos 8:16-17 dice, sorprendentemente, que los cristianos serán «coherederos con Cristo». Nuestro destino final y nuestra posesión están vinculados inextricablemente a la promesa divina de que todo lo que posee y tiene autoridad estará por completo y definitivamente en posesión de su Hijo. Y a través de la fe, compartiremos la herencia de Jesús. El futuro pertenece a Jesús y, por lo tanto, a los que pertenecen a Él. ¡Qué verdad tan impresionante! Que gran palabra para los creyentes agazapados y perseguidos que fueron encarcelados y aceptaron gozosamente la confiscación de sus propiedades (Hebreos 10:34). Y qué palabra tienen los materialistas que necesitan aprender a soltar la ambiciosa comprensión de nuestras cosas y anticipar una herencia eterna que nunca puede perecer, estropearse ni desvanecerse (1 Pedro 1:4).

Para demostrar aún más la excelencia de la palabra final de Dios, el escritor afirma que Jesús es el medio por el cual «hizo el universo» (Hebreos 1:2). Ahora, al retratar al Hijo como cocreador del universo, el predicador de Hebreos abre el telón del primer capítulo de la Biblia para mostrar que Jesús estuvo activo en la creación. Por medio de Cristo, Dios hizo todas las cosas. Esto demuestra la preexistencia, el poder y la deidad del Hijo. Dios hizo las edades, el espacio y el tiempo, y todas las cosas creadas en este universo a través de su Hijo: «Por medio de él todas las cosas fueron creadas; sin él, nada de lo creado llegó a existir» (Juan 1:3). Colosenses 1:16 combina el concepto de Jesús como heredero y Creador con estas palabras: «Porque por medio de él fueron creadas todas las cosas en el cielo y en la tierra, visibles e invisibles, sean tronos, poderes, principados o autoridades: todo ha sido creado por medio de él y para él». La revelación final de Dios es también la que hizo el cielo y la tierra. Jesús es el Creador de usted, Él le hizo. Esta es una prueba de lo que lo conoce a usted y de su amor por usted.

Si no basta con saber que el Dueño y el Creador fueron suficientes, vemos que en el versículo tres, Jesús también es descrito como el que «sostiene todas las cosas con su palabra poderosa» (Hebreos 1:3). La idea que subyace a esta frase es que Él es el sustentador. El significado básico trata acera de la defensa y sobre llevar todo lo que Él creó de manera continua a su objetivo. Jesús no cesó de participar en la creación después de darle existencia. Tampoco se alejó de la creación después de la caída del hombre. Jesús ha mantenido su control providencial y el sustento de todas las cosas en todos los tiempos. A diferencia del dios de los deístas, Él permanece comprometido con su creación. Como explica Bruce, «defiende el universo, no como Atlas, que sostiene un peso muerto sobre sus hombros, sino como alguien que lleva todas las cosas hacia adelante en su rumbo designado».[3] ¿Cómo lo hace? «Con su palabra poderosa» o «por la palabra de su poder». Lo hace omnipotente y sin esfuerzo, con una palabra.

En el año 2005, un equipo de astrofísicos de la Universidad de Princeton ocupó los titulares noticiosos cuando calcularon el radio del universo observable en 45.7 mil millones de años luz. Su estimación fue tres veces mayor que cualquiera de las anteriores. Esta área incluye miles de millones de galaxias y cientos de miles de millones de estrellas. Lo que su investigación no observó es que cada rincón de esa gran porción de extensiones fue creado por Jesús, ni que se sostienen por la palabra poderosa de Jesús, ni que pertenecerán a Jesús por derecho de trono y herencia por toda la eternidad. No es un pequeño descuido. La grandeza de Jesús se ve claramente en su función de heredero, creador y sustentador.

Resplandor, réplica y conquistador

Jesús es el «resplandor de la gloria de Dios» (1:3). La palabra griega traducida como «resplandor» aparece solo aquí en la Biblia, aunque se usa en otras literaturas griegas antiguas. Es una palabra que significa «fulgor» o «un reflejo». Estos dos conceptos se unen de la siguiente manera: uno es como un espejo y el otro como el sol. Uno brilla y el otro refleja. Ambas palabras describen la manera en que Jesús es la manifestación visible de la gloria de Dios. Jesús comparte la misma naturaleza divina que el Padre, sin embargo, Él es distinto del Padre en su persona. Al mismo tiempo, Jesús es la refulgencia de la gloria de Dios porque irradia la naturaleza del Padre en su creación. Son distintos en sus personajes, pero uno en esencia. Como dice el Credo Niceno, Jesús es: «luz de luz».

¿Cómo describe usted a las tres personas unidas de la Deidad? La doctrina de la Trinidad extiende los límites de nuestra imaginación y nos recuerda que Jesús es tanto el resplandor de la gloria de Dios como el Dios mismo. No es fácil entender lo que es un ser infinito. Cristo existió antes de que apareciera como un bebé en un pesebre. Él fue preencarnado y compartió en la eternidad pasada, la gloria divina, porque es Dios. En la encarnación de Jesús, Él reveló esa gloria divina puesto que encarnó la gloria esencial de Dios. Por tanto, cuando Jesús dijo: «Si me has visto, has visto al Padre», está diciendo exactamente lo que escribe el autor a los Hebreos. Él es el resplandor de la gloria de Dios.

Esta referencia a la gloria recordaría a los receptores originales toda su historia, como pueblo, con la gloria de Dios; desde el encuentro de Moisés con la gloria de Dios en una zarza ardiente, hasta la columna de fuego, que fue una manifestación visible de la gloria de Dios, con la que sacó a los israelitas de Egipto. El Antiguo Testamento lo que trata es acerca de la asombrosa gloria de Dios.

En el tabernáculo que Dios le ordenó a Moisés que construyera, detrás de la cortina, envuelto en humo y espesa oscuridad, yacía la gloria de Dios alrededor de una caja llamada el arca del pacto. Algunas traducciones la llaman propiciatorio, lo que le recuerda a la gente la necesidad de un sacrificio con sangre incluso en este Lugar Santísimo. Tal vez recuerde haberlo visto en la película *Indiana Jones y los cazadores del arca perdida*. Ese mueble divino es solo una caja, pero una caja que mató a cincuenta y cinco mil personas en los primeros cinco capítulos de Samuel. Es una manifestación sagrada de la gloria visible de Dios; y solo es una caja. Lo que el escritor de Hebreos dice, entonces, es que toda esa gloria, al venir y abandonar la visión del templo de Ezequiel, asistir a las visiones y la predicación de los profetas, acompañar a la gente en sus andanzas y sentarse en el corazón del tabernáculo fue solo un preludio ante la mayor gloria de Dios que se vería incomparablemente en Jesús. Él es el resplandor de la gloria de Dios. Es por eso que Juan 1:14 dice: «Y el Verbo se hizo carne y habitó entre nosotros». Esa palabra «habitó» significa «se convirtió en tabernáculo». La Palabra, Jesucristo, se hizo carne, se encarnó, como un bebé, vivió como un niño, creció hasta convertirse en hombre y llevó una vida inmaculada, perfecta. Por eso Juan lo describe como el tabernáculo de Dios entre nosotros.

Dios estableció su residencia entre nosotros a través de Jesús, utilizando a propósito una palabra que nos recordaría que vino a manifestar la gloria de Dios entre nosotros. Él vino como el que moriría en nuestro lugar, el que podría sufrir como sacrificio apropiado, el que es completamente Dios y completamente hombre. Él tabernáculo entre nosotros. Juan continúa: «Y hemos contemplado su gloria, la gloria que corresponde al Hijo unigénito del Padre, lleno de gracia y de verdad» (Juan 1:14). Esta es el fulgor. Esta es la gloria visible de Dios en el rostro de Jesús. Este es el resplandor de la gloria de Dios.

El autor de Hebreos también ensalza la grandeza de Jesús como «la fiel imagen de lo que él [Dios] es (1:3)». La versión bíblica PDT dice: «la imagen perfecta de todo lo que Dios es». La palabra traducida «imagen» describe una impresión, una reproducción o una representación. Este concepto hubiera sido familiar para todos los oyentes originales. Las monedas que llevaban en sus bolsillos eran echadas en un dado, un molde que presionaba monedas de metal caliente, dando a cada moneda la misma cara. Incluso en los Estados Unidos hoy en día, las monedas todavía se emiten de manera oficial con un sello particular. La idea es que el molde que estampa la moneda e imprime la imagen en la moneda es la misma imagen de la propia moneda. Del mismo modo, el escritor dice que Jesús es precisamente como Dios, exactamente a la imagen de Dios.

Otra analogía similar que la audiencia original habría asociado con la frase «la fiel imagen» es el anillo que también servía de sello. En vez de firmar un documento oficial, se colocaba cera caliente y se presionaba con un anillo oficial, dejando una grabación particular del anillo en la cera. Era una impresión, una reproducción, una representación. Esta es la ilustración que Dios emplea a través del escritor de Hebreos para describir a Jesús como paralelo directo de Dios. Jesús es una representación exacta de Dios. Si usted ha visto a Jesús, ha visto a Dios.

Aun cuando Jesús y el Padre son personas distintas, comparten la misma naturaleza divina. Todo lo que el Padre es en su naturaleza, el Hijo también lo es. Nunca pensamos en términos jerárquicos —de mayor a menor o viceversa— en lo que se refiere a Jesús y a su Padre, aunque emplearemos términos de sumisión encarnada en su rol y su relación, pero nunca en términos jerárquicos. Gregorio de Nisa amonestaba a las personas cuando usaban ese tipo de lenguaje al referirse a Hebreos 1. En esencia, les decía: «No midan las cosas que son inconmensurables porque en ellas reside toda la deidad de Él».

Jesucristo, Hijo de Dios, no es como el Jesús de los testigos de Jehová o el de los mormones. No es el ángel más importante ni el ser principal ni el más grande de todos los seres creados. Jesucristo es Dios, Dios mismo. El Hijo es la impresión exacta de la naturaleza de Dios. El Hijo representa la naturaleza y el carácter del único Dios verdadero. Él revela lo que Dios es. Jesús comparte con el Padre el ser, la naturaleza y la esencia divina. Es por eso que Juan 1:1 afirma que Jesús es la Palabra de Dios. Jesús les expresa a los seres humanos quién es Dios en sí mismo (Juan 1:18). Él es la imagen del Dios invisible (Colosenses 1:15). Él «es... en forma de Dios» (Filipenses 2:6). Jesús, a diferencia de los profetas de antaño, no se limita a representar a Dios como portavoz o como alguien que lleva el mensaje de Dios. Él es Dios mismo.

Hebreos 1:3 concluye introduciendo conceptos que el escritor detallará en los capítulos que siguen. Este versículo, en resumen, es un bosquejo del resto de la epístola. Cristo es presentado como un sacerdote purificador y un rey entronizado. Es decir, Jesús es el Rey conquistador que eliminará completa y finalmente el problema de nuestro pecado. «Cuando hizo la purificación de los pecados, se sentó a la diestra de la Majestad en lo alto». Derrota al pecado y a todos los enemigos y se sienta en el trono para demostrar que a través de la cruz y la resurrección ha ganado.

La Biblia enseña que, sin derramamiento de sangre, no hay remisión de pecados (Hebreos 9:22). No hay perdón de pecados que no tenga que ver con sacrificio de sangre. El escritor de Hebreos continúa describiéndonos lo que esos cristianos hebreos ya entendían: el sacrificio de animales era el requisito previo para su adoración. Una y otra vez los animales fueron inmolados como sacrificios de sangre por los pecados de la nación de Israel. La Biblia dice que la paga del pecado es muerte. Así que año tras año, mañana y noche, vendría el ganado. En la fiesta, incluso matarían medio millón de corderos.

El escritor de Hebreos quiere que veamos no solo la superioridad de Jesús en su gloriosa defensa del universo por la palabra de su poder, sino también su gloria en su humillación y muerte. Él vino a este mundo para morir. Fue golpeado. Fue asesinado. Fue crucificado. Fue sacrificado en una cruz romana, todo según el plan de Dios. Pero su muerte fue una victoria. En su muerte, hizo la purificación de los pecados. Esta es su obra sumosacerdotal, como lo describe el escritor de Hebreos en los capítulos 8—10. Él nos dice por qué su sacerdocio es mejor y más duradero. Su muerte sacrificial y sustitutiva conduciría a su exaltación. Tenemos un Sumo Sacerdote que se sentó a la diestra del trono de la

Majestad en el cielo. Aun cuando estaba muriendo en la cruz, Jesús habló sobre la perfección de su sacrificio. Él dijo: «Consumado es» (Juan 19:30, RVR1960). Él es el Sumo Sacerdote perfecto, el que expía el pecado y lo hizo perdurable, de una vez y para siempre.

Aun en su introducción, el autor de Hebreos indica la extraordinaria verdad de que Jesús ha vencido la muerte y el pecado. Que Jesús «se sentó» no es poca cosa. Los sacerdotes hacían muchas cosas en el trabajo en el templo. Sacrificaban animales. Encendían las lámparas. Cuidaban el templo y supervisaban la adoración. Pero una cosa que nunca hicieron en ese lugar de sacrificio fue tomar asiento. No hay sillas en el lugar sagrado. Eso se debe a que su trabajo nunca era terminado. Pero el trabajo expiatorio de Jesús fue consumado de una vez y para siempre. Consumado es. «Pero este sacerdote, después de ofrecer por los pecados un solo sacrificio para siempre, se sentó a la derecha de Dios» (Hebreos 10:12).

El escritor de Hebreos continúa describiendo la entronización de Jesús, diciendo que: «Se sentó a la derecha de la Majestad en las alturas» (1:3). El uso de la palabra «Majestad» representa el nombre de Dios. La expiación está completa. Dios está satisfecho. El trabajo de Jesús está terminado absolutamente. Ha recibido la supremacía real y legítima. Jesús toma el lugar de honor, autoridad y poder. Este es el significado y la relación entre el sacrificio y la entronización de Jesús. El lugar de Jesús a la diestra del Padre declara la aprobación de Dios para el sacrificio perfecto de su Hijo.

El enfoque de esta frase se le da con razón al Hijo. Dios otorga este estado a su diestra a su Hijo debido a su gran sacrificio sacerdotal. Exalta a este Hijo como Rey conquistador. Y es por eso que es superior a los ángeles. Es por eso que le han dado un nombre superior a todo otro nombre terrenal.

Ninguno de nosotros podía ver la gloria de Dios o contemplar la magnificencia de su Majestad más allá de la intervención divina. Nuestra respuesta, entonces, es vivir para este Hijo supremo. No debemos leer casualmente la palabra «gloria» en nuestras Biblias. Comemos y bebemos para su gloria. Dejamos que nuestra luz brille ante los hombres para que puedan ver nuestras buenas obras y dar gloria al Padre. Esperamos ansiosamente que ahora, como siempre, Cristo pueda ser magnificado en nuestro cuerpo, para su gloria. Nuestras vidas están diseñadas para dar gloria a Dios a través de su Hijo radiante, expiatorio y conquistador, Jesucristo.

La Palabra final

El escritor de Hebreos ensalza a Cristo, la revelación final y el sacrificio perfecto provisto por Dios. No hay otra manera para que las personas perseveren en su fe que, por un encuentro con la única esperanza para todos, Jesucristo. En estas primeras palabras de la Carta a los Hebreos, Dios dice que aunque ha hablado por medio de profetas y profecías, ya no habla de esa manera. Él ha hablado en estos últimos días a través de su Hijo. Nuestra confesión es que Jesús el Hijo de Dios.

Si prestamos atención a las palabras de Hebreos, no buscaríamos otra experiencia espiritual secundaria, otro libro sobre Jesús, otro anuncio popular ni un nivel espiritual más elevado porque sabríamos que Jesús es la última palabra. Él es a través de quien Dios ha hablado completa y finalmente, ya no es «profeta» sino «Hijo». Es la representación exacta de su ser. En la plenitud de los tiempos, podemos disfrutar de la posición ventajosa de escuchar la última palabra de Dios. En Jesús, Dios ha hablado de una manera que nunca antes lo ha hecho y nunca lo hará otra vez. Él está completo y es el final de todas las cosas.

Michael Reaves resume la supremacía de Jesús en este pasaje: «He aquí la revolución: para todos nuestros sueños, nuestras oscuras y sombrías imaginaciones de Dios, no hay Dios en el cielo que sea diferente a Jesús. Porque Él es Dios... permítannos deshacernos de esa horrible idea de que detrás de Jesús, el amigo de los pecadores, hay un ser más siniestro, uno más endeble en la compasión y la gracia. ¡No puede haberlo! Jesús es la Palabra. Él es uno con su Padre. Él es el resplandor, el esplendor, la gloria de su Padre... En Él, vemos el verdadero significado del amor, el poder, la sabiduría, la justicia y la majestad de Dios».

Así que dígales a los mormones que toquen a su puerta que Jesús es la última palabra. Dígale a la iglesia perseguida que Jesús es la última palabra. Dígales a los tentados a regresar a su forma de vida anterior que Jesús es la última palabra. Dígale al mundo perdido y moribundo que sus pecados pueden ser perdonados por Jesús, la última palabra. Dígale a su corazón cansado, cuando la perseverancia parezca desfallecer, que fije sus ojos en Jesús, la última palabra de Dios.

20

SAL Y LUZ: EL TESTIMONIO DEL CREYENTE EN CRISTO EN UNA SOCIEDAD IMPÍA

ALBERT MOHLER

Mateo 5:14-16

Cuando los cristianos no se ven amenazados por la cultura, no piensan en la responsabilidad de la iglesia con ella. En efecto, en la historia de la iglesia, la cuestión de la responsabilidad con la cultura más amplia aparece con mucha frecuencia en el contexto de una gran controversia o crisis. El ejemplo más destacado de esto es la obra del San Agustín —*La ciudad de Dios*—, que explora las profundidades de la iglesia y la cultura en pleno colapso del Imperio Romano.

Los cristianos occidentales no enfrentan el colapso absoluto del gobierno y el orden establecidos. Sin embargo, se sienten amenazados y en desacuerdo con la cultura que les rodea. El cambio cultural no es algo que acaba de suceder en los últimos años. Esta «revolución moral» ha surgido en las sociedades occidentales al menos durante los últimos 125 a 150 años. Por lo tanto, no debe sorprender que los cristianos hayan empezado a plantear preguntas como: «¿En qué manera puede la iglesia participar en la cultura?»

La cuestión de la relación entre la iglesia y la cultura confunde a muchos, por lo que abundan las respuestas inexactas. Algunos sugieren que los cristianos no tienen ninguna responsabilidad con la cultura. Otros sostienen que la cultura tiene poco o ningún impacto en el papel del ministerio cristiano. La primera de estas perspectivas no reconoce la implicación total de la Gran Comisión, mientras que la última mantiene una creencia ingenua sobre el alcance y la influencia que la cultura puede tener en la doctrina, la teología y la vida cristiana.

Sin embargo, considerar la cultura como demasiado importante plantea un peligro potencialmente mayor para los evangélicos en esta generación. Los evangélicos que ven la cultura como demasiado importante comienzan a adoptar estrategias inteligentes y sofisticadas destinadas a borrar la clara distinción entre el pueblo de Dios y las personas que no son del reino. No obstante, este punto de vista está profundamente en desacuerdo con la enseñanza de las Escrituras y lo que Jesús instruyó a sus discípulos en Juan 15.

No, pero si el mundo los aborrece

En Juan 15:18, Jesús dice: «Si el mundo los aborrece...» Este «si» puede —si se toma de forma incorrecta—, atrapar al lector y llevarlo a una interpretación peligrosa. Puede hacer que el lector crea que existe la posibilidad de que el odio del mundo no alcance a los que siguen a Cristo. Una lectura atenta, sin embargo, de las palabras de Jesús, revela que no se trata tanto de *si*, sino de *cuándo*:

> Si el mundo los aborrece, tengan presente que antes que, a ustedes, me aborreció a mí. Si fueran del mundo, el mundo los amaría como a los suyos. Pero ustedes no son del mundo, sino que yo los he escogido de entre el mundo. Por eso el mundo los aborrece. Recuerden lo que les dije: «Ningún siervo es más que su amo». Si a mí me han perseguido, también a ustedes los perseguirán. Si han obedecido mis enseñanzas, también obedecerán las de ustedes. Los tratarán así por causa de mi nombre, porque no conocen al que me envió. Si yo no hubiera venido ni les hubiera hablado, no serían culpables de pecado. Pero ahora no tienen excusa por su pecado. El que me aborrece a mí también aborrece a mi Padre. Si yo no hubiera hecho entre ellos las obras que ningún otro antes ha realizado, no serían culpables de pecado. Pero ahora las han visto, y sin embargo a mí y a mi Padre nos han aborrecido. Pero esto sucede para que se cumpla lo que está escrito en la ley de ellos: «Me odiaron sin motivo» (Juan 15:18-25).

Como cristiano, leer estas palabras, debe aumentar la tensión en su vida. El creyente sabe que ha sido llamado por Dios para hacer buenas obras (ver Efesios 2:10). La bondad y el amor del carácter cristiano solo deberían despertar amor y admiración, no odio, por una cultura más amplia. Los cristianos, por lo tanto, pueden sentir que, si realizan suficientes buenas obras, muestran amor y caridad, la cultura adoptará una actitud amistosa hacia la iglesia. Los cristianos se sienten tensos cuando leen Juan 15 porque sus obras pueden llevar a la cultura a ver la gloria de Dios y a desearlo en vez de despertar el odio hacia Dios y su pueblo.

La Biblia parece justificar la tensión que sienten los cristianos al leer las palabras de Jesús en Juan 15. Por ejemplo, en Mateo 5:16, Jesús dice: «Hagan brillar su luz delante de todos, para que ellos puedan ver las buenas obras de ustedes y alaben al Padre que está en el cielo». Y 1 Pedro 2:12 agrega: «Mantengan entre los incrédulos una conducta tan ejemplar que, aunque los acusen de hacer el mal, ellos observen las buenas obras de ustedes y glorifiquen a Dios en el día de la salvación». Por lo tanto, surge una lógica bíblica en estos textos que se suma a la idea de que, si los cristianos hacen buenas obras, brillará una luz en la cultura más amplia que resulte en la glorificación de Dios.

Las Escrituras, sin embargo, deben interpretarse juntas. Juan 15 no está en desacuerdo con Mateo 5 o 1 Pedro 2. En los últimos textos, la obediencia cristiana necesariamente conduce a las buenas obras que la cultura verá y que dará gloria a Dios. Cuando ocurren desastres naturales como los huracanes, los cristianos lideran el camino para proporcionar socorro y atención a los heridos y desplazados. Eso muestra el amor de Cristo a un mundo oscuro y le da gloria a Dios. Cuando los cristianos encabezan la acusación contra el tráfico sexual y se esfuerzan por ayudar a las mujeres maltratadas y sometidas, esto culmina en una muestra gloriosa y hermosa para el mundo y sirve como un acto de adoración a Dios. El mundo, sin embargo, no odiará a los cristianos por hacer buenas obras. Por lo tanto, debemos mirar las palabras de Cristo en Juan 15 con mucho cuidado si queremos entender en qué modo el odio del mundo se apodera de los seguidores de Cristo.

Para comenzar, ¿se han cumplido las condiciones de las cláusulas «si» en Juan 15? Juan 15 presenta al lector la cláusula «si x, luego y». Algunos pueden tratar de leer esa frase y evitar «x» para que «y» no suceda. Sin embargo, en Juan 15, Jesús deja muy claro que todas las condiciones necesarias para que se cumpla el «si» han ocurrido. Jesús se dirige a sus discípulos de una manera que demuestre que se han cumplido todas las condiciones para el odio del mundo venidero. Él dice en el versículo 20: «Recuerden lo que les dije: "Ningún siervo es más que su amo". Si a mí me han perseguido, también a ustedes los perseguirán». Es más, Cristo fue perseguido y clavado en una cruz. La persecución, por lo tanto, viene a todos los que buscan seguir a Jesucristo. Él continúa: «Si han obedecido mis enseñanzas, también obedecerán las de ustedes». El mundo, sin embargo, ya quebrantó las palabras de Jesús. Nuevamente, «Si yo no hubiera venido ni les hubiera hablado, no serían culpables de pecado» (v. 22). Sin embargo, Jesús ya vino y predicó las buenas nuevas del evangelio.

Las cláusulas «si» de Juan 15 nos llevan a concluir que todas las condiciones se han cumplido en Jesucristo, incluso antes de que dijera estas palabras a sus discípulos. La llegada de la cruz se cierne sobre este discurso en Juan 15. Los cristianos, por lo tanto, deben entender que los «si» de Juan 15 son —en efecto— realidad. Ya se cumplieron.

El ministerio de Jesús cumplió con las condiciones que aclaran las palabras de Jesús: «Los tratarán así por causa de mi nombre» (v. 21). Por lo tanto, los cristianos deben ver a Juan 15 y saber que la pregunta no es si vendrá la persecución, sino cuándo.

¿Cómo llegamos aquí?

Una gama completa de emociones debe establecerse cuando el cristiano se da cuenta de lo real que son las palabras de Jesús en Juan 15. Sin duda, el miedo y la ansiedad pueden filtrarse en nuestras mentes al comprender que la fe en Cristo conduce necesariamente a la persecución del mundo. Al lidiar con esa realidad, quizás tengamos que preguntar: «¿Cómo exactamente nos encontramos en esta situación?» El cristiano podría sentirse tentado a pensar que una vida de persecución indica el fracaso de la divina estrategia mesiánica o una mera conspiración de Satanás mismo. Ambas hipótesis, sin embargo, no logran entender el contexto de Juan 15 y la misteriosa belleza de lo que Cristo nos enseña, ya que Él mismo estaba a punto de ir a la cruz.

Escogido por Dios mismo

En Juan 15:16, momentos antes de que Jesús les hablara a sus discípulos acerca de la próxima persecución que enfrentarían, les dijo: «No me escogieron ustedes a mí, sino que yo los escogí a ustedes». Los creyentes deben saber que la persecución y el sufrimiento no son producto de fallas en la estrategia de Dios. Tampoco viene la persecución porque Dios no pueda proteger a su Novia de los ataques de Satanás. Jesús revela que su pueblo sufre persecución debido a la soberanía divina. Fuiste elegido por el buen placer y amor de Dios.

De hecho, los cristianos padecen persecución y sufrimiento porque fueron elegidos por Dios de entre el mundo. Juan 15 revela que los cristianos viven como las vides, permaneciendo en la misma persona de Cristo en busca de fortaleza y sustento. Ellos están en desacuerdo con el mundo porque han sido llamados aparte del mundo y ahora viven como los que pertenecen al Rey de reyes y Señor de señores. Los cristianos permanecen con su nuevo Maestro y viven para un nuevo reino. Los cristianos se enfrentan a un mundo hostil porque pertenecen al Padre y el mundo odia al Padre.

Por lo tanto, cualquier cosa que los cristianos enfrenten en esta vida, se debe a que es parte del plan soberano del Dios trino. A través de esta verdad viene la esperanza y la fuerza de los cristianos. Podemos esperar porque Cristo se nos ha adelantado y, como les dice a sus discípulos en Juan 16: ¡Yo he vencido al mundo! El cristiano halla fortaleza en esta gloriosa verdad. Si la persecución viene como plan soberano de Dios, Dios proveerá a su pueblo con los recursos necesarios para soportar y glorificar su nombre. Los cristianos esperan y sobreviven a todo lo que el mundo y Satanás lanzan a su camino porque están firmes en la persona de Jesucristo.

De modo que los fieles están en su situación actual porque Dios los eligió de entre el mundo por su beneplácito y para su gloria. Aunque venga la persecución, Jesús los consuela con la promesa viva de que permanecen en Él. Aunque el odio y hasta la muerte aguarden al pueblo de Cristo, Jesús muestra que su pueblo vive *en* su propia persona. Sus vidas están escondidas con Cristo en Dios (Colosenses 3:3). Los cristianos, por lo tanto, no se atreven a tratar de liberarse de esta predicción. La idea de que la iglesia —en alguna forma— puede ser sofisticada, inteligente, amable o lo suficientemente civilizada como para calmar el odio del mundo no solo es un pensamiento erróneo, sino una blasfemia. Jesús dijo: «Ningún siervo es más que su amo» (Juan 15:20). El propio pueblo de Jesús lo crucificó y lo rechazó. Él fue perfecto en todos sus caminos. Por lo tanto, es una arrogancia de primer orden pensar que el mundo nos tratará mejor que a nuestro perfecto Salvador.

PERSEGUIDO POR CAUSA DEL EVANGELIO

La cultura rechaza al evangelio y persigue a sus seguidores debido al escándalo absoluto que el evangelio implica. El apóstol Pablo escribe en 1 Corintios 1:22-25:

> Los judíos piden señales milagrosas y los gentiles buscan sabiduría, mientras que nosotros predicamos a Cristo crucificado. Este mensaje es motivo de tropiezo para los judíos, y es locura para los gentiles, pero para los que Dios ha llamado, lo mismo judíos que gentiles, Cristo es el poder de Dios y la sabiduría de Dios. Pues la locura de Dios es más sabia que la sabiduría humana, y la debilidad de Dios es más fuerte que la fuerza humana.

En este pasaje, Pablo se hace eco de las enseñanzas que Jesús imparte en Juan 15. El mensaje del evangelio ofende a la sabiduría del pensamiento mundano. La cultura menosprecia el evangelio y va a su destrucción debido a su contenido escandaloso. Los judíos buscaban un rey conquistador, no un Mesías asesinado. La cultura más amplia encontró ridícula la idea de que un Padre entregara a su Hijo por los pecados de la humanidad. Sin embargo, Pablo no capitularía ante los oídos ardientes de sus oyentes, sin importar el costo. Anhelaba proclamar a Cristo y solo a Él crucificado, porque el evangelio «es poder de Dios para la salvación» (Romanos 1:16).

Los cristianos deben entender que el mensaje del evangelio en sí mismo es el que provoca la reacción persecutoria. El cantante y compositor Michael Gungor en una ilustración reciente de lo ofensivo que es el evangelio, incluso en círculos «cristianos», tuiteó: «Ahora muchos jóvenes cristianos andan tras la teología de la expiación sustitutiva penal. Me gustaría escuchar a más artistas que canten a Dios y menos que usen mensajes de padres que matan a sus hijos dizque por amor». Para Gungor, la expiación substitutiva lograda por Cristo equivale al horroroso mensaje de un padre que mata a su hijo. Este tipo de discurso, en la mente de Gungor, debe terminar si se quiere alcanzar a la cultura para Cristo. Por lo que continúa diciendo: «Ver lo literal y fuera de contexto que es el hecho de que Dios necesite ser apaciguado con sangre no es hermoso, es horrible». Gungor está dispuesto a defender un evangelio, pero no al verdadero evangelio. Gungor insta a los cristianos a alejarse de la expiación sustitutiva porque es demasiado vulgar para ser respetada.

La cultura pagana cree que sus defensores promueven un mensaje de tolerancia. La cultura cree que la verdadera moralidad no impone sistemas de creencias a los demás. Este énfasis en la tolerancia llevó a un cambio radical en la ética cultural estadounidense. Estados Unidos se volvió intolerante a la intolerancia. El mensaje del evangelio está en desacuerdo con la nueva moralidad que aborrece cualquier reclamo de exclusividad. El mundo cree que posee la ventaja moral de etiquetar todo lo que no le gusta como intolerancia.

La vanguardia del desafío apologético en nuestra generación es que el Dios de la Biblia es un ogro. El sentir de Gungor abunda en la cultura más amplia, revelando que la objeción al evangelio es moral. Los argumentos morales contra el evangelio no se basan tanto en el racionalismo como en un gran cambio en la moralidad. La cultura siente odio hacia un Dios que realmente se atreve a ser Dios. Odio hacia un Dios que realmente está preocupado ante todo por su propia gloria. Odio a un Dios que no ofrece múltiples vías creativas para que la humanidad trate de resolver su discordancia cognitiva. Ese tipo de Dios es odiado. Esa clase de Dios que quiere la muerte de su propio Hijo en una cruz y luego reivindica su obra expiatoria al resucitarlo de entre los muertos. Ese tipo de Dios no es admirado en esta sociedad, ni moral ni cognitivamente. Por lo tanto, la totalidad de la Escritura ahora es sospechosa.

Los fieles, como seguidores de las Escrituras y creyentes en la infalibilidad de la Palabra de Dios, deben comprender la trayectoria actual de la cultura. Las acusaciones han llegado y, sin duda, las leyes que tratan de erradicar el intolerable evangelio de Jesucristo pronto aparecerán. Sin duda, los cristianos en Estados Unidos de América enfrentarán la amenaza del confinamiento. Por eso deben entender esto y estar completamente conscientes del panorama cultural, si quieren responder de una manera sabia y piadosa.

Si la cultura marcha hacia un creciente odio por el mensaje de la cruz, ¿cómo deben responder los fieles? Algunos abandonarán el evangelio por completo. Los falsos maestros aprovecharán para elaborar evangelios ilusorios que prometen «una mejor vida ahora». Los falsos maestros son educados por los oídos ansiosos de la cultura que claman por mensajes de inclusión que prometen justicia social, felicidad, riqueza y prosperidad. A medida que la revolución moral lucha con el mensaje de Jesucristo, los ministros del evangelio invariablemente capitulan en cuanto a las doctrinas centrales de la fe en pro de su propia relevancia. No se equivoque, la ambición de relevancia cultural no es nada menos que idolatría. Los mensajes de esos falsos maestros, aunque de apariencia inofensiva, conducirán a innumerables almas a la perdición eterna. Capitular en cuanto a las verdades principales del evangelio los pone a jugar en las manos del propio Satanás, que anhela devorar a tantas almas como pueda.

Cristiano, no desaproveche el mensaje del evangelio. Solo el pueblo de Jesucristo tiene la palabra de verdad. La cultura puede ofenderse por el mensaje del evangelio. ¡Que se ofenda! Sin embargo, en la misma medida en que la ofensa llegue, vendrá también la salvación. El mensaje del evangelio necesariamente debe doler para que traiga sanidad. El evangelio ofende. Revela nuestro pecado y la profundidad de nuestra depravación. Manifiesta en los términos más tenebrosos el final que merecemos como rebeldes. El evangelio muestra la gloria y la santidad de un Dios infinito que arde de ira contra nuestro pecado. Además, revela que no podemos salvarnos a nosotros mismos. ¡Eso es ofensivo! Sin embargo, es el mismo evangelio el que trae sanidad y esperanza, ya que gloriosamente habla del Dios que envió a su Hijo a morir en nuestro lugar. Si la iglesia abandona el evangelio, abandona la única esperanza de salvación.

Sí, el mundo puede odiarle. Por llevar este mensaje, incontables creyentes han muerto, dando sus vidas por el bien del evangelio. Sus vidas, sin embargo, viven como ofrendas fragantes, usadas por Dios para atraer a muchos a sí mismo. Cristiano, percátese de que el sufrimiento está prometido y es seguro que viene. Nuestro enemigo aborrece el mensaje que usted lleva, por lo que hará cualquier cosa para silenciarle. Nosotros, sin embargo, no podemos permanecer en silencio. Aunque el sufrimiento venga como resultado de proclamar la verdad, también viene la glorificación de nuestro Dios, en cuanto se alcanza a los perdidos. Solo a través del evangelio, no del relativismo cultural, los pecadores serán ganados por Cristo. Presione, entonces, para obtener el premio del llamamiento de Dios en Cristo (Filipenses 3:14). Aférrese a las palabras de la vida (Filipenses 2:16). Proclame las excelencias de Cristo (1 Pedro 2:9). Guarde el buen depósito que se le ha confiado (2 Timoteo 1:14).

¿POR QUÉ LA PERSECUCIÓN?

Jesús enseña a sus seguidores la inevitabilidad del sufrimiento y la persecución en la vida cristiana. La razón de ese odio es generado por el mensaje del propio evangelio. La cultura cuestiona la moralidad de un evangelio que articula que todos deben tener fe en un Salvador que fue asesinado y colgado en una cruz debido a la voluntad de su Padre. Sin embargo, la sangre es necesaria para el perdón de los pecados. Y esta noción enfurece a la cultura con su moral caída. Todo ello lleva a la persecución del pueblo de Dios.

Esta dura verdad puede llevar al cristiano a preguntarse: «¿Por qué?» Al acercarse a las Escrituras, puede parecer impertinente preguntar el «por qué» de ciertos mandatos. Cuando Dios ordena algo, la respuesta adecuada no debería ser buscar la razón de esa orden. Simplemente obedecemos por lo que Dios es. Juan 15, sin embargo, muestra la misericordia y la gracia de Dios respondiendo la pregunta «Por qué» por nosotros. Jesús dice:

> Cuando venga el Consolador, que yo les enviaré de parte del Padre, el Espíritu de verdad que procede del Padre, él testificará acerca de mí. Y también ustedes darán testimonio porque han estado conmigo desde el principio (vv. 26-27).

Jesús les dice a sus discípulos que todo su sufrimiento, toda su persecución, la necesidad de que el Ayudante venga y esté con ellos, es para dar testimonio. La raíz de la palabra *testimonio* es *mártir*. El vocablo *mártir* evoca las imágenes de los santos —en la historia de la iglesia— quemados en la hoguera, alimentando leones, decapitados y sometidos a innumerables actos tortuosos. Esas imágenes, sin embargo, parecen estar muy lejos de nuestra civilización. Predicar que hay que «ser mártir para Cristo» en las comodidades de nuestra sociedad occidental se siente más seguro que lo que los cristianos tuvieron que soportar en eras anteriores o en otros lugares. Sin embargo, Jesús nunca prometió que sus discípulos morirían sanos y salvos en sus camas. Él nunca nos prometió una vida tranquila.

Hemos sido cortejados por una falsa complacencia con la realidad omnipresente del cristianismo nominal y cultural. Los cristianos han permitido que la cultura cree una especie de zona segura, arrullando el anhelo de respeto y adoración de las masas. Creemos que el título «cristiano» debería otorgarnos privilegios y derechos por parte de un mundo pagano hostil a Dios y al evangelio de Jesucristo. Si una iglesia que proclama el nombre de Jesucristo coexiste en armonía con una cultura que se enfurece contra el reino de Dios, entonces no es una iglesia de Cristo. Una iglesia en paz con la cultura, ha capitulado ante las influencias del mundo más que por el bien de la relevancia y la paz. Esto no es a lo que Cristo llamó a sus discípulos y a su Novia cuando los comisionó como sus testigos.

Los cristianos deben reconocer que el testimonio y el martirio de los santos confirman y engrandecen al evangelio de Jesucristo. La persecución de los creyentes magnifica poderosamente la dignidad y la gloria de Dios. La persecución del pueblo de Dios es lo que vindica al Hijo de Dios. *Esta no es una estrategia perdedora.* Este es el Padre vindicando al Hijo y el Hijo vindicando lo suyo. Por lo tanto, cuando los apóstoles fueron perseguidos, podían gritar de alegría y regocijarse de que habían sido «considerados dignos de sufrir afrentas por causa del Nombre» (Hechos 5:41). El sufrimiento del pueblo de Dios, en una manera peculiar, trae gloria, honor y alabanza a su nombre. Lo que usted sufre por el evangelio muestra poderosamente la dignidad del Dios trino.

NO TENGAN TEMOR, ÉL HA VENCIDO AL MUNDO

La naturaleza inconveniente del evangelio y la promesa de persecución pueden hacer que algunos se depriman o desanimen. Las palabras de Jesús en Juan 15 parecen ser el peor grito de guerra de cualquier líder. Jesús promete que el mundo le odiará. ¿Promueve esto la depresión? Si el sufrimiento que enfrentarán los cristianos trae depresión al pueblo de Dios, entonces no han comprendido la gloria de Cristo, la belleza de la cruz ni el poder de una tumba vacía.

Aunque Cristo les habla a sus discípulos del sufrimiento en Juan 15, también les promete algo glorioso en Juan 16:32-33:

Miren que la hora viene, y ya está aquí, en que ustedes serán dispersados, y cada uno se irá a su propia casa y a mí me dejarán solo. Sin embargo, solo no estoy, porque el Padre está conmigo. Yo les he dicho estas cosas para que en mí hallen paz. En este mundo afrontarán aflicciones, pero ¡anímense! Yo he vencido al mundo.

Si la depresión nos llena con la promesa del sufrimiento y las advertencias que Cristo emitió para todos los que lo siguen, entonces no confiamos en Cristo ni en el hecho de que Él ha vencido al mundo.

«En este mundo tendrá problemas. No tema, anímese, yo he vencido al mundo». ¿Lo cree? Si Cristo ha vencido al mundo, y sabemos que lo ha hecho, podemos enfrentar cualquier cosa que pueda venir. Si Cristo ha vencido al mundo, entonces podemos dejarle todo a Él. Si Cristo ha vencido al mundo, entonces ningún sermón que sea verdaderamente fiel y genuinamente bíblico pasará por alto, porque la Palabra de Dios nunca regresa sin lograr lo que Dios quiere hacer con ella. Si Él ha vencido al mundo, podemos morir con confianza y alegría, ya sea en nuestras camas o en el mercado o en la cárcel o en cualquier lugar donde pueda suceder, porque estamos seguros en Él.

Cristiano, esté consciente de que Jesucristo ha vencido al mundo. Si no estamos conscientes de su poder para vencer a Satanás, al pecado y a la muerte, tenemos pocas razones para soportar la persecución. Sin embargo, a través de la victoria de Cristo, los cristianos pueden y deben predicar el evangelio. Podemos trabajar con la cultura y mantenernos firmes sobre la roca sólida de la Palabra de Dios porque Cristo reina por encima de la creación, ha asegurado la victoria y viene de nuevo.

Juan 15 proporciona una instrucción clara sobre la manera en que la iglesia debe trabajar y ser responsable con la cultura. Jesús nos enseña que aun cuando se nos prometa la persecución, el evangelio debe ser proclamado. De hecho, es a través de la proclamación del evangelio que vendrá la persecución. Este sigue siendo el deber de todos los discípulos de Jesucristo y es el deber con mayor deleite. Los cristianos no proclaman otro mensaje sino el que exalta las excelencias de Jesucristo. Aunque el evangelio instigue la persecución, también trae salvación a los perdidos. Aunque nos encontremos con la hostilidad orquestada por el propio Satanás, avanzamos con el poder de la resurrección de nuestro vencedor y Salvador Jesucristo.

21

CONTADO POR DIGNO: SUFRIR POR CRISTO EN UN MUNDO QUE LO ODIA

PAUL WASHER

Hechos 5:41

En este capítulo quiero explorar Hechos 5:27-42, y otros pasajes relacionados en ese mismo libro, con el fin de enfocarme en cuatro cosas: (1) cómo fueron perseguidos los apóstoles, (2) cuál fue la causa de su persecución, (3) lo que *no* fue la causa de su persecución (que es crucial entender), y (4) cómo fueron capaces de responder, los apóstoles, con alegría y perseverancia en medio de la persecución, con el objeto de saber cómo podemos hacer lo mismo.

CÓMO FUERON PERSEGUIDOS LOS APÓSTOLES

Una vez, me estaban entrevistando en un programa de radio en Detroit cuando el entrevistador me dijo: «Señor Washer, hay muchas personas a las que usted no les agrada. ¿Cómo lidia con la persecución?» Pensé: *¿Cuándo fue la última vez que me golpearon cuarenta veces? ¿Cuándo fue la última vez que me quitaron todas mis pertenencias? ¿Cuándo fue la última vez que me arrojaron y patearon hasta romperme las costillas?* Respondí: «Señor, no soy perseguido».

Es sorprendente la manera en que en Estados Unidos tomamos la palabra *perseguido* y la redefinimos de modo que signifique que alguien nos miró con dureza. Eso no es lo que sucedió en Hechos. Lucas nos dice que los apóstoles fueron azotados (Hechos 5:40). La palabra griega traducida como «azotado» (*deró*) significa «azotar, apalear, golpear».

También puede significar «desollar» o «despellejar algo». Lo que esos hombres sufrieron fue extraordinariamente despiadado.

La *flagelación* viene de Deuteronomio 25:3, donde leemos acerca de un castigo que consiste en cuarenta latigazos. En el primer siglo, la tradición judía practicaba lo que se conoce como cuarenta azotes menos uno. Los académicos debaten por qué sucedía eso. Muchos piensan que cuando los funcionarios judíos azotaban a alguien, en algunos casos, no se aseguraban de su recuento. De forma que, para evitar el error al contar, pensaron lo siguiente: «Demos treinta y nueve, porque es mejor equivocarse del lado de la misericordia que del lado de la severidad». En esas azotainas, el objetivo era la espalda de la persona, pero a menudo el verdugo no tenía un buen objetivo. Por tanto, no solo le quedaba la espalda desgarrada y sangrando al castigado. A veces también le golpeaban los hombros, el cuello, la cara, la parte inferior de la espalda, las piernas e incluso el estómago. Eso no era cualquier paliza sencilla. No era como meterse en una pelea y ser golpeado. La persona azotada era desollada cruelmente, por así decirlo. Y el dolor duraba más de un día o de una semana. Por tanto, debemos ser cuidadosos al hablar acerca de cómo somos «perseguidos» en el mundo de hoy, ya que debemos saber la definición de persecución del Nuevo Testamento.

Todo lo que nosotros —o al menos la mayoría en Estados Unidos—, sufrimos hoy, no es lo mismo de aquellos tiempos. Sin embargo, hay algo que tenemos en común con esos primeros cristianos. No solo fueron golpeados y azotados, sino también avergonzados. La vergüenza es algo que experimentamos hoy, incluso en nuestra cultura. La palabra griega para honrar significa «estimar, valorar» y cuando la partícula negativa se agrega al comienzo de la palabra, significa «no valorar, no estimar, no honrar». Estoy describiendo no solo lo que pasó con los apóstoles, sino también lo que le sucede hoy al predicador promedio en Estados Unidos. Ya sea a través de interacciones personales o de los medios, es algo penoso. La palabra también puede significar «hacer infame, despreciar, deshonrar, tratar con gran desprecio». Cuando el mundo sufre por la causa del mundo, el mundo los honrará en gran manera. Sin embargo, cuando el cristiano sufre por la causa de Cristo, el mundo nunca anunciará el sufrimiento de una manera que haga que los demás piensen que el cristiano está sufriendo por una razón honorable.

Cuando un cristiano es perseguido, a menudo es hostigado como enemigo de Dios. Por ejemplo, los cristianos son avergonzados como enemigos de Dios. Mire lo que dijo Jesús en Juan 16:2: «Los expulsarán de las sinagogas; y hasta viene el día en que cualquiera que los mate pensará que le está prestando un servicio a Dios». Una de las verdades más reconfortantes en medio de la persecución, es que Jesús nos dijo que vendría. Cuando eso suceda, no debemos pensar que —de alguna manera—, la soberanía de Dios ha fallado. Cristo nos dijo que eso sería así. Si no hubiera persecución, eso pondría en duda su palabra porque prometió que la padeceríamos.

Creo que vamos a una situación como esa en Occidente. En donde estamos redefiniendo el cristianismo como amor sin verdad. Muy a menudo, cuando un cristiano habla la verdad del evangelio en amor, automáticamente es expulsado del cristianismo. No es etiquetado realmente como cristiano. De modo que no sufre como cristiano, sino como un fanático radical o como una persona inestable con problemas mentales. Y las cosas empeorarán. Vamos a sufrir no como cristianos, sino quizás como enemigos de Dios.

A los cristianos también los avergüenzan como enemigos del estado. Hechos 17:7 nos muestra que a los cristianos los acusaron de actuar en contra de los decretos de César porque afirmaban que había otro rey: Jesús. Ahora, esto en sí mismo es una distorsión. Es una acusación falsa. No obstante, es una acusación contra los cristianos. Esto es muy importante debido a toda la actividad política que se desarrolla en nuestra sociedad hoy en día. Los cristianos que luchan contra el gobierno no avanzan en el cristianismo. De hecho, se nos ordena orar «especialmente por los gobernantes y por todas las autoridades» (1 Timoteo 2:2). En Romanos 13:1, Pablo dice que debemos estar sujetos a las autoridades y a los gobernantes. El reino al que pertenecemos es invisible. Es un reino espiritual. No avanza por medios físicos, carnales. Avanza por la predicación del evangelio y por la oración. Siendo ese el caso, quiero que sepa que cada vez que Dios es sacado de una sociedad o cultura, algo debe ocupar su lugar. Lo que a menudo toma el lugar de Dios en una cultura atea es el estado. Este, con el tiempo, comienza a exigir culto y obediencia para que pueda gobernar incluso la conciencia y la religión. Comienza a hacer demandas y prohibiciones que contradicen las Escrituras. En esos momentos, debemos predicar el evangelio. Debemos orar y darnos cuenta de que aun cuando busquemos vivir en armonía con las demás personas, llegará el momento en que suframos por estar a favor del evangelio. No es exagerado decir que ese momento puede estar muy cerca.

Los cristianos también son avergonzados como ignorantes, mentalmente inestables, injustos, intolerantes, fanáticos. Escuchamos ese tipo de lenguaje casi todo el tiempo. Hechos 26:24 cuenta: «Al llegar Pablo a este punto de su defensa, Festo interrumpió. "¡Estás loco, Pablo! —le gritó—. El mucho estudio te ha hecho perder la cabeza"».

Aquí vemos una de las herramientas más grandes del mundo, una de las más grandes de Satanás, y una de las mejores armas usadas contra el cristianismo. ¿Sabe cuál es? Es una falacia lógica, *argumentum ad hominem*. Tal estrategia desatiende lo que se dice y no trata el mérito o la virtud del argumento expuesto, sino que simplemente ataca a la persona que presenta su caso.

El mundo está completamente convencido de su propia mitología. ¿Cuál mitología? El mundo dice que puede que haya un Dios, pero que este no ha hablado. Lo dice porque si Dios no ha hablado, entonces no hay verdad. Si no hay verdad, entonces no hay error. Si no hay error, entonces estamos libres de Dios y de la justicia. Podemos hacer cualquier cosa y todo lo que queramos, ya sea privada o colectivamente, sin remordimiento alguno. El mundo está de fiesta.

Todos cantan, bailan y dicen: «Estoy bien. Estás bien». Pero luego aparece el cristiano y dice: «Ninguno de ustedes está bien». ¿Y cómo responde el mundo? No se sentarán y discutirán con el médico. Simplemente silencian al cristiano y lo avergüenzan (*argumentum ad hominem*). Dicen: «Imbécil, arrogante, piensas que solo tú tienes la verdad. Eres ridículo. No perteneces aquí». La gente decía de Pablo: «¡Bórralo de la tierra! ¡Ese tipo no merece vivir!» (Hechos 22:22). ¿Por qué no se le debía permitir que viviera? Porque amaba la verdad y la predicaba, pero el mundo odia la verdad.

Hace años, estaba debatiendo sobre epistemología con un español; en eso pasamos varias horas. Descubrí que su filósofo favorito era un influyente español llamado Miguel de Unamuno. Unamuno dijo: «La vida es un sueño», y agregó que —según lo que dijo mi amigo— lo más noble que un hombre puede hacer es buscar la verdad, pero lo más arrogante o estúpido que podría decir es que la encontró. Miré a mi amigo español y le dije: «Ah, ya me di cuenta. Ahora sé a dónde vas con esto;

quieres ser un buscador de la verdad porque hay nobleza en poder decir que lo eres. Pero no quieres encontrar la verdad porque, en el momento en que la halles, tienes que someterte a ella y no quieres hacer eso». Así es como funciona el mundo hoy.

LA RAZÓN DE LA PERSECUCIÓN

¿Cuál fue la razón por la que la iglesia primitiva fue perseguida? La respuesta es simple: Cristo. Hoy es igual. ¿Por qué Cristo causa persecución? Porque el mundo lo odia. El mundo odia al Cristo bíblico, pero ama al Cristo de los liberales, un hombre que no es *el* Salvador sino un salvador cualquiera y un maestro sin juicio ni verdad.

Rebajar a Cristo a cualquier nivel no impresiona a nadie. Al contrario, le da más motivos a los impíos para burlarse de Él. Pero el liberal ama a su Cristo, uno que no es más que un ídolo, es producto de la imaginación del hombre. El hombre simplemente crea a Cristo a su propia imagen y luego adora la imagen que ha hecho. No se equivoque: si usted predica al Cristo bíblico, habrá persecución. La habrá no solo fuera de las puertas de la iglesia, sino incluso dentro de ella, porque gran parte del mundo está en la iglesia y porque los predicadores no enseñan la verdad.

Cristo mismo dijo: «El mundo no tiene motivos para aborrecerlos; a mí, sin embargo, me aborrece porque yo testifico que sus obras son malas» (Juan 7:7). ¿Por qué el mundo odia a Cristo? En Juan 3:19, Jesús dice: «Esta es la causa de la condenación: que la luz vino al mundo, pero la humanidad prefirió las tinieblas a la luz, porque sus hechos eran perversos».

Crecí en una granja, en un rancho. Me encantaba pescar cuando era niño, pero para eso se necesitaban gusanos, insectos y todo tipo de cosas espeluznantes. En el río hallaba rocas y troncos, les daba una vuelta y echaba la carnada en la oscuridad, cuando iluminaba la gruta con la linterna todos esos gusanos e insectos huían porque odiaban la luz. ¿Por qué los hombres odian a Cristo? Porque Él es bueno. ¿Por qué odiar a un buen Cristo? Porque son malvados. ¿Por qué los hombres odian a Cristo? Porque Él es amor. ¿Por qué odian a un Cristo amoroso? Porque ellos no tienen amor.

Todos hablan sobre el amor, pero cuando enseñamos en nombre de Cristo y exhortamos, por ejemplo: «Señor, usted no puede divorciarse de su mujer por otra que le parezca más bonita; ustedes deben amarse», entonces el mundo se rebela. El mundo odia a Cristo y su enseñanza; por tanto, si usted y yo predicamos a Cristo, el mundo nos odiará. No necesitamos tratar de hacernos odiosos. Si somos como Cristo, seremos odiados. Jesús dijo: «Si el mundo los aborrece, tengan presente que antes que a ustedes, me aborreció a mí» (Juan 15:18). Jesús les estaba dando a sus discípulos no solo una explicación en cuanto a por qué serían odiados, les estaba dando consuelo. Lo que les dijo, en esencia, fue: «No es raro que algo así les suceda. Su identificación conmigo, la Luz, traerá hostilidad a la oscuridad».

Recuerdo que cuando era un joven creyente, los predicadores decían: «Si nos pareciéramos más a Jesús, habría un avivamiento. La gente se convertiría. Amén». Pero eso no es verdad. Si nos pareciéramos más a Jesús, seríamos muchos más los que estuviéramos clavados en muchas cruces.

El corazón del mundo debe ser regenerado a través de una obra sobrenatural del Espíritu de Dios. Es por eso que, como predicadores y pastores, no debemos pensar que vamos a poder lograr algo con nuestras propias acciones, astucias o alguna estrategia de iglecrecimiento. El reino avanza solo a través de la obra sobrenatural de Dios cuando los hombres se someten a la Palabra de Dios, predican la Palabra de Dios y tienen vidas de oración e intercesión. El mundo nos odiará, pero asegurémonos de que nos odien porque somos como Cristo. Como dice Pedro: «Que ninguno tenga que sufrir por asesino, ladrón o delincuente, ni siquiera por entrometido. Pero, si alguien sufre por ser cristiano, que no se avergüence, sino que alabe a Dios por llevar el nombre de Cristo» (1 Pedro 4:15-16).

El mundo persiguió a los apóstoles no solo porque se identificaban con Cristo, sino también porque predicaban a Cristo. Vemos en textos como Hechos 5:20 que predicaban el evangelio completo. En Estados Unidos, hemos tomado el glorioso evangelio de nuestro Señor y Salvador Jesucristo y lo hemos reducido a cuatro leyes espirituales, cinco cosas que Dios quiere que sepa o cómo vivir su mejor vida ahora. Pero el evangelio no es nada de eso.

Cuando usted predique el evangelio, comience con el carácter de Dios y luego pase al personaje y su obra. Presente la ley y los mandamientos de las Escrituras. Muéstreles a las personas que están condenadas y trabaje de tal manera que no puedan escapar al veredicto. Luego pase la página, por así decirlo, y hable de nuestro glorioso Salvador. Dígales quién es Él, que no es solo un hombre, un maestro, sino Dios en carne. Hable de lo que hizo: que no solo nos dio una nueva forma de vivir o una nueva moralidad. Él nos redimió. Ese es el centro del cristianismo. No somos principalmente una religión que predique moralidad, aunque la tenemos. Somos una religión de redención, y predicamos la redención, no por la iglesia, sino la redención por Cristo y solo en Cristo.

Hablamos con razón de la muerte de Cristo. Sin embargo, deberíamos hablar mucho más de su resurrección y su exaltación. Hable del evangelio completo, suplique a los hombres que se vuelvan de sus pecados y regresen a Dios por fe en la persona y obra de su Hijo. Y cuando digan que han regresado a Él, debemos enseñarles por medio de las Escrituras lo que realmente es la seguridad bíblica y llenarles la mente con advertencias del evangelio para que no se aparten de la verdad que han recibido.

Por tanto, ¿qué ofendió tanto al mundo en el primer siglo? Primero, los apóstoles predicaron el arrepentimiento. Anunciaron y advirtieron juicio. En Hechos 2:22-23, Pedro dice: «Pueblo de Israel, escuchen esto: Jesús de Nazaret fue un hombre acreditado por Dios ante ustedes con milagros, señales y prodigios, los cuales realizó Dios entre ustedes por medio de él, como bien lo saben. *Este* fue entregado según el determinado propósito y el previo conocimiento de Dios; y, por medio de gente malvada, ustedes *lo* mataron, clavándolo en la cruz» (énfasis añadido).

En la clase de predicación me dijeron que nunca usara la palabra usted, que empleara «nosotros». Pero deberíamos usar la palabra usted. Yo uso *usted* porque predico y usted no. Usted sería a quien apunto. No solo eso, no quiero que se incomode. Incluso los pecadores obtienen gran poder cuando se unen, ¿no es así? Es por eso que todos esos grupos se apoyan mutuamente en sus pecados, cada uno afirmando al otro, por eso es que su conciencia muere. Quiero que el centro de atención esté solo en usted, sentado, sin ayuda ni consuelo. «Usted», dijo Pedro, «lo crucificó. Usted es culpable». Por supuesto, debemos decir esas palabras tan directas en amor. Pero aunque hablemos la verdad en amor, el mundo dirá que no tenemos amor. Después de que Pedro les contó lo que habían hecho, dijo: «Cuando oyeron esto, todos se sintieron

profundamente conmovidos y les dijeron a Pedro y a los otros apóstoles: "Hermanos, ¿qué debemos hacer?" Arrepiéntase y bautícese cada
uno de ustedes en el nombre de Jesucristo para perdón de sus pecados
—les contestó Pedro—, y recibirán el don del Espíritu Santo» (Hechos
2:37-38). Aquí nos está enseñando algo importante: si realmente cree,
se identificará públicamente con este Cristo que casi todos odian.

Hechos 3:13-14 informa algo similar: «El Dios de Abraham, de
Isaac y de Jacob, el Dios de nuestros antepasados, ha glorificado a su
siervo Jesús. Ustedes lo entregaron y lo rechazaron ante Pilato, aunque
este había decidido soltarlo. Rechazaron al Santo y Justo, y pidieron que
se indultara a un asesino». Luego, el versículo 19: «Por tanto, para que
sean borrados sus pecados, arrepiéntanse y vuélvanse a Dios, a fin de
que vengan tiempos de descanso de parte del Señor». ¡Eso es predicar!
¿Por qué? Porque trata con el pecado de los hombres, el arrepentimiento y luego la dicha y la plenitud. Eso ofrece gracia y salvación.

Y luego en el versículo 22, Pedro les recuerda lo que Moisés dijo: «El
Señor su Dios hará surgir para ustedes, de entre sus propios hermanos,
a un profeta como yo; presten atención a todo lo que les diga». ¿Cuándo
fue la última vez que le dijo a la gente: «Si no se arrepienten y se quedan
con esta dureza de corazón, serán destruidos»? Nuestra sociedad está
demasiado fracturada sicológicamente para escuchar ese tipo de lenguaje. Pero es este tipo de lenguaje el que es efectivo.

En Hechos 4:8-11, leemos que «Pedro, lleno del Espíritu Santo, les
respondió: Gobernantes del pueblo y ancianos: Hoy se nos procesa por
haber favorecido a un inválido, ¡y se nos pregunta cómo fue sanado!
Sepan, pues, todos ustedes y todo el pueblo de Israel que este hombre
está aquí delante de ustedes, sano gracias al nombre de Jesucristo de
Nazaret, crucificado por ustedes, pero resucitado por Dios. Jesucristo
es la piedra que desecharon ustedes los constructores, y que ha llegado
a ser la piedra angular». Pedro básicamente dijo: «La razón por la que
estamos en juicio es Jesús». Cuando la gente grita todo tipo de razones
por las que debemos ser marginados o encerrados, es porque le hemos
dado una razón y es nuestra sincera devoción a Jesucristo, no a un
entrometido político ni a un antagonista.

Luego en Hechos 5:28, los líderes dijeron: «Terminantemente les
hemos prohibido enseñar en ese nombre. Sin embargo, ustedes han llenado a Jerusalén con sus enseñanzas, y se han propuesto echarnos la

culpa a nosotros de la muerte de ese hombre». Observe dos cosas aquí. Primero, los apóstoles estaban señalando que había culpa. Como lo que pasó cuando Natán le dijo a David: «Tú eres el hombre. Tú eres responsable». Traían la sangre de Jesús a sus oyentes porque querían que la sangre de ese Hombre cayera sobre ellos. Querían que se lavaran en la sangre de ese Hombre y se dieran cuenta de que esa muerte que irritaba la conciencia de los pecadores y los enojaba era la misma que podía salvarlos. En segundo lugar, difundieron ese nombre por toda Jerusalén. Por supuesto, no todos tienen el mismo llamado, pero a veces tomamos todos estos pasajes que tienen que ver con el poder y la importancia de la predicación, y parece que solo se aplican a un ministerio de púlpito. Esos hombres no estaban de pie detrás de un púlpito exponiendo las Escrituras. Estaban en las calles presentando las Escrituras. Eso no significa que todos tengan que ser predicadores callejeros, pero no somos hijos de la Reforma si creemos que con solo hablar ellos vendrán. Jesús dijo: «Ve por los caminos y las veredas, y oblígalos a entrar para que se llene mi casa» (Lucas 14:23). Si usted ama a los reformadores y piensa que se sentaron con sus túnicas en unas hermosas capillas de piedra y solo escribieron libros y tratados, entonces tiene una idea errada sobre ellos. Ellos eran hombres que salían de esos edificios de piedra y predicaban el evangelio por todas partes, y debido a eso, sufrieron.

Los que predicamos el evangelio en el púlpito necesitamos salir más. Necesitamos proclamar el evangelio de Jesucristo a las masas. ¿Por qué tantas personas que no tienen una buena teología están constantemente en las calles y aquellos que tienen una realmente buena están siempre en la biblioteca y en el púlpito? ¡Hagamos ambas cosas! ¡Aprendamos a evangelizar! Una vez más, no estoy sugiriendo que tenga que ser un predicador callejero, lo que digo es que hay oportunidades en las que tiene que salir de las paredes del edificio de la iglesia o del estudio. Hay personas perdidas esperándole.

Los apóstoles no solo predicaban un mensaje que incriminaba a los hombres; predicaban la exclusividad de Cristo. Esto es lo que realmente enoja al mundo.

Hechos 4:12 dice: «De hecho, en ningún otro hay salvación, porque no hay bajo el cielo otro nombre dado a los hombres mediante el cual podamos ser salvos». Si quiere evitar la persecución, no tiene que atacar las Escrituras ni la cristología ortodoxa. Incluso puede enseñar justificación por fe y no decir que ciertos libros de la Biblia no son canónicos. Si quiere evitar la persecución en este mundo, todo lo que tiene que hacer es cambiar el artículo definido en Hechos 4:12 por un artículo indefinido. Puede ir a un programa de televisión mañana y decir: «Cristo es maravilloso. Cristo es el Hijo de Dios, Cristo es muy especial para mí. Cristo me salvó. Cristo es mi camino». Pero no puede decir que Él *es el* camino. El mundo le dejará decir que Cristo es un Salvador, pero no *el* Salvador. Así pasó en el Imperio Romano durante los siglos segundo y tercero. Roma era politeísta y uno podía adorar a tantos dioses como quisiera. Así que la razón por la que los primeros cristianos fueron perseguidos como «ateos» fue porque predicaban la exclusividad de Cristo.

En el evangelismo de hoy, parece que casi todos se aferran al hecho de que Jesús es el único mediador entre Dios y el hombre. Pero no todos sostienen esa verdad, y esto parece estar perdiendo importancia en las iglesias estadounidenses. La gente teme decir que Jesús es el único camino. Tenemos que luchar por esta verdad en nuestras iglesias. Las iglesias en Europa están luchando por eso, es una batalla seria.

Considere también la afirmación supuestamente hecha por Francisco de Asís: «Predique el evangelio siempre y cuando sea necesario use las palabras». Entiendo lo que está tratando de comunicar, pero la afirmación es peligrosa e incorrecta. No hay forma de predicar el evangelio con su vida. Usted puede *afirmar* el evangelio con su vida, pero no predicarlo con ella. Usted puede predicar el evangelio solo abriendo su boca y hablando la Palabra de Dios.

Otra razón por la cual los apóstoles fueron perseguidos es porque obedecieron a Dios antes que a los hombres. Pablo escribió en 2 Timoteo 3:12: «Así mismo serán perseguidos todos los que quieran llevar una vida piadosa en Cristo Jesús». Si el mundo nos ha mostrado algo recientemente, es que no tolera a nadie que esté en desacuerdo con él, incluso en la forma más pequeña. No tiene que andar reprendiendo al mundo para que lo persiga. Todo lo que tiene que hacer es llevar una vida piadosa. Si vive de manera piadosa, dice cosas piadosas y toma decisiones piadosas, el mundo le perseguirá. Los pastores a veces nos enclaustramos demasiado. Nos levantamos por la mañana y estudiamos nuestras Biblias. Vamos a la iglesia, hablamos con otros ancianos y personas, los cristianos nos visitan, vamos a visitar a otros cristianos y luego predicamos. Estamos protegidos. Esto es fácil para nosotros, sin embargo, no debemos olvidar que muchos cristianos no están protegidos cuando van a trabajar. Inclinan la cabeza en oración antes de almorzar, sin decir nada en voz alta, y sus compañeros de trabajo los atacan. Considere que la mayoría de los cristianos están rodeados de tal impiedad, que es una verdadera batalla permanecer fieles. Nunca olvide que la vida de un pastor es más fácil, no más difícil que la de la gente a la que están pastoreando.

Los apóstoles también fueron perseguidos porque fueron llenos del Espíritu Santo. Considere Gálatas 5:17: «Porque esta desea lo que es contrario al Espíritu, y el Espíritu desea lo que es contrario a ella. Los dos se oponen entre sí, de modo que ustedes no pueden hacer lo que quieren». En este contexto, Pablo está hablando de la lucha interna en la vida del cristiano. Pero el principio se remonta a Génesis 3:15. Hay una gran batalla en el cosmos entre Dios y el mal, entre Dios y Satanás. El mundo y el diablo se oponen al Espíritu de Dios y a quien esté lleno del Espíritu de Dios.

Además, el diablo y el mundo no actúan bien cuando su gente se convierte en seguidores de Cristo. Cuando era joven, aprendí bajo la predicación de Leonard Ravenhill. Él decía cosas como: «¿Estás haciendo mella en el reino de Satanás para que tu nombre sea conocido en el infierno?» Si usted es creyente, su nombre es conocido en el cielo, y es amado. Pero como ministro, ¿se conoce su nombre en el infierno? ¿Es odiado ahí? ¿Está haciendo un impacto? Cuando digo «impacto», no estoy preguntando si su iglesia es grande. No me importa saber si es conferencista. Más bien, ¿se ha propuesto conocer, obedecer y predicar la Palabra de Dios? Cuando conoce, obedece y predica la Palabra de Dios, usted se traza un objetivo, porque el mundo y el diablo no quieren que sea fructífero ni efectivo.

LO QUE NO FUE LA CAUSA DE SU PERSECUCIÓN

Por tanto, ¿qué no causó persecución contra los apóstoles? No fueron perseguidos por un comportamiento erróneo. Asesoré a un hombre por un tiempo, un día vino a mi oficina con la cabeza baja. Le pregunté: «¿Qué pasa?» Él dijo: «Me persiguen mucho en el trabajo por ser cristiano». Respondí: «Te conozco muy bien. No estás siendo perseguido por ser cristiano. Estás siendo perseguido porque eres el ser humano más perezoso que he conocido». Que no seamos perseguidos por un comportamiento erróneo. Ni por un comportamiento no cristiano. En Hechos, cuando los líderes de la iglesia veían un comportamiento erróneo y anticristiano en la iglesia, lo resolvían.

Tampoco fueron perseguidos por conjurar ideas absurdas. Una razón por la que me agrada leer el libro de Hechos es porque está lleno del Antiguo Testamento con Escrituras de la iglesia primitiva. Ahora, los apóstoles fueron inspirados y nos dejaron el Nuevo Testamento. Cuando hacían su defensa y proclamación del evangelio, citaban las Escrituras. Todo lo que decían procedía de las Escrituras, era afirmado por las Escrituras y conforme a las Escrituras. Así que no fueron perseguidos por alguna interpretación tonta o errada.

Tampoco fueron perseguidos por fanatismo religioso. Los problemas que vemos en la iglesia en Corinto son inexistentes en el libro de Hechos. Incluso cuando llegamos a Hechos 2 y vemos el derramamiento extraordinario del Espíritu y los discípulos hablando en lenguas, está de acuerdo con las Escrituras. Son lenguas, lenguajes reales con verdadero valor fonético a través del cual la verdad bíblica podría ser comunicada. Esto fue milagroso y fue validado por las Escrituras. Entonces no había fanatismo religioso como vemos hoy en día.

Finalmente, no fueron perseguidos por su postura política. No estaban atacando al gobierno. La gente de hoy se pregunta: «¿Qué vamos a hacer ahora para cambiar el liderazgo?» Pero el liderazgo no ha cambiado. Lea Salmos 2. En lugar de poner nuestra esperanza en los partidos políticos, debemos ponerla en el Cristo resucitado y glorificado. En la iglesia primitiva, no hubo activismo político. Más bien, hubo predicación y oración. Ante el Sanedrín, ¿qué hizo Pedro? Predicó. Ante Agripa, ¿qué hizo Pablo? Predicó. Ante Festo, ¿qué hizo? Predicó. Y cuando Pablo tuvo la oportunidad de comparecer ante el tribunal de César, ¿qué hizo? Predicó. En 1 Timoteo 2:1-2, leemos: «Así que recomiendo, ante todo, que se hagan plegarias, oraciones, súplicas y acciones de gracias por todos, especialmente por los gobernantes y por todas las autoridades, para que tengamos paz y tranquilidad, y llevemos una vida piadosa y digna». Creo que cuando Pablo escribió eso, tenía a Jeremías en el fondo de su mente. Jeremías le dijo a la gente que iban a ser exiliados. Pero los falsos profetas dijeron que no lo serían. Y cuando la gente fue exiliada, los falsos profetas les dijeron que no construyeran casas porque pronto regresarían a sus hogares. Sin embargo, Dios, a través de Jeremías, dijo algo completamente diferente: «Además, busquen el bienestar de la ciudad adonde los he deportado, y pidan al Señor por ella, porque el bienestar de ustedes depende del bienestar de la ciudad» (29:7). No vamos a cambiar al mundo con activismo. Vamos a cambiarlo con nuestra predicación, nuestro carácter y, por cierto, trataremos incluso a nuestros enemigos.

La Escritura dice que *usted* es sal de la tierra y que, si la sal pierde su sabor salado, entonces es arrojada. Este texto básicamente significa que un verdadero discípulo de Cristo tiene ciertas características. Si quita esas características, ya no es discípulo. Si quita esas características y las reemplaza incluso con otras cosas buenas, ya no tiene un discípulo que pueda cambiar al mundo. Si quiere cambiar al mundo, necesita ser un discípulo con las características que lo definen. ¿Cuáles son las características de un discípulo? Las Bienaventuranzas nos dicen: pobres en espíritu, misericordiosos, quebrantados, justos, etc.

Ore y predique el evangelio. A eso es a lo que estamos llamados.

La respuesta a la persecución

Ahora, ¿cómo respondieron los apóstoles a la persecución? Regocijándose. Estaban viviendo las bienaventuranzas. «Dichosos serán ustedes cuando por mi causa la gente los insulte, los persiga y levante contra ustedes toda clase de calumnias» (Mateo 5:11). También estaban viviendo la advertencia de Santiago de que se regocijaran en las pruebas (Santiago 1:2). ¿Ahora cómo podemos hacer eso? Podemos regocijarnos en medio del sufrimiento, no por el sufrimiento, sino por cuatro cosas.

Primero, cuando sufrimos, somos puestos en gran estima. Estamos en el mismo rango con los profetas y con el propio Señor Jesús. Segundo, sufrir trae recompensa eterna. Algunas personas piensan que hablar sobre la recompensa eterna sugiere que nuestros motivos no son correctos o que promueve la rectitud de las obras. Jesús habló sobre las recompensas eternas, por lo que deberíamos tener ese concepto en nuestra mente. Las recompensas no deberían ser la motivación, pero deberían ser una de ellas, porque el Señor Jesucristo ha prometido recompensa: «Dichosos serán ustedes cuando por mi causa la gente los insulte, los persiga y levante contra ustedes toda clase de calumnias.

Alégrense y llénense de júbilo, porque les espera una gran recompensa en el cielo. Así también persiguieron a los profetas que los precedieron a ustedes» (Mateo 5:11-12). Su recompensa es realmente grandiosa. La persecución no solo da como resultado una mayor recompensa en el cielo sino también una mayor santidad en la tierra.

Tercero, el sufrimiento nos conforma a Cristo. A veces, cuando estamos luchando y en medio de una gran batalla, una prueba, quizás personas que nos atacan o hasta una enfermedad, clamamos: «Señor, ¿por qué estás permitiendo que esto suceda?» John Newton escribió un hermoso himno en el que comunica cómo oró para que Dios lo hiciera más santo y lo acercara más a Él. Él esperaba que, en una noche de oración, Dios simplemente lo visitara. Sin embargo, Dios le abrió las puertas del infierno. Fue atormentado y pasó por terribles pruebas. Y en el himno, Newton clama: «Dios, ¿por qué?» Y Dios responde: «Esto es lo que me pediste».[1]

En medio de una prueba, cuando desee darse por vencido para que la prueba termine, pregúntese qué es lo que en última instancia desea. ¿Quiere lo que Dios quiere? ¿Quiere una vida fácil? ¿O quiere parecerse más a Cristo?

Cuarto, la persecución hace que la iglesia progrese. La historia lo demuestra. En algunos lugares en el Medio Oriente, por ejemplo, la iglesia perseguida está creciendo más rápido que en cualquier otro lugar en el mundo. La persecución nunca lastima a la iglesia. Más bien, el evangelio de prosperidad sí la lastima.

Cuando Hechos dice que los apóstoles se fueron de júbilo, usa el participio del tiempo presente. Su regocijo no fue solo un momento extravagante de celo religioso. Estaban regocijándose profundamente. Vemos eso en Hechos 5:42: «Y día tras día, en el templo y de casa en casa, no dejaban de enseñar y anunciar las buenas nuevas de que Jesús es el Mesías». Siguieron enseñando y predicando, y eso es lo que usted y yo tenemos que hacer. No se desvíe por el pecado. No se desvíe por los engaños. Y no se desvíe por el hecho de que tal vez en su vecindario o en su ciudad, alguien hizo otra cosa, y su iglesia creció magníficamente. Si no fue de acuerdo con la Palabra de Dios, ignórelo. Baje la cabeza y siga predicando y orando.

Pero, ¿qué les permitió a los apóstoles enfrentar la persecución de frente con regocijo y perseverancia? En primer lugar, las mismas cosas que continuaron haciendo no diferían mucho de las que les dieron tanta confianza y perseverancia. Primero, Dios, Cristo, el cielo y la recompensa celestial fueron en realidad más grandes para esos hombres que cualquier vergüenza, alabanza o recompensa que el mundo pudiera dar. Cuando leo los puritanos y los reformadores, encuentro el mismo tipo de perspectiva. Si queremos enfrentar la persecución de frente como esos hombres, debemos saturar nuestras vidas de la Palabra de Dios. De ninguna otra manera, para nosotros lo que no se ve se convertirá en una realidad mayor que lo que se ve.

Debemos pasar tiempo con Cristo en oración. He descubierto que a mi carne no le gusta estudiar la Palabra de Dios, pero odia más la oración. Incluso el gran expositor Martin Lloyd-Jones dijo al final de su vida que deseaba haber dado más tiempo a la oración. En Romanos 2:7, Pablo escribe: «Él dará vida eterna a los que, perseverando en las buenas obras, buscan gloria, honor e inmortalidad». Esto parece tan espartano, ¿no es así? Sin embargo, para eso estamos llamados a ser hombres que están en guardia, firmes en la fe.

Sin embargo, ¿cómo pasamos del miedo a la confianza, de la vacilación a la perseverancia? ¿Cómo sufrió Pedro esa transformación? Después de todo, él negó a Cristo ante una sierva, y después del día de Pentecostés, desafió a toda una nación. ¿Cuál fue la diferencia? La vida y el poder del Espíritu Santo. Solo cuando el Espíritu nos transforme, nos dé hambre por la Palabra de Dios y nos lleve a la oración incesante, lo que no se ve se volverá más real para nosotros que lo que se ve, y la recompensa celestial más grande que cualquier cosa que este mundo pueda ofrecer. Solo entonces perseveraremos en la persecución.

Considere Hebreos 11, donde leemos que la fe en lo invisible permitió a algunos soportar la burla, la flagelación y el encarcelamiento. Los apedrearon, los cortaron en dos, los mataron a espada, anduvieron cubiertos con pieles de oveja y de cabra, siendo afligidos y maltratados. Eran hombres de los que el mundo no era digno, que vagaban por desiertos y montañas, cuevas y agujeros en el suelo. Y todos ellos se ganaron la aprobación a través de su fe. Hebreos 11:40 dice que Dios ha prometido algo mejor para nosotros. Necesitamos dejar de vivir en el país de las sombras. Deja de mirar este mundo y ver a Dios en las Escrituras. Al hacerlo, usted podrá enfrentarte a la persecución como lo hicieron nuestros antepasados.

22

Alrededor del trono:
El testimonio celestial de los
redimidos ante la obra del Cordero

Conrad Mbewe
Apocalipsis 4—5

La iglesia en la tierra es una entidad perseguida y sufriente. Puede experimentar temporadas de descanso, pero el odio de los pecadores contra la Cabeza de la iglesia, el Señor Jesucristo, pronto se convierte en una nueva ola de persecución y sufrimiento. El pueblo de Dios, durante esas estaciones, necesita una palabra de aliento de parte de Dios mismo. Tanto el Antiguo como el Nuevo Testamento están llenos de estímulos como esos. Quiero que veamos cómo nos anima el apóstol Juan en Apocalipsis 4, donde proporciona una visión de Cristo crucificado, resucitado y exaltado para así alentar al pueblo de Dios perseguido en su propia época.

Esos fueron tiempos difíciles para la iglesia. Era como si el mal estuviera a punto de triunfar. Nosotros, también, estamos pasando por momentos extraordinariamente difíciles como la iglesia. La modalidad puede diferir entre la iglesia en América y África, o la de Asia y la de Europa. Sin embargo, todos tenemos la sensación de que el mal puede estar triunfando. Nosotros también necesitamos una nueva visión de Cristo crucificado, resucitado y exaltado para que podamos ser alentados.

Eso es precisamente lo que anhelamos cada vez que vamos a la iglesia. Alegamos palabras similares a las de la canción de Doug Plank y Bob Kauflin, pidiendo a Dios que nos muestre a Cristo y revele su gloria.[1]

El apóstol Juan fue probablemente el último apóstol sobreviviente al momento de escribir este libro. Los amigos y colegas con quienes trabajó en la iglesia probablemente murieron por causas naturales o fueron martirizados. La historia sugiere que la mayoría de ellos fueron martirizados. El libro de Apocalipsis fue escrito en un tiempo cuando la iglesia fue perseguida y la mayoría de sus líderes estaban muertos.

Juan se refugió en la isla llamada Patmos. Allí el Espíritu de Dios le ministró revelándole las cosas venideras relativas a Jesús. «En el Espíritu», vio al Señor resucitado y recibió las cartas para las siete iglesias que estaban en Asia (capítulos 2 y 3). Eran cartas que mostraban que a pesar de que la iglesia estaba siendo perseguida, Jesús aún esperaba que vivieran con fidelidad, santidad y amor hacia Él. Después de registrar la última de esas cartas, Juan nos da la visión que nos interesa para nuestros propósitos.

Juan comienza: «Después de esto miré, y allí en el cielo había una puerta abierta. Y la voz que me había hablado antes con sonido como de trompeta me dijo: "Sube acá: voy a mostrarte lo que tiene que suceder después de esto". Al instante vino sobre mí el Espíritu y vi un trono en el cielo, y a alguien sentado en el trono» (Apocalipsis 4:1-2). Este debe haber sido un momento bastante emotivo. Juan miró furtivamente el mismo cielo. La única otra persona que conocemos que hizo eso fue el apóstol Pablo, que dijo que tenía prohibido hablar de lo que vio allí (2 Corintios 12:1-4). Debe haber sido, para él, una experiencia abrumadora.

En Apocalipsis 4, Juan no solo vio lo que estaba sucediendo en el cielo, sino que también se le ordenó escribir lo que vio. Es por eso que tenemos este registro. De acuerdo, el libro de Apocalipsis está lleno de simbolismo, y hay mucho en este capítulo que debemos procesar con esa realidad presente. El simbolismo le permitió a Juan captar y transmitir algo de la atmósfera que presenció cuando se le permitió darle un vistazo al cielo. Juan necesitaba ver eso desesperadamente porque precisaba aliento. La iglesia también lo necesitaba y lo conseguiría una vez que Juan compartiera lo que había tenido el privilegio exclusivo de ver. Nosotros, también necesitamos ver algo de lo que Juan presenció. Mientras desempacamos y meditamos sobre este capítulo, eso puede agregar un eslabón en nuestra existencia.

El salón del trono celestial

¿Qué vio Juan que nosotros también estamos invitados a ver? Juan vio que no importa lo que esté sucediendo aquí en la tierra, Dios todavía está en su trono. Usted no puede perder esto de vista. A medida que avanza en este capítulo, la palabra *trono* aparecerá en las páginas sagradas una y otra vez:

> El que estaba sentado tenía un aspecto semejante a una piedra de jaspe y de cornalina. Alrededor del *trono* había un arco iris que se asemejaba a una esmeralda. Rodeaban al *trono* otros veinticuatro *tronos*, en los que estaban sentados veinticuatro ancianos vestidos de blanco y con una corona de oro en la cabeza. Del *trono* salían relámpagos, estruendos y truenos. Delante del *trono* ardían siete antorchas de fuego, que son los siete espíritus de Dios, y había algo parecido a un mar de vidrio, como de cristal transparente.

> En el centro, alrededor del *trono*, había cuatro seres vivientes cubiertos de ojos por delante y por detrás. El primero de los seres vivientes era semejante a un león; el segundo, a un toro; el tercero tenía rostro como de hombre; el cuarto era semejante a un águila en vuelo. Cada uno de ellos tenía seis alas y estaba cubierto de ojos, por encima y por debajo de las alas. Y día y noche repetían sin cesar:

> «Santo, santo, santo es el Señor Dios Todopoderoso,
>   el que era y que es y que ha de venir».

> Cada vez que estos seres vivientes daban gloria, honra y acción de gracias al que estaba sentado en el *trono*, al que vive por los siglos de los siglos, los veinticuatro ancianos se postraban ante él y adoraban al que vive por los siglos de los siglos. Y deponían sus coronas delante del *trono* exclamando:

> «Digno eres, Señor y Dios nuestro, de recibir la gloria, la honra y el poder, porque tú creaste todas las cosas; por tu voluntad existen y fueron creadas» (vv. 3-11, énfasis añadido).

¡Qué gran visión! Juan, que solo estaba familiarizado con la suciedad y la basura de la vida en la tierra, se le había dado una visión de la gloria indescriptible del salón del trono celestial. La palabra *trono* se usa doce veces en este capítulo, y la encontramos cinco veces en el capítulo 5. La visión de ese trono y de aquel que estaba sentado en él debe haber abrumado a Juan. De hecho, como escribió Thomas Binney en su himno en 1826:

¡Luz eterna! ¡Luz eterna! Cuán pura debe ser el alma
Cuando, colocado dentro de tu mirada inquisidora,
No se encoge, pero con calmo deleite
Puede vivir y mirar en ti

Los espíritus que rodean tu trono
Pueden soportar la dicha ardiente;
Pero eso seguramente es solo de ellos,
Ya que nunca, nunca, conocieron un mundo caído como este

¡Oh! ¿Cómo podré yo, cuya esfera natal es oscura,
cuya mente es tenue?
Antes de que aparezca el Inefable,
¿y en mi espíritu desnudo soportar el rayo no creado?[2]

Fue ese «rayo no creado» el que Juan vio. Era una gloria indescriptible que emanaba del trono mismo. Tristemente, en la dispensación política de hoy, hemos perdido algo de la majestad que rodea a un trono. Es una imagen que tal vez una generación anterior habría apreciado cuando los monarcas gobernantes eran realmente reyes y las reinas eran efectivamente reinas.

En África, todavía tenemos algo de ese poder y gloria terrenal porque la autoridad aún está conferida a un individuo. Por lo tanto, usted lo percibe cuando visita al jefe de una aldea o a un jefe. Sin embargo, lo percibe aún más si alguna vez tiene la oportunidad de visitar a un jefe supremo. Puede que no tenga el brillo y el esplendor, pero usted percibe una atmósfera realmente abrumadora. Para llegar al trono del jefe supremo, tiene que pasar varias filas de jefes que rodean el trono y luego pasar las filas de jefes individuales con sus insignias. Después va más allá de los ancianos, a quienes llamamos *indunas*. Al final, en lo profundo de esa habitación tenuemente iluminada, encuentra usted al jefe supremo en persona. Ya le habrán advertido que no puede mirarlo a la cara. Mantenga la vista en el suelo o, como máximo, fijos en sus pies. Mirarlo a los ojos, era invitarse a morir.

No hay nada de comparación entre un salón del trono en África y la gloria infinita, el esplendor y la majestad que Juan vio. Por eso, lo máximo que podía hacer era proporcionar algunas comparaciones. Por eso dijo: «El que estaba sentado allí tenía aspecto de jaspe y cornalina, y alrededor del trono había un arco iris que tenía el aspecto de una esmeralda» (4:3). Habló de veinticuatro tronos alrededor de ese trono sublime. En esos tronos había veinticuatro ancianos con deslumbrantes prendas blancas y brillantes coronas de oro en la cabeza. Desde ese trono exaltado salían relámpagos, estruendos y truenos.

¿Puede usted sentir algo de lo que Juan experimentó? La mayoría de nosotros no podemos. Nuestros presidentes actualmente intentan comportarse como los muchachos con los que juegas. Pero no es así con Juan. Él contempló el salón del trono de todo el universo.

El mensaje de Juan es bastante claro. Él se estaba percatando, quizás más que nunca, de que fuera cual fuera la confusión que ocurriera en la tierra, alguien todavía gobernaba: ¡Dios! Necesitamos recapturar algo de esa experiencia, incluso nosotros mismos leyendo pasajes como este. El Dios que es el ser eterno, que no conoce principio ni fin, el que siempre ha vivido, el Padre, el Hijo, el Espíritu Santo, que existió antes de Génesis 1, estaba en una comunión de satisfacción mutua sin absolutamente necesidad de nada aparte de sí mismo. Él creó todo lo que existe por su propia voluntad y para su gloria. Él *gobierna* al universo.

Es tanto así que al hacerlo, no lo dejó en movimiento automático. Él controla todas las cosas. De eso se trata un salón del trono. Es el centro de control de todo un reino. Eso era lo que Juan estaba viendo ahí. Estaba viendo a Aquel que no solo conocía todas las cosas, sino que creaba todas las cosas, incluso las mismas personas que estaban causando estragos en la iglesia y sobre ella. Al Dios que estaba en el trono no lo perturbó nada de eso porque Él gobierna y controla todas las cosas.

Observe que los veinticuatro ancianos estaban sentados en tronos y usando coronas como evidencia de que estaban gobernando a otro nivel. Note que en el centro del salón del trono se inclinaron y adoraron a Aquel que estaba sentado en el trono. También arrojaron sus coronas a sus pies (4:10). Eso significaba que del que se habla aquí es primordial para todos los jefes supremos, para usar una expresión africana. Él es el Rey de todos los reyes, el Jefe de todos los jefes y el Presidente de todos los presidentes.

Debe haber sido un gran estímulo para Juan cuando se dio cuenta de que el que es el monarca no se está mordiendo las uñas, preguntándose qué le iba a pasar a su pueblo elegido. Él todavía tiene absoluto y soberano control de todas las cosas y aun está siendo adorado en el cielo. Necesitamos tener ese atisbo del trono celestial debido a la confusión que nos rodea hoy. ¡Nuestro Dios omnipotente todavía reina!

Así que cuando la iglesia se reúne para adorar a Dios, nos involucramos en la actividad más importante de toda la creación. Nos unimos a todas esas voces para adorar a Aquel que es el Señor de todos.

Nuestros desalientos en la tierra

Los impedimentos actuales en la iglesia terrenal hacen que las almas justas sientan ansiedad momentánea. Vemos que eso le sucede a Juan al comienzo del capítulo 5.

Juan todavía estaba «en el Espíritu» cuando escribió: «En la mano derecha del que estaba sentado en el trono vi un rollo escrito por ambos lados y sellado con siete sellos. También vi a un ángel poderoso que proclamaba a gran voz: "¿Quién es digno de romper los sellos y de abrir el rollo?" Pero ni en el cielo ni en la tierra, ni debajo de la tierra, hubo nadie capaz de abrirlo ni de examinar su contenido. Y lloraba yo mucho porque no se había encontrado a nadie que fuera digno de abrir el rollo ni de examinar su contenido» (Apocalipsis 5:1-4).

Juan escribió aquí que estaba ansioso por el bienestar de la iglesia. Derramó muchas lágrimas. Se quebrantó y lloró fuertemente. Fue un verdadero gemido porque el que estaba sentado en el trono tenía ese rollo en sus manos que nadie podía abrir. ¿Qué tenía ese rollo? Los comentaristas han luchado para entenderlo y han presentado varias sugerencias, algunas de las cuales son más encomiables que otras. Es importante para nosotros admitir que la Biblia en sí misma no nos dice qué era el rollo, ni aquí ni en cualquier otro pasaje. Sin embargo, al menos dos aspectos sobre su despliegue son claros.

En primer lugar, se refería a lo que iba a suceder después de eso. Era sobre el futuro. Eso es evidente a partir de lo que sigue. En el capítulo 6, el Cordero comenzó a abrir los siete sellos del rollo y lo que vemos allí es el despliegue de la historia. A medida que se abre cada sello, se producen derivaciones en la tierra: un jinete sale para conquistar la tierra; la gente comienza a matarse unos a otros; las economías nacionales son endebles; la gente muere de hambre, hay pestilencia y bestias salvajes; los mártires claman por venganza; y llega el día final del juicio.

En segundo lugar, el que sostiene los rollos determina el momento en que ocurrirán esos acontecimientos. Vemos esto claramente en el capítulo 6. Fue solo cuando el Cordero abrió un sello que sucedieron los eventos respectivos. Veamos un ejemplo: «Cuando el Cordero rompió el cuarto sello, oí la voz del cuarto ser viviente, que gritaba: "¡Ven!" Miré, ¡y apareció un caballo amarillento! El jinete se llamaba Muerte, y el Infierno lo seguía de cerca. Y se les otorgó poder sobre la cuarta parte de la tierra, para matar por medio de la espada, el hambre, las epidemias y las fieras de la tierra» (Apocalipsis 6:7-8). El que sostiene el rollo determina qué sucederá y cuándo, entre ahora y el juicio final. Juan estaba muy preocupado por esto porque estaba ansioso por el futuro de la iglesia. Como uno de los últimos líderes principales de la iglesia, anhelaba ver un mejor día y edad para la iglesia en los años venideros.

Han pasado casi dos mil años desde que se escribió el libro de Apocalipsis y la iglesia se ha extendido por todo el mundo. Es la religión más grande. Es por eso que no apreciamos la angustia de Juan, que lo hizo llorar estridentemente cuando temió que nadie fuera digno de abrir los rollos (5:4). Imagínese que su país está en guerra. O recuerde la Segunda Guerra Mundial. Imagínese que los ejércitos de Adolfo Hitler han invadido su tierra. Cada mañana, cuando enciende su radio o su televisión, una pregunta inquietante inunda su mente: ¿Quién está ganando esta guerra? Usted lee sobre varios lugares que han sido bombardeados, sobre barcos hundidos y soldados muertos. Está ansioso por el futuro de su nación. ¿Sobrevivirá usted a la guerra al lado del vencedor? Ese era el estado de ánimo y el sentimiento del apóstol Juan cuando escribió este libro. Antes había escrito: «Yo, Juan, hermano de ustedes y compañero en el sufrimiento, en el reino y en la perseverancia que tenemos en unión con Jesús, estaba en la isla de Patmos por causa de la palabra de

Dios y del testimonio de Jesús» (1:9). Fue un tiempo de tribulación y perseverancia paciente a causa del evangelio.

Las circunstancias externas ya eran lo suficientemente malas. Además, el estado interno de muchas de las congregaciones también le preocupaba, como se evidencia en las cartas a las siete iglesias (capítulos 2 y 3). La iglesia en Éfeso había retrocedido en cuanto a su primer amor. En la iglesia de Pérgamo, donde Antipas había sido martirizado, la gente aceptaba las enseñanzas erróneas. En la iglesia en Tiatira, una mujer estaba guiando a muchas personas a la inmoralidad sexual. La iglesia en Sardis se jactaba de que estaba viva, pero en realidad estaba muerta. La de Filadelfia tenía poco poder. La de Laodicea no era ni caliente ni fría, por lo que era «miserable, pobre, ciega y desnuda» (3:17). No es de extrañar que Juan estuviera ansioso por el futuro de la iglesia.

En su primera epístola, Juan escribió: «Queridos hijos, esta es la hora final, y así como ustedes oyeron que el anticristo vendría, muchos son los anticristos que han surgido ya. Por eso nos damos cuenta de que esta es la hora final. Aunque salieron de entre nosotros, en realidad no eran de los nuestros; si lo hubieran sido, se habrían quedado con nosotros. Su salida sirvió para comprobar que ninguno de ellos era de los nuestros» (2:18-19). Muchos en la iglesia estaban creyendo las herejías y estaban abandonando la congregación. Juan estaba ahora en el Espíritu en el cielo mismo. Él sabía que el rollo que tenía en la mano Aquel que estaba sentado en el trono tenía algo que ver con el futuro. Escuchó el desafío que surgió para que alguien se adelantara y abriera el pergamino y rompiera sus sellos. Como nadie iba, lloró desconsoladamente. Su corazón estaba roto.

Apocalipsis 4 y 5 no deben tomarse como mera teoría. De lo contrario, perderíamos un tema muy importante. Si usted es pastor o líder de la iglesia, ¿no le molestan los altos niveles de reincidencia que tienen lugar en los bancos y púlpitos de la tierra? ¿No tiene a veces como resultado noches de insomnio? ¿No le pregunta a Dios: «Oh Señor, a dónde va todo esto?, ¿Dónde están las voces que proclaman fielmente el glorioso mensaje de la cruz?» ¿No se siente como Elías ante Dios, que decía: «Oh, Señor, soy el único que queda»? Eso era lo que estaba viviendo Juan. Si somos verdaderamente piadosos en nuestras almas y sabemos algo de pasar tiempo en la Palabra y en la oración, debe haber momentos en que nuestras almohadas estén húmedas de lágrimas debido a esta triste realidad.

LA VICTORIA DEL CORDERO EN EL CIELO

El anhelo de Juan fue respondido por el triunfo del Cristo crucificado, resucitado y exaltado. Lo que Juan vio en el resto de Apocalipsis 5 lo habló con elocuencia diciendo que el futuro de la iglesia era brillante, a pesar de sus reveses actuales. Eso se debe a que el triunfo de la iglesia está ligado al de Cristo y asegurado por su obra expiatoria. Captamos eso cuando vemos que la atención de Juan se dirige al León de la tribu de Judá:

> Uno de los ancianos me dijo: «¡Deja de llorar, que ya el León de la tribu de Judá, la Raíz de David, ha vencido! Él sí puede abrir el rollo y sus siete sellos». Entonces vi, en medio de los cuatro seres vivientes y del trono y los ancianos, a un Cordero que estaba de pie y parecía haber sido sacrificado. Tenía siete cuernos y siete ojos, que son los siete espíritus de Dios enviados por toda la tierra (5:5-6).

El lenguaje en este pasaje es extraordinariamente intencionado. Se le pidió a Juan que mirara al León de la tribu de Judá. Cuando lo hizo, vio a un Cordero en mal estado, como si hubiera sido asesinado. Además, observe el uso del número siete, que en este libro representa integridad. Hay siete cuernos, siete ojos y siete espíritus. El Cordero es omnipotente y omnisciente. Él es omnipresente a través de su Espíritu.

El Cordero hizo lo que nadie más pudo hacer. «Se acercó y recibió el rollo de la mano derecha del que estaba sentado en el trono. Cuando lo tomó, los cuatro seres vivientes y los veinticuatro ancianos se postraron delante del Cordero. Cada uno tenía un arpa y copas de oro llenas de incienso, que son las oraciones del pueblo de Dios» (5:7-8). La naturaleza histórica de ese instante es difícil de captar por completo. La historia del universo depende tanto del momento en que Jesús fue crucificado. Este es el momento que todas las almas ansiaban ver. La respuesta de los cuatro seres vivientes y los veinticuatro ancianos es el equivalente de un estadio lleno que estalla en alegría y emoción cuando al fin se anota el gol esperado y se alza el trofeo. Sin embargo, incluso eso palidece en total insignificancia en comparación con lo que sucedió cuando Jesús pasó a recibir el rollo de Aquel que estaba sentado en el trono. También podría compararlo con un hormiguero con el Monte Everest.

Para asombro de todo el continente, en 2017, el equipo nacional de fútbol de Zambia ganó la Copa de África. Me perdí ese juego porque me acosté temprano. Sin embargo, cuando sonó el silbato final y nuestro equipo ganó, no pude seguir durmiendo. En un momento, toda la nación estalló en gritos y canciones al sonido de los tambores. Las bocinas de los automóviles podían escucharse en todas partes. Eso fue extraordinario. Cuando el capitán del equipo recibió el trofeo, la algarabía fue ensordecedora. Pensé que la nación se había vuelto loca. Una vez más, eso no fue nada comparado con el momento que Juan relata en este pasaje.

Un escritor de himnos lo capta muy bien:

¡Mirad, santos, la vista es gloriosa,
Ved al hombre de las angustias, ahora,
De la lucha regresó victorioso,
Cada rodilla se doblará para coronarlo
¡Coronadlo!
La corona cubre la frente del vencedor.

Escucha, esos estallidos de aclamación,
Escucha, ¡esos fuertes acordes triunfantes!
Jesús conquista la estación más alta;
¡Oh, qué alegría da ver eso!
¡Coronadlo! ¡Coronadlo!
¡Rey de reyes y Señor de señores![3]

Las cuatro criaturas vivientes y los veinticuatro ancianos se inclinaron ante el Cordero. Ellos son los más cercanos al trono. Y desde ese epicentro, la adoración se dirige hacia afuera como una poderosa ola hasta que envuelve todo el universo.

Primero, tenemos las cuatro criaturas vivientes y los ancianos. «Y entonaban este nuevo cántico: "Digno eres de recibir el rollo escrito y de romper sus sellos, porque fuiste sacrificado, y con tu sangre compraste para Dios gente de toda raza, lengua, pueblo y nación. De ellos hiciste un reino; los hiciste sacerdotes al servicio de nuestro Dios, y reinarán sobre la tierra" (5:9-10). Luego tenemos el próximo anillo alrededor del trono, compuesto por millones de ángeles. Juan registra: «Luego miré, y oí la voz de muchos ángeles que estaban alrededor del trono, de los seres vivientes y de los ancianos. El número de ellos era millares de millares y millones de millones. Cantaban con todas sus fuerzas: "¡Digno es el Cordero, que ha sido sacrificado, de recibir el poder, la riqueza y la sabiduría, la fortaleza y la honra, la gloria y la alabanza!"» (5:11-12). Por último, la ola alcanza el anillo exterior, y Juan escribe: «Y oí a toda criatura en el cielo y en la tierra y debajo de la tierra y en el mar, y todo lo que está en ellas, que decía: "Al que está sentado en el trono y ¡al Cordero sea bendición y honor, gloria y poder por los siglos de los siglos!"» (5:13).

Juan concluye regresando al salón del trono y al primer círculo de tronos alrededor del trono de Dios para ver su reacción a todo eso. Él dice: «Los cuatro seres vivientes exclamaron: "¡Amén!", y los ancianos se postraron y adoraron» (5:14). ¡Qué gran visión! Jesús estaba siendo reconocido como vencedor porque fue asesinado (5:6, 9, 12). El Calvario no fue un simple producto del error de la justicia. No fue una ocurrencia tardía que pasó por la mente de Dios. Jesús fue el Cordero de Dios que fue muerto desde antes de la fundación de la tierra. En el consejo eterno, Dios el Padre y Dios el Hijo habían entrado en un pacto de redención. En ese pacto, el Hijo sufriría humillación al asumir la forma de hombre y sufrir hasta que finalmente colgara en una cruz para cargar con el castigo completo por nuestro pecado.

Al emprender eso, el Hijo de Dios tuvo un gran peso en su corazón. Nada lo muestra mejor que lo que Jesús pasó en el jardín de Getsemaní en la víspera de su crucifixión. La sombra del Calvario cayó sobre su alma y reconoció que en unos momentos cargaría sobre sí la culpa y el castigo que merecíamos nosotros. Él sabía que estaba a punto de beber en el infierno en nuestro nombre. Hizo una pausa y oró: «Padre mío, si es posible, no me hagas beber este trago amargo. Pero no sea lo que yo quiero, sino lo que quieres tú» (Mateo 26:39). Él sabía que estaba a punto de sufrir las consecuencias de nuestros pecados. Al Dios justo, cuyo trono debe seguir siendo justo y santo, se le ocurrió este plan.

No había otra manera en que a los pecadores se les permitiera entrar a su presencia eterna. Jesús pagó el precio. Él nos rescató. Él compró nuestras almas con su propia sangre. Cuando dijo: «Todo se ha cumplido», acabó su misión, y murió. El Padre había prometido un pueblo elegido para su Hijo. Había prometido un trono del cual iba a gobernar para traer a su pueblo elegido. Él iba a ocupar el asiento del conductor de la historia.

Eso es lo que el apóstol Juan tuvo la oportunidad de presenciar. Para el apóstol, esa fue una visión muy gloriosa. Se estaba percatando de nuevo de que, en medio de toda la confusión, la reincidencia y la persecución que estaba sucediendo, el mal no iba a triunfar. El Hijo de Dios reinaba sobre todo y todos. Juan tuvo la oportunidad de ver eso, y fue un verdadero cambio de juego, como decimos. Desde ese punto en adelante, es simplemente un sello tras otro abierto por el Cordero. Él tiene el control.

Conclusión

La redención no se trata principalmente de nosotros y nuestros frágiles intentos por mejorar nuestro destino. Se trata de Dios y de su plan, de su poder, como muestran estos dos capítulos en Apocalipsis de manera elocuente. Jesús fue muerto, y con su sangre rescató a un pueblo para Dios. Ahí está el futuro de la iglesia. En la obra terminada de Cristo en el Calvario. Es por eso que debemos predicar a Cristo.

Debemos predicar al Cristo preexistente, humillado y exaltado. Los cristianos necesitan escuchar y deleitarse con Cristo para que sus almas puedan desbordarse con Él. ¿Estamos haciendo eso? Demasiados púlpitos están llenos de nada más que de un discurso motivacional. Los sermones consisten en poco más que historias de personas muy relevantes y se les dice a los receptores que inspiren a aquellos que se dan por vencidos. Las historias están destinadas a alentarnos a perseguir el éxito que otros han logrado. Pero, ¿qué son esos individuos comparados con el Rey de reyes y Señor de señores? Jesucristo es el único victorioso. Y a través de su victoria, nosotros también somos vencedores.

Necesitamos enfocar nuestros pensamientos en Aquel que es el Alfa y la Omega, el principio y el fin, y el primogénito entre los muertos. Necesitamos leer pasajes como este y sentir que hemos sido atrapados en el tercer cielo, viendo lo que Juan vio: el Cordero que fue asesinado, tomando el rollo y encargándose de la historia. Sería una gran diferencia en nuestras vidas al enfrentar un mundo que nos odia y la verdad de Dios. Sí, sería una gran diferencia cuando estemos en nuestros lechos de muerte esperando la entrada a la gloria. Transitando por el valle tenebroso de la muerte con una paz desafiante. Que Dios nos ayude a ver, como lo vio Juan, el triunfo que nos espera. ¡Estamos en el equipo ganador!

23

¿ME AMAS?: LA RESPUESTA CRUCIAL DEL SUPREMO REY DEL CIELO

JOHN MACARTHUR
Juan 21

Dos versículos clave al final del capítulo 20 del Evangelio de Juan deletrean el propósito del apóstol para escribir el cuarto evangelio: «Jesús hizo muchas otras señales milagrosas en presencia de sus discípulos, las cuales no están registradas en este libro. Pero estas se han escrito para que ustedes crean que Jesús es el Cristo, el Hijo de Dios, y para que al creer en su nombre tengan vida» (Juan 20:30-31). Por lo tanto, Juan reconoce que su evangelio es un relato abreviado. Está brindando a sus lectores un resumen de evidencia que muestra la deidad y las credenciales mesiánicas de Jesucristo. Esta es la verdad destinada a llevar a los lectores a creer para que puedan tener vida eterna. Él podría haber dicho mucho más. En efecto, en el versículo final del libro, Juan dirá: «Jesús hizo también muchas otras cosas, tantas que, si se escribiera cada una de ellas, pienso que los libros escritos no cabrían en el mundo entero» (21:25).

Sin embargo, esa declaración de propósito al final del capítulo 20 es la cumbre máxima del Evangelio de Juan, el *Höhepunkt*, como dirían los alemanes. De hecho, ese verso terminaría bien con el Evangelio de Juan. Pero Juan no se queda allí. Agrega el capítulo 21 como una especie de epílogo. En la primera lectura, todo el capítulo final parece completamente decepcionante. Por un lado, es un cambio discordante en el tono. El capítulo 20 se enfoca en la gloriosa revelación de Cristo resucitado y termina con esa clara declaración del propósito de Juan. Entonces, sin ningún tipo de advertencia, el capítulo 21 nos lleva a Galilea, donde los discípulos están a punto de ir a pescar infructuosamente. «Esa noche no pescaron nada» (v. 3). El cambio al capítulo 21 es como caer desde un acantilado y aterrizar con un ruido ensordecedor. En un descenso estrepitoso.

En efecto, el contraste es tan conmovedor que algunos han sugerido que Juan ni siquiera escribió el final del capítulo. Para empeorar las cosas, volvemos a chocar con Pedro. ¡Qué dolor! ¿No podemos simplemente terminar con Cristo? ¿Tenemos que volver directamente con Pedro? ¿Por qué no dejar que el libro de Hechos nos muestre la *ascensión de Cristo? Y luego, en el día de Pentecostés, podemos encontrarnos con Pedro nuevamente cuando se muestra* más audaz y triunfante. ¿Por qué esta escena en Juan 21?

LLAMADO POR CRISTO

Hay una respuesta a esas preguntas. Se debe a que, con toda la gloria que ha llegado hasta el final del capítulo 20, en definitiva, esa gloria termina «en vasijas de barro» (2 Corintios 4:7), literalmente, vasijas de barro. Juan 21 es para nosotros. Esa parte de la historia que necesitaba ser contada.

Lucas, por supuesto, siguió su evangelio con el libro de Hechos. En Hechos 1:1, escribió: «Estimado Teófilo, en mi primer libro me referí a todo lo que Jesús comenzó a hacer y enseñar». La obra terminada de Cristo inició el comienzo de la era del evangelio. Cuando nuestro Señor ascendió y vino el Espíritu, el trabajo se le entregó a unas vasijas de barro: débiles, feas, frágiles, estropeadas y reemplazables.

Es posible que esos once discípulos parezcan demasiado débiles e impropios para la tarea. Pero Cristo no los dejó mal equipados. Él les dijo: «Y yo le pediré al Padre, y él les dará otro Consolador para que los acompañe siempre: el Espíritu de verdad, a quien el mundo no puede aceptar porque no lo ve ni lo conoce. Pero ustedes sí lo conocen, porque vive con ustedes y estará en ustedes» (Juan 14:16-17). Además, les dijo: «Pero, cuando venga el Espíritu Santo sobre ustedes, recibirán poder y serán mis testigos tanto en Jerusalén como en toda Judea y Samaria, y hasta los confines de la tierra» (Hechos 1:8). De modo que, en palabras del apóstol Pablo: «No es que nos consideremos competentes en nosotros mismos. Nuestra *capacidad viene de Dios*» (2 Corintios 3:5, énfasis añadido).

Santiago y Juan podían incluso decir con Pedro: «Estábamos con él en el monte santo» (2 Pedro 1:18). Pedro estaba hablando, por supuesto, sobre el Monte de la Transfiguración, donde esos tres discípulos fueron testigos oculares cuando el espectáculo físico de la gloria divina de Cristo se exhibió por completo.

Nosotros también hemos visto la gloria de Dios revelada en Cristo, aunque en un sentido diferente. «Porque Dios, que ordenó que la luz resplandeciera en las tinieblas, hizo brillar su luz en nuestro corazón para que conociéramos la gloria de Dios que resplandece en el rostro de Cristo» (2 Corintios 4:6). Ahora es nuestro deber proteger lo que se nos ha confiado (1 Timoteo 6:20; 2 Timoteo 1:14), y pasarlo a la próxima generación (2 Timoteo 2:2). Debemos llevar adelante el glorioso evangelio, incluso con nuestra fragilidad y debilidad.

Pedro titubeó lo suficiente y cometió un error tan grave que algunos podrían argumentar que debería haber perdido sus credenciales de ordenación. Si hubiera presentado su testimonio como una solicitud a cualquiera de los mejores seminarios evangélicos de hoy en día, probablemente habría sido rechazado. Las notas de la entrevista en el margen de su formulario de solicitud podrían leer: «Ocasionalmente habla por el diablo. De vez en cuando saca a un lado a Jesús y le dice qué hacer. Cuando se pone difícil, niega repetidamente que alguna vez haya conocido al Señor y hasta lo jura». El suyo no era un currículo estelar.

Los primeros tres versículos de Juan 21 son realmente decepcionantes:

Después de esto Jesús se apareció de nuevo a sus discípulos, junto al lago de Tiberíades. Sucedió de esta manera: Estaban juntos Simón Pedro, Tomás (al que apodaban el Gemelo), Natanael, el de Caná de Galilea, los hijos de Zebedeo, y otros dos discípulos. «Me voy a pescar», dijo Simón Pedro. «Nos vamos contigo», contestaron ellos. Salieron, pues, de allí y se embarcaron, pero esa noche no pescaron nada.

Ese grupo de discípulos probablemente incluía a todos los que estaban en el negocio de la pesca antes de que Jesús los llamara. Eso incluye a los tres discípulos más prominentes del círculo más cercano a Jesús: Pedro y los hijos de Zebedeo (Santiago y Juan), y probablemente también Andrés (el hermano de Pedro). Galilea era su hogar y la pesca era su oficio antes de ser llamados como discípulos.

Cuando Pedro anunció que iba a pescar, lo que pensaba no era en una noche de recreación. No se trataba de agarrar una vara y un anzuelo en un día soleado y disfrutar de un pasatiempo relajante. Mateo 28:16 indica que Jesús les había dicho que fueran a una montaña específica en Galilea. Ese era el lugar designado donde debían esperarlo. Además, la pesca es lo que Pedro había abandonado para seguir a Cristo (Lucas 5:11). Pero en un movimiento predecible, impulsivo y decepcionante Pedro, que seguía sintiendo el aguijón de la vergüenza y la derrota porque negó a Cristo, decidió volver a su carrera anterior. Era un líder, así que, como patitos, todos los demás pescadores fueron tras él.

«Me voy a pescar». Hay una nota con una finalidad en esa declaración. Una vez más, no estaba buscando una distracción de una noche. Estaba hablando de volver a su antigua forma de ganarse la vida. El versículo 3 dice: «Salieron y subieron al bote». No era un bote cualquiera; no era alquilado ni prestado. Volvieron al área donde vivían y trabajaban, y ese no era un bote recreativo. Era un barco de pesca comercial (muy probablemente era de Pedro o de Zebedeo), lo suficientemente grande para toda la tripulación.

Además, agarraron unas redes y usted sabe que para la pesca recreativa no se usan redes. El versículo 7 dice que Pedro «se puso la ropa», usando el tipo de tirantes que era el atuendo de trabajo normal para los pescadores profesionales. El versículo 8 dice que estaban pescando «a unos cien metros» de la costa con una red de arrastre. Ese es un método que los pescadores comerciales solían usar a la mayor distancia posible. Claramente volvían a su antigua ocupación.

¿Por qué Pedro hizo eso? ¿Por qué iba a volver a la pesca? ¿Fue a eso a lo que se resignó a hacer por el resto de su vida? ¿Acaso no había visto ya al Cristo resucitado? Sí, por supuesto. Pero ahora, después de su notorio fracaso, tal vez por primera vez, no tenía absolutamente nada de confianza en sí mismo. Él fue un fracaso probado. Y no fue una falla de una sola vez. Su fe y su fidelidad a menudo parecían vacilar. Un minuto podría estar sirviendo al Señor y, al siguiente, hablar por el diablo. Él podría decir: «Daré mi vida por ti» (Juan 13:37) y luego, cuando todo lo que tenía que hacer era confesar a Cristo, lo negaría repetidas veces ante personas irrelevantes en la oscuridad. Había sobreestimado su propia sabiduría y su fuerza. La manera pomposa en que se había jactado de su disposición a morir con Cristo ahora pendía sobre su cabeza como bandera de la vergüenza. Había subestimado el poder de la tentación. Había declarado sinceramente que podía lidiar con cualquier amenaza grave y no flaquear nunca en su lealtad a Jesús. Esa temeridad, esa jactancia de la confianza en sí mismo, lo había llevado a la traición flagrante.

Aquella noche en que negó a Cristo, realmente no lucía muy diferente de Judas. Ahora, lleno de dudas, estaba agobiado por una abrumadora sensación de angustiosa debilidad. La historia de su fracaso había demolido su confianza en sí mismo. Sintiendo su insuficiencia, debe haber pensado: *Ya no puedo ministrar a Cristo, pero puedo pescar.* Y como era el líder del grupo, cuando anunció que volvería a pescar, los otros discípulos lo siguieron.

«Al despuntar el alba Jesús se hizo presente en la orilla, pero los discípulos no se dieron cuenta de que era él. "Muchachos, ¿no tienen algo de comer?", les preguntó Jesús. "No", respondieron ellos» (Juan 21:4-5).

Eso es irritante, aunque se trate de Jesús.

«"No", respondieron ellos» (v. 5).

No era la primera vez que eso sucedía. Lucas 5 describe un incidente similar al comienzo del ministerio de Jesús. En aquella ocasión, uno de los primeros encuentros de Pedro con Cristo, cuando el discípulo supo con quién estaba tratando, dijo: «Apártate de mí, Señor, ¡porque soy un hombre pecador!» (Lucas 5:8). Ahora, aquí estaba nuevamente, el mismo hombre pecador en la presencia del propio Hijo de Dios, y cuando el Señor dijo: «No tienes ningún pez, ¿verdad?», estaba en efecto diciendo: «No puedes pescar nada, pero yo controlo a los peces. No puedes agarrar ni uno. Te llamé para que pescaras hombres».

Eso no fue una coincidencia. Fue un recordatorio deliberado en cuanto al llamado de Cristo a sus vidas. Por eso les dijo: «Tiren la red a la derecha de la barca, y pescarán algo. Así lo hicieron, y era tal la cantidad de pescados que ya no podían sacar la red» (Juan 21:6). Habían pescado toda la noche y no encontraron peces en la zona. Cuando el Señor les dijo: «Prueben el lado derecho del barco», el instinto de pescador quizás les hizo pensar: «¿Qué? ¿Está loco? Es el mismo lago y el mismo lugar; *si pescamos desde la derecha del barco o desde la izquierda, da lo mismo*». Pero habló con tanta autoridad que hicieron lo que les dijo, a pesar de que a esa altura no parecían completamente conscientes de que quien les hablaba era Jesús.

Así que lanzaron la red desde el lado derecho del bote. Él había dicho: «Encontrarán buena pesca». De modo que la pesca fue tan grande que todos ellos juntos no podían subirla al bote. Por lo tanto, aquel discípulo a quien Jesús amaba [a saber, Juan] le dijo a Pedro: «Es el Señor» (v. 7).

Ese es el milagro final en el Evangelio de Juan. «¡Es el Señor!», dijo a Pedro el discípulo a quien Jesús amaba. Tan pronto como Simón Pedro le oyó decir: "Es el Señor", se puso la ropa, pues estaba semidesnudo, y se tiró al agua» (v. 7).

Esa era la quintaesencia de Pedro, totalmente fuera de control e impulsivo. No ayudó a los que estaban tratando de mover esa gran cantidad de peces; solo se sumergió y nadó en dirección a Jesús. «Los otros discípulos lo siguieron en la barca, arrastrando la red llena de pescados, pues estaban a escasos cien metros de la orilla» (v. 8). Había tantos peces que no los pudieron meter todos en el bote. Estaban tirando con todas sus fuerzas para llevar a la orilla.

«Al desembarcar, vieron unas brasas con un pescado encima, y un pan» (v. 9). El desayuno estaba listo. Jesús, por supuesto, tenía poder para preparar la comida con solo decir la palabra *desayuno*.

En ese momento, Pedro, que saltó del barco y nadó a tierra, se encargó de la situación, como era su costumbre. «Simón Pedro subió a bordo y arrastró hasta la orilla la red, la cual estaba llena de pescados de buen tamaño. Eran ciento cincuenta y tres, pero a pesar de ser tantos la red no se rompió» (v. 11). Se hizo el conteo exacto, no con números redondos. Esa es la forma en que Juan recalca que se trata del relato de un testigo presencial. También acentúa la naturaleza milagrosa de la pesca. No se trataba de peces pequeños y, un acarreo tan grande, normalmente sería suficiente para vencer la resistencia de la red.

La lección del milagro fue clara: El Señor tiene el control de los peces, por lo que Pedro y la tripulación no pudieron regresar al negocio de la pesca. Cristo los ha llamado a ser pescadores de hombres.

RESTAURADO POR CRISTO

Los discípulos, sintiéndose derrotados y avergonzados, no podían asumir que su posición con Jesús no había cambiado desde aquella terrible noche cuando Judas lo traicionó, Pedro lo negó, y «todos [los demás] lo abandonaron y huyeron» (Marcos 14:50). Entonces Jesús hizo algo asombroso. Se comprometió a restaurarlos, a Pedro en particular.

«Vengan a desayunar», les dijo Jesús. Ninguno de los discípulos se atrevía a preguntarle: "¿Quién eres tú?", porque sabían que era el Señor. Jesús se acercó, tomó el pan y se lo dio a ellos, e hizo lo mismo con el pescado. Esta fue la tercera vez que Jesús se apareció a sus discípulos después de haber resucitado (Juan 21:12-14).

No me imagino cómo fue esa conversación, pero debe haber sido intensa. Debe haber habido algunas disculpas, por el exceso de confianza que los hizo alardear de su disposición a morir con Él (Marcos 14:31), por la cobardía que los hizo dispersarse, por su incapacidad de esperarlo en Galilea según lo instruido, y porque cualquier debilidad de carácter los hizo fallar con tanta frecuencia.

No obstante, Cristo estaba ahí para restaurarlos. Podrían haber esperado que les avisara que estaban despedidos y que seguiría buscando discípulos para reemplazarlos. Habían estado con Él por tres años. Habían sido testigos de sus milagros. Dos veces antes de eso fueron testigos presenciales de la resurrección. Él les había dado instrucciones claras. Sin embargo, con todo y eso, ¿iban a volver a pescar?

Si le sorprende que el Señor restaure a esos discípulos renuentes y débiles, recuerde que las ollas de barro son todo lo que tenía para trabajar. Como Isaías, cualquiera de ellos podría decir con sinceridad: «Ay de mí, que estoy perdido. Soy un hombre de labios impuros y vivo en medio de un pueblo de labios blasfemos» (Isaías 6:5).

Aquí vemos a Jesús entrenando a sus discípulos. Así es como restaura a un discípulo desobediente. Así es como Él hace consejería bíblica. Así es como apacienta ovejas descarriadas. Así es como los conduce a la santificación y a la obediencia. Así es como Cristo recupera la utilidad de alguien que le ha fallado.

Podemos esperar que use un proceso largo y complejo que requiera sesiones de consejería ampliadas con tareas y un régimen de seguimientos programados. La complejidad de algunos de los programas actuales de consejería y discipulado parecen interminables. He leído innumerables libros que describen paradigmas desconcertantes para la santificación.

Durante años, cuando era joven, pensé en la santificación en términos pasivos: «rendirse». «Ceder todo a Dios». «Descansar en la fe». «Dejarlo todo en manos de Dios». Una canción cristiana que ganó popularidad a fines del siglo diecinueve lo dice así:

«Hacer» es algo mortal:
«Hacer» termina en la muerte.
Lanza tus acciones mortales hacia abajo
A los pies de Jesús;
Afírmate en Él, solo en Él,
Gloriosamente completo.[1]

En mi caso, estuve expuesto a una doctrina más profunda que promovía la pasividad total en la búsqueda de la santificación. Estaba esperando que algo me sucediera. No creo haber comprendido completamente los medios de santificación, aun cuando fui llamado a ser el pastor de la congregación Grace Community Church, en 1969.

Fue 2 Corintios 3:18 lo que comenzó a ayudarme a entender la santificación: «Así, todos nosotros, que con el rostro descubierto reflejamos como en un espejo la gloria del Señor, somos transformados a su semejanza con más y más gloria por la acción del Señor, que es el Espíritu». Eso no es algo pasivo; es agresivamente activo. Empecé a darme cuenta de que mi santificación no dependía de crear un vacío para que el Espíritu Santo lo llenara, sino de la búsqueda incesante del conocimiento de la gloria de Cristo. Me di cuenta de que una buena manera de hacerlo era profundizar en el estudio de los evangelios. Entonces, durante los siguientes ocho o nueve años, prediqué a través de Mateo. Muchos años después de eso, enseñé a nuestra gente acerca de Marcos, Lucas y Juan. Revisé Hebreos y Apocalipsis. Luego, prediqué en algunos de esos libros por segunda vez. Todo lo que quería hacer era contemplar la gloria de Cristo. Y cuando había predicado a través de todo el Nuevo Testamento, hice una serie sobre cómo encontrarlo en el Antiguo Testamento. Simplemente no podía dejar ir a Cristo.

Esa fue, en realidad, la verdad más importante que aprendí sobre la santidad y el crecimiento cristiano: Nuestra santificación está directamente relacionada con la búsqueda del conocimiento de Cristo en toda su gloria. Eso no es algo pasivo. «Que habite en ustedes la palabra de Cristo con toda su riqueza: instrúyanse y aconséjense unos a otros con toda sabiduría; canten salmos, himnos y canciones espirituales a Dios, con gratitud de corazón» (Colosenses 3:16).

Cuando llegué al final del Evangelio de Juan y estudié este pasaje, me sorprendió la sencillez de lo que nuestro Señor dijo para recuperar y restaurar al discípulo más crítico del grupo para la iglesia primitiva. No fue algo complejo. De hecho, era impactante por su simplicidad. Sin embargo, lo que Jesús le dijo a Pedro ciertamente no avivó su pasividad. Por eso le formuló a Pedro una pregunta tres veces: «¿Me amas?»

Toda la predicación que siempre escuché se enfocaba en la necesidad de creer en Cristo, servirle, testificar de Él y obedecerle. No creo que haya sido desafiado alguna vez a pensar profundamente en cuanto a amarlo pero, después de todo, ese es el primero y Gran Mandamiento: «Amarás al Señor tu Dios con todo tu corazón, y con toda tu alma, y con toda tu mente, y con todas tus fuerzas» (Marcos 12:30). Cristo «es el resplandor de la gloria de Dios, la fiel imagen de lo que él es» (Hebreos 1:3). «Toda la plenitud de la divinidad habita en forma corporal en Cristo» (Colosenses 2:9). Eso hace que el amor por Cristo sea esencial si queremos cumplir el más grande de todos los mandamientos.

¿Qué quiere Dios de mí en nombre de Cristo? Quiere que lo ame con todo mi corazón, mi alma, mi mente y mi fuerza. Esa es la suma y la sustancia de la vida cristiana. 1 Corintios 16:22 dice: «Si alguno no ama al Señor, quede bajo maldición». El amor por Cristo es la característica definitiva de la fe salvadora. Pablo describe a los cristianos como «todos los que aman a nuestro Señor Jesucristo con amor imperecedero» (Efesios 6:24). La fuerza impulsora en toda nuestra santificación y el motivo de todo nuestro servicio es así de simple: «¿Me amas?»

Observemos la conversación:

Cuando terminaron de desayunar, Jesús le preguntó a Simón Pedro:

—Simón, hijo de Juan, ¿me amas más que estos?

—Sí, Señor, tú sabes que te quiero —contestó Pedro.

—Apacienta mis corderos —le dijo Jesús.

Y volvió a preguntarle:

—Simón, hijo de Juan, ¿me amas?

—Sí, Señor, tú sabes que te quiero.

—Cuida de mis ovejas.

Por tercera vez Jesús le preguntó:

—Simón, hijo de Juan, ¿me quieres?

A Pedro le dolió que por tercera vez Jesús le hubiera preguntado:

«¿Me quieres?» Así que le dijo:

—Señor, tú lo sabes todo; tú sabes que te quiero.

—Apacienta mis ovejas —le dijo Jesús (Juan 21:15-17).

Casi siempre, Jesús llamaba a Pedro por su antiguo nombre, Simón, cuando actuaba como lo hacía antes de seguir a Cristo. La primera pregunta —«¿Me amas más que estos?»—, según algunos comentaristas, significa: «¿Me amas más que a los otros discípulos? ¿Me amas?», Porque Pedro se jactaba de que, si todos los demás lo abandonaban, él no lo haría, sino que permanecería fiel. Pero todos ellos habían abandonado a Cristo la noche de su arresto. Todos ellos también volvieron a pescar, en vez de esperar donde Jesús les había dicho. Eran igualmente desobedientes.

Así que, el verdadero significado de la pregunta parece ser: «¿Es tu amor por mí más profundo que tu apego a tu equipo de pesca, a estos botes, a esas redes, a esos corchos, a esas pesas, a esas anclas y a esos atavíos de tu vida anterior? ¿No abandonaste una vez estas cosas para seguirme?» (Mateo 4:20). ¿Ha dejado usted su primer amor? (ver Apocalipsis 2:4). Cristo estaba recordándole a Pedro, con delicadeza, el llamado al discipulado: «Si alguno quiere venir en pos de mí, niéguese a sí mismo, tome su cruz cada día, y sígame» (Lucas 9:23). La palabra para «amor» en esa pregunta es el verbo griego *agapaō*, el amor más elevado, más noble y más espontáneo.

Pedro sabía de memoria uno de los textos más famosos de Jesús: «El que quiere a su padre o a su madre más que a mí no es digno de mí; el que quiere a su hijo o a su hija más que a mí no es digno de mí; y el que no toma su cruz y me sigue no es digno de mí. El que se aferre a su propia vida, la perderá, y el que renuncie a su propia vida por mi causa, la encontrará» (Mateo 10:37-39). Como dijo Juan Calvino en una ocasión: «Ningún hombre… perseverará sin cesar en el cumplimiento del [ministerio], a menos que el amor por Cristo reine en su corazón».[2]

Pedro debe haber estado profundamente triste. Aunque afirmó su amor por Cristo, usó un verbo diferente para «amor» —*phileo*—, una palabra que habla de afecto cálido y amor fraternal. La arrogancia de Pedro estaba deshecha; él estaba expuesto; estaba demasiado avergonzado para reclamar que tenía el amor más elevado, más noble y más espontáneo. Hubiera sido un tonto si se jactaba de eso otra vez. Entonces usó un verbo disminuido, como para decir: «Señor, sabes que tengo mucho afecto por ti».

Fue un triste reconocimiento, con un llamado desconsolado a la omnisciencia de Cristo. Él *no pudo* decir: «Señor, has visto mi vida y mi comportamiento. ¿No es obvio que te amo?»

Sin embargo, Cristo no contradijo el reclamo de Pedro. Simplemente respondió: «Cuida mis ovejas». Es posible que Pedro se haya preparado para una represión o incluso para su expulsión del grupo. Sin embargo, la respuesta de Jesús fue un gran momento de bendición y alivio, porque era una sutil indicación de que Pedro tenía razón sobre al menos una cosa, a saber, que el Señor sabía que Pedro lo amaba de verdad. Que todavía quería que le sirviera.

Me alegra que el Señor sepa las cosas que desesperadamente quiero que Él sepa. Me consuela mucho eso. Me siento bien si Él sabe cosas sobre mí que realmente no quisiera que supiera, porque significa que también sabe que lo amo, aun cuando eso no sea obvio. No lo amo como debería, ni mi amor no es todo lo que debería ser. Pero es real.

Eso es lo que Pedro estaba diciendo.

Esa es la ordenación de Pedro. A pesar de su desobediencia impulsiva, Jesús lo reincorporó al ministerio: «Apacienta mis ovejas».

No olvide destacar ese adjetivo posesivo aquí (mis). Es vital para cualquier individuo en el ministerio recordar que las personas que pastoreamos no son *nuestro* rebaño. Son de Cristo y Él los ha puesto a nuestro cuidado, a pesar de que nuestro amor por Él esté muy por debajo de lo que debería estar. De hecho, Pedro fue restaurado al ministerio a pesar del hecho de que su amor por Cristo ni siquiera era obvio para nadie, excepto para el Señor en su omnisciencia. Por lo que Jesús simplemente le dice: «Apacienta mis corderos». *Mis pequeños corderos* jóvenes, *tiernos, débiles, vulnerables, propensos a vagar, propensos a extraviarse. Los pongo en tus manos.*

Eso nos recuerda a Juan 17, donde nuestro Señor, al final de su ministerio terrenal, mientras anticipa la cruz y más tarde su ascensión, entrega el cuidado de su pueblo a su Padre: «Ya no voy a estar por más tiempo en el mundo, pero ellos están todavía en el mundo, y yo vuelvo a ti. Padre santo, protégelos con el poder de tu nombre, el nombre que me diste, para que sean uno, lo mismo que nosotros. Mientras estaba con ellos, los protegía y los preservaba mediante el nombre que me diste, y ninguno se perdió sino aquel que nació para perderse, a fin de que se cumpliera la Escritura. Ahora vuelvo a ti, pero digo estas cosas mientras todavía estoy en el mundo, para que tengan mi alegría en plenitud. Yo les he entregado tu palabra, y el mundo los ha odiado porque no son del mundo, como tampoco yo soy del mundo. No te pido que los quites del mundo, sino que los protejas del maligno» (Juan 17:11-15). Como no podía cuidarlos personalmente, los puso en las manos de su Padre, de donde nadie podría arrebatárselos.

Sin embargo, aquí está la maravilla de las maravillas: también se los entregó a Pedro.

La segunda vez que Jesús hizo la pregunta («Simón, hijo de Juan, ¿me amas?»), nuevamente usó la palabra *agapaō*. Pedro replicó nuevamente: «Sí, Señor; tú sabes que te quiero [*phileo*]» (Juan 21:16). «Apacienta mis ovejas».

Entonces Cristo preguntó por tercera vez, pero en esta ocasión empleó el término menos fuerte: «Simón, hijo de Juan, ¿me amas [*phileo*]?» ¿Tienes incluso un gran afecto por mí?

Eso lo hirió. Cristo sondeó el corazón de Pedro. Nuestro Señor estaba haciendo una biopsia espiritual, con una incisión en el alma del apóstol. «Pedro se entristeció [*lupeō*] porque le dijo por tercera vez: "¿Me amas?"» Esta palabra habla de tristeza profunda, tristeza, pesadez del alma. Le dolió no solo porque Jesús le preguntó por tercera vez. Después de todo, Pedro había negado al Señor tres veces. Era apropiado para él tener tres oportunidades para declarar su amor. Además, Pedro había negado a Cristo al estar frente a una fogata (Juan 18:18); Jesús había recreado incluso ese detalle (Juan 21:9). Pero lo que más traspasó el corazón de Pedro, estoy seguro, es que la tercera vez que Jesús lo interrogó, cuestionó incluso el débil amor que Pedro esperaba poder profesar con credibilidad.

Una vez más, Pedro invoca la omnisciencia de Jesús: «Señor, tú lo sabes todo; tú sabes que te quiero [*phileo*]».

«Apacienta mis ovejas».

De nuevo, esto es una reminiscencia de Isaías 6. Isaías ve la gloria de Dios y dice: «¡Ay de mí, porque estoy arruinado! Porque soy hombre de labios inmundos, Y vivo en pueblo de labios inmundos» (v. 5). Eso se siente no solo impropio, sino absolutamente condenatorio.

Pero luego oye la voz del Señor, que dice: «¿A quién enviaré, y quién irá por nosotros?» (v. 8). Isaías era el único ser terrenal allí. No hubo una abundancia de opciones.

Cuando el profeta responde: «Heme aquí, envíame a mí», no me imagino que lo dijo con valentía. Todavía era consciente de sus propios labios inmundos. Creo que fue voluntario y tímido: «¿Señor? *Estoy aquí. Puedes enviarme*».

Y el Señor dijo: «Ve». *Eres el hombre que necesito.* Todos somos vasos de arcilla, con defectos, fallas y un imperfecto amor por Él. Pero en su omnisciencia, Él sabe si nuestro amor es real, a pesar de la vacilante inconsistencia.

Ahora me doy cuenta de que en mi juventud no entendía realmente que cultivar mi amor por Cristo debía tener más prioridad que hacer cosas por Él. El verdadero servicio para Cristo no es un trabajo hecho por mérito; es simplemente el fruto natural de amarlo. El amor santificador naturalmente promueve servir con amor.

Para aquellos que piensan: *Soy una persona débil que lucha, que falla, con poca autoestima, labios sucios, una sensación de incompetencia y miseria,* Jesús tiene una pregunta: ¿Me amas?

El amor por Cristo tiene un costo. Jesús le dijo a Pedro: «De veras te aseguro que cuando eras más joven te vestías tú mismo e ibas adonde querías; pero, cuando seas viejo, extenderás las manos y otro te vestirá y te llevará adonde no quieras ir. Esto dijo Jesús para dar a entender la clase de muerte con que Pedro glorificaría a Dios. Después de eso añadió: ¡Sígueme!» (Juan 21:18-19).

Veinticinco veces en el Evangelio de Juan, leemos las palabras «Verdaderamente, de verdad, te digo». Eso significa que hay algo muy importante que está a punto de decirse. Esta es una llamada verbal a la atención.

La frase «extenderán sus manos» es un eufemismo para referirse a la crucifixión. Es por eso que Juan habla de lo que significa la forma en la cual Pedro moriría. Los primeros historiadores de la iglesia registran que Pedro fue crucificado. Una fuente del segundo siglo afirma que, a petición propia, fue puesto en la cruz al revés, porque se consideraba indigno de morir como Cristo.

Jesús les había dicho repetidas veces: «Si alguno quiere venir en pos de mí, niéguese a sí mismo, y tome su cruz, y sígame» (Mateo 16:24). Pedro era una viva ilustración de eso. En efecto, lo que Jesús estaba diciendo era: *Bienvenido nuevamente al ministerio. Serás un mártir. (¿Recuerdas cuando te dije que, si el mundo me odiaba, también te odiaría?)*

¿Por qué le diría eso Jesús? ¿Estaba tratando de atizar el desánimo de ese desconsolado discípulo? ¿Quería Pedro vivir pensando que cualquier día podría ser el de su crucifixión?

En realidad, creo que fue la mejor noticia que Pedro escuchó. Lo que le dijo fue que la próxima vez que enfrentara la muerte por Cristo, no lo negaría. Pedro vivió el resto de su vida con el triunfo de esa promesa. Eso lo preparó para el futuro.

Hasta este punto, Pedro no tenía una historia de fidelidad. Ante el peligro, fue un desastre. Después de esto, desde el día de Pentecostés hasta el de su crucifixión, fue un hombre nuevo, audaz, dinámico, un poco humilde, un poco menos impetuoso, pero firme en la fe e inquebrantable en su amor por Cristo hasta el propio fin.

«¿Me amas?» ¿Me amas lo suficiente como para negarte a ti mismo? El amor real demanda sacrificio. «Nadie tiene amor más grande que el dar la vida por sus amigos» (Juan 15:13). Pedro finalmente demostró ser un verdadero amigo de Jesús.

El amor verdadero también exige obediencia. Jesús dijo: «Si ustedes me aman, obedecerán mis mandamientos» (Juan 14:15). Pero aquí le dice a Pedro: «Sígueme» (Juan 21:19). Nótese: esos son los tres componentes de Mateo 16:24: negarse a sí mismo; tomar tu cruz; seguir a Cristo. Eso es lo que significa ser discípulo.

Pedro aprendió la lección. En el apogeo de su carrera apostólica, el apóstol se dirigió a sus compañeros pastores con las siguientes palabras:

A los ancianos que están entre ustedes, yo, que soy anciano como ellos, testigo de los sufrimientos de Cristo y partícipe con ellos de la gloria que se ha de revelar, les ruego esto: cuiden *como pastores el rebaño de Dios que está a su cargo*, no por obligación ni por ambición de dinero, sino con afán de servir, como Dios quiere. No sean tiranos con los que están a su cuidado, sino sean ejemplos para el rebaño. Así, cuando aparezca el Pastor supremo, ustedes recibirán la inmarcesible corona de gloria (1 Pedro 5:1-4, énfasis añadido).

Pedro estaba repitiendo la comisión que Jesús le había dado tres veces. El apóstol pasó de ser un discípulo voluble que necesitaba ser discipulado para convertirse en un maestro inspirado, y nos instruyó en cuanto a cómo apacentar el rebaño de Dios.

Y como dice Pedro en otra parte: «Ustedes lo aman a pesar de no haberlo visto» (1 Pedro 1:8).

Notas

Capítulo 1

1. John Owen, *Communion with God* (Banner of Truth).
2. Stephen Charnock, *The Complete Works of Stephen Charnock*, (James Nichol).
3. Ibid., 163.
4. John Calvin, *Institutes of the Christian Religion*, ed. John T. McNeill, trans. Ford Lewis Battles (Westminster John Knox Press).

Capítulo 2

1. Chrys C. Caragounis, *The Son of Man* (Wipf & Stock).
2. Abner Chou, *I Saw the Lord: A Biblical Theology of Vision* (Wipf & Stock).
3. Seyoon Kim, *The Son of Man as the Son of God* (Eerdmans).

Capítulo 3

1. Hugh Martin, *The Shadow of Calvary* (Banner of Truth).
2. Ibid.
3. See T. David Gordon, *Why Johnny Can't Preach: The Media Have Shaped the Messengers* (P & R Publishing).

Capítulo 4

1. Andy Stanley, «Who Needs Christmas?» series messages, December 3, 10, and 17.
2. Nicholas Kristof, «Am I a Christian, Pastor Timothy Keller?» The New York Times, December 23, 2016, http:// www.nytimes. com/2016/12/23/opinion/Sunday.
3. Ver también la discusión sobre el nacimiento virginal de Jesús en John MacArthur & Richard Mayhue, eds., Biblical Doctrine: A Systematic Summary of Bible Truth (Crossway).
4. J. Gresham Machen, *The Virgin Birth of Christ* (Harper & Row).

Capítulo 5

1. William T. Sleeper, «Jesus, I Come» (1887), Timeless Truths, http://library. timelesstruths.org/ music/Jesus_I_Come/.

2. Charles Simeon, *Horae Homileticae: Luke XVII to John XII*, vol. 13 (Holdsworth and Ball).
3. Keith Getty and Stuart Townend, «In Christ Alone» (2002), Thankyou Music (PRS) (adm. worldwide at CapitolCMGPublishing.com).

Capítulo 6

1. George Whitefield, «The Conversion of Zacchaeus,» Bible Bulletin Board website, http://www.biblebb.com.
2. Charles Spurgeon, «Heaven and Hell,» in Spurgeon: New Park Street Pulpit: 347 Sermons from the Prince of Preachers.
3. Ibid.

Capítulo 7

1. www.pewforum.org
2. Iglesia Católica, *Catecismo de la Iglesia Católica*, Artículo 847.
3. Ronald H. Nash, Is Jesus the Only Savior? (Zondervan).

Capítulo 8

1. C. S. Lewis, *God in the Dock: Essays on Theology and Ethics*, ed. Walter Hooper (Wm. B. Eerdmans Publishing Co.).
2. William Shakespeare, As You Like It, Act II, Scene VII.
3. Martyn Lloyd-Jones, *Martyn Lloyd-Jones Letters*, ed. Ian Murray (Banner of Truth)

Capítulo 9

1. James Ussher, Immanuel, *The Mystery of the Incarnation of the Son of God* (Susan Islip for Thomas Downes and George Badger, 1647; reprint, Swansea)
2. Mark Jones, *Knowing Christ* (Banner of Truth).
3. John Murray, *The Collected Writings of John Murray*, 4 vols. (Banner of Truth).

Capítulo 10

1. D. A. Carson, *What's at Stake in the Current Debates*, eds. Mark Husbands and Daniel J. Treier (InterVarsity).

2. Thomas Schreiner, *Faith Alone: The Doctrine of Justification*, ed. Matthew Barrett (Zondervan).

Capítulo 11

1. Martin Luther, *What Luther Says*, compiled by Ewald M. Plass (Concordia).
2. John Calvin, *Calvin's Wisdom: An Anthology Arranged Alphabetically*, compiled by Graham Miller (Banner of Truth).
3. B. B. Warfield, cited in Josh McDowell, *The New Evidence That Demands a Verdict* (Thomas Nelson, Inc.).

Capítulo 12

1. D. A. Carson, *A Call to Spiritual Reformation: Priorities from Paul and His Prayers* (Baker).
2. Warren W. and David W. Wiersbe, *10 Power Principles for Christian Service* (Baker).
3. John Phillips, *Exploring Ephesians and Philippians* 2nd ed. (Kregel).

Capítulo 13

1. Martin Luther, «Preface to the Second Epistle of Saint Paul to the Thessalonians,» Tyndale House website, https://www.stepbible.org.

Capítulo 14

1. R. C. Sproul, *Knowing Scripture* (InterVarsity Press).
2. Charles Spurgeon, «Christ—Our Substitute,» in *The New Park Street Pulpit*, 6 vols. (Passmore & Alabaster).
3. Robert Schindler, «The Down Grade,» *The Sword and the Trowel* (March 1887).
4. J. Gresham Machen, *Christianity and Liberalism* (Eerdmans).

Capítulo 15

1. John Wenham, *Christ and the Bible*, 3rd ed. (Wipf & Stock).
2. James Barr, *Holy Scripture: Canon, Authority and Criticism* (Westminster).
3. Christian Smith, *The Bible Made Impossible: Why Biblicism Is Not a Truly Evangelical Reading of Scripture* (Brazos).

Capítulo 16

1. D. A. Carson, *Collected Writings on Scripture* (Crossway Books).
2. See Walter C. Kaiser, *The Messiah in the Old Testament* (Zondervan).

Capítulo 17

1. Robert B. Chisholm Jr., «A Theology of the Psalms,» in *A Biblical Theology of the Old Testament*, ed. R. Zuck (Moody Press).
2. Allen P. Ross, *A Commentary on Psalms 1–89, Kregel Exegetical Library* (Kregel).
3. Ross, Psalms, 1–89, 15:27–28.

Capítulo 18

1. Peter Lewis, *Th e Glory of Christ* (Moody).
2. Darrell L. Bock, Acts, *Baker Exegetical Commentary of the New Testament* (Baker).
3. William Varner, *The Messiah: Revealed, Rejected*, Received (AuthorHouse).

Capítulo 19

1. F. F. Bruce, *The Epistle to the Hebrews*, NICNT (Eerdmans Publishing Co.).
2. Thomas R. Schreiner, Commentary on Hebrews (B&H).
3. Bruce, Hebrews.

Capítulo 21

1. John Newton, «https://sovereigngracemusic.bandcamp.com.

Capítulo 22

1. Doug Plank and Bob Kauflin, «Show Us Christ» (Sovereign Grace Worship [ASCAP]/Sovereign Grace Praise [BMI]).
2. Thomas Binney, «Eternal Light! Eternal Light!» (1826), https://Hymnary.org.
3. Thomas Kelly, «Look, ye saints; the sight is glorious» (1809), https://Hymnary.org.

Capítulo 23

1. James Proctor, «It Is Finished,» Hymnary. org, https://hymnary.org/text/nothing_either_great_or_small_nothing_si.
2. Juan Calvino, *Comentario sobre el Evangelio de Juan*, 2 vols., trad. William Pringle (Calvin Translation Society).

Le invitamos a que visite nuestra página web donde
podrá apreciar nuestra pasión por la publicación
de libros y Biblias:

WWW.EDITORIALNIVELUNO.COM

www.EditorialNivelUno.com
Para vivir la Palabra